21世纪工商管理系列教材

Business Administration Classics

企业战略管理

Enterprise Strategic Management

宋 华 等编著

中国人民大学出版社
· 北京 ·

图书在版编目（CIP）数据

企业战略管理/宋华等编著. —北京：中国人民大学出版社，2020.10
21世纪工商管理系列教材
ISBN 978-7-300-28653-2

Ⅰ.①企… Ⅱ.①宋… Ⅲ.①企业战略-战略管理-高等学校-教材 Ⅳ.①F272.1

中国版本图书馆CIP数据核字（2020）第187884号

21世纪工商管理系列教材
企业战略管理
宋 华 等 编著
Qiye Zhanlüe Guanli

出版发行	中国人民大学出版社		
社　　址	北京中关村大街31号	**邮政编码**	100080
电　　话	010－62511242（总编室）		010－62511770（质管部）
	010－82501766（邮购部）		010－62514148（门市部）
	010－62515195（发行公司）		010－62515275（盗版举报）
网　　址	http://www.crup.com.cn		
经　　销	新华书店		
印　　刷	北京捷迅佳彩印刷有限公司		
开　　本	787 mm×1092 mm　1/16	**版　　次**	2020年10月第1版
印　　张	17.25 插页1	**印　　次**	2024年9月第4次印刷
字　　数	393 000	**定　　价**	45.00元

前言 PREFACE

现代战略管理理论产生的直接原因是企业经营环境的变化。经营环境的不断变化促使战略管理理论不断地发展和创新。近年来，企业的经营环境发生了巨大的变化。一方面，企业竞争的范围无限扩大，进入了一个无国界的竞争时代，企业与其供应商、生产者、销售商、顾客、其他组织和相关利益者的合作关系越来越密切，企业间的竞争已不再是工业经济时代那种竞争，而是基于网络思维的合作网络竞争，即网络经济下的竞争已经不再是单个企业之间的竞争，而是企业合作网络之间的竞争，这是一种新的竞争形态——网络竞争。另一方面，随着互联网以及现代新型技术的蓬勃发展，数字化和知识化成为当今企业发展的另一个重要趋势。在这一背景下，范围经济的重要性渐渐超过规模经济，企业单纯依靠数量来赢得竞争优势的经营理念已经落伍，新技术、新知识的兴起要求企业在战略以及运营的信息处理和数字运用上具备快速响应的能力，从而对企业的管理方式以及组织结构变革提出新的要求。正如美国管理大师彼得·德鲁克指出的，“未来的典型企业应该被称为信息型组织，它以知识为基础，由各种各样的专家组成……它的组织结构也将因此受到影响”。这些变革和发展以及对企业行为的种种要求使企业的战略管理面临着新的挑战，作为企业支柱和灵魂的企业家、管理者不能仅仅把自己的思维定格于如何创造性地有效整合组织内有限的资源，以实现组织既定的战略目标，他必须从整个社会和产业的角度重新审视管理中的变革和所追求的核心要素。与传统的工业经济时代不同，劳动力、土地、资本等物质资源不再是企业追求的生产要素，它所依赖的经济资源已转为具有数字化、共享性和增值性的知识和能力，通过这种新型的经营要素对物质资源进行合理的、科学的、综合的集约化配置，实现资源的优化利用，以创造新的超出平均利润率的巨大财富。所以，对企业战略资源的不同理解必然对企业战略管理提出更新、更高的要求。

因应上述发展背景以及对企业战略管理的理解，在延续传统战略管理理论和方法的基础上，结合目前的发展态势和新的理论突破，集合中国人民大学商学院企业管理系教师共同的智慧，我们撰写了本教材。由于战略管理是一个发展迅速、内容不断丰富和更新的学科，具有很强的应用性和实践性，因此，如何在有限的教学课时内使学习者掌握战略管理的基本原理和方法，是本书致力解决的问题。为了适应经济管理类专业的教学要求，本书在教学内容体系组织上具有如下特点：一是基础性和全面性，向读者全面介绍分析了现代战略管理的相关领域理论，以及相应的分析框架和工具；二是前沿性，尽可能吸收本学科领域内的最新理论与实践方法，及时、迅速反映本学科的最新发展趋势，如产业集群战略、平台战略、生态战略等；三是采用理论分析与案例分析相结合的方式，通过引导案例和总结性案例分析，尽可能地提高学习者运用所学理论知识解决实际问题的能力。

本书可以用作经济管理专业的教材，也可作为企业及相关行业从业人员的培训用书。全书共分 14 章，初稿由宋华（第 1 章、第 8 章）、徐京悦（第 2 章、第 5 章）、付彦（第 3 章）、姚建明（第 4 章）、刘刚（第 6 章）、金婧（第 7 章）、邓子梁（第 9 章）、王阳雯（第 10 章）、郭海（第 11 章）、李晓光（第 12 章）、赵晶（第 13 章）、朱春玲（第 14 章）完成，最后由宋华、付彦进行全书的审校和统稿。由于时间仓促，水平有限，如有差错，恳请读者批评指正。

宋　华

于中国人民大学商学院

目 录 CONTENTS

第 1 章

企业战略管理概述

学习目标

- ⊙ 掌握企业战略的定义；
- ⊙ 掌握企业战略管理的内涵和特点；
- ⊙ 掌握战略管理的基本过程；
- ⊙ 了解战略管理学科的主要思想演变以及理论流派；
- ⊙ 了解当今战略管理面临的挑战。

引导案例

COSMOPlat：海尔的全球智能制造战略

中国没有几家制造企业如海尔这般已完整经历了五个战略发展阶段：名牌战略、多元化战略、国际化战略、全球化战略和网络化战略。网络化战略是为了适应互联网和物联网时代，用户的个性化需求得以释放，用户需求信息更加透明，用户对企业的要求不再像以前一样。这个网络化的时代也是践行工业 4.0 和中国 2025 制造的发展阶段。IT 是承接和保障企业战略落地的载体和工具，海尔的 IT 发展也随着海尔集团的五个战略发展阶段不断迭代、更新。从 2013 年到 2017 年，海尔打造了 8 个互联工厂，并拥有了很多产品的生产线（如冰箱、空调、模具、电机等），在这些领域，海尔也打造了自己的智能制造样板工厂。

网络化战略之根基：COSMOPlat 智能制造云平台

在海尔的网络化战略中，最重要的就是海尔 COSMOPlat 智能制造云平台（见图 1－1）。海尔 COSMOPlat 智能制造云平台定位于全球引领的工业互联网平台，成为全球第三极，承载了企业和用户相连、企业和资源相连、用户和资源相连这样一个三边的市场矩阵关系。

海尔 COSMOPlat 与美国和德国有所不同。在工业 4.0 时代，德国以 Predix 为基础平台，主要是在制造以及资产管理的供应生态系统中，为大中型企业服务，是 B2B（企业到企业）平台；西门子的 MindSphere 是工厂管理与服务工业生态系统，对象也是企业。而海尔的 COSMOPlat 是大规模定制工业生态系统，是同时面向企业和用户的，所以它是第三极的，与美国、德国都不一样。

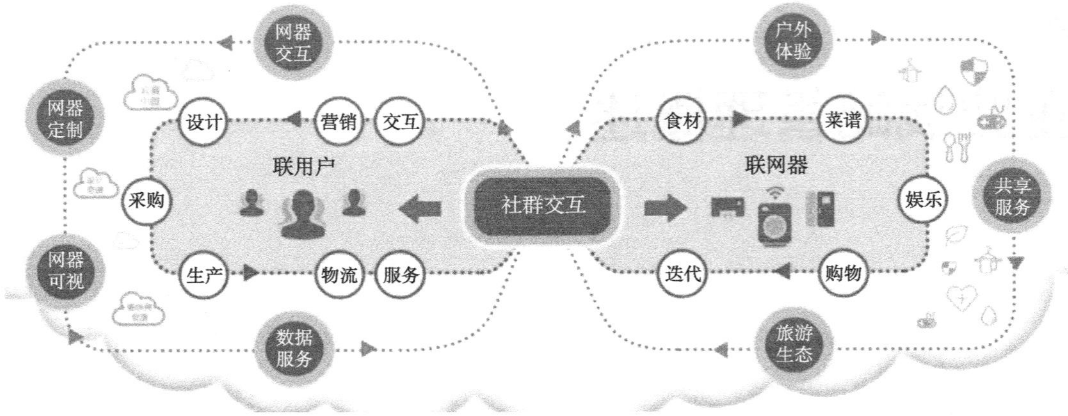

图 1-1 海尔 COSMOPlat 智能制造云平台

海尔 COSMOPlat 分为四层架构，包括模式层、应用层、平台层、资源层。

第一层是模式层，即商业模式。海尔将自己几十年来沉淀的制造模式以及工业互联网模式、家电定制模式，沉淀在平台上并期望引领其他的相关行业。

第二层是应用层。包括 4 类应用以及 200 多个小型 SaaS 服务等。

第三层是平台层。平台层是海尔 COSMOPlat 最核心的技术层面，是一个核心的 PaaS 大平台，把物联网、互联网、大数据等技术放在这个平台上，形成了一个开放的大型 PaaS 平台，具备分布式、模块化、开放式的微服务架构，可与第三方公有云或者私有云进行对接、部署和开发。

第四层是资源层。海尔 COSMOPlat 是一个物联平台，可将软件资源、平台资源、服务资源等都聚集在这个平台上，共同打造工业互联网平台。

差异化能力的锻造

海尔 COSMOPlat 拥有无与伦比的差异化能力：

首先是对模式的颠覆。该平台拥有三大核心能力：第一，它是可以支持用户深度参与企业全流程的大规模定制的平台；第二，它是一个零距离的让用户和企业全流程互联互通的平台；第三，它是开放、共创共赢的平台。

其次是对数据价值的挖掘。海尔 COSMOPlat 目前已经聚集了海量数据，一流资源企业有 300 多万家，有 1.5 亿用户在平台上与海尔相关的资源企业做交互。

最后是开放生态，共创共赢。海尔聚集了国内外很多资源一起来打造这个平台，很多资源企业也都在这个平台上开放。

因此，海尔 COSMOPlat 是一个真正开放、共创共赢、聚集海量资源、差异化的平台。

智能制造战略：三联、三化的大规模定制

用户是开放的，信息是透明的，而需求越来越多地体现为个人。因此，海尔理解的智能制造就是大规模定制，颠覆传统的大规模制造。因而，海尔COSMOPlat智能制造的最佳方案具体表现在两个方面："三联"和"三化"。

"三联"是指联制造、联网器、联全流程。

联制造，即用户需求将企业变成一个节点，通过用户连接内外所有的资源，来共同满足用户个性化的需求。也就是说，打破传统的先生产建立库存再把产品卖给用户的模式，变成根据用户的个性化需求，全流程满足用户的平台。此外，智能制造的核心是联用户，以前是由物联空间变成对企业实现产销合一的模式。制造全要素——人、物、单等与用户互联，精准响应用户需求。海尔有一个透明的工厂，用户下一个定制订单，然后可以实时看到这个订单在海尔的整个生产过程、交付过程、物流以及其他用户使用过程的一些体验。这些对用户是开放的，从而提供了一个在互联网和物联网下的诚信体系，未来互联网的模式就是诚信体系。

联网器，即海尔把产品变成了网器，具备自动通信的功能，通过网器和用户进行互联互通。比如冰箱的功能是安全地对食物进行储存，当网器跟用户实时连接，用户使用冰箱的数据以及习惯都会通过云平台传到后台大数据系统，从而可以实时给用户做提醒、诊断和服务。同时，在掌握了用户的生活场景之后，也可以为用户提供更多的围绕冰箱的后续服务。

联全流程，即从用户需求到用户定制、用户订单，再到生产过程、交付过程以及到家以后通过网器使用的体验，都可以对用户全流程开放。另外，在这个过程中，用户的需求也跟企业所有的相关资源，比如设计资源、设备商、生产、物流等利益相关方联系在一起，实现全流程的无缝连接。

"三化"是指柔性化、数字化和智能化。

柔性化，即不仅要满足个性化的定制需求，而且要快速地满足，为此就要有一个柔性精益的生产线。为了解决个性化和规模化的矛盾，海尔把产品分成了不变模块和可变模块，把用户的不变模块用一个生产线来满足，可变模块就是用户提出需求。比如一个体现个性的张扬的红色冰箱，便可以通过可变模块来快速满足客户的需求。

数字化，即使用现在的IT技术来满足用户的需求。当用户下单时，通过COSMOPlat，可以瞬间传递到生产线以及其他提供相应用户服务的供应商、设计商、物流商等，所有环节会同时看到用户订单的需求，用户的需求瞬间到达。

智能化，即海尔的智能产品都带网器，具备自控制、自学习、自优化的功能，海尔将整个产品的设计、制造、生产、发货的过程信息都连在一起，通过数据模型来实现智能化。比如，一个家庭的空调使用习惯会通过网器把数据发送到云平台，通过云平台建设模型，把用户的习惯再返回到空调当中，这个空调便随着用户的使用习惯来自动调节温度、湿度，为用户提供服务。再如，用户对于空调的静音需求非常大，基于此，海尔的胶州空调生产线对每天产生的4 000万组生产大数据进行分析后，得到了空调在生产过程中产生噪声的点和设备的位置点，一旦空调有噪声，设备便可以自动锁定噪声点，从而让下线的每一台空调的噪声都不超标，这个应用在国内是唯一，也成了一种专利应用。

颠覆式的战略运营模式

智能制造带给企业的直接效果是什么？首要的是高精度，用户定制的订单占比已达到10%，再加上渠道定制的订单，定制订单已占比57%；而生产效率提升了60%，因为整个过程是信息共享的、及时的，整个现金流量周期反而是负10天。而要支持COSMOPlat这么复杂的系统化工程，需要颠覆式的战略运营模式。传统的模式是当建一个生产系统时，从IaaS、PaaS到SaaS都是垂直系统，当业务有需求的时候，改造起来非常麻烦。因此，当平台需要变成一个互联工厂和智能系统时，就需要响应互联网环境下用户的快速需求，改变传统的方式，为此海尔建立了一个互联互通大中台、分布式、微服务的模式。

具体方案是：把企业需要互联互通技术的开发能力、框架的运维监控能力以及企业的公共能力都放在大的PaaS层。在开发方面，采用了维护的架构，把一个流程分成一个个小的模块，当业务有任何变化的时候，只需更改其中一个小的模块，而不影响其他模块的应用。另外，企业的用户中心、产品中心也在PaaS层面建立。

海尔COSMOPlat智能制造云平台，是为实现工业革命以来第三次划时代变革而努力走向国际的一个实践。海尔COSMOPlat智能制造云平台是开放共享的平台，通过各方共同努力，开放生态，共创共赢。

资料来源：曹建菊．网络化战略：海尔的全球化智能制造实践．(2017-08-01)．http://www.d1net.com/cio/interview/484538.html.

第1节　战略管理内涵概述

一、企业战略管理的产生与发展

战略及战略概念是随着战争的产生而产生的。有了战争，就有指导战争的战略。战略是战争的伴生物。理论上讲，一有战争，就有了战略。实际上，“战略”（strategy）一词来源于希腊语的strategos，相当于现在的“将军”之意，或更一般地表示战略家、能人、战略眼光或超常能力。在军事上，战略指在与敌人进行实际作战之前，计划和指挥大规模军事行动，将力量调整到最优位置的谋划。尽管战略来源于军事，但是其中的很多原理，如进攻与防御的相对优势原理、夹击原理等，已广泛用于商业竞争。

“企业战略”的概念是随着产业革命和经济的发展而逐渐形成的。企业管理经历了从生产管理到经营管理再到战略管理三个阶段的发展。生产管理是与早期简单的卖方市场相对应的，不具备以竞争战略为核心的战略管理思想产生的客观条件。随着生产厂家的不断增多，市场产品越来越丰富，企业生产的产品种类也越来越多，市场开始由卖方市场转变为买方市场，企业由生产管理向经营管理转变。企业经营管理以市场为中心，以消费者的需求为重心，营销、生产等企业职能得到了平衡发展。事实上，1960年以前，企业管理领域还没有明确提出“战略”一词。当时商学院的课程中称之为“企业经营政策”，并把“经营政策”看作职能管理的整合。经营政策的意义在于从一个更加宽阔的视野把企业看作一个整体——将各种职能的专业知识整合起来。由于社会生产力水平的提高，科学技术的高速发展，竞争日益激烈，企业外部环境更加复杂，企业经营难度增大，许多企业加深了对生存竞争的认识，产生了研究和运用战略的需要，于是就提出了企业战略。进入 20 世纪 60 年代，企业管理领域正式提出“战略”一词，1965 年美国学者安索夫（Ansoff）出版了成名作《公司战略》，“战略”这个概念就进入了企业领域，从此，制定和实施企业战略被看作企业成功的关键，并逐步普及。

二、企业战略的定义与特征

（一）企业战略的定义

大部分学者认为第一个为企业战略下定义的人是钱德勒。1962 年，美国管理学家钱德勒（Chandler）出版《战略与结构》一书，首先将“战略”用于公司管理，从而拉开了企业战略的序幕。他将企业战略定义为“确定企业基本长期目标，选择行动途径和为实现这些目标进行资源分配”。钱德勒的同事安德鲁斯为战略下了一个类似的定义。安德鲁斯认为：“企业战略是关于企业使命和目标的一种模式，以及为达到这些目标所制定的主要政策和计划；通过这样的方式，战略界定了企业目前从事什么业务和将要从事什么业务，企业目前是什么类型和将要成为什么类型。”根据这个定义，战略管理者必须设计一系列展现企业经营领域的目标和计划，以及达到这些目标的方法。

奎因（Quinn）是美国达特茅斯学院的管理学教授。他认为，战略是一种模式或计划，它将一个组织的主要目的、政策与活动按照一定的顺序结合成一个紧密的整体。

安索夫被誉为“战略计划与战略管理之父”。他认为战略是关注组织行为导向的各种决策规则，主要将产品与市场范围、增长向量、竞争优势以及协同作用这四方面连接起来。

波特（Porter）在产业经济学理论的基础上，对竞争战略进行了较为深入的研究。他的成名作《竞争战略》（1980 年）将战略定义为“公司为之奋斗的一些终点（目标）与公司为达到它们而寻求的方法（政策）的结合物”。随后，他又在 1996 年发表的《什么是战略》一文中将战略的本质看作选择，即选择一套与竞争对手不同的活动，以提供独特的价值。企业的这种独特定位能够有效避免由于企业间的相互模仿所导致的过度竞争。

20 世纪 80 年代以来，随着社会环境的发展，竞争程度的加剧，战略管理日益引起企业和学者的关注，战略管理理论有了很大的发展。明茨伯格（Mintzberg）认为，人们在不同场合以不同方式赋予企业战略不同的内涵，说明人们可以根据需要接受不同的战略定义。他把不同的定义归纳为“5P”，即战略是计谋（ploy），战略是计划（plan），战略是模式（pattern），战略是定位（position），战略是观念（perspective）。“战略是计谋”指战略是威胁和战胜竞争者的计策和谋略；“战略是计划”指战略是有意识的、正式的、有预计的行动程序，而计划在先，行动在后，这是早期的战略观念；“战略是模式”指战略是一段时期内一系列行动的模式，而模式意味着企业行动的一致性，这种一致性可能是也可能不是正式计划或建立目标的结果；“战略是定位”指战略是一个组织在环境中所处的位置，是特殊产品在特殊市场的定位，这一定义与波特对战略的定义一致；“战略是观念”指战略体现组织中人们对客观世界固有的认识方式，这种共享的认识或者思维方式通过共同思考和行动连接起来。战略的这五个定义是在企业在战略发展过程中有不同的侧重点的基础上提出来的，既相互独立又相互联系，共存于企业发展的复杂过程中。可以看到，这五个定义之间存在一定的内在联系，定义的不同是各自侧重点的不同，但它们之间有时是某种程度上的替代和重叠，如定位型战略可代替计划型战略。但在大多数情况下，它们的关系是互补的，使战略定义趋于完善。因此，只能说每个战略定义都有其特殊性，而不能说哪种战略定义更为重要。

（二）企业战略的特征

企业战略是设立远景目标并对实现目标的途径进行的总体性、指导性谋划，属宏观管理范畴，因而具有指导性、全局性、长远性、竞争性、系统性、风险性六大主要特征。

1. 指导性

企业战略界定了企业的经营方向、远景目标，明确了企业的经营方针和行动指南，并筹划了实现目标的发展轨迹及指导性的措施、对策，在企业经营管理活动中起着导向作用。特别是企业为顺应经济和社会的发展趋势，所提出的战略为企业未来的发展道路和运作策略指明了方向。例如，2018 年我国明确提出“新型基础设施建设”（以下简称“新基建”）。新基建狭义上指以科技创新、产业升级为核心领域的配套基础设施建设，主要包括 5G 及相关电子信息领域配套设施（如物联网/车联网、人工智能、大数据中心、云计算等）；传统基础设施的信息智能改造领域（如智慧城市等）；新能源新材料及其应用领域配套设施（如光伏、生物质能、垃圾发电等）；无人化配套设施（如无人机、无人配送物流系统等）；卫星太空基建及这些领域对应的园区项目。而广义新基建除狭义上的新基建外，还包括存量规模相对大部分传统基建行业较小但未来增量空间较大的领域，实际上即传统基建领域新兴细分子行业，包括交通运输短板领域（轨道交通、冷链物流）、能源行业短板领域（核电、特高压）、环保基建、市政建设短板领域、民生基建、特色小镇、文旅配套设施等。显然，顺应新基建政策发展的要求和趋势，很多企业将数字化变革战略作为未来发展的方向，从而指明了企业需要在较长时期内借助新基建的战略机遇，加速企业数字化变革，以实现数字化商业模式创新转型升级，通过数字技术平台/数字装备、数字化运营、数字化服务、数字化生态、数字化创新来实现企业数字化转型目标。

2. 全局性

战略是以企业的全局为对象，根据企业总体发展要求制定的。战略所规定的是企业的全局性行动方略，着眼于企业的总体发展，追求总体协同效果。虽然战略必须考虑和包括局部活动，但局部活动要服务于全局性战略活动的要求，对战略的实施发挥有效的支持作用。有时，为了使全局活动如期实现，局部活动必须适时调整。诸如为了实现数字化转型的战略，企业需要在经营管理的方方面面实现数字化，如基础管理的数字化，包括行政管理、事务性管理和人力资源管理的数字化；生产环节的数字化，包括整个设计、生产、加工等方面实现高度的智能化；营销环节数字化，如利用电商和支付平台，整合线上线下渠道，实现营销环节的全面数字化；服务环节数字化，如智能财务和会计功能的实现；等等。

3. 长远性

战略规定了企业在今后相对较长一段时间的发展方向和工作重点。一般而言，战略应当至少对企业未来 3～5 年的发展做出谋划。必要时，可以考虑对企业未来 10 年或者更长时间的发展方向做出全局性谋划。与此同时，不论战略本身涉及的时间跨度多长，企业的战略必须有利于企业未来数十年乃至上百年的发展，必须致力于将企业塑造为长寿公司。战略是企业在一个较长时期的发展方向和目标，是企业谋求长远发展要求的反映。

例如，党的十九大报告指出要完善各类国有资产管理体制，改革国有资本授权经营体制，加快国有经济布局优化、机构调整、战略性重组，促进国有资产保值增值，推动国有资本做大做强。这一政策性的指引推动了国有企业长远性的战略制定和调整：第一，建立健全各类国有资产监管法律法规体系，实现国有资产监管的制度化、规范化和系统化，科学界定国有资本所有权和经营权边界，建立监管权力清单和责任清单。第二，围绕服务国家战略，推动国有经济向关系国家安全、国民经济命脉和国计民生的重要行业和关键领域、重点基础设施集中，优化国有经济布局，有效发挥国有经济整体功能作用。推动国有资本形态转换和结构调整，支持创新发展前瞻性战略产业。第三，积极推进主业处于充分竞争行业和领域的商业类国有企业混合所有制改革，探索重点领域混合所有制改革。一方面，鼓励包括民营企业在内的非国有资本投资主体通过多种方式参与国有企业改制重组；另一方面，鼓励国有资本以多种方式入股非国有企业，建立健全混合所有制企业治理机制。

4. 竞争性

竞争是市场经济不可回避的现实，也正是因为有了竞争才确立了战略在经营管理中的主导地位。面对竞争，企业战略要求进行内外部环境分析，明确自身的资源优势，通过设计适合的经营模式，形成特色经营，增强企业的对抗性和战斗力，推动企业长远、健康的发展。特别是在经济发展转型的过程中，培育强大的全球竞争力是实现经济结构性转型的基础，十九大报告明确提出培育具有全球竞争力的世界一流企业。只有实现了竞争力，才能提升产业的韧性，促进产业和社会经济的发展。

5. 系统性

立足长远发展，企业战略确立了远景目标，并需围绕远景目标设立阶段性目标及实现各阶段性目标的经营策略，以构成一个环环相扣的战略目标体系。同时，根据组织关系，企业战略分为决策层战略、事业单位战略、职能部门战略三个层级，它们构成一体。其中，决策层战略是企业总体的指导性战略，决定企业经营方针、投资规模、经营方向和远景目标等战略要素，是战略的核心。例如，目前我国在经济发展战略中明确提出要深化供给侧结构性改革，其含义就是要实现经济的高质量发展，提升企业乃至产业的竞争力。而要实现这一点，从战略上讲，就需要系统地从三个层面来促进战略：一是发展壮大具有核心竞争力的骨干企业，特别是科技创新战略的制定，从而在优势行业和关键领域向价值链高端迈进；二是确立数字化网络化的发展战略，重塑供应链，强化企业上下游之间的协同与合作；三是大力发展产业集群战略，重塑产业链，形成协同创新发展的产业集聚。

6. 风险性

企业做出任何一项决策都存在风险，战略决策也不例外。如果市场研究深入，行业发展趋势预测准确，设立的远景目标客观，各战略阶段人、财、物等资源调配得当，战略形态选择科学，那么制定的战略就能引导企业健康、快速地发展。反之，仅凭个人主观判断市场，设立目标过于理想化或对行业的发展趋势预测存在偏差，则制定的战略就会产生误导，甚至给企业带来破产的风险。

三、企业战略管理的含义

对于企业战略管理，学术界存在两种不同的理解，一种是狭义的战略管理，另一种是广义的战略管理。狭义的战略管理认为，企业战略管理是对企业战略的制定、实施、控制和修正进行的管理。其主要代表是美国学者斯坦纳，他在 1982 年出版的《管理政策与战略》一书中指出，企业战略管理是确立企业使命，根据企业外部环境和内部经营要素设定企业组织目标，保证目标的正确落实并使企业使命最终得以实现的一个动态过程。广义的战略管理则认为，企业战略管理是运用战略对整个企业进行管理，从宏观整体上对企业进行管理。其主要代表美国企业家兼学者安索夫认为，企业战略管理是将企业日常业务决策同长期计划决策相结合而形成的一系列经营管理业务。

本书认为，企业战略管理是由企业战略的分析、制定、实施、评估与控制所形成的一个完整的、相互联系的管理过程。它是对制定、实施、评估、调控和变革企业战略的全部活动的总称，是一个全面的、复杂的管理过程，是综合性、多功能决策的科学和艺术。企业战略管理的要点如下。

（1）它是综合性的管理活动。也就是说企业战略管理不单指战略制定，还包括战略的实施、评估、调控和变革等全部管理活动，以及企业适应环境和环境影响企业互动的过程。

（2）它是无止境的管理过程。也就是说企业战略管理不是一次性的管理工作，企业战略管理关心的是企业长期稳定和快速发展。它是一个不断循环往复、不断完善、不断创新的过程，是螺旋式上升的过程。

（3）它是决策的科学和艺术。也就是说企业战略管理既是一门决策的科学，又是一门决策的艺术。说它是“科学”，是因为它是反映企业战略管理客观规律的系统化的知识；说它是“艺术”，是因为这门科学的真正价值在于应用、在于实践——只要将其付诸实践，就必然会呈现出不同的风格、不同的模式和不同的效果，这也是艺术性的不同表现形式。

理解上述要点时，要理解战略管理以下几个方面的内涵。

（1）企业应该把未来的生存和发展问题作为制定战略的出发点和归宿。也就是说，一个好的战略应有助于企业实现长期生存和发展的目标。而要做到这一点，企业不仅要了解所处行业的过去和现在，还需要关注行业内外部环境因素及其发展变化的趋势，从而把握自身的未来。在当今政治、经济和其他外部环境因素快速变化的时代，仅凭过去的经验和传统的分析方法已不能满足企业建立持久竞争优势的要求，若失去对未来动态的充分估计和把握，企业将失去目标和方向；要开拓创新，抓住有利的时机，建立自身的竞争优势，从而获得快速发展。

（2）企业战略管理应该是在经营活动之前有目的、有意识地制定的，应体现一种主动精神。尽管有人对这种事先筹划的科学性和有效性提出质疑，且实际生活中也不乏战略自然形成的先例，但正像很多人愿意采用理性主义的处理方法一样，我们认为系统分析和理性判断对战略的形成仍然是必要的。没有事先的科学分析，战略的形成过程尤其是在高层管理水平不足的情况下可能就是混乱的。同时，某些关键决策可能变得易于受个别管理人员选择偏好和流行时尚的影响，而且对直觉和经验的过分强调有可能使人们陷入新的神秘主义的泥潭。

（3）企业战略管理是企业为了获得持久竞争优势而对外部机会和威胁以及内部优势和劣势的主动反应。战略不是凭空产生的，它的制定建立在对影响企业的内外部环境因素的全面了解和分析基础上，也就是说，它强调从内外部环境分析入手来构建自身的竞争优势，寻求有利的竞争地位，强调企业对环境的适应性。因此，在外部环境分析过程中，企业必须了解所在行业的吸引力大小、未来的发展趋势以及主要竞争对手的特点，它们既可以给企业带来重要的机会，也可能给企业带来严重的威胁；在分析内部条件和资源时，特别要注意评价企业的竞争能力如何、优劣势怎样，以便明确企业具备什么样的核心竞争力并弥补自身的劣势。

（4）战略管理的实质是帮助企业建立和维持持久的竞争优势，即帮助企业保持一种强大而灵活的态势。这意味着战略不仅有助于管理人员处理可预见的事件，也有助于他们处理突发的和难以预见的事件。事实上，由于管理人员很难预料各种重要影响因素之间相互作用的方式和程度，也很难预料竞争对手的反应，同时对企业本身战略调整的时机和方法也很难把握，因此，战略应为企业提供若干实现企业目标的途径，以应对外部环境可能出现的例外情况。更进一步地，正像军事战略谋求“进可以攻，退可以守”一样，企业战略应使企业在市场竞争中保持一定的灵活性，保持良好的市场扩张和收缩通道。为此，企业的战略目标不宜过分具体化和数量化，有时可能仅仅表现为一种战略意向。

从企业战略和企业战略管理的分析可以知道，企业战略实质上是一种谋划或方案，而战略管理则是对企业战略的一种管理，具体地说就是对企业的谋划或方案的制定、实施与控制。理解这二者之间的关系与区别相当重要。对企业界来说，有助于更好地加强战略管理；对于理论界而言，则有助于纠正二者混淆的状况。

第 2 节　战略管理过程

企业战略管理是一个具有复杂性、系统性和动态性的过程，在这个过程中充满了不确定性因素，需要企业战略管理者对其进行有计划、分阶段、有步骤的安排，使之形成一定的系统模式。战略管理是围绕战略的形成和实施而展开的一组活动、一组工作，它是一个连续循环的过程。战略管理的目的是提高战略实现的成功率，战略管理过程主要包括战略分析、战略制定、战略实施、战略评估与控制四个步骤，如图 1－2 所示。

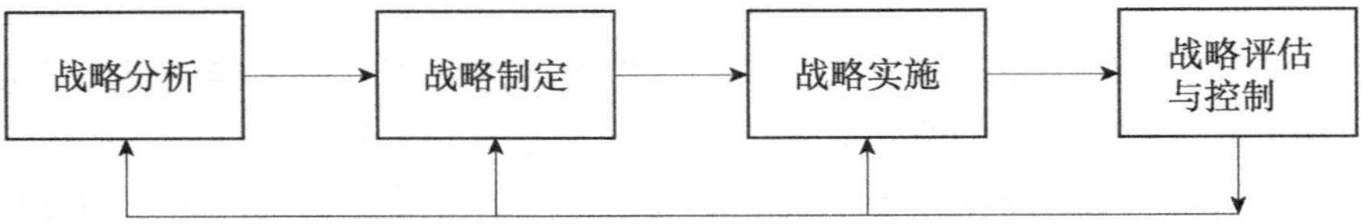

图 1－2　战略管理过程的基本构成

资料来源：亨格，惠伦．亨格 & 惠伦战略管理：原书第 11 版．北京：中国人民大学出版社，2009.

一、战略分析

战略分析主要是通过对外部和内部的环境扫描了解企业所面临的机会、威胁、优势、劣势，并基于此进行综合分析，为战略制定提供依据。环境扫描是指获取关于事件、趋势以及组织与环境关系的信息，这些信息将有助于高层管理者识别、理解战略性机会与威胁，确定企业未来的发展路径。由于组织与外部环境之间存在信息不对称，而且组织所处的环境的变化具有不确定性，因此，需要通过环境扫描来获得有关情报，从而减少在决策过程中对事物认识或判断的不确定性和信息的不对称性，从信息、知识和情报的层次上保证企业战略的制定和实施。环境扫描帮助决策者理解外部环境和内部环境中的不同领域之间的相互联系，并将这种理解用于战略规划和决策过程。需要分析的战略环境内容主要包括以下几个方面。

（一）外部环境分析

（1）宏观环境分析。主要包括对宏观的政治和法律环境、经济环境、社会文化和人口环境、技术环境以及自然环境等的分析。例如，目前中国正面临着国内外经济环境的调整和变动。2020 年 5 月 23 日，习近平在参加全国政协十三届三次会议的经济界委员的联组会时强调，要坚持用全面、辩证、长远的眼光分析当前经济形势。具体而言，国内宏观经济环境方面，经济正处在转变发展方式、优化经济结构、转换增长动力的攻关期，经济发展前景向好，但也面临着结构性、体制性、周期性问题相互交织所带来的困难和挑战，加上新冠肺炎疫情冲击，我国经济运行面临较大压力。在国际经济环境方面，还要面对世界经济深度衰退、国际贸易和投资大幅萎缩、国际金融市场动荡、国际交往受限、经济全球化遭遇逆流、一些国家保护主义和单边主义盛行、地缘政治风险上升等不利局面。显然，面对这一特定的宏观环境，需要企业深刻认识到挑战和威胁，同时还要能有效地捕捉机会，制定出契合企业发展的战略。

（2）行业环境分析。主要包括对行业内竞争者的竞争态势、行业潜在进入者的威胁、替代品的威胁、供应商的议价能力和购买者的议价能力等的分析，以及对行业内战略群体的构成与竞争状况的分析等。特别是产业政策的引导，会极大地改变行业发展环境，既有可能使特定的行业衰落，也可能催生行业的发展。我国 2019 年《政府工作报告》提出，要“支持企业加快技术改造和设备更新，将固定资产加速折旧优惠政策扩大至全部制造业领域，打造工业互联网平台，拓展‘智能＋’，为制造业转型升级赋能”。这意味着以 5G、物联网、云计算等为代表的万物互联互通、为创新发展筑基的科技基建行业将有望得到大规模建设。以 5G 基站建设为例，截至 2019 年底，5G 基站建设数额已超 13 万个，用户规模增速月均百万，用户规模与网络覆盖范围同步扩大。2019 年《政府工作报告》还提到要“深化大数据、人工智能等研发应用，培育新一代信息技术、高端装备、生物医药、新能源汽车、新材料等新兴产业集群，壮大数字经济”，万物智能化、互联化所需的大规模信息基础设施建设可能更快更早地到来。

（3）利益相关者分析。主要分析能对企业施加影响或受企业影响的利益相关者，既包括企业内部的股东、管理者和员工，也包括企业外部的供应商、客户、竞争者、社区和政府等。传统的股东利益至上的管理理念，促使企业对利润无止境的追逐，导致社会经济衰退、市场混乱、环境污染、生态失衡以及资源浪费诸多问题。另外，社会自身机能的失调亦常常引发贫困与失业、社会不公、人口过度膨胀、地区与城市之间发展不平衡等诸多有碍社会和谐与可持续发展的严重社会问题。利益相关者分析引导着公司治理方法的改变，公司治理开始更多地落在利益相关者的视角，不仅包括调节股东与经理层的关系、大股东与中小股东的关系，还包括调节股东和其他利益相关者的关系，如债权人和社区等。公司治理的主旨在于形成一种制度，以保护各方的利益，提高公司的效率，实现企业利益最大化目标。企业社会责任是企业在市场经济条件下有目的、有计划地主动承担对各方利益相关者的责任，实现企业与社会的和谐与可持续发展目标。企业应把对社会和环境的高度关注融入自身的正常运营中，使可持续发展和企业社会责任成为所有经营活动中不可或缺的组成部分。

此外，还可进行竞争者分析，这主要包括竞争者的确定、竞争者的战略目标分析、竞争者的现行战略分析、竞争者的假设及其能力分析等。

外部环境给企业带来一定的机会和威胁，它是形成企业现状及实现企业未来发展的外部条件。企业只能在外部环境的变化中求得生存与发展。企业高层管理者进行外部环境分析的目的如下：了解有哪些因素会对企业的未来活动产生影响；认清这些影响因素的性质，积极的影响因素称为机会，它对企业是有利的，消极的影响因素称为威胁，它对企业是不利的；决定如何对这些不同性质的影响因素采取对策。

（二）企业内部环境分析

企业内部环境分析主要包括企业资源、能力和核心竞争力分析，包括财务资源分析、人力资源状况分析、管理能力分析、生产运作分析、市场营销能力分析、企业文化分析以及独特竞争力分析等。对这些方面的因素进行系统的分析与评价，可以了解企业的现状及优势与不足。

（三）企业内外部环境综合分析

这是指在企业外部和内部环境分析的基础上，运用战略研究的各种方法确定企业所面临的外部环境中的机会与威胁、内部资源中的优势与劣势，为企业的战略方针、目标等战略管理要素的确定提供必要的信息。

战略分析为战略制定提供了基础。此外，很有必要了解企业现行战略和现行目标在方向及发展结果上的一致程度，了解现行战略是否能够应对组织环境变化。现行战略不可能与战略分析所描述的结果完全相符，而不符程度通常就是战略制定者面临的战略问题。有时对战略的调整程度较小，有时则需要做出大幅的调整。

二、战略制定

战略制定是基于公司对内外部环境的分析以及自身优势和劣势的权衡而开发的长期计划。主要包括确定企业使命和愿景、确定战略目标、开发战略和制定政策指引。

（一）确定企业使命和愿景

企业使命是指企业的基本定位，是企业存在的根本理由和目的，回答的是“我是谁”的问题。使命触及的是人们内心中“做一些有价值的事情”的渴望，并通过企业组织的形式共同完成单个人无法完成的事情——创造和提供有价值的产品或服务，从而为社会做出贡献。明确的使命为企业确立了经营的基本指导思想和方向，为企业战略目标的确定以及战略方案的制定提供依据。

企业愿景是在汇集全体员工的共同心愿基础之上，对企业未来美好远景和蓝图的展望，是企业追求的一种理想境界和未来期望达到的一种状态，是对“我要到哪里去”“我们希望成为怎样的企业”的长久性回答和承诺。愿景反映了组织远大的目标和追求，是需要花较长的时间来实现的目标。

确定企业使命和愿景，不仅可以为企业制定战略和实施战略提供明确的指导方针，为企业内部资源的配置提供基础和标准，而且可以使企业的管理者和员工对企业的现状和未来有明确的认识，从而尽心竭力地为实现企业的使命和愿景做出贡献。当然，企业使命和愿景不可能是一成不变的，只有不断根据环境的变化调整和改进，才能使企业充满活力。

（二）确定战略目标

要制定正确的战略，仅仅有企业使命和愿景还不够，还必须把企业使命、愿景与企业经营活动相结合，确定战略目标。战略目标是企业按照使命和愿景的要求，依据内外条件状况，所确定的对企业发展方向和前途有决定性影响的、企业在战略期内所要达到的理想成果。战略目标的性质和内容取决于企业的种类和性质、企业战略的类型和性质。因此，企业每次制定战略都要进行战略目标决策。长期目标和短期目标对企业都十分重要，正确地处理企业长期目标和短期目标的关系是每一个企业在制定战略时必须慎重考虑的问题。

（三）开发战略

企业战略是企业如何实现其使命和战略目标的综合性总计划，旨在将竞争优势最大化，或将竞争劣势最小化。企业通常需要考虑三个层次的战略，如图 1－3 所示。

1. 公司层战略

公司层战略（corporate-level strategy）的研究对象是由一些相对独立的业务或事业单位组成的企业整体。公司层战略是企业的整体战略总纲，是企业最高管理层指导和控制企业的一切行为的最高行动纲领。公司层战略的主要内容包括企业存在的基本逻辑关系或者根本原因，是企业战略决策的一系列最基本的因素。概括地说，公司层战略主要强调两个方面的问题：一是我们应该做什么业务，即确定企业的使命与任务、产品及市场领域；二是我们怎样去管理这些业务，即在企业不同的战略事业单位之间如何分配资源以及采取何种成长方式等。

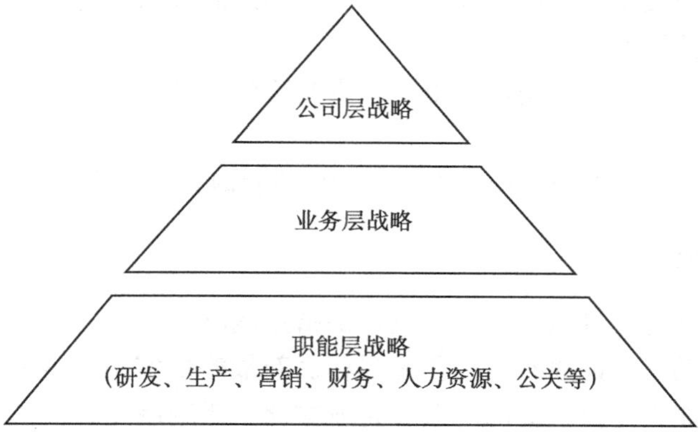

图 1－3　企业战略层次

2. 业务层战略

业务层战略（business-level strategy）是在公司层战略指导下企业内部各经营业务部门的战略计划。业务层战略的重点是提升各经营单位所提供的产品和服务在它所从事的行业中或在某一特定的细分市场中的竞争地位，它涉及企业在自己的经营领域中扮演什么角色以及在经营单位内如何分配资源的问题。从企业外部来看，业务层战略的目的如下：使企业在某一特定的经营领域取得较好的成果；寻求竞争优势；划分消费者群体；使自己的产品区别于竞争对手的产品；实现企业的市场定位；使企业市场经营活动适应环境变化的要求。从企业内部来看，业务层战略为了对那些影响企业竞争成败的市场因素的变化做出正确的反应，需要协调和统筹安排企业经营中的生产、销售、财务、研究与开发等活动。

3. 职能层战略

职能层战略（functional-level strategy）是为贯彻、实施和支持公司层战略与业务层战略而在企业特定的职能管理领域制定的战略。职能层战略一般分为营销战略、人力资源战略、财务战略、生产战略、研发战略、公关战略等。与公司层战略和业务层战略相比较，职能层战略更为详细、具体，并具有可操作性。实际上，职能层战略是公司层战略、业务层战略与实现预期战略目标之间的一座桥梁。

在企业内部，企业战略的各个层次相互配合、相互联系，各战略层次自身构成了其他战略层次得以发挥作用的环境和条件。

（四）制定政策指引

政策是连接战略制定和战略实施的决策的一般准则，反映了决策层的战略方向，也为执行人员提供了具体、可操作的指引内容。公司通过政策确保公司全体员工的决策和行动都能够支持企业的使命、愿景和战略目标。

企业政策的制定受以下因素影响。

（1）政府的规制。如反不正当竞争法、劳动法、产品标准、会计惯例、工资标准、环境保护等。

（2）竞争对手的行为。竞争对手的政策也会对一个企业的政策产生影响，特别是在人事政策方面，如员工工资、员工福利以及工作条件等。

(3) 社会风俗与文化。企业是社会的一个基本细胞和人群组织，必然受到社会风俗与文化的直接或间接影响。

(4) 企业传统。例如一个企业历史上一直是稳健型经营企业，其政策制定必然会受影响。

(5) 环境变动。当一个企业内外部环境发生变化时，政策也需要重新评估。

三、战略实施

战略实施是战略管理过程的第三阶段，是指把战略制定阶段所确定的意图性战略转化为具体的组织行动，保证战略实现预定目标。新战略的实施常常要求一个组织在组织结构、经营过程、能力建设、资源配置、企业文化、激励制度、治理机制等方面做出相应的调整和采取相应的行动。

战略实施首先需要解决资源规划问题，即实施一项战略所需要的资源条件：什么是需要承担的关键任务，在经营资源的配置方面需要进行什么样的变化和调整，何时进行调整，由谁来负责等。战略实施还涉及组织结构的调整，即要对现行组织进行相应的设计与调整，以实现组织结构与战略的相互匹配。在战略实施中究竟应该采取何种组织结构，关键取决于企业的具体条件和战略的类型等要素，必须以权变、动态的观点看待战略与组织的匹配问题。

除此之外，新的战略还需要新的管理体系来支撑。一方面，也许所有员工都知道战略的重要性，但不知道如何去运作，这就需要具体的实施步骤和操作程序指导员工如何去做；另一方面，不可能寄希望于所有员工都有实施现行战略的主观能动性，从企业的角度看，必须通过制度优化来保证员工的积极行为与战略的有效实施。

四、战略评估与控制

战略评估与控制是监控企业行动和绩效结果以比较实际绩效与期望绩效的过程。一般来说，战略评估与控制过程可以划分为四个步骤。

(一) 建立业绩标准

评价的目的是确保企业战略的有效实施与企业使命和目标的顺利达成，因此业绩标准的制定必须以企业使命与战略目标为前提。企业目标是战略评价的关键点，相应地，对于实现目标有重大影响的因素与环节也是应该加以控制的关键点。评价业绩标准可分为定量标准与定性标准。常用的衡量标准包括销售增长、投资报酬率、销售额、净利润、市场占有率、产品质量、顾客满意度等。

(二) 衡量实际业绩

设定企业战略评价的标准是为了衡量战略实施的实际业绩。因此，管理者的主要工作就是根据所确定的评价内容与标准，按时对企业运作的实际业绩进行测评与记录，从而为战略监控提供最基础的数据。实际业绩的衡量取决于有关信息的准确性与及时性，应当要求有关部门建立信息档案，推进检查汇报制度，并对战略工作的关键点进行重点评价与监控。

（三）进行差异分析

将实际业绩与预定的业绩标准进行比较，以确认企业战略管理过程是否存在偏差，并据此对实际业绩进行评估，找出产生偏差的原因，从而制定相应对策以消除偏差。若无偏差，战略管理过程将照原计划进行；若存在偏差，就需要了解偏差是否在业绩标准容许的范围内。对于实际情况与预期目标之间的偏差，若大到足以引起注意的程度或超出容许的范围，则需要分析其出现的原因，以采取相应的措施。

（四）采取纠偏行动

在深入分析偏差产生原因的基础上，管理者要针对不同的原因采取不同的措施。在采取纠偏行动时，找出导致战略实施偏差的责任人是非常重要的，只有明确谁对这些问题负责，才能真正消除这些偏差。

战略控制要求企业始终能确保战略方向的正确性，并且能高效运行，同时强调开放性、全局性、稳定性与灵活性的统一。战略控制的开放性指企业战略活动过程必须考虑外部环境的变革与影响；全局性指战略控制是对战略实施过程的整体评估，所依据的标准是企业的使命与总体目标；稳定性与灵活性的统一指战略控制既要保证战略实施的稳定性，又要对战略变革进行管理，具有适度的灵活性。

第 3 节　战略管理理论范式和流派

一、战略管理理论发展历程

战略管理思想的演变始终与市场竞争紧密相连。各种战略管理思想都围绕如何制定和实施竞争战略、获得竞争优势这一核心问题而展开，这也是我们探讨战略管理思想演变轨迹的主线。从时间顺序来看，战略管理思想的发展经历了四个阶段。

（一）萌发阶段：20 世纪 30 年代

20 世纪 20 年代末到 30 年代初美国出现经济大萧条，罗斯福政府从宏观上对经济实施管制，管理学者则开始从微观上研究造成企业效率下降的影响因素。1938 年，巴纳德（Barnard）在《经理人员的职能》一书中，首次将组织理论从管理理论和战略中分离出来。他认为，把战略因素局限于管理活动和交易活动的某些方面是没有必要的，在需要做出决策的任何情况下，企业组织应该遵循的原则是相同的，都必须考虑到战略因素。此外，他在该书中提出管理科学的重点在于创造组织的效率，其他的管理工作则应注重组织的效能，即如何使组织与环境相适应。这种有关组织与环境“匹配”的主张成为现代战略分析方法的基础。

环境的突然改变造成了实践的措手不及，进而激发了理论研究的需要，企业管理学者联系企业实践做出反应和行动，开始研究使企业效率下降的战略因素，由此推动了战略管理理论的发展。

（二）传统战略管理理论成型阶段：20世纪60年代到80年代初

进入20世纪60年代，全球竞争加剧，人们认识到未来是不可预测的，环境是不确定、不连续的，这从根本上动摇了战略管理理论关于未来可以计划、可以预测的思想。这时，以环境变化分析为中心的战略理论占据了主导地位。1965年安索夫出版的第一本有关战略的著作《公司战略》成为现代企业战略理论研究的起点。此后，很多学者积极参与企业战略理论的研究，在这一时期出现了三个比较有影响力的理论学派：设计学派、计划学派和学习学派。

设计学派的代表人物钱德勒、安德鲁斯（Andrews）和克里斯滕森（Christensen）等认为，战略规划是一个有意识控制的思想过程，战略的规划和控制由企业的高层管理者负责。企业战略应当清晰、简明，易于理解和贯彻。良好的战略应该具有创造性和灵活性，有充足的弹性以适应环境的变化。特别是1962年钱德勒的《战略与结构》一书的出版，正式揭开了现代企业战略研究的序幕，在该书中，他较为全面地分析了环境、战略与组织结构之间的相互关系。20世纪60年代安德鲁斯和克里斯滕森使用单向法形成了战略规划的基本理论体系，其实质是如何匹配公司能力与竞争环境的商机。

1965年，计划学派的领军人物安索夫出版了《公司战略》一书。在该书中，他提出了“战略四要素说”，指出战略的构成要素包括产品与市场范围、增长向量、协同效应和竞争优势，把企业战略分为企业总体战略与竞争战略两大类，第一次为经理们提供了完整的战略规划步骤。总的来看，该学派的主要观点为：战略制定是一个有意识控制的规范化过程，应通过目标、项目、预算的层层分解以保证战略实施过程的顺利完成。

学习学派认为，战略是通过渐进学习和自然选择形成的，可以在组织的各个层次出现，并且战略的形成与贯彻落实是相互交织在一起的。其中有代表性的观点有：鲍尔（Bower）和伯格尔曼（Burgelman）的突破思维定式观点、明茨伯格的自然选择形成战略观点以及维克（Weick）的总结经验教训形成战略观点。

总的来看，以上三个理论学派的核心思想基本上是一致的，都把企业的本质看作产品与业务的组合，认为战略管理必须通过企业的精心战略规划与设计使企业适应外部环境的变化，战略规划与实施要求企业的组织结构进行必要的调整，战略管理主要由企业高层管理人员负责。这种主张企业组织结构、企业战略与企业外部环境相适应的核心思想为以后的战略管理研究奠定了基础，被称为古典战略理论。但是，它过分强调企业外部环境的重要性，主张企业被动地适应产业环境，缺乏对企业内部条件的分析，这是其不足之处。

（三）竞争战略理论阶段：20世纪80年代到90年代早期

经济的迅速发展、市场竞争的日益激烈，使得企业战略管理理论的研究重点转移到企业竞争方面。从20世纪80年代起，形成了三大竞争战略理论流派：行业结构学派、核心能力学派与战略资源学派。

行业结构或产业组织学派的代表人物当属波特。20世纪80年代，他先后出版了《竞争战略》（1980年）和《竞争优势》（1985年）等著作，提出了战略定位的观点，实现了产业组织理论和企业竞争战略的创新性兼容，促成了战略制定与实施过程的有机统一。他的战略管理思想主要由以下几部分组成：影响产业竞争结构的五种力量决定着产业吸引力的大小；在产业分析的基础上，提出三种可供选择的基本竞争战略；为实现这些战略提出价值链分析方法；进行进攻性和防御性战略的分析。

20世纪90年代以后，企业竞争的成功与否日益取决于企业对市场趋势的预测能力和对顾客需求变化的反应能力。企业战略管理的核心已经不在于对产品与市场的组合定位，而在于建立难以模仿的组织行为与反应能力。在企业竞争形势的呼唤下，管理学者日益重视对企业内部条件的分析，核心能力学派应运而生。它强调以企业生产、经营行为和过程中的特有能力为出发点，来制定和实施企业竞争战略。该学派的普拉哈拉德（Prahalad）和哈默尔（Hamel）等人认为，企业本质上是一个能力集合体，在企业众多的能力之中，核心能力是最关键、最根本的能力。识别、培育、扩散和运用核心能力开拓市场是企业长期竞争优势的决定因素。企业能力储备决定企业的经营范围，特别是企业多元化经营的深度与广度。该理论认为，企业在长期发展中，依托、利用其资源，形成了难以被其他企业模仿和复制的、使企业在市场竞争中保持竞争优势并取得主动地位的、能给企业带来持久丰厚利润的独特能力，即核心能力，这是企业形成持续竞争优势的源泉。

早在20世纪80年代中期，战略资源学派的某些观点就已经出现，经过80年代后期和90年代初的发展，战略资源学派逐渐成为竞争战略研究领域中占领导地位的理论流派。该学派主要代表人物科利斯（Collis）和蒙哥马利（Montgomery）等人把对战略资源的强调作为其理论出发点，将资源定义为企业所拥有的资产和技能的总和，并把企业看作各种资源的不同组合，特别是一系列独特资源的组合，认为一个企业要获得上佳的经营业绩，就必须具备有竞争力的异质资源，并把这些资源运用到竞争战略中去。战略资源学派认为，企业能获得超额利润和保持持久竞争优势来源于其掌握的独特资源以及在特定竞争环境中对这些资源的配置方式，来源于企业掌握的独特资产与能力的存量与流量，企业的卓越业绩最终取决于对有竞争力的稀缺资源的巧妙配置。

尽管行业结构分析与稍后出现的核心能力和战略资源观在企业战略研究的方法和侧重点上各有不同，但它们把复杂多变的环境和买方市场结构主导作为战略研究的时代背景，将市场竞争作为战略研究的主要内容，把谋求建立和维持企业的竞争优势作为战略目标，因而可以将它们统称为竞争战略理论。而且，这些战略管理理论大多建立在对抗竞争的基础上，侧重于讨论竞争和竞争优势。它们在研究企业战略时，大都假定整个产业结构是比较稳定的、可识别的以及可预见的，同时认为战略分析的重点是要人们关注业已存在的稳定的产业组织，其实质就是在已结构化的产业内寻求企业生存和发展的空间。

（四）战略生态理论阶段：20世纪90年代后期至今

随着21世纪的到来，产业环境日益动态化，技术创新加快，竞争全球化和顾客需求日益多样化，企业认识到，想要发展，无论是增强自己的能力，还是拓展新的市场，都得与其他公司共同创造消费者感兴趣的新价值，必须培养以发展为导向的协作性经济群体。在此背景下，通过不断创新来赢得竞争开始成为企业战略管理研究的一个新焦点，企业战略生态理论应运而生并呈现出两大趋势，即商业生态系统研究以及战略网络研究，它们分别把企业的利益相关者群体和外部生存环境作为商业生态系统和战略网络系统。

生态学作为研究生物与环境辩证统一关系的科学，对企业战略管理理论与战略思维的发展具有重要的指导价值。1996 年，穆尔（Moore）出版了《竞争的衰亡：商业生态系统时代的领导与战略》一书，首次提出和定义了“商业生态系统”，认为商业生态系统就是以组织和个人的相互作用为基础的经济联合体，包括供应商、主要生产者、竞争者和其他利益相关者，并从现代生态学的角度透视整个商业活动，由系统论反思竞争含义，认为在商业活动中共同进化是一个比竞争或合作更重要的概念，打破了传统的以行业划分为前提的战略理论的限制，架构了基于共同进化模式的企业战略全新设计思路。拉兹洛（Laszlo）将广义进化论的思想应用于企业管理，提出进化重构与共同进化的管理思想和方法。达夫特（Daft）利用种群生态学的概念，论述了有关组织间冲突与协作、组织生态系统演化以及正在出现的学习型组织等新的观点和方法，拓展了原有组织理论的固有疆界，并预示这是企业未来战略和结构设计的前沿课题。1988 年，加里洛（Jarillo）在《战略网络》一文中把企业网络思想引入战略研究，强调企业的网络及其关系网络在企业战略中的作用，并将战略网络定义为：有独特性但又相互联系的营利组织之间的长期性的、有目的的组织安排，以使在网络内部的组织获得或保持竞争优势。他认为战略网络是企业竞争优势之源，是介于市场组织和企业内部层级组织之间的一种中间型组织模式，是一种平等、独立的合作协调关系。在此基础上，诺利亚（Nohria）认为企业是多元关系的联结，企业网络是社会网络的重要组成部分，企业的行为和战略必须根据其所在网络的特性及其在网络中的角色、位置来确定。伯特（Burt）认为网络是信息和控制收益的通道，不同的网络结构有不同的报酬率，形成有价值的社会资本，企业网络及其关系是自身拥有的资源。古拉蒂（Gulati）把战略网络定义为由那些具有持久性的、对进入其中具有战略意义的节点构成的组织，包括战略联盟、合资、长期的买卖伙伴和由一群相似节点构成的组织，它是嵌入公司内的各种社会关系的整体安排。他强调战略网络对企业行为和业绩的重要影响，必须将战略网络观念整合于战略研究之中。

从本质上来说，无论是商业生态系统还是战略网络方面的研究，其思维逻辑都是基于生态学思维范式，都是为了适应网络经济的发展和战略环境复杂性升级而对战略管理理论进行的理论创新。因此，可以将其统称为“战略生态”理论。战略生态学说冲破了传统战略思维的藩篱，即行业固定不变、过分关注直接竞争对手、把公司看作“独立、自治的实体”，以及采用仅仅考虑自身利益等方式来研究企业竞争战略。它强调在制定和实施企业战略时要充分考虑整个商业生态系统及其成员的利益，强调瞄准广阔的环境机会，争取领导或建立有利的或占优势的新的战略生态系统，它可能由延伸到几个不同行业的企业食物链所构成，将与同类或非同类战略生态系统竞争，并扩展到其他行业。战略生态观要求领导者超越传统组织和文化的界限，形成位于公司、行业和国别界限之上的竞争观点，这有助于指导企业选择更科学的战略行为和竞争手段，有利于建立企业对战略环境的长期适应性和生态进化能力，但是也缺乏对战略生态评价、战略生态规划、战略生态建设和战略生态管理等问题进行深入系统研究，因而这一新战略范式目前还存在可操作性较差、难以指导企业具体实践等问题。

二、战略管理主要流派

明茨伯格、阿尔斯特朗（Ahlstrand）和拉蒙珀（Lampel）等将战略管理的各种理论梳理成十大学派，即设计学派、计划学派、定位学派、企业家学派、认识学派、学习学派、权力学派、文化学派、环境学派和结构学派。各学派的代表人物都从不同视角对战略管理提出了各自的主张，见仁见智。明茨伯格认为，战略管理的真谛其实就像一头大象，十大学派分别从不同的侧面看到大象的局部，只有综合集成各派的观点，才能对大象有整体的认识和体悟。总的来看，这十个学派可以分为三类。设计学派、计划学派和定位学派属于说明性学派，关注的是战略应该如何表述，而不是战略形成过程中的必要工作；企业家学派、认识学派、学习学派、权力学派、文化学派以及环境学派属于描述性学派，对战略形成的具体方面进行了思考，侧重于描述战略的实际制定和执行过程，而不是理想的战略性行为；最后是结构学派，它其实是其他学派的综合。

（一）设计学派——一个概念的过程

设计学派的代表人物是安德鲁斯，他在 1971 年出版的经典著作《公司战略概念》中首次提出了公司的战略思想问题，阐明了制定与实施公司战略的两阶段战略管理模式。安德鲁斯的最大贡献是提出了战略制定的 SWOT 分析框架。设计学派认为：战略制定是一个有意识控制的思想过程；企业的经理是企业战略的唯一制定者，其战略制定过程是简单而又非正式的一次成型过程，成型之后即付诸实施；最佳战略应具有创造性和灵活性。

（二）计划学派——一个正式的过程

计划学派以安索夫为主要代表，另外还有斯坦纳（《最高管理层的规划》，1969 年）和安东尼（《计划与控制系统》，1965 年）。安索夫在 1965 年出版的《公司战略》中对企业发展的基本原理、理论和程序进行了研究，初步形成了企业战略管理研究的理论框架。另外，安索夫在 1976 年出版的《从战略计划走向战略管理》及 1979 年出版的《战略管理》中，系统地提出了战略管理的模式。计划学派认为：战略构造应该是一个有控制、有意识的正式计划过程；战略计划的实施应通过目标、项目、预算的分解来进行，具体制定和实施计划的人员必须对高层管理人员负责；战略行为是企业对其外部环境的适应过程以及由此而产生的企业内部结构化的过程。

（三）定位学派——一个分析的过程

定位学派的代表人物是波特。波特在 1980 年出版的《竞争战略》中明确指出，企业在考虑战略时必须将企业与所处的环境相联系，而行业是企业经营的最直接环境；每个行业的结构又决定该行业内部的竞争状况，结构力量（五力体系）决定该行业的平均利润率，从而决定了行业内各企业的潜在利润水平。波特的《竞争战略》中的许多思想被视为战略管理理论的经典，比如五种竞争力量（进入者的威胁、替代品的威胁、买方议价能力、供方议价能力和现有竞争者的竞争）、三种基本竞争战略（成本领先、差异化和集中化）。波特的竞争战略理论基于成熟的产业组织理论，具有较强的系统性，同时又融合了建立竞争优势的具体途径，贯穿了理论研究与实务操作，因此，备受理论界和产业界的青睐，在全球产生了深远的影响，是 20 世纪 80 年代处于主流地位的企业战略理论。

（四）企业家学派——一个愿景的过程

企业家学派的主要代表人物有奈特（Knight）（《企业家精神：处理不确定性》，1967

年）、柯林斯和穆尔（《组织的缔造者》，1970 年）。该学派认为，具有战略洞察力的企业家是企业成功的关键。战略形成主要集中于企业领导人，他们依靠智慧、经验及洞察力进行直觉判断，以决定企业活动领域和发展方向。

（五）认识学派——一个心智的过程

认识学派，又称认知学派，最早起源于西蒙（Simon）等人的研究，形成于 20 世纪 80 年代中后期。该学派认为：认识是无序的；认识是信息处理的过程；认识是制图过程；认识是概念形成过程；认识是构建过程。认识学派认为了解战略形成过程，最好了解人的心理和大脑，从这个意义上讲，该学派的研究内容对认知心理学有很好的借鉴作用，但对战略管理研究的贡献是有限的。认识学派从认知心理的角度出发，认为战略制定不仅是一个理性思维的过程，而且包括一定的非理性思维，并且后者常常更为重要。因而，战略的形成是一个精神活动过程。该学派的代表人物主要是西蒙（《管理行为》，1945 年；《组织》，1958 年；《思想模型》，1979 年）。

（六）学习学派——一个变通的过程

该学派的代表人物有林德布罗姆（Lindblom）（《“蒙混过关”的科学》，1959 年）、赛尔特（Cyert）和马奇（March）（《公司行为理论》，1963 年）、奎因（《应变战略：逻辑渐进主义》，1980 年）以及彼德·圣吉（Peter M. Senge）（《第五项修炼》，1990 年）。学习学派认为，战略是通过渐进学习、自然选择形成的，可以在组织中出现，并且战略的形成与贯彻是交织在一起的。战略形成与发展就是思想与行动、控制与学习、稳定与改变相结合的艺术性过程。由于战略的过程导向，不仅企业最高领导需要学习，而且整个领导集体都必须学习。领导作用不再是预先决定战略，而是组织战略学习过程。

（七）权力学派——一个谈判的过程

权力学派把战略形成看作一个协商的过程，强调在战略形成过程中，必须考虑权力或政治方面的因素。权力学派认为，企业内外部存在着各种正式和非正式的利益团体，它们会利用各自的权力对企业战略施加影响。因此，战略制定过程是各种正式或非正式利益团体运用权力、施加影响、不断谈判、相互控制和折中妥协的过程。战略制定不仅要注意经济、行业及竞争因素，而且应当注意决策过程中的政治因素，注重均衡考量各利益相关者的利益诉求。同时，在战略制定与实施过程中，需要化解和排除来自组织内外部的个人或利益集团的牵制和干扰。权力学派的代表作有麦克米兰（MacMillan）的《论战略形成：政治概念》（1978 年）、普费弗（Pfeffer）和萨兰西克（Salancik）的《组织的外部控制》（1978 年）。

（八）文化学派——一个集体的过程

文化学派将战略形成看作一个集体思维和社会交互的过程，它把个体的集合连接到组织这个整合实体之中，着眼于共同利益，确立了组织风格与个人风格的同等地位，有利于建立整体观念。该学派认为，文化是社会成员随着时间推移而创造的一种共享意向，它的形成不仅需要通过纯粹的社会活动，还有赖于成员之间的相互关系以及所使用的资源。该学派指出，企业文化及其背后的价值观念对于战略的形成具有重要影响。观念植根于集体意向之中，通过深藏着资源或潜能的组织模式反映出来。文化学派赞成战略管理的连贯性，强调传统的传承性、变化的丰富性和舆论的复杂性。文化学派的代表作有莱恩曼（Rhenman）的《长远规划的组织理论》（1973 年）、沃特曼（Waterman）与彼得斯（Peters）合著的《追求卓越》（1982 年）以及沃纳菲尔特（Wernerfelt）的《企业资源基础理论》（1984 年）。

（九）环境学派——一个反应的过程

环境学派把战略的形成过程看作企业对外部环境的反应过程，环境作为一种综合力量，成为企业战略形成过程的中心角色。该学派将注意力转移到组织外部，重点研究组织所处外部环境对战略制定的影响，注重描述特定环境与组织特殊属性之间的关系，应用组织生态学、社会网络分析等方法研究企业战略理论。环境学派以源自权变理论的偶然性理论为核心，强调环境对于企业战略的重要性，认为企业必须适应环境，只有在适应环境中才能找到自己生存和发展的位置。环境学派主要研究组织进化过程、组织种群的变化与环境选择的结果，代表人物是汉南（Hannan）和弗里曼（Freeman）。

（十）结构学派——一个转型的过程

结构学派是其他学派的综合，因此又称整合性学派。结构学派将战略的形成看作一个变革的过程。该学派认为，企业战略应从两方面去定义才能真正反映企业战略的性质和特点。一方面，战略在一定时期需要稳定，形成某种需要从多个角度认识的架构；另一方面，战略变革穿插于一系列相对稳定的战略状态之间，因而战略架构也需要变革。结构学派提供了一种调和不同学派的方式，认为不同学派都有自己的时间和位置，由此为战略管理的研究带来了秩序。在该学派看来，选择合适的结构是一种复杂的平衡行动，经理们必须避免平庸和结构太少的混乱，同时还不能过于迷恋结构。结构学派的代表作如坎德瓦拉（Khandwalla）、明茨伯格和米勒（Miller）合著的《“里卡洛斯”的悖论》（1990 年）。

三、21 世纪企业战略管理面临的挑战

21 世纪，企业战略管理至少面临四个重要的挑战，包括经济全球化、技术创新、知识经济以及企业伦理。

（一）经济全球化对企业战略管理的挑战

经济全球化是指世界经济活动跨越国界，通过对外贸易、资本流动、技术转移、提供服务、相互依存、相互联系而形成的全球范围的有机经济整体。简单地说，就是世界经济日益成为一个紧密联系的整体。经济全球化是当代世界经济的重要特征之一，也是世界经济发展的重要趋势。

全球化一方面为企业带来了机遇，包括成本优势、更多的市场机会、学习机会等，另一方面，也对企业提出了更高的要求，包括更高的生产、质量、运营标准，更激烈的竞争，以及更高的风险等。在此背景下，企业如何权衡利弊，根据外部的变化趋势并结合内部资源条件，正确制定企业竞争战略，从而获得持续竞争优势，是企业战略管理目前面临的重要难题之一。

（二）技术创新对企业战略管理的挑战

技术与管理是经济组织提升效率的两大驱动因素，随着人类不断积累了解、适应和

征服自然的知识，与此高度相关的技术创新对企业生产与运营方式产生越来越大的影响。一方面，技术创新已不是单纯地涉及研发部门的活动，而是贯穿研发、生产、销售、服务等企业经营全过程；另一方面，技术创新正在为企业核心竞争力的培育与提升提供重要支撑。

在新一轮的技术进步、创新以及应用中，以新能源技术、新材料技术、互联网技术等为主要代表的技术进步与创新，与数字化、智能化、绿色化的时代要求相结合，对企业运营的各个方面都产生了重要影响。因此，企业必须时刻关注全球技术创新的最新动态，想方设法跟上时代的步伐，并在条件允许的情况下尽可能谋求技术引领地位，以确保在技术创新的大潮中不被淘汰出局。

（三）知识经济对企业战略管理的挑战

知识经济是和农业经济、工业经济相对应的一种新型的、富有生命力的经济。从理论上讲，知识经济是指以知识为基础的经济，也就是说真正的生产资料不再是以资金、设备和原材料为主，而是以人的知识为主。知识经济并非工业经济的简单过渡和延伸，它是以网络信息技术为基础，建立在知识和信息的生产、分配和使用之上的经济。知识经济具有开放共享性、高效快捷性、虚拟性、规模性和知识智能性。其中，知识智能性表现为在知识经济下，经济的发展不再是以自然资源和体力劳动者为主，而是以知识和信息资源及智力劳动者为主。财富被重新定义为所拥有的信息、知识和智力的多少。智能工具将日益占据社会的主导地位。产品中知识的含量不断增加，生产、交换和分配都将智能化。可以说知识是知识经济的核心。知识的生产和消费，依赖于知识和信息的广泛传播和应用。信息技术的快速发展，使知识和信息的传播和接收非常快速和便捷，知识和信息的广泛获取也就成为现实。知识将取代能源和电力等成为整个社会的主导性资源，整个社会生活都将知识化、智能化。信息和知识正在取代资本和能源而成为创造财富的重要资产，人类的生产劳动将由体力变为智力，知识生产力将成为一个国家生产力、竞争力和经济成就的关键；知识产业将成为首要产业，全球化经济将从物质资源型经济转换成知识信息密集型经济。在知识经济时代获得竞争优势主要靠知识，“知识资本”是创造效益的实际推动力，而作为知识载体的科技人才已成为知识经济发展的关键。

工业经济时代的管理重点是如何增加生产、加快流通和销售。而在知识经济时代，由于知识代替了劳动、资本和自然资源，成为企业最重要的资源，管理要对知识进行有效的识别、获取、开发、分解、使用、存储和共享，运用智慧提高竞争力，其重点是知识的有效开发、共享与培训。知识管理将成为推动知识经济时代前进的重要动力，提高知识的生产力和创造力将成为管理的核心。因此，培育组织的学习能力则成为企业战略管理面临的一大挑战。因为只有不断学习，才能不断为组织积累知识，从而适应不断变化的环境。

（四）企业伦理对企业战略管理的挑战

企业伦理是企业处理企业内部员工之间、企业与社会之间、企业与顾客之间关系的行为规范的总和。目前，企业伦理已经成为现代企业存在和发展的重要条件，是现代企业制度和管理中不可缺少的软件。然而，有人认为，企业是将赚钱作为主要目标的，伦理则是追求的道德规范，企业的经营目标与企业社会责任没有必然联系，甚至是水火不相容的，因此认为企业的经营目标和经营伦理是相矛盾的。其实这不过是表面现象，以追求利润为唯一目标的思维方式是落后于时代的。在当今时代，企业伦理将具有日益显著的地位、发挥日益重要的作用，这是当代市场经济和企业发展的一种明显的不可阻挡的历史趋势。如果企业只追求利润而不考虑企业伦理，则企业的经营活动可能为社会所不容，并被时代所淘汰。也就是说，如果在企业经营活动中没有必要的伦理观指导，经营本身很难获得成功。树立企业伦理的观念，体现了重视企业经营活动中人与社会要素的理念。

本章小结

企业战略管理是对制定、实施、评估、调控和变革企业战略的全部活动的总称，它是一个全面的、复杂的管理过程，是一门综合性、多功能决策的科学和艺术。企业战略既可以理解为“计划”“模式”，也可以看作“定位”“观念”“计谋”，并且具有指导性、全局性、长远性、竞争性、系统性、风险性六大特征。

战略管理是一个不断循环往复的过程，这个过程主要包括战略分析、战略制定、战略实施、战略评估与控制四个步骤。战略管理思想的演变是始终与市场竞争紧密相连的。不同的战略管理思想都是围绕如何制定和实施竞争战略，获得竞争优势这一核心问题而展开的。战略管理思想的发展经历了萌芽、传统战略管理理论成型、竞争战略理论和战略生态理论四个阶段。目前，企业战略管理正面临着经济全球化、技术创新、知识经济以及企业伦理等方面的挑战，应对这些挑战是战略管理者的重要使命。

思考题

1. 什么是企业战略？如何全面理解企业战略的内涵？
2. 战略管理的过程有哪些？它们之间存在怎样的关系？
3. 企业战略有哪几个层次？这几个层次之间的关系怎样？
4. 简述战略管理理论的演变历程。
5. 企业应该如何应对 21 世纪出现的新的战略管理挑战？

参考文献

[1] BURT R S. *Structural Holes: The Social Structure of Competition*. Cambridge: Harvard University Press, 1992.

[2] CHANDLER A D. *Strategy and Structure: Chapters in the History of American Industrial Enterprise*. MA: MIT Press, 1962.

[3] GULATI R, NOHRIA N, ZAHEER A. Strategic Networks. *Strategic Management Journal*, 2000, 21 (3): 203-215.

［4］ANSOFF I. *Corporate Strategy*. New York：McGraw-Hill，1965.

［5］JARILLO J C. On Strategic Networks. *Strategic Management Journal*，1988，9 (1)：31－41.

［6］NOHRIA N，ECCLES R G. *Networks and Organizations*：*Structure*，*Form and Action*. Boston：Harvard Business School Press，1992.

［7］明茨伯格，阿尔斯特兰德，兰佩尔．战略历程：原书第 2 版．北京：机械工业出版社，2012.

［8］亨格，惠伦．亨格 & 惠伦战略管理：原书第 11 版．北京：中国人民大学出版社，2009.

［9］科利斯，蒙哥马利．公司战略：基于资源论的观点．北京：机械工业出版社，2006.

［10］欧文・拉兹洛，克里斯托弗・拉兹洛．管理的新思维：第三代管理思想．北京：社会科学文献出版社，2001.

［11］达夫特．组织理论与设计精要．北京：机械工业出版社，1999.

［12］穆尔．竞争的衰亡：商业生态系统时代的领导与战略．北京：北京出版社，1999.

［13］谢洪明，刘跃所．战略网络、战略生态与企业的战略行为．科学管理研究，2005，23 (1)：33－36.

［14］波特．竞争战略．北京：华夏出版社，2012.

第2章

使命、愿景与战略目标

学习目标

- ⊙ 掌握使命的定义和基本特征，了解提炼使命陈述可能存在的误区；
- ⊙ 掌握愿景的定义和基本特征，熟悉愿景表述的四种常见类型；
- ⊙ 掌握战略目标的定义、战略目标展开的方法，了解战略目标测量的方法。

引导案例

三联保卫战

生活·读书·新知三联书店（简称“三联书店”）是一家历史悠久的出版社。它的前身是邹韬奋、胡愈之、徐伯昕、李公朴、艾思奇、钱俊瑞等人在上海创立的三家出版发行机构（生活书店、新知书店和读书出版社）。1948 年 10 月，三家机构在香港合并而成生活·读书·新知三联书店。1951 年，三联书店并入人民出版社。1986 年 1 月，三联书店恢复独立建制，成为国家出版局直属的综合性出版社。三联书店以出版高品位的人文社科的译著为独特的文化品牌，受到读者的广泛尊敬。

20 世纪 80 年代以来，出版界面临着巨大的市场诱惑，但三联人坚守文化的尊严，始终保持三联图书的品位和特色，同时对开拓和发展市场做了积极的探索和尝试，成立了三联读书俱乐部，恢复了《读书》杂志和《生活周刊》，创办了《爱乐》杂志。然而，自 2003 年年底以后，三联书店的运营出现了与“三联传统”不协调的声音。

2004 年 3 月，三联书店一号两刊的违规操作被公开。三联书店主要负责人的这种违规操作行为引起了公愤，并引发了中国文化界长达半年的一场轰轰烈烈的“三联保卫战”。14 位三联书店员工在互联网上公布了给全体三联人的公开信，表达了他们对三联现状及前景的忧虑。4 月，三联书店针对主要负责人的问题开了多次社委会专题会议。绝大多数委员坚决反对主要负责人推行的以教材教辅、地图和小说为主的“新三联”路线，认为这种做法给三联书店的品牌、形象带来了“严重的负面影响”。

4 月底，中国 42 家民营书店联名递呈了“致北京三联书店暨中国出版集团的公开信”。公开信写道：“近期各界盛传三联‘内争’情状，主要为政者取财无道、任人唯亲、嫉贤妒能、恣意妄为，使三联七十余年之基业，有坠隳之虞，宇内一片哗然，我等亦深感痛切。我辈虽以贾书为业，然亦颇以传播文化为己任，私意与三联休戚一体，唇亡齿寒，敢不直言以告?”这是中国民营书店第一次联合起来，对一家国有出版社的负责人说“不”。

杨绛、季羡林等作家和学者知道三联书店的困境后，在很短的时间里不约而同地写回忆老三联的文章，以另一种方式表达他们的焦虑和期待，引起了很大反响。杨绛回忆老三联时说：“我和钱钟书把书交三联出版，是因为三联是我们熟悉的老书店，品牌好。三联有它的特色：不官不商，有书香。我们喜爱这点特色。”

三联书店的主管部门——中国出版集团对三联书店的问题进行了广泛调查。2004 年 9 月，尘埃落定，主要负责人汪某被调离三联书店。

资料来源：焦叔斌．三联书店与南方科技大学．中国人民大学商学院案例库，2017.

在不断变化的经营环境中，企业需要进行适应性的变革和调整，这样才有可能持续健康地发展。但是，这并不意味着企业所有的因素都要发生改变，也不意味着无论怎样变都是积极的变化。相反，如果贸然改变了企业应该长期坚持和保持稳定的因素，或者变革的方式不适当，都有可能将企业引入失败的泥潭。从三联书店的案例中我们发现，作为一家具有悠久历史和光荣传统的出版机构，三联书店始终秉承“竭诚为读者服务”的宗旨，恪守“人文精神，思想智慧”的理念，用“一流、新锐”的标准出版人文社科领域的图书，在知识界和广大读者中享有盛誉，被誉为“中国知识分子的精神家园”。虽然市场的变化使得一贯坚持自己的定位和品位的三联书店面临经营困境，但是这并不意味着一切面向市场的变革和调整都是适宜的。当三联书店经过长期积淀而形成的定位和文化特质，即杨绛先生所说的“不官不商，有书香”，被商业化的举措所侵害时，不仅三联书店自己的员工，甚至读者和经销商都站出来试图保卫他们心目中的三联书店，希望三联书店能够保持其弥足珍贵的文化特质和独特定位。

真正优秀的企业知道哪些因素应该保持不变，哪些因素可以灵活改变，尽管它们的经营战略和运营活动总是不断地调整以适应变化的世界，但是它们都保持着稳定的使命、愿景和价值观等这些核心要素。这种在不断发展的过程中保持其核心不变的能力，是其成为精英企业的原因。

创立于 1669 年（清康熙八年）的同仁堂品牌，自 1723 年（清雍正元年）为清宫提供御药，历经八代皇帝长达 188 年。1949 年中华人民共和国成立，饱经沧桑的同仁堂获得了新生。1992 年中国北京同仁堂集团公司组建，并于 2001 年改制为国有独资公司。在 300 多年的发展历程中，同仁堂始终坚持“同修仁德，济世养生”的初心，坚持“全心全意为人民健康服务”的宗旨，将“修合无人见，存心有天知”“炮制虽繁必不敢省人工，品味虽贵必不敢减物力”“但愿世间人无病，哪怕架上药生尘”等古训内化为企业行为准则，造就了同仁堂“配方独特、选料上乘、工艺精湛、疗效显著”的制药特色，奠定了同仁堂质量和诚信文化的根基。

优秀的企业都是相似的，像同仁堂这样持续成功的公司往往都具备共同的特质。哈佛大学商学院的一项持续六年的研究表明，那些能够持续成功的公司都具备在“稳定”

和“变革”之间进行协调的不可多得的能力，这种能力与企业愿景规划密切相关。企业愿景规划是指企业在应该保留什么、应该发展什么方面的谋划，涉及使命、愿景、战略目标等与企业长期发展相关的主题。

第 1 节　使　命

一、什么是使命

使命（mission），也称为宗旨（purpose），是指一个组织的基本定位，是组织存在的根本原因，回答的是“我是谁”的问题。比如，薪火相传悠悠百年的北京稻香村始终坚持“承中华智慧，融现代精神，弘扬中国食品文化，为社会创造价值”的企业使命，宝洁公司则将“在现在和未来的世世代代确保每个人有更高的生活质量”作为企业使命。从这两家公司的使命表述中我们发现，它们都没有把赚钱作为组织存在的根本原因。关于这一点，惠普公司创始人之一戴维·帕卡德在 1960 年就给出了明确的回答。他在给员工做的演讲中指出：使命触及的是一种赚钱之外的、组织存在的更深层的理由。这种更深层的理由源自人们内心中“做一些有价值的事情”的渴望。当人们无法通过个人力量来实现这些渴望时就会联合起来，以组织的形式来实现这些渴望。从这个角度来说，组织存在的根本原因不是赚钱，而是为了完成单个人无法完成的事情——创造一种产品、提供一种服务，从而为社会作出贡献。

当然，这不是说利润不重要，利润对于每个企业都是非常重要的，但是对于那些真正优秀的企业来说，利润不是目的。吉姆·柯林斯在《基业长青》一书中说：“利润就像人体需要的氧气、食物、水和血液一样，这些东西不是生命的目的。但是没有它们，就没有生命。”因此，正如生命的意义不会是氧气、食物、水和血液一样，组织存在的根本原因也绝不是利润本身，利润只是组织存在的必要条件，也是组织经营的结果。

任何组织都有使命，比如大学的使命是培养人才，医院的使命是救死扶伤。使命界定了一个组织现在和未来在做什么以及不做什么方面所做的选择，同时也是组织对社会的公开承诺。明确的使命能够为组织的战略决策乃至日常的运营决策提供指南，也能够吸引有共同使命感的人才进入组织，从而将组织凝结成一个整体。反之，缺乏明确使命的企业看似无所不能、无所不为，在长期的发展中，却会由于缺乏聚焦而使业务变得散乱，无法培养出核心竞争力，也无法在竞争中取胜，甚至会分崩离析。

由此，我们可以认识到使命的重要性。但是，使命的重要性并不意味着组织的领导者一定会对自己的使命有清晰的认识，特别是对于创业者来说。很多创业者都是机会驱动型的领导者，在创业之初对于“我是谁”“我为什么存在”等根本问题没有认真的思考或者清晰的认识。这种状况在其商业探索的早期可能不会产生太大的影响，但是随着业务的开展，这些根本问题必须要予以足够的关注。一项研究表明，创业叙事是创业者获得外部资源的关键机制。所谓创业叙事就是有关创业者及其创业企业的故事，它并不是简单地讲事实，而是以有诉求的方式编排和表述事实。创业叙事包含三个递进式的问题：我们是谁？我们要到哪里去？我们如何去？这三个问题恰恰回答的就是使命、愿景以及战略的问题。这也说明了在创业之初就明确以上根本问题的重要性。

当然，在商业世界里也有很多高瞻远瞩的领导者，他们很早就对自己的使命有清晰的认识，在条件不充分的情况下，发挥企业家精神、通过艰苦卓绝的努力向着自己的理想进发。如吉利集团的李书福，很早就有“造中国的高级轿车”的梦想。为了实现这个梦想，李书福一路摸爬滚打。他先在冰箱行业赚了第一桶金，但之后在海南的房地产大潮中栽了跟头，后来进入摩托车领域，取得初步的成功。凭借在摩托车领域积累的资源和能力，1997 年吉利正式进入汽车领域，但是由于条件所限，只能从低端汽车入手。一直到 2010 年，吉利集团收购了有“全球最安全汽车”美誉的沃尔沃汽车时，李书福才看到了梦想照进现实的曙光。可以说，是清晰的使命驱动着吉利集团不断地变革和创新，逐步从名不见经传的地方民营企业成长为国际知名的企业，也逐步扭转了其服务于低端市场的企业形象。

二、使命的基本特征

为了更准确地理解使命，我们需要进一步挖掘其基本特征。研究发现，使命具备以下三个基本特征。

（一）使命是一种永远的追求，指引着企业前进的方向

使命是对组织经久不衰特征的界定，它超越了产品生命周期、技术突破、管理时尚、个人领袖。使命与企业具体的目标或者战略不同，你可以达到目标或者实现战略，但是不可能完全实现使命。使命是企业永远的追求，像北斗星一样指引着企业前进的方向。

以玫琳凯化妆品公司为例，1963 年，45 岁的玫琳凯·艾施凭着自己的经验、梦想和 5 000 美元的积蓄，在儿子理查德的帮助下创立了玫琳凯化妆品公司，并确立了“丰富女性人生”的使命。这是第一家致力于让女性的生活变得更加美好的公司。玫琳凯女士认为，玫琳凯化妆品公司所获取的成功远远不是金钱、一幢幢高楼和企业资产所能概括的，公司真正的成功之处在于它能够改变女性的生活，让她们对自己的生活充满希望。玫琳凯女士虽已去世，但是她的远见、勇气和永不放弃的信念还在继续为女性带来发挥才能、实现梦想的机会。目前，玫琳凯公司在超过 35 个国家和地区拥有 300 多万名美容顾问，她们身上承载着玫琳凯女士的梦想和信念。“丰富女性人生”的使命依然在指引着玫琳凯公司的成长，鼓励和帮助更多的女性获得成功。

（二）使命本身不变化，但它却激励着变化

随着环境条件的变化，企业不可能用同样的产品、战略、运营方式等完成使命指引它要做的事情。正如旅途上的跋涉者在北斗星的指引下前行，过程中会遇到风霜雨雪、山川河流，需要不断地调整以适应环境的变化，才能确保自己一直沿着北斗星指引的方向走。所以，从这个角度来看，使命本身不变化这一事实，恰恰意味着企业不可能停止变革和发展。

以阿里巴巴为例，创立于 1999 年的阿里巴巴于 2014 年 9 月 19 日正式登陆美国纽约证券交易所。在招股说明书中，创始人马云首次向公众系统地阐释了阿里巴巴的使命、

愿景、商业模式、解决问题的优先级以及治理结构等关乎企业大政方针的议题。马云说，阿里巴巴是一家真正相信并践行使命驱动的公司，15年来，阿里巴巴坚守“让天下没有难做的生意”这一使命，帮助中小企业解决生存、成长和发展的问题。在使命的指引下，阿里巴巴创建了1688、淘宝网、天猫、村淘网等多个电商平台；推出支付宝，为买卖双方提供对交易资金的第三方担保；开展金融服务，为个人消费者和中小企业提供贷款；建立独立的征信系统——芝麻信用，帮助全社会解决信用和信任问题等。可以想见，未来阿里巴巴集团还将不断推出新的业务，实现新的目标，“让天下没有难做的生意”这一使命将一直激励着企业不断创新、持续发展。

（三）使命是人们在组织中工作的理想动力

根据马斯洛的需要层次理论，每个人内心都有自我实现的需要。而这种自我实现的需要就是对做有价值的事情的渴望，这种渴望是组织力量的源泉。组织中拥有强烈自我实现需要的员工越多，组织就越有力量。当自我实现的需要得到满足时，员工内在的满足感最强，甚至不需要其他外在的激励就能够让他们保持工作的激情。所以，激发员工自我实现需要的举措是最好的激励方式，而使命恰恰就扮演了这个角色。

使命是企业的自我定位，界定了企业将为社会创造何种价值，也是企业对将要为社会作出何种贡献的承诺。这一承诺是企业中有共同理想的员工共同做出的，朝着这个方向所做的每一次努力都是员工在自我实现的路上迈出的坚实一步，具有激动人心和引以为豪的特质，能够激励员工持续地努力，为组织和社会作出贡献。因此，使命是人们在组织中工作的理想动力。

当然，人是多种需要并存的，除了自我实现的需要之外，还有生理的需要、安全的需要、社交的需要、自尊和受人尊重的需要。这要求组织中的管理者在激励员工时要综合考虑员工的需要，有针对性地采取适宜的激励方式，在满足员工其他层次需要的情况下，尽可能激发其自我实现的需要。

三、提炼使命陈述的误区

企业有明确的使命陈述，将对企业的战略决策甚至日常的运营决策都能起到指导作用，也有利于将组织凝结成一个整体。所以通过有组织的、适当的方式提炼出企业的使命是非常重要的。提炼企业使命时可以采用全员讨论的方式、核心小组的方式，也可以二者结合，目的是通过抽丝剥茧的方式把蕴含在企业深处的核心理念提炼出来。但是，在提炼过程中需要避开一些常见的误区，主要包括以下三个方面。

（一）提炼使命时应该发挥创造力

必须要明确的一点是，企业的使命从创立之初就蕴含在企业中，通常也会随着企业的发展而发展，它如同基因一样决定了企业的独特性。因此，提炼企业的使命不是通过观察外部环境来理解，而是应该通过观察内部环境来理解。在提问的时候，不要问“我们应该拥有什么与众不同的使命定位”，而应该问“我们真正充满激情地想要做的事情是什么”。也就是说，提炼使命时需要做的事情是“发现”，而不是“创造”。

（二）应该通过使命提炼来彰显差异性

提炼使命的目的不是让外部人员对使命过目不忘，而是激励内部人员。只要能够激发内部人员的积极性，吸引并留住和企业理念一致的人，就达到了目的。因此，我们经常会发现不同企业的使命陈述会有相同之处。比如惠普和索尼都强调要为大众作出技术贡献，因为这是对其公司内部员工有意义、有激励作用的表述，是员工的激情所在。所以，尽管表述类似，并不妨碍这两家公司都有很好的使命陈述。当然，尽管都强调技术贡献，惠普和索尼的业务领域还是有很大的差异，这是由它们选择的目标市场以及擅长的领域不同决定的。

（三）应该从产品或服务的角度来界定使命

使命界定的是一个企业经久不衰的特征，是企业应保持长期稳定不变的因素，而产品或服务则会随着市场、环境、顾客等因素的变化而快速调整。所以，如果从产品或服务的角度来界定使命，企业的视野就会受到限制，很难高瞻远瞩。历史上很多有实力的铁路公司最后失败了，因为它们将自己的视野局限于铁轨，在陆路以及水路交通快速发展的情况下，执着于原有的业务领域而丧失了发展机会。放眼望去这样的例子在各个行业都不鲜见。

战略聚焦 2-1

国内外知名企业的使命陈述

同仁堂：全心全意为人民健康服务。

阿里巴巴：让天下没有难做的生意。

宝武：驱动钢铁生态圈绿色智慧转型发展，促进企业各利益相关方共同成长。

吉利：造最安全、最环保、最节能的好车，让吉利汽车走遍全世界。

蚂蚁集团：我们致力于用科技让普通人和小企业享受平等的金融和生活服务。

小米：始终坚持做“感动人心、价格厚道”的好产品，让全球每个人都能享受科技带来的美好生活。

麦肯锡：帮助杰出的公司和政府更为成功。

玫琳凯：丰富女性人生。

沃尔玛：帮顾客节省每一分钱。

宝洁：在现在和未来的世世代代确保每个人有更高的生活质量。

第2节 愿 景

一、什么是愿景

杰克·韦尔奇曾说：“卓越的商业领袖能够创造一个愿景，清楚有力地阐明这个愿景，饱含激情地坚持这个愿景，并且坚定不移地实现这个愿景。”

愿景是组织未来期望达到的一种状态，是组织对于“我要到哪里去”这一问题的思考。愿景反映了组织远大的目标和追求，是需要花 10 年、20 年甚至更长的时间来实现的目标。通常，这一目标不是枯燥的数字，而是具有生动的、可视化的特征。具体来说，好的愿景应该包括以下两个部分。

（一）10～30 年的大胆目标

这一大胆的目标常被称为是“BHAG”的大胆目标，即宏伟、惊险而大胆的目标（BHAG 是 big、hairy、audacious 和 goal 四个单词的首字母缩写）。为什么愿景应当设置大胆的目标，而不是现实的目标呢？首先，愿景是为了企业长远的未来而设置的目标，不应该基于现有的经营能力和现有的环境条件来设置。从长远来看，人们通常会低估未来的变化，所以需要在设置目标的时候大胆一些。其次，愿景本身应该具有吸引力，让人们感觉到激动人心，愿意为之付出持久的努力。不应该设置成“蹦一蹦就够得着”的现实的目标，因为现实的目标无法激发员工的潜力，也不能成为员工为了梦想实现而努力的动力。

（二）生动形象的描述

除了大胆的目标之外，愿景还应该包括“生动形象的描述”，即用一种形象鲜明、引人入胜和具体明确的描述来说明实现 BHAG 之后的图景。这样的图景非常重要，因为它把大胆的目标变成人们头脑中生动形象的图画，从而让员工易于理解，也更能够打动和吸引他们。著名的美国黑人民权领袖马丁·路德·金在他的演讲中非常善于用生动形象的描述来激励民众。在《我有一个梦想》演讲中，马丁·路德·金没有采用逻辑论证的方式说明为黑人争取民权的正当性，而是用一连串的排比句描绘了黑人得到公平对待后的美好图景，因此在听众中引起广泛共鸣，也吸引了大批民众支持和参与他所领导的运动。

二、愿景的特征

好的愿景应具备以下几个特征。

（一）愿景应当表现出高度的想象力并给人以巨大的鼓励

确立愿景需要领导者具有远见卓识，给人们指明奋斗的目标和生动形象的前景。在这样的愿景指导下，组织实现愿景的过程如同攀登一座高山，虽然很有挑战性，但是由于人们知道实现后的状态，因此也就能够激励他们为了实现目标而付出持久的努力。所以，判断愿景好坏的重要标准是：愿景是否能够让企业员工感觉到激情澎湃？愿景是否能让他们坚信自己通过努力美梦成真？愿景是否能够在组织中获得广泛的认可，并且有持久的推动力？总之，生动的愿景本身应该非常激动人心，能够持续不断地激励组织。

（二）愿景的提出是一个创造的过程

与使命不同，愿景是经过 10～30 年的努力可以实现的目标，是面向未来的。因此，这一目标需要从超越企业现有资源和能力、超越现有市场环境的角度来界定，它不是一个内省的过程，而是面向未来大胆设想的过程。这样提出来的愿景并无对错之分，只要它能够起到持续激励的作用，就是一个好的愿景。

（三）制定愿景需要有一点不切实际的信心和胆量

BHAG 本身就是一个宏伟、惊险和大胆的目标。只有这样的目标才能够激发人们的潜能。20 世纪 50 年代，索尼还是一个很小的而且资金严重匮乏的公司，但是它宣称其愿景是“改变日本产品在世界上的劣质形象”。这在当时看起来是非常不自量力的目标，索尼自己也知道这个目标的难度，于是决定用 50 年的时间来完成这项任务。经过艰苦卓绝的努力，仅仅 20 年后索尼就实现了这一目标。

（四）愿景实现后要及时地转向下一个愿景

我们可以把愿景视为一座要攀登的高山，一旦登上顶峰之后，就应该向另一座山峰进军。错误的做法是犯了“我们成功了”的综合征，认为可以躺在成功的温室里面休息。这种自满的状态会使组织失去前进的动力，从而在竞争中丧失优势地位。所以，企业领导者在一个愿景实现之后应该提出新的激动人心的愿景，引导和激励人们在使命的指引下继续攀登，持续做出自己的贡献。

三、愿景表述的类型

愿景通常有四种表述方式，企业可以根据自己的情况选择适宜的方式。

（一）目标 BHAG

这种类型的愿景既可以是定量的表述，也可以是定性的表述。比如 20 世纪初福特汽车公司提出了“使汽车大众化”的愿景；20 世纪 50 年代波音公司提出了“在民用飞机领域成为举足轻重者，并把世界带入喷气式时代”的愿景；2017 年华为公司提出“构建万物互联的智能世界”的新愿景；2020 年小米公司创始人兼 CEO 雷军在公司十周年演讲中郑重承诺“永远要做米粉心中最酷的公司”的愿景。以上例子都是定性表述的目标 BHAG，也是最常见的一种类型。定量的表述则会有具体的数字目标，比如 1990 年沃尔玛提出的“在 2000 年成为拥有 1 250 亿美元的公司”这样的愿景。

（二）共同敌人 BHAG

这种类型的愿景容易激发组织的斗志，比如菲利普·莫里斯公司在 20 世纪 50 年代提出了“击败 RJR，成为全球烟草公司中排名第一的公司”；耐克公司在 20 世纪 60 年代提出了“击败阿迪达斯”；本田公司在 20 世纪 70 年代提出了“我们将打败雅马哈”。这样的表述都是将本行业最强大的竞争对手设定为敌人，通过激发全体员工的求生欲望来燃起他们的斗志。

（三）角色榜样 BHAG

这种类型的愿景适合蒸蒸日上的公司，如斯坦福大学在 20 世纪 40 年代提出要“做西部的哈佛”；现在的特斯拉要做“汽车行业的苹果”等。这种表述方式可以用榜样来展示企业未来打算成为的样式，具有生动和鲜明的特质，容易激发员工的积极性。

（四）内部转型 BHAG

这种类型的愿景适合已经创立但需要转型的大型组织。比如通用电气在 20 世纪 80 年代时由于官僚主义严重而步履维艰，1981 年杰克·韦尔奇临危受命，决定大刀阔斧地改造这家濒临破产的企业。为此，杰克·韦尔奇提出了如下愿景：“在我们所服务的每一个市场中名列前茅。通过企业变革，使我们不但拥有大型公司的实力，还具有小型企业的灵活。”为此，杰克·韦尔奇提出了“数一数二”战略，并采取群策群力等措施努力在通用电气内部推动转型，打造具有“街头杂货铺式温馨气氛”的大型企业集团。

战略聚焦 2－2

国内外知名企业的愿景表述

京东：成为全球最值得信赖的企业。

百度：成为最懂用户，并能帮助人们成长的全球顶级高科技公司。

方太：成为一家伟大的企业。

美的：科技尽善，生活尽美。

惠普：创造出能让所有人随时随地享受更优质生活的技术，惠及全世界每个人、每个组织、每个社区。

埃森哲：帮助世界领先的机构解决最为复杂的业务问题，助其实现转型；制定并实施创新型业务解决方案，以改善这个世界的生活与工作方式。

第 3 节　战略目标

彼得·德鲁克在其《管理的实践》一书中指出：任何一个绩效和结果对企业的生存和兴旺有着直接和举足轻重影响的领域都需要目标。一个领域没有目标，这个领域的工作必然被忽视。这一原则同样适用于使命和愿景。使命和愿景如果只是写在纸上，就不会给组织带来积极的变化。组织要把明日的理想化为今日的行动，必须有一套系统的方法论，将其纳入组织的目标体系之中并付诸实施。为此，德鲁克提出了“目标管理”这一综合管理方法，指出管理者应在组织使命和愿景的指导下确定战略目标，并对其进行有效分解，使其转变为各个部门乃至每个人的分目标。在此基础上，根据分目标的完成情况对下级进行考核、评价和奖惩。

组织的目标体系可以看成是自上而下的多个层次的目标所构成的等级结构，如图 2－1所示。处于顶层的是组织的使命和愿景，这是战略目标制定的出发点。然后是分领域目标，通常包括财务目标和战略目标。之下是分系统目标，即组织的各个分系统如事业部、子公司的目标；再下是分部门目标，即各分系统所属部门的目标。最后是组织成员的个人目标。相邻两层目标之间构成了一种目标-手段链的关系，下一层次的目标是保证上一层次目标得以实现的手段。

除了呈现自上而下的等级结构的特点之外，组织的目标体系还具有时间维度，即可分为长期目标和短期目标。长期目标通常是面向 3～5 年的规划，促使管理者思考如何使组织在未来的发展过程中表现得更好；短期目标通常是面向季度或年度的规划，主要关注在当前这一时期如何提升绩效并满足股东期望。组织的长期目标和短期目标之间必须形成相互协调的整体关系，才能使组织的活动取得成效。如果必须要在长期目标和短期目标中进行取舍，长期目标应该优先，除非在特定情况下实现某个或某些短期目标具有独特的重要性。

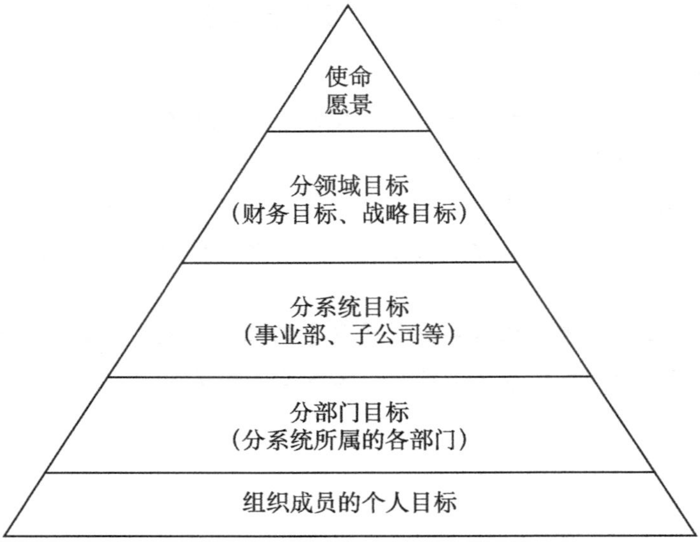

图 2-1　组织目标体系的等级结构

一、什么是战略目标

组织中通常有两种不同类型的目标：一是和财务绩效相关联的目标，称为财务目标（financial objectives），传达了管理者对于财务绩效的期望；二是和战略绩效相关联的目标，称为战略目标（strategic objectives），反映了组织对市场地位和竞争地位的期望。需要明确的是，组织设立的财务目标和战略目标都应该包括短期和长期的绩效目标。表 2-1 展示了常用的财务目标和战略目标的示例。

表 2-1　财务目标和战略目标的示例

财务目标	战略目标
年收益率增长率	达到一定的市场份额
年税后利润增长率	比竞争对手的总成本更低
年每股收益增长率	在产品性能、质量或顾客服务方面战胜关键的竞争对手
年度分红增长率	新产品销售的收益占总销售额的比例
利润率增长率	技术能力比竞争对手更强大
资产回报率或净资产收益率增长率	产品线比竞争对手更广泛
充足的内部现金流	销售及分销能力比竞争对手更强大
提高债券及信贷评级水平	领先于竞争对手向市场推出新的或改进的产品

资料来源：汤普森，彼得拉夫，甘布尔，等．战略管理：概念与案例：原书第 19 版．北京：机械工业出版社，2016.

具体来说，战略目标是指与能够增强和巩固企业总体市场地位和竞争优势的成果相关的目标，包括获得更大的市场份额，在产品质量、顾客服务或产品创新方面压倒竞争对手，使整体成本低于竞争对手，提高公司在市场上的声誉，在国际市场上建立更强大的立足点，建立技术上的领导地位，获得持久的竞争优势，抓住诱人的成长机会等。

由于不同的行业和不同组织的特点，战略目标的类型会有所差异，设定目标的某些主题却是广泛适用的。为了制定出适当的战略目标，通常必须考虑以下七个领域：

1. 产品或服务的绩效

这一领域的目标是和产品或服务的特征相联系的，它决定了组织对于顾客的需要作出反应的方式，如产品的质量、服务的及时性等。这些产品或服务特征直接影响产品或服务的销路，在很大程度上决定着组织的销售收入。

2. 竞争地位

衡量组织成功与否的一个标准是它在市场中的竞争地位，因此竞争地位已经成为战略目标中的重要组成部分。与其他目标不同，竞争地位目标是参照竞争来设定的。例如：与前五名竞争者的产品相比较，我们的所有产品在导入后一年内都要成为“同业之最”。在全球化的市场条件下，竞争地位方面的目标是动态的“靶子”，不断地快速移动，这要求组织在设定目标时要用动态的观点，密切跟踪竞争对手的动态并不断调整目标。

3. 顾客满意与忠诚

确立具体的顾客满意方面的目标有助于组织持续关注顾客。但是，这类目标的设立要求组织准确把握当前的顾客满意/不满意水平，并且知道哪些因素对顾客满意有影响。此外，组织还要明确顾客最重要的需要是什么，从而可以通过调整战略和实施方案更有效地满足顾客需要。除了设立顾客满意的目标之外，组织还需要设立顾客忠诚的目标。顾客忠诚表现为顾客对一个特定供应商的反复购买行为。忠诚的顾客维护成本低，可以为组织持续带来收益，因此应当设定目标并对实现情况进行持续跟踪。

4. 业务过程绩效

业务过程绩效的目标是与跨职能的过程（process）绩效相关的，例如，新产品研发、供应链管理、信息技术等组织过程都是跨职能的。这类目标通常与运营效率直接相关，如生产效率的提高、运转周期的缩短、运营成本的下降等。这些业务过程通常也是组织中的关键过程，在很大程度上决定了整个组织的绩效。比如，良好的业务流程能够保证顾客的需要得到迅速有效的满足，而顾客满意则会带来财务收益和市场地位的提高等综合绩效的改善。

5. 创新能力

德鲁克将组织中的创新分成三种类型：产品和服务的创新、市场与消费者行为及价值的创新以及各种技能和活动的创新，这三种创新分别称为产品创新、社会创新和管理创新。为了持续提升创新能力，组织需要设立创新方面的战略目标。需要明确的是，创新能力的目标通常很难像产品或者市场地位目标那样清晰、明确，但也需要具体并且可测量，例如，开发实现竞争地位目标所需的新产品或新服务。

6. 学习与成长

平衡计分卡的提出者卡普兰和诺顿认为，为了持续满足顾客的需求，组织除了要关注财务表现之外，还必须重视非财务方面的组织运作能力，如产品创新、客户关系、内部流程以及学习与成长。其中的学习与成长层面确立了企业实现长期成长和业绩改善所需的基础框架，包括人力资源、信息系统和组织程序三个要素。通过对这三个要素的分析，组织能够发现其实际能力和实现突破性业绩所需能力之间的差距。为此，组织需要在这三个方面设定目标，并持续投资于人力资源能力的提升、信息技术和系统的优化，以及组织程序的完善。

7. 社会责任

任何组织都不是存在于真空中的，而是存在于特定的社会和经济环境之中。因此，从长远发展的角度看，组织必须要考虑自身经营对于社会的影响，承担起对顾客以及社会整体的责任。事实上，很多公司都在试图超越法律法规的要求，努力为自己树立一种负责任的社会形象。如设立慈善和教育方面的目标，搞好社区福利和城市振兴等。

二、战略目标的展开

组织战略目标的实现需要分解到短期目标上，并体现在组织的年度经营计划当中，最终落实到实现目标的行动和资源上，这一系统化的过程称为组织的战略计划活动(strategic planning)。战略计划活动是确定组织的战略目标以及明确实现目标途径的一种系统化的方法。一旦一个组织确定了战略目标，有效的战略计划活动就能够助其制定出年度经营计划，包括必要的年度目标，还有实现未来目标所需要的资源及行动方案。图2-2是典型的战略计划活动的过程。

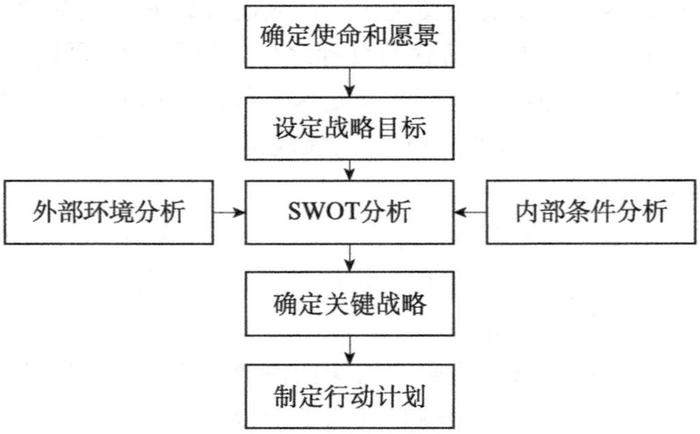

图 2-2　典型的战略计划活动的过程

如图2-2所示，确定组织的使命和愿景是战略计划活动的起点，使命为组织确定了基本定位和发展方向，愿景为组织设定了远大的目标。为了确保愿景的实现，就要把它转化为明确的、可测量的战略目标。在此基础上通过内外部分析，确定实现目标的路径，即战略。通常组织会选择少数几个关键战略来支撑愿景和目标的实现。战略制定后就涉及战略实施的活动，需要落实到具体的部门、资源和行动计划上。

由此可见，战略目标在战略计划活动中扮演着重要的角色。为了确保目标的实现，组织需要进行战略目标的展开。这里的“展开”意味着将目标分解为子目标并将之分配到较低层次上去。在展开时必须注意这样一些细节：要实现这些目标需要采取哪些行动？谁来采取这些行动？需要哪些资源？如何确保日程安排合理并进行关键点的控制？等等。

通过以上分解，战略目标最终会分配给跨职能的团队、职能部门以及个人，如图 2-3 所示。需要注意的是，战略目标的分解要达到两个重要目的：第一，能够明确要采取的具体行动；第二，委派了完成上述行动的具体责任人。

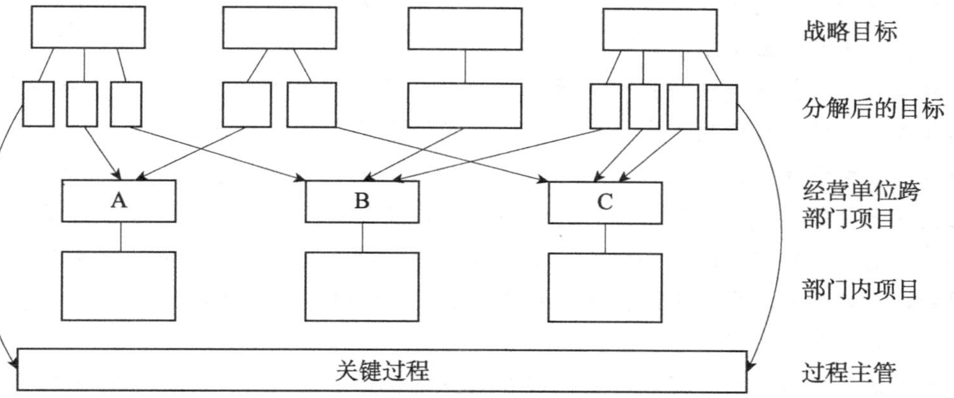

图 2-3　战略目标展开示意图

资料来源：朱兰，戈弗雷，霍格斯图尔，等．朱兰质量手册：第 5 版．北京：中国人民大学出版社，2003.

三、战略目标的测量

一旦确定了战略目标并进行了分解，组织就需要建立关键的绩效测量指标，从而对照战略计划来监测进展，而且绩效的测量必须以一种有组织的方式来进行。好的绩效测量系统需要具备以下特性：

（1）测量指标与组织的战略目标、愿景和使命有着紧密的联系；

（2）测量指标包含对顾客的考虑，也就是说测量指标应关注组织内外部顾客的需要；

（3）关键过程的少数关键指标的测量方便、及时，可满足管理决策的需要；

（4）能够识别浪费行为和不良质量成本。

比如，对于新产品开发方面的战略目标，组织可以采用成功投放市场的产品数量或比率、新产品开发活动的投资回报率、开发一种产品的成本与它所替代的产品的成本比较、新产品带来的收益所占百分比、产品按时投放市场的百分比等指标来测量。对于生产运营方面的战略目标，则可以通过库存周转、按时交货百分比、一次通过率、不良质量成本等指标来测量。

本章小结

在不断变化的经营环境中，企业需要进行适应性的变革和调整，这样才有可能持续健康地发展。但是真正优秀的企业知道哪些因素应该根据环境条件的变化进行适应性的调整，哪些因素应该保持稳定。这些保持稳定的因素主要是企业的使命、愿景和价值观。

使命也称为宗旨，是指一个组织的基本定位，是组织存在的根本原因，回答的是“我是谁”的问题。组织存在的根本原因不是赚钱，而是为了完成单个人无法完成的事情——创造一种产品，提供一种服务，从而为社会作出贡献。使命是指引组织前进的北斗星，它本身不变化，但是能够激励企业产生变化。使命是不可能完全实现的。

愿景是组织未来期望达到的一种状态，是组织对于“我要到哪里去”这一问题的思考。愿景反映了组织远大的目标和追求，是需要花10年、20年甚至更长的时间来实现的目标。好的愿景应该包括两个部分：10～30年的大胆目标；生动形象的描述。好的愿景能够持续不断地激励组织前进。

战略目标是指与能够增强和巩固企业总体市场地位和竞争优势的成果相关的目标，包括获得足够的市场份额，在产品质量、顾客服务或产品创新方面超过竞争对手，使整体成本低于竞争对手，提高公司在市场上的声誉，在国际市场上建立更强大的立足点，建立技术上的领导地位，获得持久的竞争优势，抓住诱人的成长机会等。由于不同的行业和不同的组织特点，战略目标的类型会有所差异，但是设定目标的某些主题却是广泛适用的，包括产品和服务绩效、竞争地位、顾客满意和忠诚、业务过程绩效、创新能力、学习和成长、社会责任。

为了确保战略目标的实现，组织需要对战略目标加以展开，即将目标分解为子目标并将之分配给较低层次来实施。在展开时必须注意这样一些细节：要实现这些目标需要采取哪些行动？谁来采取这些行动？需要哪些资源？如何确保日程安排合理并进行关键点的控制？通过以上分解，战略目标最终会配置给跨职能的团队、职能部门以及个人。一旦确定了战略目标并进行了分解，组织就需要建立关键的绩效测量指标，从而对照战略计划来监测进展，而且绩效的测量必须以一种有组织的方式进行。

思考题

1. 什么是使命？使命具有哪些基本特征？
2. 在进行使命提炼时，需要注意避免哪几个误区？
3. 什么是愿景？愿景具有哪些基本特征？
4. 愿景表述有哪些基本类型？
5. 简述组织目标体系的等级结构。
6. 什么是战略目标？战略目标和财务目标有什么区别？
7. 企业通常会针对哪些具体的经营领域来制定战略目标？
8. 简述一个典型的战略计划活动的过程。
9. 什么是战略目标展开？战略目标展开时要注意哪些问题？
10. 战略目标展开后如何进行测量？

参考文献

[1] 李原，孙健敏．变革．北京：中国人民大学出版社，2004.
[2] 焦叔斌，杨文士．管理学．4版．北京：中国人民大学出版社，2014.
[3] 德鲁克．管理的实践．北京：机械工业出版社，2006.
[4] 约翰皮尔斯二世，鲁滨逊．战略管理：制定、实施和控制：第8版．北京：中

国人民大学出版社，2005.

［5］汤普森，彼得拉夫，甘布尔，等．战略管理：概念与案例：原书第 19 版．北京：机械工业出版社，2016.

［6］朱兰，戈弗雷，霍格斯图尔，等．朱兰质量手册：第 5 版．北京：中国人民大学出版社，2003.

第 3 章

企业外部环境分析

学习目标

- ⊙ 学会运用 PEST 分析法了解宏观环境；
- ⊙ 学会运用五力模型分析法了解行业竞争结构和盈利潜力；
- ⊙ 掌握战略群体分析法；
- ⊙ 了解利益相关者的含义和基本分析方法。

引导案例

阿里云拨云见日

2018 年，《阿里云的这群疯子》一文在朋友圈刷屏，让人看到了阿里云十年来发展的艰辛和一群人为梦想而拼搏的精神。感动之余，细想阿里云能走到今天，时代的机遇功不可没。机缘巧合也罢，战略远见也好，一群努力的人，一个美好的时代，成就了如今的一切。

2008 年，中国互联网从多年沉寂中迎来发展的高峰。始于 2009 年的双十一活动，更见证了网购的蓬勃发展。阿里巴巴旗下的淘宝和支付宝用户激增，根据《2018 年淘宝数据报告》，2018 年全国有超过 6 亿人在淘宝上购物。庞大的用户数据在带来生意的同时，也增加了后台数据处理的难度。几亿用户在淘宝的及时下单、支付和商品交易记录，都要依靠强大的计算力。

同时，在企业 IT 架构中，购买国外成熟的设备和系统是众多中国企业的唯一选择。阿里旗下的淘宝和支付宝使用的主要是"IOE"标配：IBM 的小型机、Oracle 的商业数据库和 EMC 的集中式存储。马云之前并没有想到，随着用户数据激增，阿里巴巴增长的最大瓶颈竟是 IT 基础设施。研发新的技术架构刻不容缓——它要既经济又好用，能同时调度数千台计算机，组成一个巨大无比的"大脑"。由此，"阿里云"首次出现在公司高层话语中。2008 年 9 月，微软亚洲研究院副院长王坚加盟阿里巴巴，任首席架构师，负责从零开始建立作为大脑的云计算系统，该系统被命名为"飞天"。

针对淘宝网在大规模数据计算方面的需求，团队制定了云梯计划，云梯1计划用现有开源软件为基础来研发数据计算系统，云梯2计划则以飞天为基础，自主研发一套数据计算系统。

王坚每天给团队“画饼”，描绘云计算的前景。在他的鼓舞下，马云逐渐发现，云计算的价值比之前想象的要大得多：云计算系统的计算力既可以服务于阿里巴巴自身业务，也可以批发零售给无数中小企业，为未来企业建设一整套基础设施，正好吻合马云创建阿里巴巴的使命“让天下没有难做的生意”。

但当时，很多人对云计算的前景不太看好。在2010年3月的中国IT领袖峰会上，针对云计算的未来，百度李彦宏说：“云计算是新瓶装旧酒，没有新东西。”腾讯马化腾则说：“云计算是一个比较超前的概念。可能你过几百年、一千年后，到‘阿凡达’时代，那确实有可能。”只有不懂技术的马云力挺云计算：“云计算是一种数据的处理、存储和分享的机制。我们自己公司对云计算是充满信心和希望的。”

希望常常会遭遇现实严酷的考验。公司一边搭建云梯1和云梯2两套系统，一边在淘宝内部实验。2009年秋，IT架构升级项目在淘宝网正式启动。同年，胡晓明任新创的阿里金融总裁，马云要求他将阿里金融与阿里云绑在一起，用阿里云的技术架构支撑阿里金融的服务——算是给阿里云找了个内部用户。但金融不像别的业务，容不下丝毫的数据错误，阿里云飞天系统层出不穷的错误“害”苦了阿里金融，工程师必须派人24小时盯着系统，以防止酿成大错；同时被“坑”的还有淘宝网。

由于多年努力无果，王坚的团队成员纷纷辞职，“阿里云要被撤掉”的消息四处传开，当传到马云耳中，马云对着阿里巴巴集团所有人坚决地说：“我每年给阿里云投10个亿，投个10年，做不出来再说。”

要想成功肩负起阿里巴巴的底层计算系统，必须有能力独自调度5 000台服务器。2012年底，以开源软件为基础的云梯1计划实现了4 000台集群调度，而纯自研的云梯2还在1 500台集群的数量徘徊。2013年，难题再次摆在王坚面前，他必须在云梯1和云梯2之间做出选择，他最终选择了难度更大的自主研发飞天系统。这次抉择看似兵行险着，却让所有人坚定了方向，各路技术大牛纷至沓来。阿里云成为中国第一家拥有完整云计算能力的企业。2015年1月，12306网站将车票查询业务放到阿里云计算平台上，成为国家重要基础设施上云的一个关键节点。如今，整个云的生态在中国逐步建立起来，阿里云、腾讯云、金山云、华为云、百度云群雄割据，大数据驱动的理念成为社会的共识。

2019财年，阿里云收入247.02亿元，与亚马逊、微软在全球云计算市场形成了第一阵营。IDC数据预测，到2019年，全球云计算市场收入规模将达到1 410亿美元，这将是一块巨大的蛋糕，阿里云的这群“疯子”终将拨云见日。

资料来源：史中．阿里云的这群疯子．(2018-10-17)．http://tech.sina.com.cn/csj/2018-10-17/doc-ihmhafis1268353.shtml.

正如引导案例所示，企业需要跟随时代和环境的变化，不断寻找新的战略方向。阿里云的内部创业者之所以被称为“疯子”，是因为他们所看到的云计算的前景在当时尚未被多数人所认可，而企业战略领导者的一项重要任务就是要在纷繁复杂的不确定性环境中，在经济的发展、社会的变迁、技术的变革和政策的调整等各种环境变化中，去芜存菁，为企业指明发展方向，并坚定地为之努力。马云对王坚团队的力挺，不仅仅是出于个人层面的信任，更多是源于其对未来云计算市场前景的前瞻性和战略性眼光，他能够敏锐地感受到云计算的价值不仅在于服务于阿里巴巴自身业务，还可以面向无数中小企业，未来将给阿里巴巴带来巨大的市场价值。阿里云是马云对未来的战略布局，而这一布局坚持了十年，终见曙光。

企业战略的有效性离不开对企业所处外部环境和内部环境的有效分析和诊断。企业外部环境（external environment）涉及影响企业绩效的各种外部环境因素，通常包括宏观环境、行业环境、竞争环境和利益相关者等多个层次。本章主要介绍几种外部环境分析方法，帮助企业更好地把握外部环境所带来的机会和威胁。

第1节　宏观环境分析

一、宏观环境分析的含义

宏观环境是指影响行业及行业内企业的、更广泛的各种外部环境因素或趋势。它一般通过对行业环境的影响来间接影响企业，从而影响企业的战略规划与实施。

宏观环境分析是指分析外部宏观环境的变化和趋势及其影响，识别其中给行业及行业内企业带来机会或威胁的主要外部力量，从而为企业战略管理决策提供支持的过程。为便于分析，人们通常对宏观环境因素做进一步细分，因细分因素的不同而形成了不同的宏观环境分析方法，其中较为常见的是PEST分析法。

PEST分析法将宏观环境细分为政治（political）、经济（economic）、社会（social）和技术（technological）环境，每个环境因素又包含许多更具体的要素或变量，通过对各细分环境的变化和趋势的分析，识别和判断对行业及行业内企业的竞争力带来重要影响的环境因素。

下面，我们将分别介绍这四个环境因素，以对宏观环境分析有更全面的理解。

二、PEST分析法

（一）政治因素

这是政治和法律因素的简称，主要指那些制约和影响企业组织、利益相关者及其相互关系的政治要素和法律系统。包括国家的政治制度和体制、国家的权力机构、政治团体、政治形势、政府的稳定性、重大政治事件等政治要素，以及国家的执法机构、法律运行体系、国家颁布的方针政策、法律法规等要素，比如反垄断法、环保法、外贸法、就业法、行业规制等。比如，2008年可口可乐收购汇源果汁因未通过我国商务部的反垄断审查而搁浅，这成为汇源果汁走上下坡路的分水岭，这个曾被可口可乐拟以近180亿港元收购的民族品牌，在 2018 年却被曝出巨额债务。

（二）经济因素

这是指企业所处经济体的特征和发展方向，包括经济状况、经济结构和发展趋势以及国家的经济体制、宏观经济政策等要素。衡量这些要素的经济指标有 GNP/GDP、经济增长率、通货膨胀率、利率、汇率、人均可支配收入、恩格尔系数、消费支出结构、政府支出总额、贸易赤字或顺差、预算赤字或盈余、个人储蓄率、企业储蓄率、货币供给、工资/物价控制、税收等。一般来说，企业更愿意在稳定的、增长潜力大的经济环境中进行竞争。

（三）社会因素

这是社会文化和人口因素的简称，主要指企业所处的社会文化和人口环境因素的形成和变化趋势。

社会文化因素涉及一个社会的态度和价值取向，包括社会结构、社会阶层、社会风俗和习惯、宗教信仰和价值观念、行为规范、教育状况、收入分配状况、生活方式、消费观念和结构、结婚率、文化传统及各种亚文化等诸多方面。

人口因素涉及一个社会的人口规模和结构，包括人口规模、人口增长率、地理分布、年龄结构、民族构成、收入分布和人口迁移等方面。人口规模制约着个人或家庭消费品的市场规模，比如食品工业市场与之密切相关。人口的地理分布决定了消费者的地区分布，消费者的地区分布越广，消费者的需求就越多样化，也意味着更加多样的市场机会。年龄结构影响着以特定年龄层为对象的产品的市场规模；面向各年龄层的产品，其市场规模相对较大，机会更多。而随着各年龄构成比例的变化，市场规模将随之变化，对于以特定年龄层顾客为对象的企业来说将成为市场机会或威胁。中国近年来人口红利的逐步消失和人口老龄化趋势也是值得关注的重要现象。

（四）技术因素

这是指企业所处环境中的科技发展状况与变化趋势及与之直接相关的要素的集合，包括科技总体水平、技术突破和变革、技术变迁，以及影响科技发展和应用的国家科技体制、科技政策、国家和各行业研究开发支出、科技研究重点、专利保护、新技术的商品化等诸多方面。随着科学技术的发展，新技术、新能源、新材料和新工艺等的出现与应用，企业在战略管理上需要作出相应的战略决策，以获得新的竞争优势。比如，互联网、云计算、人工智能和机器人等的发展和变化，正在影响和改变着人们的生活和企业的经营。

（五）其他因素

除了 PEST 分析法之外，还有许多类似的宏观环境分析方法，但大都离不开政治、经济、社会、技术这几个主要的宏观环境因素。此外，自然环境和全球化因素也颇受关注。

自然环境因素是指企业所处的生态环境和相关自然资源，主要涉及土地、森林、河流、海洋、生物、矿产、能源、水源等自然资源，以及环境保护、生态平衡等方面的发展变化。如何有效利用自然资源和有效保护所处地区的生态环境，也是企业战略制定中需要考虑的。

经济的全球化使得国家间的依赖程度增加，因此，企业有必要对本国及其他国家的经济、政治、社会和技术等状况进行分析。对全球化因素的分析不仅对于从事跨国经营的企业尤为重要，对本土企业而言也不可忽视。次贷危机、欧债危机、英国脱欧和中美贸易摩擦等全球性经济和政治事件，不仅对当事国也对全球各国企业带来了极大的不确定性。

对于企业宏观环境的分析和认识可以使企业识别外部因素中可能发生的重大变化和趋势，识别所面临的机会和威胁。但是仅有对宏观环境的认识是不够的，企业还必须对行业环境进行深入的分析。

第2节　行业环境分析

一、行业环境分析的含义

行业环境是指业内企业共同面临的、直接影响业内企业的竞争行为和反应的外部环境因素。

行业环境分析是指分析外部行业环境的变化和趋势及其影响，了解行业的经济特性、整体竞争格局、影响业内企业竞争行为和竞争优势的驱动因素以及行业未来的盈利潜力。常见的分析方法包括五力模型分析法和战略群体分析法。五力模型分析法针对的主要是整个行业的竞争结构分析；而战略群体分析法则主要针对行业内部结构分析，把行业内企业按照战略相似度划分为不同的战略群体，以对行业内的战略子群体有进一步的分析和了解。

二、行业竞争结构分析：五力模型分析

（一）五力模型分析的含义与价值

1. 五力模型分析的含义

五力模型分析法最初由哈佛商学院的战略学者迈克尔·波特教授提出，是在传统的产业组织理论的S—C—P（结构—行为—绩效）模型基础上发展而来。在S—C—P模型的逻辑体系中，市场结构影响企业在市场中的行为，而企业行为又影响经济绩效。在此基础上，波特提出了五种竞争力量的结构性分析框架，简称“五力模型”，如图3-1所示。

五力模型分析的基本逻辑如下：在一个行业里，存在五种基本竞争力量，包括现有竞争者、潜在进入者、替代竞争者、上游供应商以及下游购买者，这五种竞争力量的状况及其综合强度会引发行业竞争结构的变化，从而决定着行业内部竞争的激烈程度，最终影响着行业整体及业内企业获得利润的潜力。

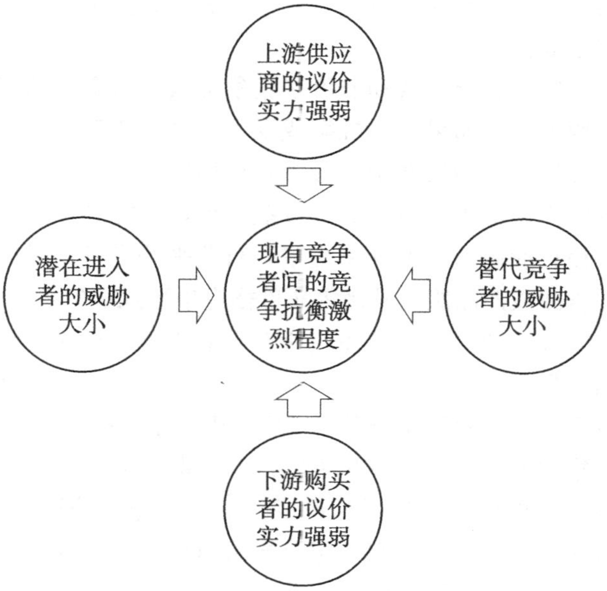

图 3－1　五力模型图

2. 五力模型分析的价值

对于参与一个或多个行业竞争的企业而言，其所处的行业环境是外部环境中的关键部分。行业的竞争结构强烈地影响着竞争规则的确立以及可供企业选择的潜在战略。五力模型分析，一方面，有助于企业了解所处行业的竞争激烈程度以及行业吸引力和未来盈利潜力，从而留在有吸引力的行业或退出竞争过度激烈的行业；另一方面，有助于了解五种竞争力量对行业竞争格局的具体影响，发现竞争压力来源，为企业进行战略定位和抗击竞争压力提供支持，从而有针对性地运用自身优势，避免劣势，做出战略应变，影响行业竞争格局，建立竞争优势。

此外，五力模型分析法之所以几十年来一直沿用，在于它提供了一种易于理解和应用的结构性分析框架，可用以评价行业吸引力和解释行业之间绩效的差异性，有助于理解为什么有的行业能够获取超额利润，而有的行业却获利微薄。

该模型还扩展了传统竞争分析的范围，不是简单地强调现有竞争者，还强调延伸的竞争，既让企业对来自替代品的威胁有充分的认知和应对，又首次把上下游关系放到了一个很高的地位，在行业竞争结构分析中给予了充分的关注。这些都有助于更全面地把握行业竞争格局，更好地做出战略应对。

（二）五种竞争力量分析

1. 现有竞争者

现有竞争者分析主要分析行业内现有企业之间的竞争抗衡与激烈程度。现有竞争者之间的竞争越激烈，行业的利润水平和吸引力可能就越小。

竞争抗衡是竞争者之间为了谋求优势市场地位而采取的一系列竞争性行动和反应。企业之间形成竞争抗衡主要是企业感到了竞争的压力或看到了改变其竞争地位的机会。具体来说，当企业感受到竞争对手的行动对其将带来较大影响或压力时，会采取防御性行动加以抵制或反击；当企业想要超越竞争对手、提升其竞争地位时，会采取主动性或进攻性行动去抢占市场等。

竞争抗衡手段可以区分为价格战和非价格竞争形式，后者包括广告战、引进新产品以及增加对消费者的服务等。如果竞争抗衡或反击行动逐步升级，那么行业内所有企业都可能卷入。在价格弹性较小的行业中，最具破坏性的竞争形式就是价格战。当企业纷纷降低价格、牺牲利润来换取市场时，竞争日益激烈，可能导致两败俱伤。这种现有竞争者间的激烈竞争将使行业内企业的处境更糟，行业平均利润水平降低，整体盈利空间缩小。相比而言，广告战或产品服务升级等非价格竞争形式虽然也需要企业大量的投入，却可能扩大市场需求或提高产品差异性而使所有企业受益，行业平均利润维持在一定水平，带来双赢或多赢的局面。

通常来说，影响现有竞争者间竞争激烈程度的因素主要有：

（1）行业结构或集中度。当行业中有众多势均力敌的竞争对手时，竞争会更加激烈。行业结构涉及行业内企业的数量、规模和构成比例；可分为分散型行业和集中型行业。分散型行业包括大量中小型公司，没有一家公司可以处于行业支配地位。集中型行业则是由少数大公司乃至由一家公司所支配的行业。行业集中度是对整个行业的市场结构集中程度的测量指标，用来衡量行业内企业的数量和相对规模的差异，是行业内前几家最大的企业所占市场份额的总和。当行业结构分散、企业众多时，愿意各行其是的企业往往较多，随时会有企业以低价竞争，从而引发无序竞争；当行业内企业较少，但企业在规模与资源上比较均衡、势均力敌时，也会产生不稳定的现象，动辄发生争斗。而当行业集中度较高且有明显的主导企业时，则更容易建立秩序，不易发生过度竞争。

（2）行业增长速度。当行业增长缓慢时，竞争会更加激烈。在这种情况下，企业为了寻求发展，只能在市场容量有限的情况下抢占更多市场份额，导致竞争加剧。而当行业快速发展时，行业中的现有企业则会有更多发展机会，而竞争的激烈程度主要受到短期内涌入该行业的新进入者的影响。

（3）成本状况。在存在高固定成本或高库存成本的情况下，竞争会更加激烈。在固定成本较高的行业，若存在过剩生产能力，企业为摊销高额固定成本，仍然会充分利用产能进行生产，而过多产品的出现往往会导致竞相压低价格销售。此外，在库存成本高的行业，企业常常为了尽快销售积压产品，不得不采取降价的行动。这些都会导致行业整体利润水平下降。

（4）客户转换成本与产品差异性。当产品缺少差异性或客户转换成本较低时，竞争会更加激烈。客户转换成本是客户从购买原供应商的产品转向购买其他供应商产品所遇到的一次性成本。客户转换成本通常包括产品差异性、雇员重新培训成本、新购辅助设备成本、产品重新设计成本、检验考核新资源所需时间和费用、建立新关系所需付出的心理或情感代价以及客户心理上对现有产品的忠诚度或特别偏好等。产品差异性是由于客户对企业产品的质量和商标信誉等诸多方面的偏好和忠诚度不同而形成的产品之间的差异。产品差异性越大，客户转换成本越高，若转换供应商，则意味着客户将付出放弃现有产品的某些效用的代价，包括产品的功能、质量、品牌等。当客户转换成本低，产品缺少差异性、同质化程度高时，客户在挑选产品时常常从价格上进行考虑，这难免会导致激烈的价格战。

（5）规模经济对产能扩张的要求。在规模经济效应明显从而存在产能扩张需要的行业，竞争会更加激烈。规模经济是指在特定技术条件和一定产量范围内，随着生产规模的扩大、总产量的增加，企业产品的单位平均成本下降的现象。在存在规模经济效应的行业中，扩大生产规模可以降低平均成本，从而提高利润水平，这将驱动企业扩大生产能力以降低成本。但当行业中所有企业都扩大产能时，新增的生产能力会打破行业的供需平衡，该行业就会出现生产能力过剩与价格削减的周期性循环，不断压低行业利润水平。

（6）竞争者多样性。当行业中存在多种多样的、形形色色的竞争者时，竞争会更加激烈。竞争者的多样性表现在战略目标、企业性质以及与母公司的关系等各个方面。当每个竞争者都有不同的目标和战略，并且在竞争中你追我赶，很难就“竞争规则”达成一致意见时，竞争会趋于无序状态。当企业性质千差万别时，不求高利润的小企业、想要进入新市场的国外竞争者以及追求市场份额和地位的大型企业等所采取的行动都可能导致行业的竞争加剧。在与母公司的关系上，企业所从事的是独立的业务，还是公司纵向整合的一环，或者是多元化经营中的现金牛业务，会影响行业内企业的竞争战略决策，带来竞争的不确定性。

（7）战略利益。当在行业中取得成功是重要的战略利益争夺点、对许多企业的兴衰成败至关重要时，竞争会更加激烈。比如，一个多元化经营的公司可能将某个行业的业务作为战略重点，以此推动公司整体战略的成功；一个跨国经营的公司可能将某个国家作为市场突破的重点，以此促进公司在该区域的成功。在强烈的战略意图下，企业可能牺牲利润来保证战略利益的达成，从而加剧竞争，压低行业利润水平。

（8）退出壁垒与产能过剩。当退出壁垒高、经营不善的企业无法及时退出时，竞争会更加激烈，这种情况在产能过剩的行业中表现尤为明显。退出壁垒是指现有企业在市场前景不好、业绩不佳而意欲退出所处行业时所面临的各种阻碍因素，涉及经济、战略以及感情因素。其主要来源包括：

一是专用性资产。这是指只在特定的行业或地区有价值的高度专门化的资产。由于资产专用性较高，无法用于其他行业，清算价值低或转换成本高，导致企业难以轻易退出现有行业。

二是固定退出成本。这是指企业在考虑退出行业时需承担的固定费用，包括劳动合同、重新安置员工、养护设备的生产能力等方面的成本。如果成本过高，企业则难以退出。

三是战略关联度。这是指现有业务与公司其他业务的相互依存度和战略关联度。当业务间战略关联度较高、退出现有业务将会影响与其他业务间的战略协同发展时，即便现有业务利润微薄，企业也难以退出。

四是情感障碍。这是指管理层出于对从事多年的业务或相处多年的员工的感情或忠诚、对自身事业或前途的担心或骄傲等原因，而不愿作出经济合理的撤退决策。

五是政府和社会限制因素。这是指政府基于对政府声誉、失业和地区经济的考虑而否决与劝阻企业的撤退决策。

当以上各类因素交织在一起时，退出壁垒过高，过剩的生产能力无法释放到该行业之外，竞争中败北的企业无法放弃经营，结果，那些经营不善的企业不得不继续在行业中消耗有限的资源，继续生产并参与竞争，使整个行业维持较低的利润水平。

2. 潜在进入者

潜在进入者主要指可能或即将加入某个行业的竞争者。潜在进入者的威胁越大，现有行业的利润水平和行业吸引力就可能越小。

对于一个行业来说，潜在进入者的加入会带来新的生产能力和新的物质资源，也会带来获取市场份额的欲望，期望对已有的市场格局进行重新分配。特别是，那些进行多元化经营或跨国经营的强势企业从其他的行业或国家进入后，常常会运用已有的资金实力和资源优势对新进入的行业产生强有力的冲击，对业内现有企业造成威胁。结果是，行业内产品价格下跌或企业内在成本增加，行业的获利能力下降。

潜在进入者能否进入某行业及其进入威胁的大小，取决于该行业进入壁垒的高低以及现有企业对潜在进入者反击报复的可能性。如果进入壁垒高或潜在进入者认为可能会遭到坚决的报复，那么潜在进入者进入的可能性降低，威胁也会较小。通常来说，构成行业进入壁垒的主要因素有：

（1）规模经济。现有企业的规模经济效应越明显，潜在进入者面临的进入壁垒越高。面对现有产品或服务已具备的规模经济效应，潜在进入者在考虑进入现有行业时将面临两难选择：或者以较大的投入、大规模生产进入该行业，并且冒着现有企业强烈抵制的较大风险；或者以较小的投入、小规模生产进入该行业，忍受着产品成本过高、不利抢占市场的劣势。规模经济可以表现在企业经营的各个环节，包括生产制造、采购、研究开发、市场营销、销售与分销、售后服务等方面。

（2）产品差异化。现有企业的产品差异化程度越高，潜在进入者的进入壁垒越高。当现有企业已具备在产品质量和特色、品牌声誉、分销渠道、客户服务或客户忠诚度等方面的独特差异时，这些产品或服务的差异性就形成了进入壁垒，潜在进入者想要进入现有行业，往往要花费大量资金消除原有的客户忠诚，也需要花费较长的时间攻克各种壁垒，通过自己的产品差异化来吸引客户，这意味着它可能会以一定时期的亏损作为代价，也可能最终失败、血本无归。

（3）资金需求。现有企业在投资和经营上的资金需求越大，潜在进入者面临的进入壁垒越高。企业在进入新的行业时，往往在生产设施、研究和开发、广告宣传、渠道建设、初期亏损等方面都需要大量资金的投入，特别是资金密集型行业，资金需求量尤其大。因此，新进入的行业是否需要大量资金投入以及潜在进入者自身是否具备雄厚的资金实力将成为是否进入及如何进入新行业的重要考虑因素。企业如果筹不到足够的资金，便很难进入该行业；即使贸然进入，也要承担巨大的投资风险。

（4）客户转换成本。现有企业的客户转换成本越高，潜在进入者面临的进入壁垒越高。在市场容量有限的情况下，新进入者的加入往往意味着客户从购买现有企业的产品转向购买新进入企业的产品。如果客户转换成本过大，则新进入者为使作为买方的客户接受这种转换，必然需要在价格优惠力度或产品差异化经营方面有极大吸引力。这将使新进入者在一定时期内面临投入过高、利润微薄甚至失败的风险。

（5）分销渠道的可获得性。现有企业的分销渠道越难获得，潜在进入者面临的进入壁垒越高。现有企业已占据了较为理想的分销渠道，新进入者在进入一个新的行业时，需要从头打造自己的产品分销渠道，既包括通过让利、合作、广告补贴等方式让原有的分销渠道接受其产品，也包括开辟新的分销渠道，为自己的产品服务。这些努力都有待时日，且面临投入巨大和利润减少的风险。

（6）与规模经济无关的绝对成本因素。现有企业具备一些潜在进入者无法比拟的绝对成本优势，是现有企业更早进入行业所获得的先动优势，这些成本优势与规模经济无关，无论新加入者如何扩大规模，都难以消除这类进入壁垒。现有企业的绝对成本优势主要包括：专有的产品技术、独有的优质原材料来源或土地人才等要素、适合建立生产制造基地或销售服务网点的优越的地理位置、政府补贴或优惠政策、已获得的学习或经验曲线等。

（7）政府的准入政策。政府的准入政策越严格，潜在进入者面临的进入壁垒越高。一般来说，政府会通过政策、法规和法令等设置行业准入门槛，只有符合相关要求的企业才有资格获得许可进入该行业。此外，行业协会制定的行业标准或受法律保护的各种专利规定都是强有力的行业进入门槛。比如，政府对环境污染的相关法令或与食品安全相关的标准都可能禁止那些不合格的企业进入行业从事生产经营活动。行业准入门槛的提高，也会增加新进入者的资金投入成本，增大其进入新行业的风险。

（8）预期的报复。预期现有企业进行报复的可能性越大，潜在进入者的进入可能性就越低。如果潜在进入者认为现有企业会采取强有力的报复措施，比如降价、加大广告和销售力度、改善服务等，从而使新进入者处于不利的境地，就很可能打消进入该行业的想法或慎重考虑是否进入。预期会出现强烈报复的情形：现有企业曾经有勇于报复的历史；现有企业具备资金实力、生产能力、销售渠道等充足的资源条件；行业发展减缓，吸收新公司的能力受限等。

3. 替代竞争者

替代品是指其他行业生产的、与现有行业的产品具有类似或相同性能的产品。当现有行业的客户受到其他行业的基本用途相似的产品吸引时，该产品就是替代品。替代竞争者则是提供这些替代品的企业。替代竞争者的威胁越大，现有行业的利润水平和行业吸引力就可能越小。

现有企业面临的竞争威胁来源于行业外的替代竞争者试图赢取本行业的客户或购买者。替代品的性能和价格为现有行业的利润设置了上限。通常来说，随着新的替代品的出现，其价格往往会比现有产品的价格更具竞争力。替代品投入市场后，会使现有行业中原有产品的价格处在有限的甚至更低的水平，限制了产品的利润空间；在质量和性能相似的情况下，替代品的价格越有吸引力，或者说替代品的性价比越高，价格限制的作用就越大，对现有企业构成的威胁也就越大。

影响替代竞争者的竞争威胁程度的因素主要有：

（1）替代品的可获得性。当性能相似的好的替代品或新的替代品正在出现并容易获得时，其对现有行业的竞争威胁较大。

（2）替代品的性价比。当替代品的价格较低、性价比更高时，其对现有行业的竞争威胁较大。

(3) 客户的转换成本。当现有行业的客户转向购买替代品的转换成本较低时，替代品对现有行业的竞争威胁较大。

(4) 客户的偏好。当现有行业的客户越来越喜欢使用替代品时，替代品对现有行业的竞争威胁较大。

然而，要想找到真正的替代品并及时认识到其威胁并非易事。首先，需要企业及时识别出真正的替代品。正如塑钢门窗相对于传统木门或铝合金门窗、新媒体相对于传统媒体、旅游网站相对于传统旅行社、网络视频相对于实体影院一样，替代品的出现往往伴随着新技术或新革新。要找到真正的替代品，既要深刻认识到那些看似相隔甚远却有可能带来颠覆性替代的行业，又要避免过度受惊，将那些有点相似却无关痛痒的行业囊括进来。

其次，企业还需要充分认识到替代品的替代趋势。在以下情况下替代品更有可能替代现有产品：

(1) 替代品的销量在快速增长，当其增长快于本行业的销量增长时，说明越来越多的购买者喜欢替代品，甚至替代品有可能已经从本行业吸引了大批客户。

(2) 替代竞争者计划增产，说明该生产者对替代品的发展前景很有信心。

(3) 替代竞争者的利润呈上升趋势，行业的收益率较高，这将吸引更多厂商加入进来，做大替代品行业。

对替代竞争者的分析，有利于企业适时作出战略选择和调整。在替代品的竞争威胁未成气候之时，现有企业可以采取战略性压制方式将之扼杀于萌芽状态；但当替代品的替代趋势日趋明显之时，现有企业则有必要考虑是否转向新兴的替代品产业，或者在现有业务中融合一些替代品业务，以避免现有行业的整体衰退使企业蒙受打击。

4. 上游供应商

上游供应商可能通过抬高所售产品或服务的价格或降低质量，对作为买方的现有行业的企业进行威胁，以发挥它们的议价实力。供方的压力可以迫使现有行业因所购原材料或零部件成本过高而损失利润，因为在最终的下游购买方承受能力有限的情况下，现有行业的企业往往无法通过不断提价将成本转移给下游行业。因此，上游供应商的议价实力越强，现有行业的利润水平和行业吸引力可能会越小。

一般来说，供方实力的强弱与作为买方的现有行业的实力是此消彼长的。影响上游供应商的议价实力的因素主要如下：

(1) 供应商行业集中度。当供应商行业由少数几家公司控制且其行业集中度比作为买方的现有行业更高时，供应商的议价实力更强。集中度较高的供应商在将产品销售给较为零散的购买者时，通常能够在价格、质量和交货期等各方面对购买者施加相当大的影响。反之，若供方行业相对现有行业更为分散，则其议价实力较弱。

(2) 供应商的替代品的竞争实力。当供方行业不存在替代品或者替代品实力不够而无法与供应商所销售的产品相竞争时，供应商的议价实力较强。反之，如果替代品加入市场竞争，供应商即使再强大，其竞争能力以及议价和利润空间也会受到替代品的牵制。

(3) 作为买方的现有行业对供方行业的重要性。供应商通常会面向众多行业销售其产品，当现有行业不是供方行业的重要客户、其所购买的产品或服务总量对供方行业来说不占其所售产品或服务的很大比重时，供应商便具有较强的议价实力。反之，如果现有行业是供方行业的重要客户，供应商的命运则与现有行业息息相关。在这种情况下，供应商会为了自己的发展，愿意通过合理的定价及其他方式来维护现有行业。

(4) 供方产品对作为买方的现有行业的重要性。当供应商的产品占现有行业采购成本的比重较大，并且是现有行业从事生产经营的主要投入品时，供方产品对现有行业的生产制造过程或产品质量则有着重要的影响，对其业务的成功至关重要。这时，现有行业处于议价弱势地位，供应商的议价实力较强；当供方产品不易存储，现有行业无法建立足够库存时尤为如此。

(5) 供应商的产品差异化程度及其客户转换成本。当供应商的产品存在较大差异性或其客户转换成本较高时，供应商的议价实力较强。这时，现有行业作为购买供方产品的客户往往无法放弃具备优良的产品性能和品质的差异化产品，或者由于长期的使用偏好以及更换供应商所需承担的较高的转换成本使之无法压价，而愿意或不得不继续使用供应商的产品。

(6) 供应商的前向整合能力。当供应商具备前向整合的能力时，供应商的议价实力较强。前向整合意味着供应商将业务向作为买方的下游行业延伸，如果供应商具备开展下游行业业务的资金实力和其他能力，则成为带来竞争威胁的潜在进入者。在谈判议价时，一方面，供应商将以可能开展前向整合进入买方行业作为谈判筹码，不惧买方压价；另一方面，还可以真正地部分开展前向整合，以此掌握更多下游行业的信息，使作为买方的现有行业处于讨价还价弱势地位，很难在购买条件上与之进行议价。

不过，供应商的议价能力也会因时而变。企业可以审时度势，通过适当的战略来改善自己的处境。

5. 下游购买者

对现有行业而言，下游购买者是一个不可忽视的力量。下游购买者的议价能力越强，现有行业的利润水平和行业吸引力可能会越小。购买者可采取的手段主要有：压低价格；要求更高的产品质量或更多的服务；甚至迫使作为供方的现有企业互相竞争等。所有这些方式都会降低现有行业的获利水平。

前述那些影响上游供应商议价实力的因素，基本上也适用于购买者，不过此时，前面分析中的现有行业则变成了下游购买者的供应商。具体来说，影响下游购买者议价实力的因素主要如下：

(1) 买方行业集中度。当买方行业由少数几家公司控制且其行业集中度比作为卖方的现有行业更高时，购买者的议价实力更强。由于买方行业的购买力集中，一个或少数几个购买者的购买量较大，或者对于卖方企业来说是一笔很可观的交易，购买者通常能够在价格、质量和交货期等各方面提出更多要求。

(2) 购买方对作为供方的现有行业的重要性。当购买方是现有行业的重要客户、其所购买的产品总量占现有行业产出的比例很大时，购买者的议价实力较强。这时，购买者会不惜花费更多精力以获得优惠价格；现有行业也会愿意通过合理的定价或提供更多的附加价值来留住客户。

(3) 所购产品占购买方采购成本或采购量的比重。当现有行业的产品占购买方采购成本或采购量的比重较大时，购买者对价格的敏感度较大，议价实力较强。

(4) 所购产品对购买方的产品质量的重要性。当现有行业的产品对购买方的产品质量的影响不大时，购买者对价格的敏感度较大，议价实力较强。反之，当现有行业的产品对购买者的产品质量影响很大时，购买者为确保产品质量，一般在价格上不太敏感。

(5) 现有行业的产品差异化程度和购买者的转换成本。当现有行业的产品差异化程度低或者购买者的转换成本较低时，购买者的议价实力较强。这时，面对标准化或同质化的产品，购买者不必固定地从某个或某些特定的企业购买产品，它们常常可以在不同供应商之间轻松转换，并使之竞相压价，从而获得物美价廉的产品。

(6) 购买者的后向整合能力。当购买者具备后向整合的能力时，购买者的议价实力较强。后向整合意味着购买者将业务向作为供方的上游行业延伸，如果购买者具备开展上游行业业务的资金实力和其他能力，则可能成为潜在进入者，给处于上游的现有行业带来竞争威胁。在谈判议价时，一方面，购买者将以开展后向整合进入供方行业作为谈判筹码，压低供方价格；另一方面，还可以真正地部分开展后向整合，以此掌握更多上游行业的信息，使作为供方的现有行业处于讨价还价弱势地位。例如，有的公司自己生产所需的部分零部件，从而了解了零部件的生产成本；当从公司外部的供应商手中购买同类零部件时，该公司就会处于有利的谈判地位。

(7) 购买方掌握的信息。当购买者掌握了有关市场需求、市场价格、供应商制造成本等详尽的信息时，购买者的议价实力较强。在充分的信息支持下，购买者将处于有利的谈判地位，更容易在交易中获得优惠价格；而且在受到供应商的威胁时，购买者还可以进行有力的反击。

以上影响下游购买者的议价实力的因素，可以归纳为两类：(1) 购买者的相对议价能力，体现了购买者相对于现有行业讨价还价的实力大小，包括买方行业集中度、买方对现有行业的重要性、购买者的转换成本、购买者的后向整合能力以及购买者掌握的信息等因素；(2) 购买者的价格敏感程度，体现了购买者讨价还价的意愿强弱，包括所购产品占成本的比重、所购产品对买方产品质量的重要性以及所购产品的差异化程度等因素。此外，当买方行业的利润水平较低时，购买者的价格敏感度更高，更会千方百计地压低购买费用。

(三) 五力模型分析对企业战略制定的意义

以上介绍了五种竞争力量各自的影响因素，但对企业而言，更需要考虑的是如何运用五种竞争力量的综合分析结果进行战略的重新思考和调整。具体来说，可从如下方面着手。

(1) 在分别分析五种竞争力量的基础上，进一步评估这五种力量所形成的合力及其对行业获利潜力的综合影响。

综合来看，五种竞争力量共同决定行业的竞争激烈程度和获利潜力。当行业五种力量的竞争或威胁均较弱时，行业最具获利潜力和吸引力；反之亦反是。如表 3 - 1 所示。

表 3-1　五种竞争力量与行业获利潜力

	行业获利潜力和吸引力大	行业获利潜力和吸引力小
现有竞争者间的竞争抗衡	不激烈	激烈
潜在进入者的威胁	小	大
替代竞争者的威胁	小	大
上游供应商的议价实力	弱	强
下游购买者的议价实力	弱	强

在不同行业中，五种力量的作用是不同的，并非所有力量对行业的影响方向都是一致的，有的有利于行业获利，有的则会使行业竞争恶化。一般来说，五种力量中存在3～5个威胁行业的力量时，行业获利潜力就不容乐观。

此外，如前所述，五种竞争力量的强弱受到很多因素的影响，并最终影响行业的获利潜力。表 3-2 归纳了五种竞争力量的具体影响因素及其与行业获利潜力的关系。

表 3-2　五种竞争力量的影响因素与行业获利潜力和吸引力

五种竞争力量	影响因素	行业获利潜力和吸引力大	行业获利潜力和吸引力小
现有竞争者间的竞争抗衡	行业结构或集中度	集中型行业	分散型行业
	行业增长速度	快	慢
	成本状况	固定成本或库存成本低	固定成本或库存成本高
	客户转换成本和产品差异性	客户转换成本高，产品差异性大	客户转换成本低，产品差异性小
	规模经济对产能扩张的要求	规模经济效应不明显，无产能扩张动力	规模经济效应明显，有产能扩张动力
	竞争者多样性	少	多
	战略利益	非重要战略利益争夺点	重要战略利益争夺点
	退出壁垒与产能过剩	产能不足，退出壁垒低	产能过剩，退出壁垒高
潜在进入者的威胁	规模经济	规模经济效应明显	规模经济效应不明显
	产品差异化	大	小
	资金需求	大	小
	客户转换成本	高	低
	分销渠道的可获得性	难	易
	绝对成本因素	成本优势	成本劣势
	政府的准入政策	行业准入政策严格	行业准入政策宽松
	预期的报复	大	小
替代竞争者的威胁	替代品的可获得性	难	易
	替代品的性价比	低	高
	客户的转换成本	高	低
	客户的偏好	不偏好替代品	偏好替代品

续表

五种竞争力量	影响因素	行业获利潜力和吸引力大	行业获利潜力和吸引力小
上游供应商的议价实力	供应商行业集中度	低	高
	供应商的替代品的竞争实力	强	弱
	现有行业对供方行业的重要性	重要	不重要
	供方产品对现有行业的重要性	不重要	重要
	供应商的产品差异化程度及其客户转换成本	产品差异小，客户转换成本低	产品差异大，客户转换成本高
	供应商的前向整合能力	弱	强
下游购买者的议价实力	买方行业集中度	低	高
	购买方对现有行业的重要性	不重要	重要
	所购产品占购买方采购成本或采购量的比重	大	小
	所购产品对购买方的产品质量的重要性	重要	不重要
	现有行业的产品差异化程度和购买者的转换成本	产品差异小，购买者转换成本高	产品差异大，购买者转换成本低
	购买者的后向整合能力	弱	强
	购买方掌握的信息	少	多

当然，在不同行业中，各种因素的作用是不同的，并非所有因素对行业的影响方向都是一致的，甚至存在同一个因素的影响正好相反的情况。比如规模经济性，当现有行业规模经济效应明显时，现有竞争者之间的竞争会更激烈，不利于行业获利；但现有企业已获得的规模经济效应则成为较高的进入壁垒，会削弱潜在进入者的威胁，利于行业获利。为此，需要综合判断各个因素对五种竞争力量以及行业获利潜力的影响。

（2）根据综合分析结果，企业要考虑是否留在有吸引力的行业或退出竞争过度激烈的行业。

根据前面的分析，企业基本能够判断所在行业是具备一定的吸引力，还是竞争过于激烈。若行业吸引力犹存，说明未来仍具备一定的盈利潜力，值得企业在该行业继续经营；若行业竞争过度激烈，说明企业要想在未来获得超额收益颇为困难，需要结合行业退出壁垒，综合考虑是否退出，转向更有盈利潜力的行业。

（3）运用五力分析法，更快速地找出决定本行业竞争特点的关键性结构特征，将战略分析和定位聚焦于最关键之处，抓住机会，避免威胁。

在五种竞争力量及其影响因素中，并非所有力量或因素均能产生重要影响，常常是最强的一个或几个因素处于支配地位，起决定性作用。比如，在行业快速发展期，潜在进入者可能会是主要威胁；在行业成熟期，现有竞争者间的激烈抗衡或替代品竞争可能是战略关注重点；而上下游供方和买方的实力，也会动态变化。

通过五力分析充分了解影响行业竞争格局的具体因素，有助于发现竞争机会和竞争压力来源，找到关键影响因素，有针对性地去建立优势，抓住机会，避免威胁。比如，面对潜在进入者的威胁，企业需考虑是否扩大规模、提升产品差异性；面对高质量、低成本的替代品的竞争，企业需考虑如何提高性价比或是否进入替代品行业。

（4）通过主动战略行动，优化行业竞争结构。

通过五力分析，企业既可以较好地防御关键竞争力量带来的威胁，也可以主动对这些竞争力量施加影响，优化行业竞争结构。特别是行业内实力雄厚的企业，可以从影响五力的各个因素入手，通过主动战略行动，防止现有竞争者的恶性竞争，提高行业进入门槛，抑制替代品竞争，提高对供方和买方的议价实力，寻求企业在行业中的有利地位。

三、行业内部结构分析：战略群体分析

（一）战略群体分析的含义与价值

1. 战略群体分析的含义

战略群体（strategic group）也称为战略集团或战略群组，是指一个行业内采用相同或相似战略的各个企业组成的群体。“战略群体”概念早在 1972 年由迈克尔・亨特（Michael S. Hunt）从产业组织理论的角度提出；之后迈克尔・波特在《竞争战略》一书中将这一概念引入行业内部结构分析中。

战略群体分析作为一种行业内部结构分析方法，是按照一个或多个战略维度将行业内各企业依据战略的相似度划分为不同的战略群体，并分析各群体与外部竞争力量的关系、各群体间的相互竞争关系以及群体内企业间的竞争关系，从而进一步认识行业及其内部的竞争状况，了解影响战略群体及其中企业盈利性的主要因素。

2. 战略群体分析的价值

前面的五力模型重点分析了行业竞争结构，通过对整个行业的五种竞争力量的来源及其强弱的分析，了解行业整体的竞争激烈程度及其获利潜力，这有助于理解一个行业中所有企业共同面临的竞争环境。

而战略群体分析既不同于整个行业的总体分析方法，也不同于单个企业的个别分析方法，而是介于产业组织理论中将行业作为整体分析对象和企业管理理论中将企业作为个体分析对象的两极之间，将行业中企业分成战略特征不同的群体加以研究，为分析行业内部结构及行业内企业竞争格局提供了一个非常有力的分析工具。战略群体分析有助于了解不同战略群体的盈利潜力，理解为什么在同一个行业中，有些企业群体能够有比其他企业更好的经营业绩，获得更高的利润；也有助于明确与企业竞争战略和竞争地位最相近的竞争对手，有针对性地制定战略。

（二）战略群体分析法

战略群体分析需要依据战略的相似度将行业内企业划分为不同的战略群体，再加以分析。在一个行业里，如果所有的企业都实施基本相同的战略，则该行业只有一个战略群体；如果行业内企业的战略各有不同，则该行业可能存在多个战略群体。每个战略群体内的企业的数量不同，但同一战略群体内的企业的战略相似。在同一战略群体内，企业在生产规模和市场份额等方面可能有所不同，但它们具有一些相同的战略特性，对外部环境变化和竞争对手行动的反应也有相似之处。我们首先介绍划分战略群体的基本战略维度，然后再介绍战略群体图的绘制以及战略群体分析过程。

1. 战略维度

战略维度是将一个行业区分为不同战略群体的要素。战略群体的差异取决于各个企业的战略决策差异，由各个企业在战略维度上的不同表现体现出来。战略维度主要包括：

（1）纵向整合程度。根据这一维度，可以将行业中的企业大致区分为三大战略群体：1）无纵向整合；2）部分纵向整合；3）全部纵向整合。无纵向整合的企业完全从外部采购原材料和零部件，或者完全依靠批发商和零售商等外部渠道；全部纵向整合的企业则会自己生产全部原材料和零部件，或者完全拥有自己的销售渠道和网络；而部分纵向整合的企业则会部分依靠外部，部分依靠自己。当然，还可以对从无纵向整合到全部纵向整合的连续体中做进一步细分。此外，也可根据前向整合和后向整合的不同加以区分。

（2）专业化程度或产品线宽度。根据这一维度，可以划分出两大极端的战略群体：1）专业化程度高或产品线窄；2）专业化程度低或产品线宽。前者通常只经营某一种产品和服务；后者则生产很多品种、很多规格的产品或从事很多项服务，甚至跨行业开展多元化经营。两者之间还可以根据程度不同细分为不同的群体。

（3）研究开发重点或技术领先程度。根据这一维度，可以划分三种不同的战略群体：1）重点研发新技术，追求技术领先地位；2）重点研发新产品，追求产品领先地位，不断投放新产品；3）重点研发新工艺，力争在产品质量或成本上取得优势。

（4）品牌、质量或价格定位。一般来说，品牌、质量或价格通常会保持一定的一致性，据此，战略群体划分如下：1）高端品牌、品质或价格；2）中端品牌、品质或价格；3）低端品牌、品质或价格。当然，这三个要素也会存在不一致，可以分别作为三个战略维度来区分战略群体。

（5）推销的重点或重点客户。根据这一维度，战略群体划分如下：1）以最终用户为重点客户，重视直接在最终用户中的推销活动；2）以中间渠道商为重点客户，重视为渠道商服务来巩固和扩大流通渠道。

（6）分销渠道形式。根据这一维度，战略群体划分如下：1）完全自建渠道；2）自建渠道和经销商渠道混合方式；3）完全依靠经销商渠道。此外，还可以区分零售、批发、网络销售等形式。

（7）客户服务程度。根据这一维度，战略群体划分如下：1）无附加服务；2）有限服务；3）全线服务。

（8）地理覆盖面。根据这一维度，战略群体划分如下：1）当地企业；2）地区性企业；3）全国性企业；4）全球性企业。

此外，还可以从企业的成本状况、杠杆状况、与母公司的关系、与本国政府或东道国政府的关系等各种战略维度着手分析。

2. 战略群体图

一个行业的战略群体可以通过选取一个或多个战略维度来加以区分，并通过绘制战略群体图清晰呈现出来。战略群体划分法包括一元划分法和多元划分法。一元划分法是指用一个战略维度变量将行业内企业划分为不同战略群体的方法，多元划分法是指用两个以上的战略维度变量将行业内企业划分为不同战略群体的方法，常见的是二元划分法。下面主要介绍二元战略群体图的绘制。

（1）二元战略群体图的绘制步骤。

1）列出可选的战略维度。通过分析行业内企业的竞争特点和战略行动，列出能代表该行业内企业战略特性的战略维度，比如产品线宽度、质量或价格、纵向整合程度、分销渠道形式等。

2）选择两个重要的战略维度。在二元图中所选的两个战略维度应该是能够将各个企业的战略区别开来的重要因素，分别作为横轴和纵轴。

3）标示企业在二元图中的位置。根据各企业在横轴和纵轴两个战略维度上的差异程度，将各企业分别列于二元图中相应位置。

4）战略群体归类。把大致落在二元图中相邻战略空间内的企业归为同一个战略群体，由此形成不同的战略群体。

5）绘制各战略群体圆。给每一个战略群体画一个圆，其半径表示该战略群体中所有企业在行业内所占市场份额；圆越大，表明该战略群体的市场份额越大。

图 3－2 为某假定行业的战略群体图。在实践中，可针对所分析的行业，选取两个战略维度调整横轴和纵轴，遵循上述步骤加以绘制。

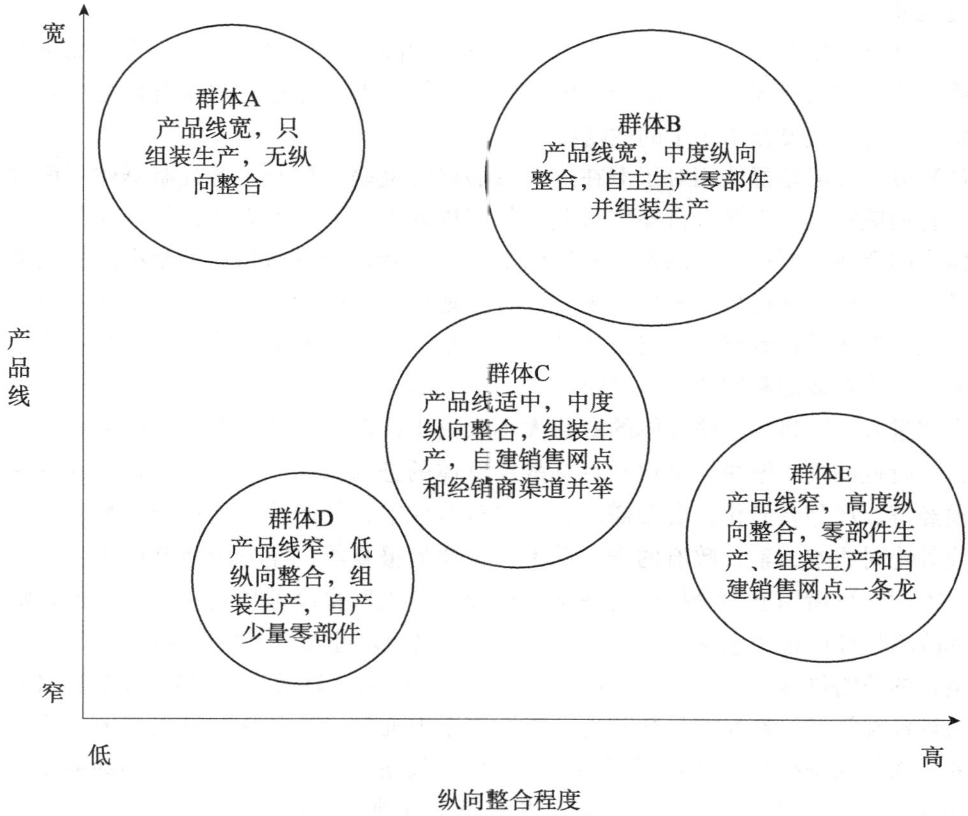

图 3－2　某假定行业的战略群体图

（2）确定战略维度的原则。绘制战略群体图时，最重要的是选取用作图轴的战略维度，并找到归于同一战略群体的战略相似的企业。因此，在确定战略维度时，需要考虑如下原则：

1）最佳的战略维度是那些最能代表该行业内企业战略特性、对战略群体的形成起决定作用的战略变量。

2）所选的横轴和纵轴变量不可高度相关或一同变化。比如价格和质量，由低到高的变化趋势常常是一致的，若选取这两个维度，则相当于一元划分法，不能充分体现二元图的作用。

3）图轴变量不一定是可量化的或连续的。比如地理覆盖面可区分为当地、地区、全国和全球等不同类型，但并非像价格变量一样可以从低到高连续变化。

4）一个行业可能不止两个重要的战略维度，这时可采取多元划分法，或者绘制多个二元战略群体图来加以分析，利用战略维度的各种组合来认识最关键的竞争对手和竞争问题。

3. 战略群体分析过程

战略群体分析的主要目的是区分出实施不同战略的企业群体，分析各战略群体所面临的来自五种竞争力量的威胁或竞争状况，进而了解战略群体的盈利潜力，识别出竞争地位相当、处于同一战略群体的最直接竞争对手，为企业制定竞争战略提供依据。具体分析过程如下：

（1）划分战略群体，明确所有主要竞争对手的战略的各方面特征。这是战略群体分析的第一步。如前所述，选取适当战略维度，对行业内企业进行战略群体划分，绘制战略群体图，明确主要竞争对手的战略特征。

（2）分析各战略群体相对于潜在进入者的移动壁垒。行业内各战略群体所面临的潜在进入者的威胁，一方面来自整体行业的外部进入者，另一方面来自行业内部的其他战略群体中的企业。所有这些内部和外部的潜在进入者，都将面临移动壁垒。所谓的移动壁垒是阻止企业从一种战略地位向另一种战略地位移动的因素，即阻止企业从原有行业或原有战略群体转移到目标战略群体的各种因素。移动壁垒是行业内一些企业可以长期获得高于其他企业的利润的主要原因之一。

潜在进入者对目标战略群体的威胁大小取决于移动壁垒的高低。此处的移动壁垒既包括目标行业的进入壁垒，又包括目标战略群体的进入壁垒。如前所述，进入壁垒主要有规模经济、产品差异化、资金需求、客户转换成本、分销渠道的可获得性、学习或经验曲线等绝对成本因素、政府的准入政策、预期的报复等。在分析战略群体的移动壁垒时，一方面，可沿用五力分析法把握整体行业的进入壁垒高低情况；另一方面，需要针对目标战略群体的进入壁垒高低进行专门分析。比如，进入一个全国性的、产品线宽的、纵向整合的战略群体，和进入一个地方性的、产品线窄、只做产品组装的战略群体相比，无论从规模经济性、产品差异化程度、资金需求方面看，还是从分销渠道方面看，潜在进入者所面临的壁垒高低都是不同的。进入前一战略群体将面临更高的移动壁垒，这阻碍了其他企业迅速模仿该群体的战略，也阻碍了其他企业迅速进入而导致的过度竞争，从而使该战略群体能够在较长时期获得超额利润，这也意味着移动壁垒高的战略群体比移动壁垒低的战略群体的吸引力更大，获得超额利润的潜力更大。

（3）分析各战略群体相对于供方和买方的议价实力。正如不同战略群体受到不同移动壁垒的保护，各战略群体相对于供应商和购买者的议价实力也各不相同。

五力模型中影响供方议价实力的因素不仅可用来分析整体行业，也可用来分析战略群体，主要有：供应商行业集中度、供应商的替代品的竞争实力、作为买方的战略群体对供方的重要性、供方产品对作为买方的战略群体的重要性、供应商的产品差异化程度及其客户转换成本、供应商的前向整合能力等。比如，产品线宽、后向整合力强的大型全国性企业所属战略群体，与产品线窄、中小型地方性企业所属战略群体相比，前者相对于供应商的议价实力通常更强。

同样，五力模型中影响买方议价实力的因素不仅可用于分析整体行业，也可用来分析战略群体，主要有：买方行业集中度、购买方对作为供方的战略群体的重要性、所购产品占购买方采购成本或采购量的比重、所购产品对购买方的产品质量的重要性、战略群体的产品差异化程度和购买者的转换成本、购买者的后向整合能力、购买方掌握的信息等。比如，追求高质量、技术领先的战略群体，比起追求低价格、成本领先的战略群体，前者相对于购买者的议价实力通常更强。

(4) 分析各战略群体相对于替代品的实力强弱。由于各战略群体在产品线、所服务的客户、质量或价格差异、技术领先程度等诸多方面的不同，它们所面临的来自替代品的竞争也不同。五力模型中影响替代品竞争实力的因素也可用于战略群体分析，主要有替代品的可获得性、替代品的性价比、客户的转换成本、客户的偏好等。

(5) 分析各战略群体之间的竞争激烈程度。同一行业内，除了个体企业之间的相互竞争，还存在不同战略群体之间为赢得客户而相互竞争的情况。影响战略群体间竞争激烈程度的因素主要有：

1) 战略群体的市场相互依赖度，也即目标客户的重叠程度。这是影响战略群体间竞争程度的最重要因素。当市场依赖度或客户重叠度高时，不同战略群体为争夺同一客户群体会展开激烈竞争。比如在乳品行业，因生产工艺不同形成了主打巴氏奶与主打常温奶的不同战略群体，但它们可能争夺同一客户群体，而这些客户并非某种奶的坚定购买者。

2) 战略群体的产品差异性。当不同战略群体的产品差异性较大时，客户会有各自偏好的产品，各战略群体间的竞争会较小；反之，战略群体间产品越相似，竞争的可能性越大。

3) 战略群体的数目及其相对规模。战略群体数目越多，且各自规模或市场份额越相近，各战略群体间的竞争越激烈。反之，战略群体的规模不均衡，某个或少数群体占据较大优势和市场份额，则形成激烈竞争的可能性较小。

4) 战略群体的战略差距。这是指不同战略群体的战略在成本、品牌知名度、技术领先等各种关键要素方面的离散程度。各战略群体的战略差异越大，就越有可能爆发激烈的小规模摩擦。不同的战略导致不同战略群体在竞争思想上有极大的差别，也使它们彼此难以理解，从而更难以避免错误的反应和争端的爆发。

以上四个因素共同决定了行业中各战略群体争夺客户的状况。一般来说，战略群体间竞争抗衡较为激烈的情形如下：行业中存在多个势均力敌、规模或市场份额相当的战略群体；各自奉行全然不同的战略；产品差异性不大，且为争夺同一客户群体而竞争。

当某战略群体与另一战略群体的市场重叠度高、彼此间竞争较激烈时，寻求稳定是较为困难的，主动出击却有可能带来胜利；而当某战略群体拥有较大市场份额或产品差异化较大时，更容易避开竞争，若能通过移动壁垒阻止其他企业进入，则可保持其盈利水平。

综合以上分析，在以下情形下，目标战略群体的盈利潜力更高：潜在进入者面临较高的移动壁垒；目标战略群体相对于供方和买方的议价实力更强；替代品的竞争实力较弱；目标战略群体与其他战略群体间的竞争抗衡不太激烈。

（三）战略群体分析对企业战略制定的意义

以上介绍了战略群体分析过程，对企业而言，更需要考虑的是如何运用战略群体分析结果进行战略的重新思考和调整。具体来说，可从如下方面着手。

1. 了解战略群体分析在评估企业盈利潜力中的地位

企业的盈利潜力是由三个层面的因素共同决定的，主要包括共同的行业特征、共同的战略群体特征以及企业在其战略群体中的地位。

（1）共同的行业特征。如前所述，五力分析有助于了解整个行业的竞争结构和特征，由此可以大致判断企业所处行业的盈利潜力。一个企业若处于有吸引力的行业，则更有可能获得更高的盈利；反之亦然。

（2）共同的战略群体特征。战略群体分析有助于了解战略群体的竞争地位和特征，由此可以大致判断企业所处战略群体的盈利潜力。一个企业若处于竞争地位较强的战略群体，则更有可能获得更高的盈利；反之亦然。在战略群体分析过程中，我们分析了某战略群体所面对的五种竞争力量的竞争或威胁，以此来了解该战略群体所面对的竞争强度，竞争越激烈，该群体的盈利潜力越小，如表3-3所示。

表3-3　五种竞争力量与战略群体盈利潜力

	战略群体盈利潜力大	战略群体盈利潜力小
战略群体间的竞争抗衡程度	低	高
防止进入者的移动壁垒	高	低
替代品的威胁	小	大
上游供应商的议价实力	弱	强
下游购买者的议价实力	弱	强

（3）企业在其战略群体中的地位。若企业处在一个有盈利潜力的行业和战略群体，其获利的可能性会增大，但最终获利的多少还取决于企业自身，取决于企业在其战略群体中的地位强弱。具体的影响因素包括：

1）战略群体内的竞争强度。在同一行业中，企业所面临的竞争有两个层面：一是不同战略群体间的竞争；二是个体企业间的竞争。个体企业间的竞争又可分为两类：一是同一战略群体内个体企业间的竞争；二是战略群体内个体企业与群体外企业的竞争。由于战略相似，同一战略群体内的企业间竞争最为直接，当群体内企业众多、实力相当时，竞争尤为激烈。

2）企业在战略群体内的相对规模。当企业在群体内具备相对较大的生产规模和市场份额时，就具备较强的成本优势和竞争实力。

3）加入战略群体的代价。战略群体内的企业有的是最早的行业进入者，有的是从其他行业转入，有的是从其他战略群体转入。其进入时机不同，进入时所付出的代价和从原有行业或群体中所带来的资源能力也有差异，从而可能形成群体内企业不同的竞争优势和地位。

4）企业自身贯彻执行既定战略的能力。在战略相似的情况下，优秀的战略执行能力是企业获得更高盈利的保证。这体现在企业的高管团队、组织流程和制度、研究开发、生产管理、营销能力和人才管理等各个方面。

2. 根据战略群体分析结果，考虑是否留在有盈利潜力的群体或退出竞争过度激烈的群体

根据前面的分析，企业基本能够判断所在战略群体是具备一定的盈利潜力，还是竞争过于激烈。若该战略群体仍具备一定的盈利潜力，则值得企业在该群体继续经营；若该群体竞争过于激烈，说明企业要想在未来获得超额收益颇为困难，需要考虑是否退出该战略群体，重新进行定位，转向更有盈利潜力的战略群体。

3. 运用战略群体分析，更快速地找出决定本战略群体竞争地位的关键因素，将战略分析和定位聚焦于最关键之处，抓住机会，避免威胁

在战略群体所面对的五种竞争力量及其影响因素中，找出最关键的、起决定性作用的因素，有利于战略行动更好地聚焦，形成合力。比如在潜在进入者的威胁很大时，该群体需考虑如何提高移动壁垒；在战略群体间竞争较激烈时，该群体则需要考虑如何扩大产品差异性，减少群体间的市场依赖度。

4. 发挥企业在个体和战略群体层面的双重角色

企业作为战略群体的一员，有着双重角色：个体企业角色和群体成员角色。也就是说，在同一战略群体中的企业，相互间既是竞争关系又是合作关系。作为个体企业，它要努力在战略群体内取得强势地位；而作为战略群体成员，它则要努力联合群体内其他企业对抗其他战略群体，以巩固所处战略群体的强势地位。比如，可口可乐和百事作为碳酸饮料的巨头，相互竞争，但也要联合起来与非碳酸饮料的阵营相抗衡。

第 3 节 利益相关者分析

一、利益相关者分析的含义与价值

（一）利益相关者分析的含义

利益相关者是指能够影响企业经营决策或行动并受其影响的个体和群体。利益相关者分析是指系统地辨别那些能够对企业及其竞争对手施加影响的重要群体和个体，分析其利益诉求并有针对性地采取应对行动，以确保企业目标成功实现。不同于早期的股东（shareholder）至上观念只关注股东或所有者的利润，利益相关者（stakeholders）观念不仅关注股东，也关注供应商、客户等诸多群体或个体。通过分析，明确关键利益相关

者，了解其利益诉求是什么，确定企业应当何时、如何针对它们采取行动以及如何在关键利益相关者之间分配组织资源，从而使企业竞争成功。

（二）利益相关者分析的价值

利益相关者，尤其是关键利益相关者，对企业的战略成功至关重要。企业战略决策者的一个重要责任就是处理好与利益相关者的关系。由于利益相关者与企业相互影响，它们既影响企业，也受到企业影响，任何一方的重要行动或变化都会彼此影响，不可不察；企业也需要关键利益相关者对其战略方向和关键变革的认可；一些利益相关者处在影响“游戏规则”的地位，比如政府或第三方环保组织对新能源汽车的支持或推动，可能改变汽车行业的竞争格局；不同利益相关者还能够提供对企业成功至关重要的各类资源和支持，比如原材料、资金、忠诚度、政策支持等。拥有良好投资者关系的企业能从投资分析者和投资者身上获得更好的支持，企业对内部和外部的利益相关者的及时了解和关注也有助于减少环境的不确定性。

利益相关者分析的一个基本前提或假设：企业若能够有效地处理与利益相关者之间的关系，则有助于其形成竞争优势以获得超额收益。利益相关者分析，有助于识别影响企业或竞争对手行动的个体或群体，包括内部和外部的利益相关者；有助于预测利益相关者对企业战略计划或行动的影响程度，有效监控和应对各个利益群体的利益诉求和期望；有助于制定有效的战略以便为战略的贯彻落实扫清障碍，提供最有效的支持。

二、利益相关者分析法

进行利益相关者分析，可采用如下基本步骤。

（一）识别企业的利益相关者

企业通常会面对许多不同的利益相关者，它们与企业彼此相关、相互影响，但对企业的影响程度各不相同，有的很重要，有的无足轻重。在评估其重要性之前，我们首先需要在更大范围内进行环境扫描，尽可能地识别出与企业息息相关的利益群体或个体，以免把一些主要利益相关者拒之门外而使企业处于竞争弱势。

从对企业产生影响的方式和利益关系性质来看，可以把利益相关者分为两类：直接利益相关者和间接利益相关者。直接利益相关者是指直接与企业发生市场交易或产生经济利益关系的群体或个体，主要包括股东或投资者、管理者、员工、债权人、供应商、经销商、消费者、竞争者、合作者、当地社区、工会组织等。间接利益相关者是指间接与企业发生非市场交易或产生社会利益关系的群体或个体，主要包括政府、社会团体、媒体、一般公众等，如图 3－3 所示。其中，股东、管理者和员工是内部利益相关者，其他则为外部利益相关者。

（二）了解利益相关者与企业的利益关系和利益诉求

每个利益群体都有着各自不同的利益诉求和目标，与企业有着不同的利益关系，且都希望自己的利益最大化；对企业而言，则需要管理决策者在各方利益群体及其利益诉求之间保持平衡，以确保自身的合理利益。要想平衡各方利益，首先需要明确各方利益群体的利益关系和利益诉求到底是什么。

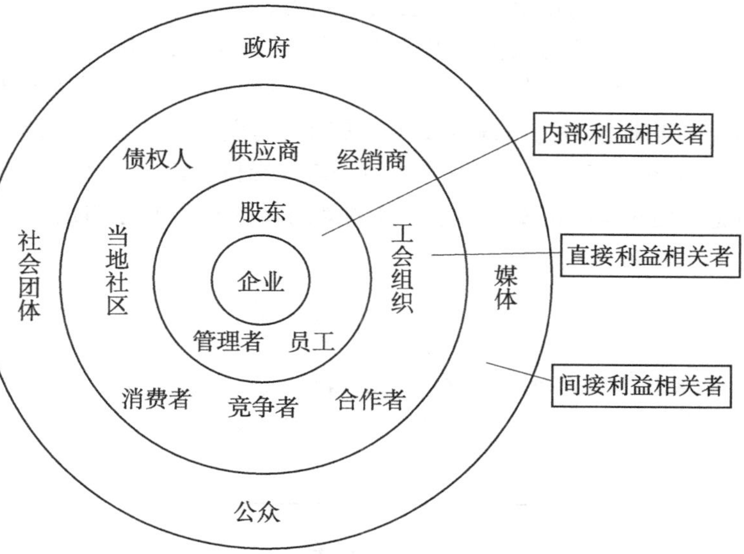

图 3-3　利益相关者图

利益相关者与企业之间的利益关系可以简单划分为经济利益和社会利益两类。前述直接利益相关者大多与企业有着经济利益关系，它们更关心经济或物质上的资源分配，比如股东关心企业的盈利和分红状况，员工关心自身的薪酬水平，供应商关心企业支付的价格是否合理，消费者关心花钱买的产品是否物有所值；间接利益相关者则大多与企业有着社会利益关系，它们更关心企业价值观和社会责任，比如政府关心企业是否遵守相关政策法规，环保组织或动物保护组织等社会团体关心企业行为对环境或动物的影响，媒体和公众关心社会公平等。利益相关者与企业的利益关系可能是单一的，也可能是多方面的和多层次的，既有经济和社会利益的多重交织，又有从地方、国家到国际的多层次利益，比如企业排污所带来的环境问题不仅影响当地社区，还可能成为全国性或全球性议题。

从企业社会责任角度分析也有利于理解利益相关者的利益关系和诉求。卡罗尔曾把企业的社会责任分为四个层次，包括经济责任、法律责任、道德责任和慈善责任。经济责任要求企业经营获利，与股东员工等经济利益体相关；法律责任要求企业守法，与政府等相关；道德责任要求企业守住道德底线，做正确的、合乎道德的事，关系到各个利益相关者，涵盖员工公平的工作机会、供应商的合理利润、消费者保护、绿色制造等诸多方面；慈善责任是由企业自由决定的责任，通过向社会做出更多贡献来造福利益相关者和整个社会，它超越了前三类应当承担的责任，如图 3-4 所示。

当企业作出某个战略决策或行动时，需要充分了解相关利益群体及其利益诉求，主要包括：该行动可能会影响到哪些利益相关者？它们期望从中获得的利益是什么？它们愿意付出什么来获得利益？不同利益相关者之间是否存在利益冲突？它们是如何看待彼此及其利益冲突的？

（三）利益相关者的影响力和重要性评估

利益相关者的影响力是指某利益相关者在要求企业满足其利益诉求时所拥有的权力

大小。具体可表现为股东的投票权、工会的谈判力、地方政府的监管、媒体的宣传、金融机构的资金实力、供应商的议价实力等诸多方面。其权力或影响力越大，企业就越要重视其利益诉求，但满足其利益诉求并不一定与企业经营目标的实现相一致。比如，2019 年，亚马逊以当地反对为由宣布放弃在美国纽约设立第二总部的计划。它最初计划投资 25 亿美元，为纽约长岛地区带来 2.5 万个就业岗位，纽约州和地方官员承诺提供 30 亿美元激励措施，但这项经济发展一揽子计划受到政界人士和地方团体的批评。

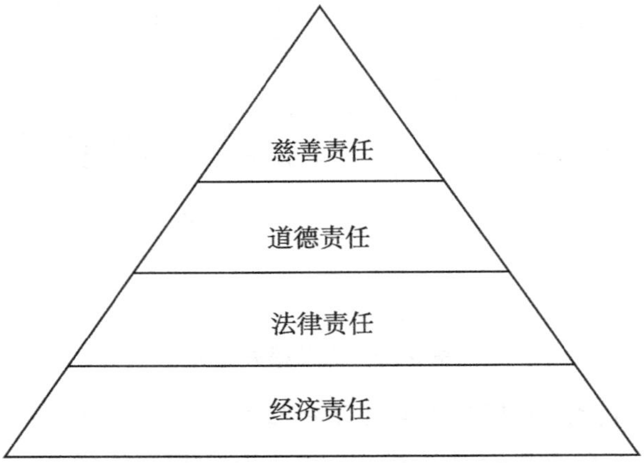

图 3－4　卡罗尔的企业社会责任金字塔

资料来源：CARROLL A B. The Pyramid of Corporate Social Responsibility：Toward the Moral Management of Organizational Stakeholders. *Business Horizons*，1991，34（4）：39－48.

利益相关者的重要性是指某利益相关者对企业实现经营目标的重要程度。该利益相关者越重要，企业就越值得优先考虑其利益诉求，从而获得其支持，以实现企业经营目标。

在评估利益相关者的影响力和重要性时，可主要考虑如下问题：满足或应对利益相关者的利益诉求会对企业带来何种影响？影响力有多大？利益相关者对企业的重要性如何？企业是否应该或应该在多大程度上重视利益相关者的利益诉求？当各方利益冲突时，该如何取舍和平衡？

当各方利益冲突时，企业需要根据各利益群体的影响力和重要性来排出优先顺序，进行合理的取舍和平衡。如图 3－5 所示，根据利益相关者的影响力和重要性，可以绘制影响力-重要性矩阵，用以评估利益相关者的利益诉求从影响力看是否必须加以重视，从重要性看是否值得优先考虑。当利益相关者的影响力或权力较大时，企业必须或不得不重视其利益诉求；当利益相关者很重要时，其利益诉求值得优先考虑。当利益相关者既很重要又有很大影响力时，企业则必须同时也值得把该利益相关者的利益诉求放到最优先的位置予以考虑。不过，对于影响力大、重要性低的利益相关者，尽管其对企业目标的实现帮助有限，甚至其利益可能与企业目标不一致，但它可能因其强大的影响力而阻碍企业发展，对企业造成威胁，因此，巧妙而合理地应对其利益诉求颇为重要。

（四）综合考虑利益相关者的利益诉求及其优先顺序，制定合理的企业战略

通过识别企业利益相关者和列出其利益诉求及优先顺序，有助于企业全面综合地考虑企业和各方利益，制定合理的企业战略，以恰当处理与利益相关者的关系。由于各群体间的利益并非完全一致，企业的战略行动并不能保证让所有的利益相关者都满意。企业尤其需要合理取舍和平衡，有先有后，分清轻重缓急，防止因短期内过度迎合利益相关者的诉求，而导致自身的长期战略利益受损。比如共享单车在扩张过程中，投资方希望其快速增长、用户希望单车随处可取、供货商希望获得大量订单、竞争对手不惜代价抢占份额、管理者和员工对薪酬有着很高的期望，所有这一切都推动了企业的过度扩张，期望通过快速的扩张在短期内迎合各方的诉求，但过度扩张所带来的资金短缺、拖欠货款、管理不善、用户体验不佳等一系列问题，不利于企业长期的战略成功。

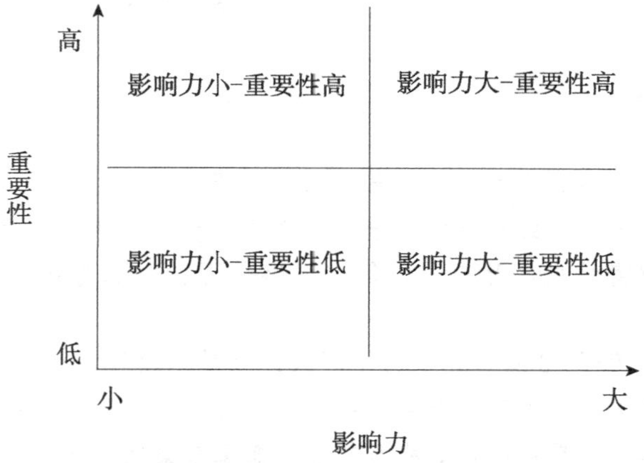

图 3－5　利益相关者的影响力-重要性矩阵

本章小结

企业外部环境涉及影响企业绩效的各种外部环境因素，通常包括宏观环境、行业环境、竞争环境和利益相关者等多个方面。对外部环境的合理分析，有助于企业更好地把握外部环境所带来的机会和威胁。本章介绍了企业外部环境分析的几种主要方法，包括 PEST 分析法、五力模型分析法、战略群体分析法和利益相关者分析法。

PEST 分析法将宏观环境细分为政治（political）、经济（economic）、社会（social）和技术（technological）几个方面，每个环境因素又包含许多更具体的要素，通过对各细分环境的变化和趋势的分析，识别重要环境因素，把握宏观环境带来的机会和威胁。

五力模型分析法作为一种行业环境分析方法，主要针对的是整个行业的竞争结构分析；从现有竞争者、潜在进入者、替代竞争者、上游供应商和下游购买者等五种竞争力量入手，分析行业竞争状况和盈利潜力。

战略群体分析法作为一种行业环境分析方法，主要针对的是行业内部结构分析；把行业内企业按照战略相似度划分为不同的战略群体，以对行业内的战略子群体有进一步的分析和了解，有助于企业找到最直接的竞争对手。

利益相关者分析法则主张根据利益相关者的影响力和重要性，综合平衡各方利益诉求，制定合理的企业战略。

思考题

1. 企业外部环境主要包括哪些内容？

2. 构成企业宏观环境分析的因素有哪些？

3. 波特提出的五力模型包括哪五种竞争力量？这五种竞争力量是如何影响行业竞争强度和盈利潜力的？

4. 什么是战略群体？战略群体分析有何作用？

5. 利益相关者分析有何作用？企业应如何进行利益相关者分析？

参考文献

[1] 波特．竞争战略．北京：华夏出版社，2012.

[2] 弗莱舍，本苏桑．战略与竞争分析．北京：清华大学出版社，2004.

[3] 汤普森，彼得拉夫，甘布尔，等．战略管理：概念与案例：原书第 19 版．北京：机械工业出版社，2016.

[4] 徐飞．战略管理．3 版．北京：中国人民大学出版社，2016.

[5] 希特，弗里曼，哈里森．布莱克威尔战略管理手册．北京：东方出版社，2008.

[6] 希特，爱尔兰，霍斯基森．战略管理：概念与案例：第 12 版．北京：中国人民大学出版社，2017.

[7] 杨锡怀，冷克平，王江．企业战略管理：理论与案例．2 版．北京：高等教育出版社，2004.

[8] O. C. 费雷尔，费雷德里希，琳达·费雷尔．企业伦理学：伦理决策与案例：第 8 版．北京：中国人民大学出版社，2012.

[9] 哈特曼，德斯贾丁斯，苏勇，等．企业伦理学．北京：机械工业出版社，2011.

第4章

企业内部环境分析

学习目标

- ⊙ 认识什么是企业的内部环境；
- ⊙ 掌握企业资源与能力分析的复杂性和核心要点；
- ⊙ 掌握企业的核心能力；
- ⊙ 掌握价值链分析方法和价值分析决策方法；
- ⊙ 掌握SWOT综合分析法。

引导案例

阿里巴巴的菜鸟智慧物流系统

阿里巴巴集团牵头，携手顺丰、圆通、中通、申通和韵达等建立的菜鸟物流是为电子商务企业、物流企业、仓储企业和信息技术企业等搭建的共同协作的平台。信息技术的不断发展改变着我们的生活，2016年双十一一天产生的包裹数量达到6.57亿个，第1亿个包裹送到买家手中仅用了3.5天。物流的飞速进步与菜鸟物流背后的智能制造系统、大数据平台资源以及卓越的算法能力有着密切的联系。

2016年双十一当天，广东增城的菜鸟物流园迎来了一年中压力最大的时刻，这是菜鸟网络在全国运行最繁忙的一个园区，等待出库的商品达千万量级。网上超市货物繁杂，每个订单可能包括品种不同的商品，如何加快拣货速度、降低员工拣货出错率成为解决双十一爆仓问题的关键。

2016年双十一之前，菜鸟仓的一线工作人员一直是推着手推车四处寻找货品，现在菜鸟启用了智慧货物分拣系统，给快递箱贴上包含订单信息和路径信息的条码，当每个箱子经过时，流水线上的扫描仪自动扫描箱子上的条码，货架上的提示灯就会亮起，工作人员只需按照提示把货物装进箱子，一项任务便完成了。这个系统解放了大量人力，把一个个快递箱变成了拣货机器人，让汗水物流变成了智慧物流。

虽然菜鸟网络智能仓库下的160多个仓库是由心怡、科捷、普罗格这样的合作伙伴负责仓内运营的，智能化的设计与升级却一直是菜鸟在推进。菜鸟物流智能化之后，管理的难度和强度大大降低，一线人员减少了 30%，组织变得简单、扁平化。所有人员都是按部就班，不需要更多专业性的培训。

当区域内出现某种爆款 SKU（商品品类），就会出现小范围爆仓现象。每年双十一都会有一些商品因为打折造成发货量激增，如何布局货品摆放区域、防止爆款拥堵成为菜鸟亟待解决的问题。仓库中作业任务不均衡，商品在布局上不太理想，有些区域非常忙碌，有些区域却没有拣货需求，这种商品摆放的不均衡对整体工作效率有不良影响。

商超类仓库在最初设计时都会利用大数据分析将商品分类，最畅销的 A 品区在最容易拣货的最外面，次畅销的 B 品区在中间，不畅销的 C 品区在仓库的最里面，而且大多会采用人工拣货。拥堵大多发生在 A 品区，一旦再出现爆款，积压是必然的。双十一是物流业压力最大也是最容易暴露痛点的时刻，这里出现的各种问题可以为其他的菜鸟仓库提供参考。在新的仓库规划中，菜鸟工程师已尝试将 B 品和 A 品交叉布置，让作业再分配的时候能够有更好的均衡性。

资料来源：智能先锋（二）：探秘智能工厂．（2016－12－03）．http：//tv. cctv. com/2016/12/03/VIDEzhOM94vZ7mOrq5ZLB0sK161203. shtml.

第 1 节　企业的内部环境

一、企业内部环境分析的目的

好的企业战略是企业发展并赢得竞争优势的一个重要前提，而对企业内外部环境的全面、合理、精准分析是进行企业战略研究和设计的第一步。本书第 3 章对企业的外部环境进行了详细探讨，通过外部环境分析，企业可以认清自己在当前及未来一段时间内所处外部环境中面临的各种机会和威胁，但企业是否能够很好地利用这些机会或者应对威胁，在很大程度上取决于企业内部资源和能力状况的差异。因此，在企业制定战略之前，除了需要对外部环境进行分析之外，还要对内部环境进行全面、合理、精准的分析与把握，才能保证企业做正确的事。

与企业外部环境分析寻找机会（O）与威胁（T）不同的是，企业内部环境分析主要想找出企业的优势（S）和劣势（W）。当企业明确了自己的外部机会与威胁以及内部优势与劣势之后，就可以对它们进行综合匹配分析。一般来讲，可以运用优势、劣势、机会、威胁的综合匹配分析方法，即 SWOT 分析法，来进行综合分析，从而为制定一个合理的战略打下基础。

企业的内部环境主要涉及两个方面，即企业的资源与能力。资源是可以拿来利用的一切要素，如人、财、物等有形的资源和知识、技术、品牌等无形的资源。拥有同样资源的企业其发展速度和取得的成就并不一定相同，这是因为企业能力上的差异导致了运用资源的效果和效率存在差异。每个企业都有多种资源，资源的特点和作用不同，能否利用资源产生竞争优势取决于企业是否有把握、掌控和运用资源的能力。因此，企业的内部环境分析必然包括两个方面，既包括对企业所拥有的资源的分析，又包括对企业运用资源的能力的分析。显然，优于竞争企业的资源与能力形成了企业的内部优势，弱于竞争企业的资源与能力形成了企业的内部劣势。简单讲，资源即企业拥有什么；能力即企业能驾驭资源做什么。一个企业如果具有好的优势资源，同时又具有驾驭资源的强大能力，往往易于形成企业的核心竞争力。

二、资源与能力分析的复杂性

在明确了企业的内部环境分析主要应从企业的资源与能力两个方面入手之后，必须首先探讨如何对企业的资源与能力进行全面、合理、精准的分析，以找到内部优势和内部劣势。然而，分析企业的内部资源与能力实际上是非常复杂的。这是因为，一方面，企业的内部资源与能力种类繁多，存在于企业经营活动的各个方面和环节；另一方面，不同资源与能力之间的关系异常复杂。

比如，企业中有有形资源（人员、厂房、设备等），还有无形资源（技术、品牌、商誉等），而各种资源又分布在企业的各个部门中，如研发部门、生产部门、采购部门、销售部门、后勤部门等。在企业中，分布在不同地方（如不同区域、不同环节、不同部门等）的资源只有和其对应的能力相匹配，才能产生给企业创造价值的活动。因此，在进行企业的内部环境分析时，如何全面、有针对性地对这些复杂的资源和能力同竞争企业的对应资源与能力进行比较，从而找出优势和劣势，无疑是需要我们认真思考的一个重要问题。

鉴于企业的内部环境异常复杂、资源与能力之间的关系繁多，我们需要探究出一个进行企业内部环境分析时的普遍适用的方法，这不仅对企业制定一个合理的战略具有决定性的意义，对于我们研究企业成长和企业竞争优势的来源也有着启发性的意义。

三、资源与能力分析的核心要点

通过前文的分析可知，企业的内部环境分析实际上是要同竞争企业比较资源与能力，从而找出自身的优势和劣势，而要合理地对资源与能力进行比较，必须首先解决如下两个重要问题。

第一个问题是与其他竞争企业比较资源与能力时，衡量资源与能力的尺度如何选取。

很多人会认为寻找衡量尺度似乎很容易。比如，比较资源时，用多与少作为尺度即可；比较能力时，用大与小作为尺度即可，这样既简单又实用。但是，仔细想一下就会发现，用多与少作为衡量资源的尺度和用大与小作为衡量能力的尺度存在明显的缺陷。因为这样的衡量尺度并没有考虑在这些资源与能力中，哪些资源或者哪些能力是能够给企业带来好处的。也就是说，只要企业的资源多、能力大，就一定能够发展得非常好吗？答案显然是否定的。

因此，我们有必要对资源与能力的衡量尺度进行重新考量。这个新的衡量尺度不仅应该能够体现出资源的多与少、能力的大与小这一量的关系，更关键的是应该反映出哪些资源或能力能够给企业带来好处。有鉴于此，我们提出了一个相对较为合适的新的衡量尺度——价值。

第二个问题是如何全面比较资源与能力。或者说，与其他竞争企业比较资源与能力时，如何才能全面、系统、无遗漏、有重点地进行比较。

为了解决上述问题，我们首先要回归到企业的本质来进行思考。众所周知，企业是营利性的经济组织，企业的盈利需要通过其业务实现。也就是说，企业的资源与能力要给企业创造价值，就必然要在企业的经营流程中发挥作用。而流程是一系列生产经营活动的集合，如果能够全面地把握企业的生产经营活动，就能够全面地把握企业的资源与能力。显然，在企业中，由若干生产经营活动组成的链条构成了企业日常运行的基础。把握了这一由活动组成的链条，就能够全面把握企业资源与能力配置和利用的效果。

四、企业的核心能力

（一）核心能力

在企业的能力中，有一种很特殊的能力——核心能力。20 世纪 90 年代以后，市场逐渐从卖方市场向买方市场转变，产品需求的差异性日趋明显，企业竞争日益激烈。企业要想在竞争中保持优势地位，必须打造出支撑其持续竞争优势的能力，这就是核心能力。核心能力是保证企业拥有持续竞争优势的能力。

能够带来可持续竞争优势的核心能力具有四个方面的典型特征：

（1）有价值。核心能力是能够给企业带来竞争优势的能力，显然它是能够给企业带来价值的。

（2）独特。核心能力是某个企业通过一定时间的积累打造出来的，这种特定的能力往往具有唯一性，不被其他企业所拥有。比如，京东集团经过若干年建立起来的物流配送体系，其他电商企业在短时间内很难拥有。

（3）难以模仿复制。核心能力是企业通过一定时间的积累打造出来的，其他企业不可能在短时间内进行模仿和复制。它不像材料、机器设备那样能在市场上购买到，而是难以转移或复制的。这种难以模仿的能力能为企业带来超过平均水平的利润。

（4）不可替代。核心能力是企业通过一定时间的积累打造出来的，积累是核心能力形成的标志之一。核心能力在为顾客创造价值的过程中具有不可替代的作用，不是其他能力能够轻而易举替代的。

（二）核心竞争力

由核心能力支撑起来的、具有竞争优势的能力就是核心竞争力。

可以看出，核心竞争力是一个企业能够长期获得竞争优势的能力，是企业所特有的、能够经得起时间考验的，并且是竞争对手难以模仿的具有竞争优势的能力。

核心竞争力是企业竞争力中那些最基本的、能使整个企业保持长期稳定的优势，是企业各个层面有机运行的结晶。当前，知识竞争力越来越成为构成企业核心竞争力的基础，核心竞争力将在很大程度上依赖知识和创新，而知识和创新的关键在于人才。

对企业核心竞争力的判断往往离不开价值链。在不同的企业中，并不是每个活动都创造价值。实际上只有某些特定的活动才真正创造价值，这些真正创造价值的经营活动就是价值链上的重要的战略环节。企业要保持竞争优势，实际上就是企业在价值链某些特定的战略环节上发挥优势。运用价值链分析方法来确定核心竞争力，要求企业密切关注组织的资源状态，持续关注和培养价值链的关键环节以获得重要的核心竞争力。

第 2 节　价值链分析

一、价值的衡量方法

由前文的分析可知，进行企业的内部环境分析，必须要对企业的资源与能力进行比较，而价值是一个比较合适的衡量尺度。这里首先阐述价值如何衡量的问题。

（一）价值如何衡量

一般来讲，可以用功能与成本的比值来衡量某对象价值的大小，这一衡量准则起源于人们对生产型产品价值的认识。比如，某件产品给人们带来的功能越好，人们获取它的成本越低，则它的价值越大。我们常说的物美价廉、物超所值等都是从这个方面衡量价值的体现。

价值＝功能/成本

（二）价值分析决策方法

价值分析决策方法是通过定量比较两个或多个对象的价值进行选择决策的方法。由于价值等于功能与成本之比，因此，要定量比较两个或多个对象的价值大小，必须首先获取待比较对象的功能以及成本数据。成本往往是容易获取的，但功能如何计算呢？

在企业管理中，我们经常会遇到如何把定性问题定量化的情况，比如在人力资源管理中评价员工的工作绩效，最后要求量化打分。要想达到这一目的，首先需要建立一套指标体系。指标体系建好后，才能知道该从哪些方面衡量每个员工的工作业绩，进而得出一个总评分。

在对定性问题定量化的过程中，大致包括如下四步：

第一步，建指标：通过分析，明确采用哪些具体的指标来衡量和评价对象。

第二步，定权重：评估所建指标体系中各项具体指标的重要性程度，并设定权重加以区分。

第三步，赋评分：基于各项指标，对待评价的各个对象予以评分。

第四步，加权总分：基于各个对象在各指标下的评分，计算各个对象在该指标体系下的加权总分。

在价值分析决策方法中，我们将基于以上四个步骤，对价值公式中的“功能”进行量化处理。

例如，某新建连锁餐饮公司采购物资，有两种采购方案可供选择：一种是现货直接采购（A 方案），另一种是联合集中采购（B 方案）。现货直接采购由各连锁门店采购人员负责到市场采购和进货，再到总部统一报账；联合集中采购则由总部出面选择多家资质好、实力雄厚的供应商，通过报价竞标，进行集中采购结算，并由供应商统一向各门店配货。①

由于以前没有进行过比较，该公司不知道选择哪种方案好，因此试图通过价值分析决策方法判断各采购方案的价值大小然后进行决策。

由于价值等于功能比成本，各采购方案各有优缺点，如表 4-1 所示。

表 4-1 两种采购方案的特点比较

比较指标	采购方案	
	现货直接采购（A）	联合集中采购（B）
灵活性	高	低
质量可控性	高	较低
价格	高	低
物流效率	低	高
管理成本	高	低

首先，要建立功能指标体系，评价各采购方案到底在采购过程中能给公司带来什么样的功能，是否能够满足采购目标的要求。

根据餐饮公司的采购总目标，所建立的功能指标体系如表 4-2 所示。

表 4-2 采购的功能指标设定

采购总目标	物美价廉，保证供应，管理简单（F_0）					
一级指标	营养质量（F_1）		管理成本（F_2）		确保供应（F_3）	
二级指标	质量（F_{11}）	营养（F_{12}）	环节（F_{21}）	费用（F_{22}）	监控（F_{31}）	风险（F_{32}）

在表 4-2 功能指标基础上，公司组织相关人员对各级功能指标的重要性进行评分。首先对一级指标进行评分。这里运用交叉评分法，如表 4-3 所示。指标间两两比较，以 3、2、1、0 等作为重要性的衡量标准。

指标相互比较后，将每一行的打分值相加，就得到各指标的权重评分值，可方便地计算出各指标的百分比权重。

表 4-3 一级功能指标权重设定的交叉评分法

一级指标	F_1	F_2	F_3	权重评分值	权重
F_1	0	2	3	5	0.417
F_2	2	0	1	3	0.250
F_3	1	3	0	4	0.333
合计				12	1.000

接着，公司组织相关人员对功能指标中的二级指标进行重要性评分（采用直接打分法），如表 4-4 所示。

① 姚建明．战略供应链管理．北京：中国人民大学出版社，2014.

表 4－4　采购的二级功能指标权重设定

一级指标	F_1		F_2		F_3	
权重	0.417		0.250		0.333	
二级指标	F_{11}	F_{12}	F_{21}	F_{22}	F_{31}	F_{32}
评分（%）	55	45	30	70	40	60
权重	0.229	0.188	0.075	0.175	0.133	0.200

公司组织相关人员对 A 方案和 B 方案进行二级功能指标下的评分（采取百分制评分）。计算各方案的功能加权总分及功能指数（功能指数为各方案加权总分的百分比，这样处理的目的是去掉功能的数量单位，避免在与成本的比较中存在数量单位不统一的问题），如表 4－5 所示。

表 4－5　两种采购方案的功能评分和功能加权总分

二级指标	F_{11}	F_{12}	F_{21}	F_{22}	F_{31}	F_{32}	加权总分	功能指数
权重	0.229	0.188	0.075	0.175	0.133	0.200		
A 方案	72	44	56	67	60	48	58.27	0.463
B 方案	68	80	70	63	65	60	67.53	0.537

由于该公司没有采取过相关的采购方案，所以它间接获取了其他两家连锁餐饮企业现有的成本数据。通过获取某段时间内公开的采购成本统计数据，计算平均单位物资额（吨）的采购总支出成本，得到 A 方案的平均单位物资额采购成本为 3 200 元；B 方案的平均单位物资额采购成本为 3 050 元。

计算得出两种采购方案的成本指数：A 方案为 3 200/(3 200＋3 050)＝0.512；B 方案为 3 050/(3 200＋3 050)＝0.488。

根据价值（价值指数）＝功能（功能指数)/成本（成本指数），得出 A 方案的价值指数为 0.904，B 方案为 1.100。

可以看出，B 方案的价值指数大于 A 方案，因此，可以采用 B 方案（联合集中采购）作为最优方案。

在企业管理实践中，价值分析决策方法是一个非常重要且应用普遍的方法，在企业战略决策及运营决策的各个方面（如战略定位、供应商选择、研发方案选择、采购决策、生产设备选择、生产方式选择、销售渠道选择、营销方式决策、人事任免、人员招募、人员考核、岗位设计、部门考核、财务决策、预算决策等等）都可以广泛运用。

二、价值链分析法

（一）价值链

企业具备的所有资源与能力是企业开展各项经营活动的基础，各种活动相互关联、环环相扣，形似链条。只有从整体上把握链条，才能全面把握企业的资源与能力。而衡量资源与能力的最佳尺度就是价值。

我们将前述两个方面问题的解决思路汇总到一起，发现了一个企业内部环境分析的核心方法，这就是价值链分析法。而价值链在本质上是由价值和链组成的。价值是衡量资源与能力状况的尺度；链是由企业的生产经营活动组成的活动链，是全面把握和分析资源与能力的基础。由此，采用价值链分析法可以整体衡量企业的优劣势。

迈克尔·波特在《竞争优势》一书中提出价值链，并将其作为一种对企业竞争优势进行强有力的战略分析的框架。多年来价值链不断发展创新，并被财务分析、成本管理、市场营销等专门领域所广泛融入和吸收。波特认为：企业与企业的竞争，不只是某个环节的竞争，还是整个价值链的竞争，而整个价值链的综合竞争力决定了企业的竞争力。

企业要生存和发展，就必须为股东和其他利益相关者包括员工、顾客、供货商以及所在地区和相关行业等创造价值。如果把企业内部环境这个“黑箱”打开，我们可以把企业创造价值的过程分解为一系列互不相同但又相互关联的经济活动，或者称之为“价值增值活动”，其总和即构成企业的价值链。

波特指出，企业每项经营活动都是创造价值的经济活动，企业所有的各不相同而又相互关联的生产经营活动，构成了创造价值的动态过程，这就是价值链。简单地讲，价值链是企业中所有的生产经营活动联系到一起形成的。

波特提出的价值链思想把企业创造价值的活动大致分为基本活动和辅助活动两类，以生产型企业为例，基本活动主要包括进料物流、生产作业、发货物流、市场销售、售后服务等。辅助活动则包括采购管理、技术开发、人力资源管理以及组织建设等。组织建设中除包括支撑业务流程运作的其他各项辅助活动外，还包括企业文化建设、战略规则、高层经营管理活动、企业治理等内容，如图 4-1 所示。基本活动和辅助活动共同构成了企业的价值链活动。总之，企业的所有活动全部纳入了价值链的活动范畴。

显然，从企业流程的角度划分，这些活动中有一些活动（如图 4-1 中的基本活动）构成了企业的业务流程，其他活动（如图 4-1 中的辅助活动）则形成了企业的管理流程，它们涵盖了整个企业价值链中的所有活动。在企业中，流程就是一系列活动的集合。

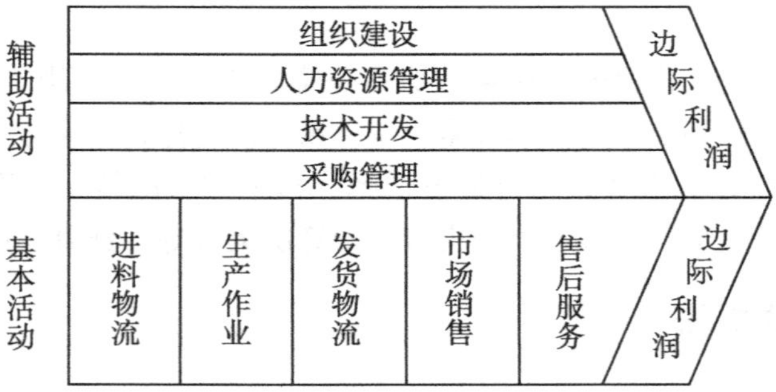

图 4-1　价值链中的活动示意图

价值链的思路易于理解，关键在于如何运用。根据前文分析可知，价值链思想的提出同时解决了资源与能力衡量尺度以及如何全面比较资源与能力这两个核心问题，因此，价值链的一个重要作用就是应用于企业的内部环境分析之中，找出优势和劣势；而价值链的另一个作用则是进行流程的优化。

（二）企业的优势和劣势分析

有了价值链的思路和价值分析决策方法之后，我们再来总结企业内部环境分析中如何找出优势和劣势。

实际上，在企业同其竞争者进行比较时，企业流程中哪些环节带来的价值大于竞争企业中对应的环节，说明这些环节是企业的价值增值环节，也是企业的优势环节；反之，则是企业的劣势所在。在企业中，不论优势环节还是劣势环节，都是我们应该重点关注的。

在比较若干竞争企业的价值链时，实际上只需要将价值链中对应环节的价值进行比较即可。这时，应用价值分析决策方法，可以方便地计算出价值链中不同环节能够带给企业的价值大小。这是真正做好价值链精细化管理的前提。

图 4－2 为两家电视机生产企业 A、B 进行价值链比较，进而寻找优势和劣势的例子。

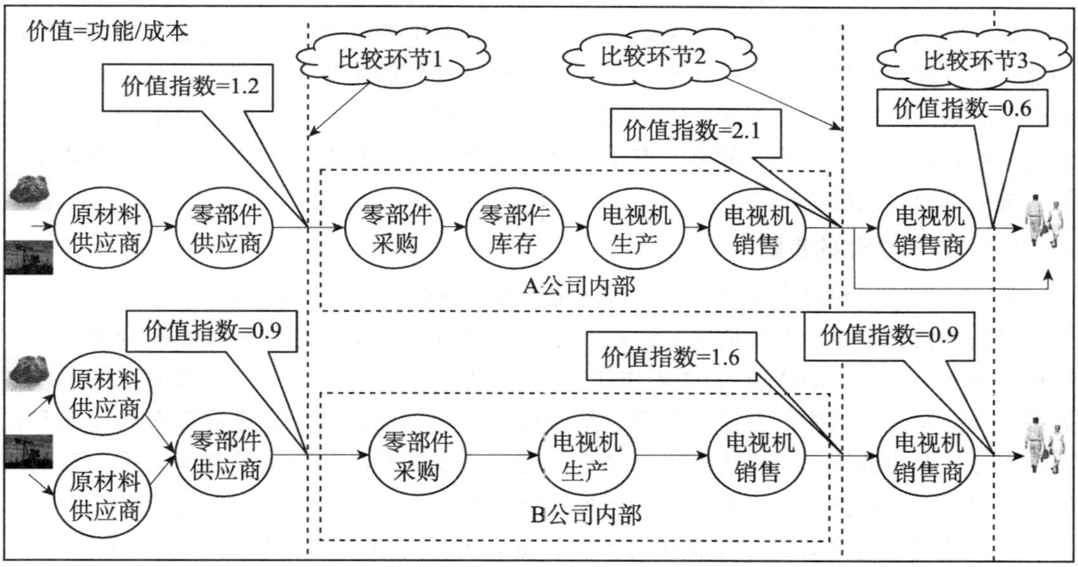

图 4－2 两家企业价值链中不同环节的价值比较

在比较的三个环节中，A 企业价值链中采购环节的活动、经销环节的活动在价值上优于 B 企业，说明这些环节是能够给 A 公司带来竞争优势之处；而零售环节的活动在价值上劣于 B 企业，是 A 公司的竞争劣势之处，具体如表 4－6 所示。

表 4－6 基于价值链的 A、B 企业的优劣势比较

比较环节	企业 A 价值指数	企业 B 价值指数	比较优势
环节 1：采购	1.2	0.9	A>B
环节 2：经销	2.1	1.6	A>B
环节 3：零售	0.6	0.9	B>A

三、基于价值链的流程优化

价值链分析的核心目的是要把价值链中不创造价值或者创造负价值的环节尽可能去掉，剩下的全部是能够创造正价值的环节。实际上，不创造价值和创造负价值的活动在企业中比比皆是，如某秘书找总经理签字，早晨去了一趟办公室，总经理不在，下午再去一趟又不在。这些显然是不创造价值的活动，这些明显浪费资源而又不创造价值的活动显然需要通过活动的优化进行处理。在企业中，对活动进行重新梳理的过程称为流程优化。正如前文所述，价值链的另一个重要作用在于对企业流程的优化。

以前戴尔中国客户中心的生产流程是两个人面对面合作组装一部机器，而且是台式机和笔记本电脑合用生产线生产。由于当时的产品大部分是台式机，笔记本很少，这样的设计流程比较合理。后来笔记本电脑的需求越来越大，而组装笔记本电脑只需要一个人，另一个人在旁边站着却不创造价值。因此，将两个人分别安排在两张工作台上，装配效率就会提高。

在企业运营中，创造负价值或者不创造价值的环节是首先需要考虑优化的环节。那么，如何判断非增值活动和增值活动呢？比如，企业中的库存环节一定是创造负价值的环节吗？以前企业以成本为中心来考虑问题，可能得到的结论是肯定的，但是现在要求企业以战略为中心来考虑问题，就不能简单地下这样的结论。判断价值链中的活动是不是增值的，需要基于企业的战略。有了战略，就有了分析和处理问题的法宝。企业中的任何决策都要以战略为中心。

（一）流程优化的步骤

基于价值链思想对企业的流程进行优化，可以遵循以下几个基本步骤：

（1）理清整个企业的价值链，包括基本业务流程和辅助流程，把价值链分解为与战略相关的各项活动（即作业），明晰作业、资源、成本、时间、收入等各要素之间的基本关系。作业是价值链中的各项流程经过细分后的活动单位。每一个作业都有其输入和输出，也是一个小的流程。要描绘出整个价值链，可以从产品和服务的起点入手，直到最后的消费终点，将整个流程画出来，当然每个环节还有各种支撑性的辅助活动。

（2）挖掘引起价值链价值变动的各项作业，分析作业与战略要素（如质量、成本、交货期等）之间的关系及导致差异的原因。

例如，某面包房专门烤制高级面包，其基本流程中有两个活动：一个是制作面包坯，一个是烤面包。受面包坯设备的产能限制，面包房每小时可以加工 100 个面包坯，需要耗费 1 人工时；面包房有一个烤箱，每次可以烤制 100 个面包，每次需 2 小时，第一小时中还需要耗费 1 人工时的翻转和看管成本。假设某客户订购了 200 个面包，5 小时后交货，面包房的流程应该如何安排，才能在满足客户对面包质量要求及准时交货的前提下，使总成本最小？

在交货期要求下，比较图 4－3 中两个不同价值链的流程编排方式。

根据客户的交货期要求，对于第一批 100 个面包的作业而言没有选择的余地，必须即刻开始加工面包坯，1 小时后进行烤制，2 小时后烤制完成；而第二批 100 个面包的烤制毫无疑问需要紧接着进行，才能满足顾客 5 小时交货的要求。问题是第二批面包坯什么时候加工最合适？

图 4－3 显示了两种可能的面包生产价值链的构成方式。第一种价值链的安排方式是，加工完第一批面包坯后紧接着加工第二批面包坯，但由于第一批面包在占用烤箱，第二批面包坯必须等 1 小时才能烤制。第二种价值链的安排方式是第一批面包坯开始加工 2 小时后再加工第二批面包坯，这样等第一批面包烤制完成后刚好可以衔接上。

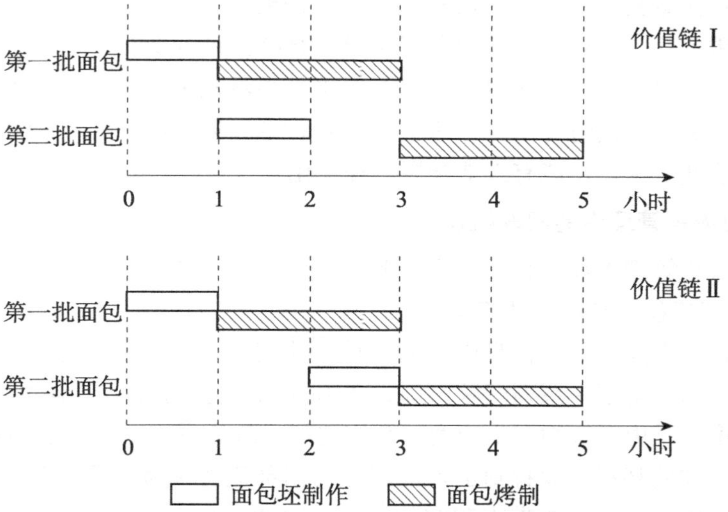

图 4－3　面包房两种面包生产价值链的比较

产品的成本中有直接成本和间接成本，本例中的直接成本只有原材料和人工成本，间接成本有水电费等。图 4－3 所示的两种不同的价值链，其价值的差异主要反映在人工成本上。第一批面包坯完成并放入烤箱之后，还要用 1 小时来翻转看管，这需要耗费人工成本。在第二种方案中，显然这一作业由一个人完成就可以了，而在第一种方案中，由于第一批面包坯制作完成后，紧接着进行第二批面包坯的制作，这时必须另找人手进行第一批面包的翻转看管，显然总成本会增加。

通过以上对两个价值链的比较分析，我们发现价值链 Ⅱ 的成本优于价值链 Ⅰ。价值链 Ⅰ 调整为价值链 Ⅱ 以后，成本可以降低。在本例中，引起价值变动的作业只有两个，形成作业成本差异的原因在于不同作业的时间安排。

（3）分析本企业与整个价值链中上下游企业以及客户之间的关系，明确上下游及客户的相关约束对价值链优化的影响。在企业内部进行价值链的优化工作，为什么要考虑与上下游的关系呢？再来分析上例。假设面包房有两名员工，分别负责面包坯制作和面包烤制。按照图 4－3 中第 Ⅰ 种方案，负责面包坯制作的员工制作完两批面包坯后，就可以完成任务了，这样面包坯制作的人工总成本是 2 人工时；如果按照方案 Ⅱ，他还要等第二批面包坯制作完后才可以完工，这样就耗费 3 人工时。显然，第 Ⅰ 种方案在成本上优于第 Ⅱ 种方案。

然而，在第 Ⅰ 种价值链方案中，制作好的面包坯要等 1 小时以后才能烤制，这样在质量上就和第一批面包存在差异。因此，能够将图 4－3 中价值链 Ⅱ 的方案优化成价值链 Ⅰ 的方案的前提是烤制出的面包在质量上一定要满足下游客户的要求。这就是说，企业在进行价值链的优化时，需要考虑上下游企业及客户的约束关系，而不只是考虑企业自身的价值链调整问题。

（4）利用上述分析结果对价值链进行重新组合或改进。可以看出，价值链优化的过程也就是企业流程优化的过程。流程优化的核心是让流程中的各个环节为企业带来价值，价值最终由客户买单。因此要从客户角度来判断流程中哪些环节能够给客户带来价值，这些环节即客户愿意买单的环节。流程优化应以战略为中心，合理配置质量、成本、交货期之间的权重关系，以获得最优的资源与能力配置和利用效果。

企业在进行自身的流程优化时，首先要明确每项活动的变动将会对企业的财务及其他指标带来何种影响，同时还需要考虑企业与上下游企业、客户间的关联性和约束关系，只有全面考虑这些因素，才能有效地开展流程优化。

（二）企业流程管理中的问题梳理

现行企业流程管理中往往容易出现如下几个方面的问题。

1. 关注内部流程，忽视外部流程

一方面，很多企业只关注自身内部的流程优化问题，却忽视了上下游其他关联企业的流程优化，进而产生了一系列问题。例如2010年丰田公司召回门事件，丰田汽车质量不合格很大程度上是由于压缩了供应商的利润空间，致使供应商提供了不合格的零部件。

另一方面，即便某些企业看到了外部流程与内部流程衔接的重要性，但是由于下游的销售环节是能够直接给企业带来利润的地方，因此，与下游环节的流程衔接问题往往是企业关注的焦点，而对与上游供应环节的衔接却很少考虑，这也是导致企业内外部流程衔接不畅的重要原因。

2. 核心业务流程不明确

业务流程是实现产品和服务从起点到终点这一流动的过程，其中有核心业务流程和非核心业务流程之分。如何界定某个流程是否为核心流程呢？这是由企业的战略决定的。

当我们把企业的战略目标分解到各个层次、部门后，就会找到核心业务流程。例如，采购部门要采购很多物资，有的物资采购回来后是用在业务流程中的，而有的物资采购回来后是用在管理流程中的，比如办公用品等。在用于业务流程的物资中，有的物资对实现企业战略目标非常重要，而有的物资并不重要。如果这些重要的物资采购不到，企业的战略目标就无法实现。显然，这些重要物资的采购流程就是核心业务流程。

因此，并不是所有的业务流程都是核心业务流程，一定是对企业战略目标的实现影响非常大的流程才是核心业务流程。在企业经营管理过程中，要把有限的人、财、物等资源向核心业务流程倾斜，首先保证其得到满足。

3. 存在流程分割和冲突现象

企业内部各职能部门之间经常产生冲突，原因是把流程割裂开来。比如，采购部门考虑的是本部门内部采购流程的合理性，生产部门考虑的是本部门内部生产流程的合理性，销售部门考虑的是本部门内部销售流程的合理性等，企业整体流程的合理性反而被忽略了。

如何处理这一问题呢？应该站在全局角度把握企业的整体业务流程。部门之间的冲突来自它们之间关系的不协调，而这种关系是由它们之间的流程决定的。所以要定期或不定期地针对隐藏在各个职能部门背后的流程进行公开讨论，理顺其中的关系。而且，在整个问题解决过程中，必须由各部门的负责人以及一个可以把握全局的人共同协商。

尽管问题的解决思路是明确的，但是在具体落实的时候，还要考虑方法、场合和时机，特别是把握时机。比如，企业在成长期比成熟期更容易进行部门利益的调整和变革，在危机发生之后比危机到来之前更容易进行问题的处理等。或许我们会有这样的疑问，危机已经发生了，解决这些冲突还有用吗？2008 年三鹿奶粉事件发生后，蒙牛、伊利也受到了波及，为了消除消费者对产品的不信任感，伊利决定改变其产品的质量考核流程，开放整个生产线，让消费者亲身体验产品的生产过程。这也是食品企业常用的应对质量危机的方法。

4. 解决流程问题缺乏灵活性

很多企业在流程出现问题后，往往基于明确的规章制度进行处理和解决，这种操作方法简便但具有两面性。比如服务员的服务流程是有明确的规章制度约束的，服务员对客户应该说哪些话、不应该说哪些话等都有明确的规范标准。但这种程序化处理方法可能会给某些客户带来不适感。比如客人进入餐馆或商店后，服务员特别热情，这是服务员的职责，但有时候这反而让客人感觉无所适从，特别是那些喜欢安静、需要私密空间的人可能就不太喜欢这样的服务。任何管理措施都具有两面性，关键是我们如何看待和灵活运用，应针对不同的企业进行有效的应对。

5. 信息化技术运用不普遍

发达国家的管理优势很大程度上体现在信息化的建设与运用方面，这是我们首先应该借鉴和学习的地方。是否能够将信息化手段较好地运用到企业流程管理中，是一个重要的战略问题。

当然，企业流程管理中容易出现的问题远非上述这些，企业应该站在战略的高度，从全局的角度发掘和分析流程中的问题，并找出针对性的应对措施和解决方案。比如，运用企业全景管理分析法对企业的运营系统及流程进行全面的战略诊断与分析，就可以确定核心流程是什么、主要流程是什么、次要流程是什么等。同时，应该区分管理流程和业务流程，合理配置运营系统的资源。实际上，流程的不合理会直接导致不应该交叉的流程交叉到一起，引发对资源的争夺，所以一定要把不合理的流程理顺。

进行流程管理还需要以客户为中心进行整体业务流程和管理流程的设计，保证流程制度及作业规范建设与灵活性之间的平衡，而消除流程中人为的活动分割、协调部门冲突更是需要重视的问题。

（三）业务流程再造（BPR）

流程优化是企业对各项活动进行梳理的常用方法，但流程优化仅仅是对现有流程的改进，其基于的理念和方法也许没有本质上的变化。与流程优化不同的是流程再造，即由新的理念指导对流程进行本质性的变革。

流程再造的目的或核心内涵是让流程中的各个环节能够给企业带来价值，前提是要给客户带来价值。所以，要从客户的角度来判断到底流程中的哪些环节能够给客户带来价值，这些环节就是客户愿意买单的环节。

业务流程再造（重组）（business process reengineering，BPR）是由美国学者迈克

尔·哈默（Michael Hammer）和詹姆斯·钱皮（James Champy）于20世纪90年代提出的。

1993年，两人合著了《企业再造》一书，并指出：200年来，人们一直遵循亚当·斯密的劳动分工思想来建立和管理企业，即注重把工作分解为最简单和最基本的步骤。而目前应围绕BPR的概念来建立和管理企业，即把工作任务重新组合到首尾一贯的工作流程中去。该书对BPR的定义是："为了飞跃性地改善成本、质量、服务、速度等现代企业的主要运营基础，必须对工作流程进行根本性的重新思考并彻底改革。"其基本思想就是必须彻底改变传统的工作方式，即彻底改变传统的自工业革命以来、按照分工原则把一项完整的工作分成不同部分、由各自相对独立的部门依次进行工作的工作方式。业务流程再造强调以企业的业务流程为改造对象和核心，以关心客户需求和满意度为目标，对企业现有业务流程进行根本性的再思考和彻底的再设计。

业务流程再造的核心思想体现在四个方面：在设计流程时，要对传统的劳动分工理论进行反思；从以职能为中心向以流程为中心转化；以客户需求为中心设计流程；给予基层员工决策的权力。

第3节　企业的内外部环境综合分析

一、为什么要做综合分析

我们知道，通过PEST、波特五力模型、战略群体等分析方法对企业外部宏观及微观环境进行分析，可以找出未来一段时间企业面临的外部机会与威胁；通过价值链分析法对企业资源、能力及核心能力进行的企业内部环境分析，可以有效地找出未来一段时间企业的内部优势与劣势。然而，独立地分析企业的外部环境或内部环境并不能从系统性角度整体把握企业未来的战略方向。因此，我们有必要对企业外部环境中的机会和威胁以及内部环境中的优势和劣势的匹配关系进行综合分析，为企业进行科学的战略制定奠定基础。

二、SWOT综合分析法

SWOT综合分析法即优势、劣势、机会、威胁综合匹配分析法，是常用的经典综合分析法，它将与研究对象密切相关的各种主要内部优势、劣势和外部的机会和威胁等通过各种适宜的调查研究方法分析并列举出来，在SWOT分析矩阵中进行排列，并用系统分析的思想把各种因素相互匹配起来加以分析，从中得出一系列相应的结论，进而为研究对象进一步的行动举措作铺垫。运用这种方法，可以对研究对象所处的情境进行全面、系统、准确的研究，并根据研究结果制定相应的战略、计划以及对策等。

在企业的战略分析中，SWOT方法是最常用的方法之一。战略研究的是一个企业未来做什么和如何做的问题，企业在明确未来做什么之前，必须要清楚哪些事情是有必要或可能做的（即外部环境中的机会和威胁），哪些事情是可以或能够做的（即企业内部的优势和劣势）。只有将这二者之间的关系梳理清楚，才能够制定出合理的战略。

进行 SWOT 分析需要经过如下步骤：

（1）通过企业外部环境分析，列出机会与威胁；

（2）通过企业内部环境分析，列出优势与劣势；

（3）绘制 SWOT 综合分析表（如表 4－7 所示）；

（4）进行优势、劣势、机会、威胁的综合匹配分析。

表 4－7 SWOT 综合分析表

内部因素		外部因素	
		机会	威胁
		O_1，O_2，O_3，…	T_1，T_2，T_3，…
优势	S_1 S_2 S_3 ⋮	SO 组合 $S_1-O_1-O_2$ S_2-O_2 $S_3-O_1-O_2$ ⋮	ST 组合 $S_1-T_1-T_2$ S_2-T_2 $S_3-T_1-T_2$ ⋮
劣势	W_1 W_2 W_3 ⋮	WO 组合 W_1-O_1 $W_2-O_1-O_2$ W_3-O_3 ⋮	WT 组合 W_1-T_1 $W_2-T_1-T_2$ W_3-T_3 ⋮

如表 4－7 所示，企业面临的机会、威胁和自身的优势、劣势是由很多细分项构成的，这些细分项来自企业内外部环境中的各个方面，比如，外部宏观环境中的政治、经济、社会、技术等。通过对所有方面的机会、威胁、优势、劣势进行匹配分析，就可以得出表 4－7 中匹配象限中的各种匹配关系，进而在匹配关系中选出合适的匹配类型，作为战略制定的基础。

三、基于 SWOT 综合分析的战略选择

基于 SWOT 综合分析可以形成四种不同类型的组合：优势-机会（SO）组合、劣势-机会（WO）组合、优势-威胁（ST）组合以及劣势-威胁（WT）组合。下面具体分析不同战略组合的特点及适用情况，以帮助企业做出合理的战略选择。

（1）优势-机会（SO）组合。SO 组合是一种利用企业内部优势抓住外部机会的匹配类型，非常吸引人。当企业具有特定方面的优势，而外部环境又为发挥这种优势提供有利机会时，企业毫无疑问可以采取这一匹配类型。例如企业产品所处的行业具有良好的市场前景，而企业在产品上又具有独特的吸引消费者的专利技术优势时，企业往往容易获取竞争优势，取得较快发展。一般情况下，这时的企业在公司层面往往采用发展战略较为合适。

（2）劣势-机会（WO）组合。WO 组合是企业利用外部机会来改进内部劣势的一种匹配类型。企业外部存在机会但企业内部却没有能够利用这些机会的优势时，一般来讲，

不建议企业采取激进的行动，采用稳定的战略较为合适。但如果拥有内部优势的竞争企业没有意识到机会的到来或者反应比较迟缓，劣势企业反而可以反其道而行，尽快抓住机遇，对自己的内部资源进行重新调整，以在发展中将目前的劣势转变为未来的优势。

（3）优势-威胁（ST）组合。ST组合是指企业利用自身优势，抵御外部威胁所造成的影响，从而进一步推进发展的一种匹配类型。由于外部机会较少，因此一般情况下企业不宜激进行事，采取稳定的战略较为稳妥。

（4）弱势-威胁（WT）组合。WT组合是企业面临的一种最糟糕的、压力巨大的匹配类型。这时的企业存在内忧外患，往往面临生存危机，因此，一般情况下可以考虑用收缩战略应对。

本章小结

本章主要介绍了企业内部环境分析以及企业内外部环境综合分析的相关内容。

首先，本章较为详细地介绍了什么是企业的内部环境以及为什么要进行企业的内部环境分析，明确指出企业内部环境分析的目的是要找出企业未来发展的优势和劣势，进而与企业外部环境分析中找出的机会与威胁进行匹配，同时对企业的核心能力以及企业的核心竞争力进行了界定及特征分析。

其次，本章详细阐述了企业内部环境分析的内容以及分析的基本思路和方法，重点介绍了企业内部环境分析的价值链分析方法（包括价值分析决策方法），阐述了价值链的概念及其中不同活动的划分，明确指出了该方法在企业管理中的重要作用与价值，同时对基于价值链的流程优化思路进行了详细阐述并通过实例进行了说明。

最后，本章对企业内外部环境的综合分析过程进行了阐释，并对综合分析的重要方法——SWOT分析法进行了阐述。

思考题

1. 企业的内部环境分析包括哪些方面？
2. 企业内部环境分析的经典方法是什么？
3. 通过企业的内部环境分析要得出什么结论？
4. SWOT分析法是找出机会、威胁、优势和劣势的方法吗？
5. 企业的核心能力是随时都可以替换的吗？

参考文献

[1] 波特．竞争优势．北京：华夏出版社，2005.
[2] 姚建明．战略供应链管理．北京：中国人民大学出版社，2014.
[3] 姚建明．战略管理：新思维、新架构、新方法．北京：清华大学出版社，2019.

实践练习

价值分析练习

选择一个管理决策问题，运用价值分析决策方法按照如下步骤进行分析决策：

1. 简要阐明待分析的问题；
2. 建立待分析问题的功能指标体系，建立一级指标即可；
3. 对一级指标进行权重评分（运用交叉评分法）；
4. 拟定两种待决策的方案，分别进行功能指标评分（评分量表可任选）；
5. 计算各方案的功能加权总分和功能指数；
6. 计算各方案的成本指数（成本可以根据实际情况或主观拟定）；
7. 计算各方案的价值指数；
8. 比较确定优选方案。

第 5 章

业务层战略

学习目标

- ⊙ 掌握三种通用竞争战略的内涵、适用的条件以及可能的风险；
- ⊙ 掌握动态竞争与动态竞争战略的内涵，了解动态竞争战略的类型；
- ⊙ 掌握蓝海战略的基本概念，熟悉制定蓝海战略的原则和执行的要点。

引导案例

小蓝单车兴衰记

2016 年 11 月 22 日，观战许久的野兽骑行创始人李刚宣布进军共享单车。野兽骑行是一个智能运动品牌，其创始团队有超过 20 年的自行车研发及生产经验。创立初期，野兽骑行获得百万美元的天使投资，后又获得超过 5 000 万美元的 A 轮投资，并与数家自行车公司形成战略联盟。得益于野兽骑行在自行车行业两年多的积累，小蓝单车在用户骑行体验以及联网智能模块上具有先发优势。因此，李刚在创业之初就将小蓝单车定位为“注重用户骑行体验”的共享单车。

第一批小蓝单车首先在深圳上线，并在随后的 4 个月内迅速扩张到广州、成都、南京和佛山，累计投放 35.5 万辆，用户数量达到 625 万，骑行次数达到 6 313 万，骑行距离超 1.6 亿千米。2017 年 2 月份，小蓝单车进军共享单车竞争最为激烈的市场——北京。短短 26 天，小蓝单车在北京市场上累计投放 10 万辆自行车，用户骑行里程超过 240 万千米。为了吸引更多的用户，小蓝单车甚至打出了“免费骑行”的口号来吸引用户注册。据统计，上线半年，小蓝单车累计投放了 60 万辆自行车，最高时每日 300 余万订单，注册用户最高时达到了 2 000 万人。

为了解决造血问题，2017 年 5 月，小蓝单车发布了“麒麟计划”，宣称将通过打造智能共享单车，构建精准广告媒体平台来定义行业新的盈利模式，将共享单车市场推向千亿规模。李刚认为，麒麟计划是一次商业模式上的探索，是市场占有率排名第三的小蓝单车实现超越的机会。为此，2017 年 5 月 19 日，小蓝单车发布了新车型。除了碳纤维车身、减震等设计，最出人意料的就是在车把正中增加了一块显示屏。李刚认为，为了实现弯道超车，小蓝单车需要一次商业模式的“质的飞跃”，麒麟计划的目标就是完成这惊险一跃。

然而，就在李刚信誓旦旦地推出麒麟计划、决心将小蓝单车做成超越“今日头条”的广告投放渠道时，意料之外的事情发生了，而这正是共享单车行业大变局的开幕。首先是资本变得冷静了。共享单车在经历了高潮后，于2017年8月进入洗牌期，除了摩拜与ofo等头部企业之外，其余玩家都面临资金紧张的困局。小蓝单车最后一次融资是2017年初获得的4亿元人民币的A轮融资，此后再未获得融资。其次是共享单车新政的出台。2017年9月7日，北京市交通委召集各区管理部门和15家共享单车企业负责人，听取了关于共享单车投放和管理的意见建议，经研究决定将暂停在北京市新增投放共享单车，这使得北京成为继上海、广州、深圳、武汉等暂停共享单车新增投放的第12个城市。与此同时，共享单车新政还专门提出不得利用共享单车投放商业广告，以及在车身上进行商业行为的规定。

从2017年10月开始，陆续有用户反映不能在小蓝单车App上顺利退还押金。按照小蓝单车1 000多万用户的规模计算，每个用户押金199元，小蓝单车在押金方面欠款上亿元。除了押金问题外，据其内部员工反映，员工工资已经拖欠到2018年2月10日。押金无法退还、投放减缓、拖欠员工工资以及拖欠供应商造车款等种种问题使小蓝单车陷入前所未有的困境之中。

资料来源：徐京悦，杨波，董昊．小蓝单车兴衰记．中国人民大学商学院案例库，2018.

战略对于企业成功与否起着至关重要的作用。企业在选择是否进入某个行业时，需要综合考虑外部环境中的机会和威胁以及企业自身的优势和劣势，并在此基础上决定是否进入。一旦选择进入该行业，还需要分析行业中的竞争对手的战略，然后选择适宜的业务层战略。对于一个新兴的行业来说，由于环境中的不确定因素很多，客观审慎地进行内外部环境分析并作出适宜的战略选择非常关键。

从小蓝单车的失败案例中我们可以发现，尽管小蓝单车拥有自行车制造方面的核心能力，但是由于其管理团队对于共享单车行业竞争态势的误判、对于顾客核心需求的理解不到位，以及对于行业驱动因素的影响估计不足等，小蓝单车虽然有为人称道的用户体验，但是在目标顾客群的选择、顾客需求的把握以及满足顾客需求方式的选择上都犯了错误。加之共享单车行业受投资以及政策影响较大等因素，在短短一年的时间里，雄心勃勃的小蓝单车就黯然离场。小蓝单车的例子充分说明了业务层战略对于企业在竞争中能否取胜有着至关重要的影响。

业务层战略（business-level strategy）是指在具体的产品市场上，企业用来开发核心能力以获得竞争优势的一系列相互整合、协调的约定和行动，简单地说是企业作出的关于如何在单个产品市场上进行竞争的一系列选择。迈克尔·波特认为，业务层战略的目标是在企业与竞争对手的定位之间形成差异，即“创造差异性”。为此，企业必须“选择与竞争对手不同的行动或者以不同于竞争对手的方式采取行动”，这就要求企业对价值链活动作出不同的选择。在作出选择时，企业需要思考以下三个核心问题：（1）顾客是谁？

思考为谁服务实际上是目标顾客群的选择问题。首先，企业应根据顾客需求的不同对顾客进行分类，这一过程将会把需求相同的顾客划分成一个个单独的、可识别的群体。在此基础上，企业将根据对市场发展前景的判断以及自身资源能力的情况确定其目标顾客群，即是服务于广泛的目标顾客群还是服务于一个或几个细分目标顾客群。(2) 顾客的需求是什么？企业在确定了目标顾客群之后，必须识别其目标顾客群的需求。与现有顾客和潜在顾客保持频繁、密切的接触，可以帮助企业识别顾客的现实和潜在需求。优秀的企业总在不断尝试预测顾客需求的变化，那些没有预测和识别顾客需求变化的企业，终会失去顾客。(3) 如何满足顾客的需求？在确定了目标顾客群及其具体需求之后，企业需要决定如何利用自身的资源和能力来开发满足顾客需求的产品和服务，在此过程中企业需要寻求顾客需求与其核心能力的契合。一方面需要基于自身的核心能力提供产品和服务，另一方面必须确保产品和服务具备持续满足顾客需求的能力，这又要求公司持续地发展其核心能力。

从以上三个核心问题中我们可以发现，顾客是业务层战略成功的基础。任何企业都不能忽视顾客需求，而是要通过满足顾客需求、获得顾客的认可等方式来确保企业的生存和发展。所有成功的企业都会努力寻找新的方法来满足顾客的现有需求，并且尝试去挖掘顾客的潜在需求。为此，企业需要与顾客建立联系并且采取有效的方式来管理与顾客的关系。企业在管理与顾客的关系时，需要考虑三个应持续深化的维度：第一，可接触度（reach)，是指与顾客接触并建立联系。一般来说，企业会致力于不断扩大接触范围，并在这一过程中不断增加新顾客。第二，丰富度（richness)，是指企业与顾客间双向信息传递的深度和详细程度，广泛且深入的信息交换可以使企业更好地了解顾客及其需求。第三，密切关系（affiliation)，是指促进与顾客间有意义的互动。这一维度有助于企业从顾客角度观察世界，不断寻求为顾客创造价值的新方法，从而持续提高顾客的满意度，减少顾客的抱怨。总之，只有有效地接触顾客、深入了解顾客的需求，并不断开发新的方法满足顾客的需求，企业才能确保其业务层战略取得成功。

第1节　通用竞争战略

根据迈克尔·波特的理论，业务层战略的目标是在企业与竞争对手的定位之间形成差异，为了形成这种定位间的差异，企业必须要有目的地选择一套不同的运营活动。为此，企业需要考虑如何与竞争对手在价值链上有所区别，从而为顾客创造独特的价值。波特认为，企业创造差异性并获得竞争优势有两种基本的方式：低成本和差异化。同时，企业还需要考虑如何选择适宜的市场范围，即面向广泛的市场还是聚焦于细分市场。这两个维度的选择组合起来，就构成了波特提出的通用竞争战略，如图5-1所示。

一般地，波特的通用竞争战略也称为三种竞争战略，分别是成本领先战略（cost leadership strategy)、差异化战略（differentiation strategy）和集中化战略（focus strategy)，其中集中化战略包括集中差异化战略和集中成本领先战略。

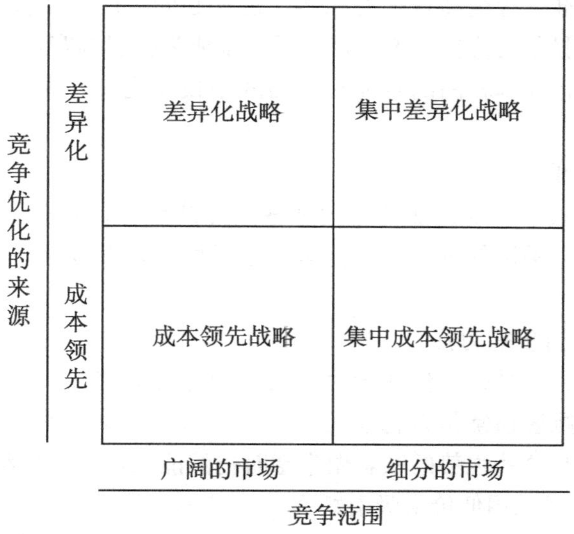

图 5-1　通用竞争战略

资料来源：波特．竞争优势．北京：华夏出版社，2005.

一、成本领先战略

（一）成本领先战略的内涵

每一个企业都处在行业环境中，受到行业中五种竞争力量的影响。因此企业需要选择适宜的战略来应对这些力量。在行业中获得总成本最低的优势是一个有利的竞争途径，特别是在顾客对价格非常敏感的行业中。

成本领先战略是指通过采取一整套行动，以低于竞争对手的成本为顾客提供可接受的、具有某种特性的产品或服务。成本领先战略在 20 世纪 70 年代由于经验曲线概念的流行而得到广泛应用。如果企业进行所有价值链活动的累计成本低于竞争对手的成本，并具有持久性，它就具有成本优势。为此，实施成本领先战略的企业不仅需要建立能够达到有效规模的生产设施，还需要对价值链中所有的成本持之以恒地进行控制，甚至在必要的时候对价值链进行重构，这样才有可能保持成本优势。尽管性能、质量、服务等在竞争中也非常关键，但是成本领先者必须明白，贯穿整个战略的主题是使成本低于竞争对手，因此要有所取舍。

（二）成本领先战略的适用条件

在下列条件下，成本领先战略尤为有效：

1. 竞争对手之间存在激烈的价格竞争

行业中的成本领先者在价格战中通常处于有利地位，因为它可以通过更有吸引力的价格从竞争对手那里抢夺顾客，提高销量和市场份额。同时，虽然价格比竞争对手低，但是由于具有成本优势，其利润率仍然可以高于竞争对手，从而使成本领先者在竞争中处于有利的地位。

2. 产品或服务的标准化程度高

产品或服务的标准化程度高意味着顾客的需求趋同，产品或服务差异化途径少。在这种情况下，产品或服务的价格而不是特色或质量成为吸引顾客选择销售商的主导因素。在这样的行业环境中，成本较高的企业在价格战中损失更大，而成本领先者则处于优势地位。

3. 顾客转移成本低

转移成本低使得顾客可以灵活地转向那些产品质量相同但是定价低的产品或服务。因此，成本领先者可以采用低价来吸引竞争对手的顾客，并确保自己的顾客不会转向竞争对手。

4. 顾客规模大、讨价能力强

在与大量购买的顾客进行讨价还价时，成本领先者能够在一定程度上保护自己的利润，因为大量购买的顾客通常是以行业的平均价格水平为基准的。由于成本领先者具有更低的成本结构，在与这些强势的顾客做生意时仍然能保持一定的利润水平。

5. 行业的新进入者采用低价格吸引顾客

在这种情况下，成本领先者可以采用降价的方式，使得行业的新进入者难以从自己这里吸引到消费者，从而可以有效地抵制新进入者造成的威胁。

（三）成本领先战略的风险

从根本上说，采用每种战略都会有风险，主要包括两个方面：一是未能形成或坚持所选的战略；二是既定战略带来的竞争优势的价值会随着产业演进而发生变化。为此，需要企业通过减少在战略实施中的失误来保持竞争优势。对于成本领先战略来说，企业常犯的错误如下：

1. 过度削价导致利润率降低

作为行业中的成本领先者，实施成本领先战略的企业可以通过降低价格扩大销量，从而进一步提升规模经济效益。但是，如果过度削价导致企业利润率低于竞争对手或者行业平均水平，就会置企业于危险境地。需要明确的是，从本质上看，企业之间竞争的不是价格的高低，而是利润率的高低，因此保持一定的利润率是企业应对各种挑战的必要条件。

2. 不重视采取措施获取持久的成本优势

企业之间的竞争是动态的，所以成本优势的价值取决于其持久性。为此，采取成本领先战略的企业必须不断寻找竞争对手难以模仿和替代的方式降低成本，从而保持成本优势的持久性。为了获得成本优势，企业需要确保其价值链中所有活动的累计成本要低于竞争对手的累计成本，企业通常有两种方式来降低成本：一是比竞争对手更有成本效益地实施价值链活动，即尽管与竞争对手的价值链没有区别，但是企业在价值链的每个环节寻找可能的节约成本的机会；二是通过重组价值链来消除或规避一些产生成本的活动，比如剔除低增值或不必要的工作环节和活动来精简运营流程，以及通过与供应商和分销商的价值链整合来减少物流、仓储成本等。

3. 热衷于降低成本而忽视了产品或服务本身的吸引力

需要明确的是，企业采用成本领先战略的前提是其提供的产品或服务与竞争对手的产品或服务基本相同，同时在成本上具有优势。如果降低成本导致产品和服务的吸引力低于竞争对手，则成本带来的优势也会大打折扣。特别是随着竞争的加剧和顾客需求的变化，行业内产品或服务的特性和水平也在持续攀升，如果企业不能敏锐地感知变化并且跟上行业的平均水平，导致其产品或服务在顾客心目中的价值下降，企业的成本优势也会削弱。

4. 成本经济的技术突破或成本更低的价值链模式的出现带来的风险

由于在现有模式上的投入，成本领先者在新的技术或者价值链模式出现时往往反应迟钝。如互联网技术的出现使平台型的电商运营成为可能，从而对于传统的线下零售企业造成很大的冲击。因此，成本领先者能否迅速采用新技术或新的价值链模式，是其能否持续保持成本领先地位的关键。

二、差异化战略

（一）差异化战略的内涵

如果一个企业能够提供给顾客某种具有独特性的产品或服务，那么它就具有了有别于竞争对手的差异化。如果顾客的偏好多样化程度较高，以至于标准化的产品或服务无法满足他们的需求时，差异化战略就会成为一种具有吸引力的竞争战略。为此，企业需要对顾客的需求进行深入的分析，了解他们的关注点、他们认可的价值点，以及他们愿意为之付费的产品或服务性能。在此基础上，企业通过让自己的产品或服务具有顾客期望的特性，使自己与不能满足顾客需求的竞争对手区别开来。

差异化战略是指以顾客认可的差异化方式来生产产品或提供服务的一系列整合行动。与成本领先者瞄准行业内的典型顾客群不同，采用差异化战略的企业瞄准的是具有差异化需求的目标顾客群。因此，采用差异化战略的企业需要在深刻了解顾客的现实和潜在需求的基础上，提出独特的顾客价值主张。当越来越多的顾客发现并认同这一独特的价值主张时，差异化战略的目的就达到了。成功的差异化战略可以通过三种途径为企业带来收益：第一，溢价销售产品或服务；第二，提高销量；第三，获得顾客的品牌忠诚度。

企业可以从多种途径来实现差异化，比如更好的设计、独特的口味、可靠的产品、高等级的服务、领先的技术等。但需要明确的是，首先，选择差异化途径的根本是顾客需求，脱离顾客需求的差异化既不能得到顾客的认可，也没有真实的市场前景，甚至可能给企业带来灭顶之灾。其次，实现差异化意味着额外的成本投入，只有顾客愿意为差异化付出的价格高于成本投入，且二者的差额高于行业平均水平，企业才能获得超额利润和竞争优势。从这个角度来看，实施差异化战略绝不意味着高投入和不关注成本，相反，企业必须要密切关注成本，确保所有的投入都是差异化定位所必需的。再次，差异化战略能否成功还取决于另一个关键因素，即企业的差异化定位不容易被竞争对手模仿或者替代，从而具有可持续性。这就要求企业从动态竞争的角度思考问题，持续地强化自己的差异化定位，并不断探索新的差异化方向。

（二）差异化战略的适用条件

在下列条件下，差异化战略尤其有效。

1. 技术变革和产品创新速度很快

差异化战略常见于初创和成长期的行业。在这一行业阶段，竞争的重点是快速推出新的产品特色来吸引顾客、拓展市场空间。在市场上表现为技术变革很快、产品不断迭代、新产品和服务层出不穷、顾客的需求也往往处于持续变化之中。在这样的市场条件下，满足于提供基础的、标准化的产品或服务的企业将很快被淘汰。因此，各个企业都需要从自身的优势出发，竞相打造不同于竞争对手甚至让顾客眼前一亮的产品或服务，从而使差异化战略成为可行的战略选择。

2. 顾客对产品或服务的需求多样化

除了行业的初创期和成长期，行业的成熟期也广泛存在顾客需求多样化的市场环境。因为顾客的需求从本质上说都是综合的，既有对于价格的要求，也有对于性能、质量、安全、服务、技术水平、响应速度等方面的要求。但是顾客对需求的排序方式往往呈现出多样化的特点，从而使得差异化战略有了用武之地。企业可以基于自身的资源和能力以及对于顾客需求的认识，选择独特的价值定位并将其传递给顾客。当顾客的需求与企业提供的产品和服务相匹配时，企业的战略目标就实现了。

3. 有多种途径可供企业实现产品或服务的多样化

如果只是顾客的需求多样化，没有实现产品或服务多样化的途径，或者实现的方式成本很高，那么差异化战略不是一个可行的选择。在这种情况下，可能需要等到行业的发展或者技术的进步达到一定的水平时，差异化战略才能成为现实的选择。当然，对于有准备的企业来说，如果其具备提供差异化产品或服务的资源和能力，它就可以先人一步，获得别人难以企及的市场地位。

4. 采用类似差异化战略的竞争对手较少

顾客需求多样化，且行业中已有成熟的多样化实现途径，并不意味着差异化战略一定会取得成功，它还需要具备另外一个条件，即采用类似差异化战略的竞争对手较少。原因在于，根据迈克尔·波特的理论，竞争战略的本质就是要“与众不同”，与竞争对手战略的差别越大，战略成功的可能性就越大。因此，只有采用类似战略的竞争对手较少，差异化战略才能够奏效。

（三）差异化战略的风险

企业在实施差异化战略时，可能会出现一些失误，这增加了其失败的风险。因此，企业需要注意避免以下失误，以降低风险：

1. 所强调的独特性在顾客看来并没有多大的价值

如果企业强调的独特性或者能力在顾客看来没有多大价值，说明企业对于顾客真正的需求把握不清，企业提出的差异化特征是自己臆想出来的，并没有真实的市场需求。这样的差异化自然不可能引起市场的积极反应，顾客也不会愿意为这样的特性支付额外的费用。在这种情况下，企业为了差异化所做的投入就无法获得回报，这样的差异化战略注定会失败。

2. 产品质量或服务水平超出顾客需求

在这种情况下，企业所提供的差异化特征超过了顾客所需要的水平。由于投入太多，产品或服务相对于竞争对手的价格也会过高，超过了顾客的承受能力或者心理价位，顾客的购买意愿不强。特别是当竞争对手提供性价比更好的能满足顾客需求的产品或服务时，顾客会很快流失，企业也很难经得起竞争对手的挑战。

3. 不重视控制成本，导致利润率下降

实施差异化战略意味着企业需要在差异化的特性上多做投入，也可能会导致企业在价值链的很多环节上都要多投入，也就是说，产品设计、原料采购、生产制造、营销、售后服务等很多环节的投入都会增加，从而导致总成本上升、利润率下降。需要特别强调的是，企业在追求差异化的过程中，一定要非常重视成本的控制。如果成本控制不力，企业的利润率就会下降，甚至低于行业平均水平，企业在竞争中就会处于比较危险的境地。总之，差异化绝不意味着高投入，而是应在需要差异化的地方肯投入，同时要尽可能降低所有不能带来增值的投入。

4. 忽视向顾客暗示或宣传差异化的价值

差异化战略成功的关键之一是得到顾客的认同，为此，需要与顾客沟通，将企业产品或服务的独特性的信息传递给顾客，让他们理解、认可并接受。也就是说，实施差异化的企业除了生产或者提供具有独特价值的产品或服务外，还需要采用有效的方式和途径让顾客了解其独特性何在并且信服。从这个角度说，差异化战略能否成功在很大程度上取决于企业能否触及目标顾客，并与之建立有效的沟通。

三、集中化战略

（一）集中化战略的内涵

集中化战略，又称聚焦战略，是指企业通过满足某一特定行业的细分市场的需求来获取竞争优势。与成本领先战略和差异化战略关注整体市场不同，集中化战略将注意力集中于整体市场中的细分市场，通过采用低成本或差异化的方式，比竞争对手更好地服务于细分市场的顾客来获得竞争优势。

在选择细分市场时，企业可以主攻某个特定的目标顾客群，也可以选择某个产业链上的一个细分区段，甚至可以选择只服务某个地区的市场。只要这些市场有足够大的发展空间，就可以作为企业发展的“安身立命”之所。有一种误解认为，集中化战略只适用于中小企业，事实上采用集中化战略的大型企业很多。例如全球知名的丽思卡尔顿酒店采用的就是集中化战略，它致力于服务高端商务人士和度假者这一细分市场，集中化战略的选择并没有影响其发展成为大型的、全球性的企业集团和行业内最具影响力的企业。

具体来说，集中化战略包括集中成本领先和集中差异化两种类型。集中成本领先战略致力于以比竞争对手更低的价格，为细分市场的目标顾客提供性能相同或相似的产品或服务。由于成本低，尽管价格低于竞争对手，企业仍然可以有较高的利润率，也能够抵御行业中各方力量的压力，从而保持竞争优势。集中差异化战略则通过向细分市场的目标顾客提供更具特色的产品或服务来获取竞争优势。

（二）集中化战略的适用条件

1. 目标细分市场足够大，有盈利空间和发展潜力

定位于细分市场并不意味着企业没有足够的盈利空间和发展潜力，只要目标顾客群

足够大或者有持续增长的趋势，就可以支撑企业健康稳定地成长。

2. 行业领先者对该市场不重视

行业领先者主要的关注点是满足行业内主流顾客的需求，对于一些细分市场往往关注度不高。在这种情况下，采用集中化战略的企业就可以避免与行业内强大的竞争对手正面竞争，从而能够获得比较宽松的发展空间。

3. 满足该细分市场的专业化需求较高

细分市场的专业化需求比较高，意味着该细分市场的进入壁垒比较高、新进入者的威胁小，这降低了细分市场过度饱和的风险。同时，这也意味着企业满足该细分市场的专业化能力不容易被模仿或学习，竞争优势持续的时间更长。

4. 行业中存在很多不同的细分市场

不同的细分市场对于进入者的资源和能力要求不同。如果行业内有很多不同的细分市场，企业就有可能根据自身的资源和能力优势寻找到适宜的市场，这降低了开拓新市场的难度，也提高了成功的概率。同时，行业中有很多不同的细分市场可以起到分流的作用，同一细分市场的竞争者相对较少，竞争的压力相应降低。

5. 企业有足够的资源和能力，能够和挑战者有效地开展竞争

必须认识到，任何市场都会有新进入者，现有厂商总是会受到来自新进入者的攻击，细分市场也概莫能外。所以，如果企业有足够的资源和能力抵御挑战者，它的市场地位就会比较稳固，反之就很容易失败。

（三）集中化战略的风险

采用集中化战略的企业，尽管规避了与行业领先者在“正面战场”上的直接对抗，但是并不意味着从此就找到了“风平浪静的港湾”。实施集中化战略同样面临着风险，具体包括：

1. 竞争对手可能会找到与企业匹敌的有效途径来服务目标细分市场

如果竞争对手找到了某些更具吸引力的产品或服务方式，或者其逐渐积累起可以与企业的优势相抗衡的专业知识或能力，企业在细分市场上的战略实施效果就会被削弱。

2. 细分市场上的顾客的偏好和需求可能会转向大众顾客所喜好的特性

尽管有相对于主流市场不同的需求，但是细分市场顾客的偏好和需求也并不是固定不变的。随着时间的推移，细分市场的顾客偏好和需求有可能朝大众化偏好和需求转化，也有可能向其他细分市场靠拢。在这种情况下，采用集中化战略的企业将不得不面对行业领先者或者其他细分市场上竞争对手的挑战。

3. 细分市场非常有吸引力，以至于竞争企业蜂拥而至

细分市场的现有厂商总是期望自己所在的细分市场发展迅速、利润前景好。如果市场发展缓慢，企业未来的销量和获利前景就会很黯淡。但是，如果该细分市场利润率高，或者利润前景好，就会吸引众多的竞争性企业，甚至行业领先者也会进入。这样就会造成竞争加剧，利润被瓜分，集中化战略的成效被拉低。

综上所述，迈尔克·波特认为，三种通用竞争战略都是可供企业选择的、能够抗衡行业的五种竞争力量，并能给企业带来持久竞争优势的战略。在实践中，采用三种通用竞争战略中的任何一种取得成功的企业都很多。需要注意的是，企业在选择战略的时候

必须学会取舍，既希望低成本又希望差异化的企业通常不能取得成功，波特称这样的企业被“夹在中间”。这样的企业往往处在比较糟糕的状态，由于不愿意取舍，导致战略方向不明确、组织安排和激励系统冲突、企业文化模糊不清。这样的企业注定是低利润的，原因在于它们的成本无法与采用成本领先战略的竞争对手相比，而且产品或服务的差异化程度又不能比肩行业中采用差异化战略的竞争对手，如此必然会在竞争中落败。波特认为，企业应根据行业的特点、资源和能力的状况选择适宜的竞争战略。在选择战略时，要认识到任何战略都是既有优势又有风险的，需要在综合分析和权衡的基础上选择，同时在战略实施过程中关注其风险并尽可能规避。

战略聚焦 5－1

无印良品的中国市场战略

无印良品（MUJI）是日本知名零售品牌，诞生于 1980 年。自诞生之日起，无印良品就坚持独特而鲜明的品牌理念——“无品牌化”，即省去一切不必要的设计，只保留产品功能和实用性，实现“有理由的便宜”。无印良品的含义是“没有品牌标志的好物品”。

堤清二在界定无印良品的品牌定位时说：“无印良品是具备思想性（反潮流的产品）、品牌形象形成力（色彩、设计、包装等的一贯性）和经济性（有理由的便宜）的产品，缺少这三个元素中的任何一个，无印良品都不成立。”这一定位是无印良品 40 年商业发展的指导准则，在这一准则的指导下，无印良品的产品设计依照“精选材质”“修改工序”“简化包装”三大理念，通过实现商品生产流程的合理化，制造简洁而舒心的低价位商品。

由于崇尚极简主义，强调回归自然与生活本源，无印良品的定位与当时日本民众关注资源和环境、反思奢靡和浪费的消费理念不谋而合，很快获得了市场的认可。20 世纪 90 年代，伴随着日本零售业的快速发展，无印良品在日本经济泡沫破裂后迅速发展壮大。截至 2019 年 3 月底，无印良品在全球拥有 900 多家门店，覆盖全球 32 个国家和地区，成为全球知名的生活方式品牌之一。

无印良品进入中国的时间是 2005 年，前 7 年发展缓慢。2012 年开始进入高速扩张期，平均每年开店 30～40 家。截至 2019 年 8 月底，无印良品在中国共运营 235 间门店，超过其在日本本土的门店数量。无印良品的财报显示，2018 财年（2018 年 3 月到 2019 年 2 月）无印良品销售总额为 4 096.97 亿日元，其中东亚市场（除日本）的销售额为 1 223.40亿日元，而中国市场的销售额达到 750.92 亿日元，由此可见中国市场对于无印良品的重要性。与在日本市场上的中端定位不同，无印良品在中国的定位是中高端。日本市场的目标顾客主要是注重体验和舒适感、认同返璞归真消费理念的中老年顾客，但是中国市场的目标顾客是年轻、崇尚个性和自然理念的中产阶层，而且中国市场上的同类商品的价格高于日本本土。

尽管取得了前期的成功，从 2016 年开始，无印良品在中国市场的战略开始受挫，到 2018 年颓势明显。无印良品财报显示，2018 财年二季度至 2019 财年二季度，公司在中国市场每个季度的营业收入分别同比增长 22.6%、21.2%、18.3%、14.8%和 10.4%，营业收入增幅呈现逐渐放缓趋势。同期，无印良品在中国市场上的新开门店数量也开始减少。

为了应对低迷的市场环境，从 2016 年开始，无印良品在中国市场上开展了多次降价促销活动，但是收效并不明显。2018 年 8 月，无印良品宣布其在中国的店铺将在秋冬季开启新定价，其中家居类商品降价幅度为 67%，电子类和健康美容类商品分别降价 21%和 24%。然而这一被称为“新定价”战略的举措收效甚微。2018 财年上半年，无印良品在中国市场上出现首次下滑，销售收入下滑了 0.2%。

无印良品在中国市场上的战略到底出了什么问题？是否需要进行根本上的战略转型？

资料来源：我有嘉宾．降价 11 次，中产阶级不再买账，无印良品急了．界面，2019－07－26；王晓然，魏茹．连续 9 次降价 无印良品中国销售仍放缓．北京商报，2018－10－09.

第 2 节　动态竞争战略

随着现代信息技术的快速发展和经济全球化步伐的加快，产品与服务的生命周期越来越短，顾客需求偏好快速改变，行业的竞争规则在不断地推陈出新，企业应更快地感知竞争对手并做出反应。在这种复杂多变的动态环境下，企业凭借过去产业定位或者资源实力所积累的竞争优势，很快就会被外部技术变革和创新以及凭借在相关市场上获得优良资产和能力的新竞争者所侵蚀。因此，企业必须要用动态的观点来看待竞争优势问题，需要密切关注竞争对手的动向，进行防御，甚至主动出击。如何在动态的竞争环境中获取、发展、维持和保护竞争优势成为企业战略管理领域的首要问题。

为了适应日益复杂和动态的环境，管理者需要认识到一个特定的战略能否成功不是取决于企业推行战略时所采取的措施，而是取决于企业对竞争者行为和反应预测的准确程度，以及对持续变化的市场需求状况的精准把握。此外，战略的成功还有赖于企业对竞争性环境下的法规、技术等的变化情况是否有预见性。当前，企业面临的竞争性环境变化的步伐越来越快，在制定竞争战略时，管理者必须要对这一动态机制有更加清晰的认识。如果管理者对竞争的动态性认识不足，就会付出沉重的代价，包括战略失误和错失机会等。

一、动态竞争的内涵及特征

（一）动态竞争的内涵

动态竞争是战略管理领域新的研究方向，20 世纪 80 年代才开始引起学术界的关注。动态竞争最早可以追溯到熊彼特 1950 年提出的创新破坏论（creative destruction）。熊彼特用创新破坏论来解释市场的动态性，即各个厂商如何凭借在动态市场中采取的行动与响应来追求市场机会。

动态竞争研究企业如何在动态条件下开展竞争互动并作出战略决策。与重视长期布局与建立持续竞争优势的传统研究范式不同，动态竞争理论认为战略的重点是一连串进攻与反应的战略决策和行动，只能建立短期的竞争优势。重要的不是一次性取得根本性的胜利，而是在一次次对抗中决定胜负。对此，在动态竞争领域颇有建树的学者陈明哲进行了生动的描述："参与竞争的各方，在一次又一次的互相攻城略地与蚕食鲸吞之后，胜利者快速攻占市场，扩大生存根基；失败者则逐渐淡出舞台，甚至黯然成为历史。"

尽管动态竞争吸引了越来越多的学者开展研究，但时至今日，对于什么是动态竞争并没有取得共识，在具体的用语上也有所不同。从广义上看，属于动态竞争大范畴的用语主要有三个，分别是动态竞争（dynamic competition）、动态竞争性互动（dynamic competitive interaction）和竞争动态（competitive dynamics）。动态竞争是指企业在动态的经营环境下竞争，经营环境的动态化正在越来越明显地从外部威胁企业竞争优势的持续性。动态竞争性互动是指企业之间多点和快速互动的趋势越来越明显，竞争对手之间的博弈、学习、模仿和创新已经导致企业竞争优势的发挥和保持受到了威胁。竞争动态则是指为了获得市场中的优势地位，所有公司相互间进行的竞争性行动和竞争性反应。

（二）动态竞争的特征

虽然学者们对于动态竞争的看法迥异，但是也有一些共同点。通过对他们的观点进行归纳，我们发现动态竞争有如下几个主要特征：

（1）动态竞争是以高强度的竞争为特点的，每一个竞争对手在建立自身竞争优势的同时也在削弱对手的竞争优势。

（2）竞争对手之间的战略互动明显加快，竞争互动已经成为企业制定竞争战略的决定因素。

（3）任何企业的先动优势都是暂时的，都有可能被竞争对手的学习、模仿和创新性行为所削弱。

（4）企业竞争战略的有效性在很大程度上取决于预测竞争对手的反应以及自身改变竞争规则的能力。

二、动态竞争战略的内涵及类型

（一）动态竞争战略的内涵

动态竞争战略是指企业为了获取、发展、维持和保护竞争优势，从行业竞争互动的视角出发，在预测竞争对手的能力和竞争中的反应的基础上所采取的一系列决策和行动。

与静态竞争条件下的战略制定不同，企业在制定动态竞争战略时不仅要考虑外部的环境条件以及内部的资源能力，还要重视企业间动态的竞争互动，时刻关注竞争对手的动向并作出积极的反应。因为在动态环境下，竞争战略的有效性在很大程度上取决于能否准确预测竞争对手的能力及其在竞争中的反应。只有在准确预测的前提下，企业才能够在动态环境中削弱和限制竞争对手的能力，保持竞争的主动性和持久的竞争优势，从而使企业在激烈变化的环境中生存和发展。

戴伊等人认为，在动态竞争环境下，预测竞争对手的行为和反应非常重要。企业可以通过回答五个重要问题来作出决策和行动，如图 5－2 所示。

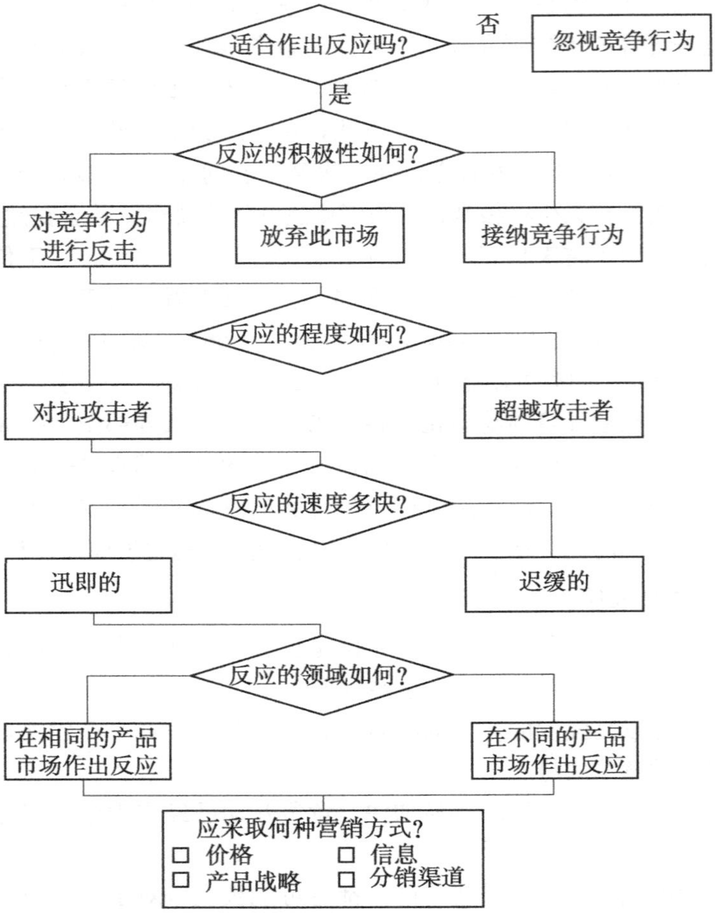

图 5-2　针对竞争对手行为的反应行动决策模型

资料来源：戴伊，雷布斯坦因．动态竞争战略．上海：上海交通大学出版社，2003.

陈明哲认为，竞争性分析在动态竞争战略的制定中扮演重要角色，因为竞争对手对于企业战略的决策和实施都有重要影响。在竞争性分析中，企业可以从市场共性和资源相似性两个维度进行分析。市场共性关注的是企业与竞争对手共同参与竞争的市场的个数，以及每一个单独市场对彼此的重要程度。在几个相同市场同时进行竞争的公司不仅会对竞争者采取行动的市场作出一系列反应，而且会对其参与竞争的其他市场也作出相应的反应。资源相似性是指与竞争对手相比，企业的有形资源和无形资源在类型和数量上的相似程度。资源的数量和类型相似的企业往往具有类似的优势和劣势，也会使用类似的战略。市场共性和资源相似性影响竞争性行为的驱动力，即意识、动机和能力，这些驱动力反过来又影响企业实际的竞争性行为，即企业与竞争对手之间进行的一系列进攻和反击的行动，而这些行动将影响双方的业绩表现。图 5-3 是一个竞争性对抗模型。

（二）动态竞争战略的类型

动态竞争战略涉及企业间的竞争互动，包括进攻（或称攻击）和防御（或称反击）

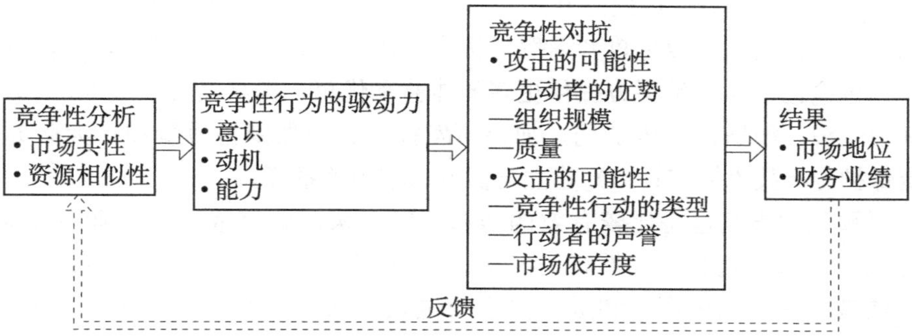

图 5－3　一个竞争性对抗模型

资料来源：希特，爱尔兰，霍斯基森．战略管理：概念与案例：第 12 版．北京：中国人民大学出版社，2017.

两个基本类型。

1．进攻战略

企业采取进攻战略的目的是提升市场地位。一般来说，进攻战略应该基于企业最有力的竞争资产——最有价值的资源和能力，如知名品牌、更有效率的运营系统、更强的技术能力等。如果进攻战略不是基于企业自身的优势和长处，成功的希望就非常渺茫。另外，企业在进攻时不是去挑战竞争对手的长处，而是去试探和攻击它的短处，尤其是在竞争对手有致命的短处且毫无防备的时候，企业往往能够一击即中，在削弱对手的同时壮大自己的力量。为此，能否准确把握竞争对手的长处和短处非常关键。

进攻战略的形式多种多样，包括：以较低的价格提供与竞争对手相当或者更好的产品；率先推出新一代产品来超越竞争对手；实施持续的产品创新，从创新能力较差的对手那里攫取销量和市场份额；采用并改进竞争对手或其他公司的好创意；采用游击战，比如用偶尔降价、不定时促销、开展特殊活动等方式向行业领先者发起进攻；发动先发制人的攻击阻止竞争对手来确保优势地位等。除了选择适当的进攻形式外，进攻战略的实施者还需要选择进攻的目标。最好的进攻目标有四种：脆弱的市场领导者、挣扎在破产边缘的企业、能力有限的本地小企业以及实力不足的区域性企业。

对于不同的企业来说，由于其在行业中的地位不同，自身的资源和能力有差异，采用的进攻方式和进攻目标各有不同。但是为了取得竞争战略的成功，它们都需要遵循以下基本原则：（1）不懈地建立企业自身的竞争优势，并确保其可持续；（2）利用竞争对手可能最短缺的资源来打败竞争对手；（3）采取出其不意的方式去做竞争对手想要做和准备做的事情；（4）展现出迅速、果断、势不可当的行动倾向来压倒对手。

2．防御战略

在市场竞争中，所有的企业都会遭到来自竞争对手的进攻，因此也都需要制定相应的防御战略。防御战略的目的是降低被攻击的风险。虽然防御战略通常不能提升企业的竞争优势，但是能够捍卫企业的市场地位、保护公司最有价值的资产和能力不被模仿、保护公司的竞争优势。防御战略主要有三种方式：提高进入壁垒、增加可预见的报复、降低进攻的诱惑力。

任何一个产业都存在进入壁垒，企业可以通过采取防御战略来提高进入壁垒，从而封锁挑战者的进攻路线。具体的方式有很多，包括：（1）引入新的产品特色、增加新的产品型号或者拓宽产品线，以此阻断正在寻找机会的挑战者进入有漏洞或者空虚的利基市场；(2) 降低价格，挫败进攻者采取低价进攻的企图；(3) 封锁销售渠道，让进攻者难以获得销售途径；(4) 给买方提供更多的体验和优惠，提高其转移成本；(5) 防御性地增加规模经济，如增加广告费用、加快研发投入、增加销售力量和扩大服务覆盖面；(6) 投资保护专有技术诀窍；(7) 建立与供方的牢固关系等。

增加可预见的报复也是比较有效的防御战略。采取防御战略的企业可以采用警示的方式让进攻者认识到其挑战性行为将被予以强有力的反击，这样做可以阻挡挑战者的进攻，或者使其采用更谨慎和威胁更小的进攻方式。企业也可以通过让挑战者明白进攻的结果得不偿失来达到目的。向潜在的挑战者发出警示的方式有：(1) 公开发表声明来彰显维持现有市场份额的意图；(2) 公开宣称某些业务单元对于企业的重要性；(3) 公开宣称要建设大于需求的大规模生产能力；(4) 公开承诺应对竞争者的产品或价格竞争的政策；(5) 不定期地猛烈回击较弱竞争者的竞争行为，强化自身强悍的防御者形象等。

采取行动降低进攻的诱惑力也是防御战略之一。通常，利润是挑战者进攻企业的诱因。挑战者预期成功可带来的利润是以其拟进攻企业的现有利润为参照的，同时挑战者关于自己未来市场地位的假设也会影响其对预期成功后可带来利润的估计。因此，企业可以从降低利润目标以及改变竞争对手假设两个方面来降低进攻的诱惑力，比如公开真实的内部利润增长预测，资助独立研究，质疑竞争对手所作的不真实的假设等。

三、动态竞争战略的制定

就如何制定动态竞争战略的问题，以戴伊为代表的沃顿商学院的研究团队提出了一个分析框架，将动态竞争战略的制定过程划分为四个阶段，如图 5-4 所示。

戴伊等人认为，管理者在制定动态竞争战略时，需要面对四个关键挑战，分别是分析竞争环境、预测竞争对手的行动和反应、构筑动态的竞争战略，以及在不同的竞争战略中作出选择。

1. 分析竞争环境

制定动态竞争战略需要回答的第一个问题是真正的竞争对手是谁。很多时候，企业浪费了大量宝贵的时间和资源应对同行业中的其他公司，而事实上这些公司并非它们真正的竞争对手。企业真正的竞争对手是那些向同一类消费者进行销售、满足相同需求的企业。如果彼此针对的是两个完全不同的细分市场，则对方的行为根本不会影响到自己的销售、市场份额和利润，所以辨别谁是值得监控并阻止其形成竞争优势的真正竞争对手和潜在竞争对手是第一个要重点解决的问题。一旦确定了真正的竞争对手，企业还要回答下一个问题：自己和竞争对手相比有哪些竞争优势？企业的竞争优势会随着时间、技术进步、政策等因素变化而变化，这要求企业必须用动态的观点持续观察与竞争对手之间的优势对比动向。

2. 预测竞争对手的行动和反应

制定动态竞争战略的第二个挑战是准确预测竞争对手对于某一特定措施的反应，以及它们未来的行为方式会发生怎样的变化，这项工作颇具挑战性。为了准确预测，企业的管理者需要了解竞争对手正在采取哪种战略、每种战略的成本和代价、竞争对手的动机，并能够正确解读对手的行为。要做到这一点，必须知道哪些举措或者行为会使竞争对手形成错误的判断并作出错误决策，还必须能够感知伴随着竞争互动的发展和时间的推移，竞争对手的观点会发生怎样的变化。

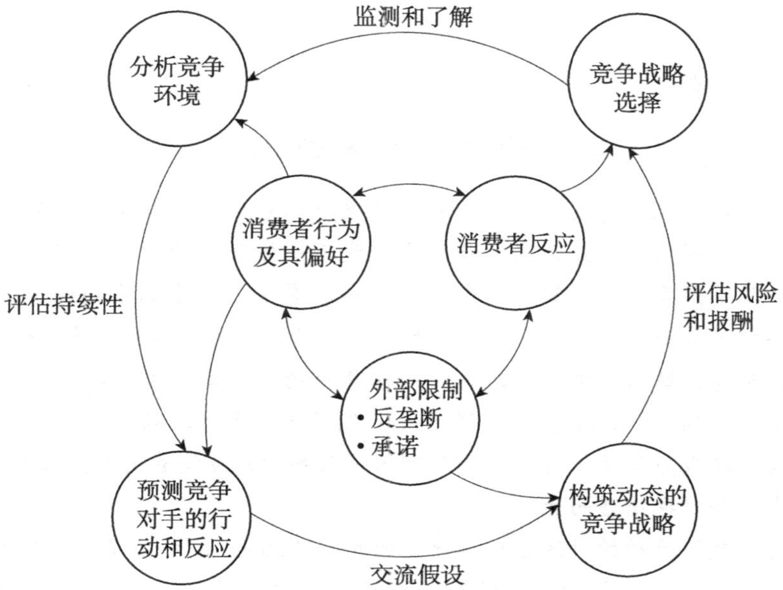

图 5－4　动态竞争战略的制定过程

资料来源：戴伊，雷布斯坦因．动态竞争战略．上海：上海交通大学出版社，2003.

3. 构筑动态的竞争战略

了解了竞争优势的来源和竞争对手可能采取的行为，企业面临的下一个挑战就是构筑动态的竞争战略。为此，企业需要掌握一系列可能的战略选择和每一个选择的限制因素，并要分析竞争对手作出不同的反应时，自己该如何应对。前面列举的多种进攻和防御战略可供企业根据具体的竞争情况进行选择。

在选择具体的战略时，企业还需要考虑一些具体的限制，比如有的战略需要采取一些不可逆的举措，或者进行专门的投资。如果战略失败，意味着这些举措或投资带来的损失不可避免，在这种情况下，企业需要慎重考虑。另外，在作出战略选择时，企业还需要考虑反垄断以及反不正当竞争等方面的法律法规，避免在战略制定的环节违反法律法规，产生不必要的麻烦。

4. 在不同的竞争战略中作出选择

最后一个挑战是分析各种可能战略的长期影响并据此选定一个战略加以实施。需要注意的是，战略并不是在一个回合当中就决定成败的。通常，A 公司采取某项措施，B 公司作出反应，A 公司再进行反击，如此循环反复。因此，一旦企业作出了战略选择，就需要形成某种机制，使其能够评估每一种战略在多情境、多轮次竞争中可能的结果。在评估时必须将自己的战略和竞争对手的战略结合起来考虑，预测竞争的每一方会对其他方的行为作出怎样的反应，从而做到有备无患，在实际问题发生时能够做出合理的应对。

总之，制定竞争战略是一个系统化的过程，企业需要评估竞争措施和竞争优势的背景，需要了解竞争对手潜在的反应和思维方式，需要制定战略并在采取不能轻易改变的战略措施之前对其进行评估，从而降低实施中应对的盲目性和失败的风险。

战略聚焦 5－2

盒马鲜生与超级物种的动态竞争

提起生鲜市场，人们想到的不再是熙熙攘攘堆积着水果蔬菜与肉制品的大卖场，而是现选现制、配送到家、极致顾客体验的线上线下一体化运营的全新零售门店。盒马鲜生与超级物种就是两朵在“生鲜电商”这块难啃的骨头上开出的奇艳的花。凭借着“商超＋外卖＋餐饮＋电商”的模式，盒马鲜生与超级物种成为中国新零售的代表。

在电子商务与传统门店鏖战多时的中国零售市场上，盒马鲜生与超级物种率先将线上与线下深度结合到一起，探索突破线下流量瓶颈与线上体验缺陷的方法，通过极致化顾客体验构建商品服务体系，打造了生鲜市场的新物种。伴随着两家企业的发展与扩张，它们在市场上的碰撞也接踵而至。

盒马鲜生与超级物种的对战是从融资开始的。2016 年 3 月 12 日，盒马鲜生获得了阿里巴巴 1.5 亿美元的 A 轮投资；超级物种则在 2016 年 7 月 29 日取得了永辉超市 3.8 亿元人民币的战略投资，此后双方又获得过多轮投资。

在定位方面，盒马鲜生将自己定位为“一个线上线下一体化运营的生鲜电商，一个被门店武装了的生鲜电商”。盒马鲜生的管理层认为，门店的本质是流量收集器，它是交易的起点，而不是终点，交易的终点应该在电商。只要在线下完成交易，就会受到坪效的制约，只有把交易放到互联网上完成，才能突破极限。因此，盒马鲜生的出发点是“成为具有实体门店的电商，将所有商业模式围绕流量来经营，并不是把 App 作为一个单纯的销售渠道”。在此基础上，盒马鲜生围绕现代消费者重构整个商品服务体系，以搭建大而全的全品类生态平台为目标。与盒马鲜生不同，由传统零售门店永辉超市孵化出的超级物种将线上永辉生活 App 与微信小程序作为 O2O 的尝试，目的在于为实体生鲜超市赋能。

在商品种类的选择上，盒马鲜生用“买得到，买得好，买得方便，买得放心”概括其核心价值，并从创业之初就尽量做到商品种类的丰富，意在实现“买得到”的承诺；将商品定位在新鲜、健康、时尚、精致，并围绕“大厨房”概念高度精选商品品类，使整体商品结构表现出中高端进口商品多、大众商品全的特点，吸引了大批中高收入的 80 后及中产家庭消费者。与之不同，超级物种问世之后，依靠超市巨头永辉的优势，更加自如地选择和调配商品品种，利用比盒马鲜生更多、更直接的生鲜商品资源，主打中高价格餐饮产品，着重提高性价比与服务体验，抓住了中产家庭的心，也吸引了大批下班聚餐的消费者。

在渠道方面，超级物种依靠永辉超市成熟的线下采购体系进行商品采购，根据产品的结构将采购模式划分为全国统采、区域直采、供应商采购，由总部垂直管理，建立了由基地采购、当地采购、远程采购组成的生鲜食品采购网络。永辉庞大的采购体系为超级物种的商品来源打通了渠道，同时保证了超级物种生鲜商品的新鲜度与性价比。盒马鲜生则在线下资源相对匮乏的情况下，加速建设与门店当地供应商的联盟，甚至直接组织农户进行生产，在原产地进行直接采购，并且通过打造集“自动化运输设备、智能化物流传送体系、扁平化散射状配送模式”于一身的自营物流团队，确保了 5 公里下单 30 分钟送达的“买得方便”的优势。

在价格方面，超级物种依托永辉深度供应链管理优势，缩短生鲜产品供应周期，并利用大规模供应降低附加成本，同时保证了食材的新鲜安全和高性价比。盒马鲜生则不断地通过直采、包装化、系统化、流程化来降低成本和定价。目前，二者的价格水平基本持平。

在支付方式上，盒马鲜生要求进店只能用盒马鲜生 App 买单。顾客需要下载 App，用支付宝快捷登录后，便可通过支付宝账户结算。这一支付方式的选择与其从线下向线上导流的目的是一致的。而超级物种在支付方式的选择上更加多样化。门店内设有人工结账窗口与自动收银机，可通过现金、永辉卡、银行卡、微信、支付宝等多种方式支付。

从融资、定位、商品种类、渠道、价格到支付，两家企业的交锋故事不断上演。在暗暗较量之中，双方也在不断地开拓思路，提高竞争力，共同扩展生鲜零售行业发展的边界。

资料来源：王崇锋，赵潇雨，晁艺璇．盒马 VS 超物：生鲜新零售．清华经管学院中国工商管理案例库，2018.

第 3 节　蓝海战略

迈克尔·波特的《竞争战略》和《竞争优势》这两部战略管理专著问世后，竞争成为战略管理领域的关键词。在基于竞争的战略思想指导下，企业需要在成本领先战略和差异化战略之间选择其一，确立自身的产品或服务在市场上的独特定位，以打败竞争对手，最大限度地抢占市场份额。然而，随着行业需求增长缓慢甚至停滞萎缩，企业间的竞争趋于白热化。无论企业采用成本领先战略还是差异化战略，获利性增长的空间都越来越小。如何跳出血腥的竞争、保持企业的获利性增长成为企业面对的难题。

就以上这些问题，法国 INSEAD 商学院教授钱·金和勒妮·莫博涅在长期研究的基础上，为企业指出了一条新的增长之路，即把视线从市场的供给一方转向需求一方，从关注竞争对手的行动转向关注买方价值的提升。这一视角的转变使企业能够跨越现有产业边界，对提升买方价值的元素进行筛选和整合，甚至创造出现有产业中未提供的价值元素。这样的行动也意味着企业得以摆脱“红海”中的血腥竞争，开创新的市场空间——“蓝海”。从这个意义上说，蓝海战略代表了战略管理领域的范式性的转变，即从给定产业结构下的企业定位选择朝改变产业结构的方向转变。

一、界定蓝海战略

（一）红海与蓝海

钱·金和勒妮·莫博涅将现今存在的所有产业，也就是我们已知的市场空间称为红海，而将当今还不存在的产业，也就是未知的市场空间称为蓝海。

在红海中，每个产业的界限被划定并为人们所接受，竞争规则也已为人们所知。在这样的市场空间，每个企业都试图击败对手，以攫取更大的市场份额。但是随着产业日益成熟甚至衰退，市场空间越来越拥挤，利润和增长的前景也越来越黯淡。为了生存，企业间的竞争越发激烈，市场空间呈现出血腥的意味。与之相反，作为未知的市场空间，蓝海意味着创造新的需求，意味着高利润增长的机会。在蓝海中竞争无从谈起，因为游戏的规则还未制定。

尽管蓝海是个新名词，但它并不是一个新事物。随着产业的不断演化，一直有新的行业在诞生。回首百年，我们发现今天习以为常的很多行业都经历了从无到有，或者说从蓝海到红海的发展过程。比如，19 世纪美国汽车产业创始以前，没有人知道什么是汽车；1890 年，美国人赫尔曼·霍利里思（Herman Hollerith）发明了穿孔卡片制表机，标志着电脑业的诞生。30 年前，我们今天熟知的一些行业都没有出现，比如电商、快递、社交软件、移动支付等。所以，站在产业发展的角度，蓝海并非遥不可及，而是需要企业用敏锐的嗅觉、创新的精神和有力的行动来开创，那些拥有强大品牌和声誉的企业往往是曾经多次开创新的市场空间，并不断对自身进行再造的企业。

（二）红海战略与蓝海战略

在以竞争为导向的战略管理范式中，企业高管在制定战略时大多先从外部环境分析开始，评估宏观环境和行业环境中的机会和威胁，特别重视对竞争对手进行分析，以此来判断行业的获利能力和利润前景。企业在与竞争对手进行对比分析的基础上，明确企业自身的优势和劣势，从而确立一个与众不同的战略定位，通常是成本领先和差异化二选其一，借此谋求持久的竞争优势。战略确定之后，企业需要根据战略调整价值链，在这一过程中确定研发、生产、营销、人力资源等职能层战略，然后再根据这些战略设定财务规划、进行预算分配等。

这种做法背后的逻辑是公司选择何种战略要由环境来决定，即结构塑造战略。这种结构主义（structuralist）的视角源自产业经济学的分析框架，是以迈克尔·波特为代表的定位学派的主要观点，一直在战略管理学科中扮演主导的角色。与之不同，蓝海战略的理论基础是内在增长理论，该理论的基本思想是：经营者的思想和行动能够塑造经济和产业的总体面貌。这一理论可以追溯到熊彼特和德鲁克的思想，他们强调创新和企业家精神，认为战略可以塑造结构，持这种理论的学派被称为“重构主义学派”（reconstructionist）。

因此，红海战略强调确立与众不同的战略，在已有的产业秩序中确立自己的防御地位，竞相击败对手。蓝海战略则采用完全不同的逻辑，不是以竞争对手为标杆，而是采用价值创新（value innovation）的方式实现增长。价值创新的战略逻辑不是将精力放在打败竞争对手上，而是放在同时为买方和企业创造价值上，并由此拓展行业边界，发现新的市场空间。价值创新对价值和创新两个方面同等重视。只重视价值不重视创新，会导致企业只能小幅度改进，不足以在市场上出类拔萃。只重视创新不重视价值，则会使企业为创新而创新，忽视买方的心理接受能力和购买力，不具有真正的商业价值。蓝海战略要求企业在价值和创新两个方面实现辩证统一，从而保证企业采取的行动能够对自身的成本结构和买方的价值主张同时产生积极的影响，即打破现有的价值与成本之间的权衡取舍关系，同时实现企业成本的下降和买方价值的提升。红海战略和蓝海战略的比较如表 5-1 所示。

表 5-1　红海战略与蓝海战略的比较

红海战略	蓝海战略
竞争已有的市场空间	开创无人争抢的市场空间
打败竞争对手	摆脱竞争
开发现有需求	创造和获取新需求
在价值和成本之间权衡	打破价值与成本之间的权衡
按差异化或低成本的战略选择协调公司活动的全套系统	同时追求差异化和低成本协调公司活动的全套系统

资料来源：金，莫博涅．蓝海战略．北京：商务印书馆，2005.

二、制定蓝海战略的原则

制定蓝海战略需要重视四个基本原则。

（一）重建市场边界

重建市场边界的目的是摆脱竞争，开创蓝海。为此，企业不仅要冲破那些限制它们该如何竞争的现有边界，而且要跨越这些边界，系统地看待市场以开拓蓝海。目前，被证实有效的系统化模式有六种，也称为六种重建市场边界的路径，分别是跨越他择产业、跨越战略集团、跨越买方链、跨越互补性产品和服务项目、跨越针对买方的功能与情感导向，以及跨越时间。

（二）注重全局而非数字

制定蓝海战略的第二个原则是注重全局而非数字。这一原则是降低战略规划风险的关键所在。传统的战略规划通常从冗长的产业现状和竞争形势的描述开始，然后进行庞杂的内外部环境分析，在此基础上提出战略规划，提出具体的战略目标以及行动方案，并进一步转化为财务预算。这种战略规划方式是建立在大量的数据资料基础上的，在占用决策者大量时间的同时，却难以获得对内外部形势的全局性认识。

蓝海战略强调通过战略布局图来把握全局。战略布局图能够清楚地展示影响产业竞争的元素，从而将产业的战略轮廓展现出来，也能够展示现有和潜在竞争者的战略轮廓以及企业自身的战略轮廓。图 5-5 是太阳马戏团的战略布局图。

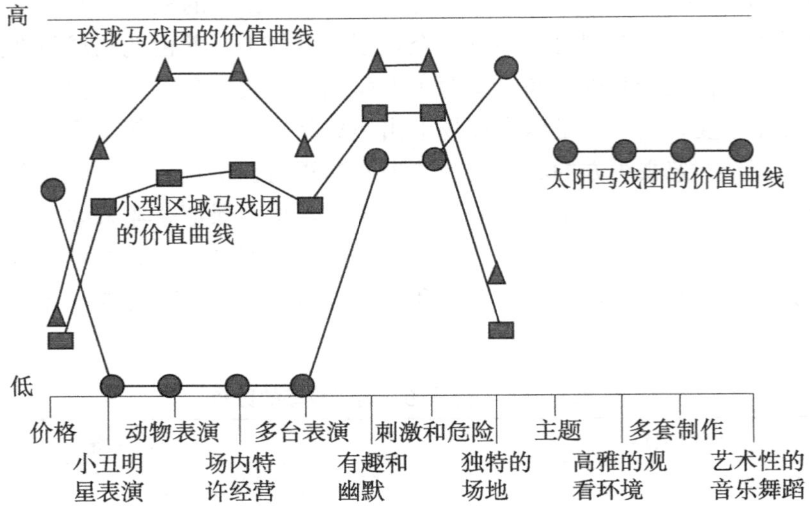

图 5-5　太阳马戏团的战略布局图

资料来源：金，莫博涅．蓝海战略．北京：商务印书馆，2005.

（三）超越现有需求

制定蓝海战略的第三个原则是超越现有需求。要做到这一点，企业需要挑战两种常规做法：一种是只关注现有顾客；另一种是追求市场细分，满足顾客需求的细微差异。为了使蓝海规模最大化，企业需要反其道而行。首先，它们不能只把视线集中在顾客身上，还需要关注“非顾客”的潜在需求，并将其转化为新需求。“非顾客”包括三种类型：第一种是徘徊在企业市场边缘的顾客，只要给他们提供更高的价值，他们随时都可能成为企业的现实顾客，这类顾客称为“准非顾客”。第二种是不能接受市场现有的产品或服务或超过他们的经济承受能力而不选择的顾客，这些顾客称为“拒绝型非顾客”。分析他们拒绝产品或服务的主要理由，找到他们的共同点，企业就能够得到启发，将这部分潜在的、未经开发的需求释放出来。第三种是远离企业市场的“未探知型非顾客”。这类顾客通常被认为属于其他市场而不受关注。比如牙齿增白一直被认为是牙医的事，而不是口腔护理品生产商的事，所以口腔护理品生产商直到最近才注意到这些“非顾客”的需要，并将其纳入关注的领域，从而发现了一片待挖掘的蓝海。

（四）遵循合理的战略制定顺序

了解正确的蓝海战略制定顺序，并以此为关键标准来评估蓝海创意，企业就可以显著地减少开拓蓝海的风险。蓝海战略的正确制定顺序如图 5-6 所示。

这个顺序的第一步是买方效用。企业的产品或服务是否具有杰出的效用？是否有令人信服的理由让大众去购买？缺乏这一点，就没有蓝海的潜力可言。第二步是确定正确的价格，要让买方感觉到有能力支付，否则企业的产品或服务就无法带来人们难以抗拒的市场反响。第三步要考虑成本。企业能够以目标成本生产产品或提供服务并获得优厚的利润吗？当目标成本无法实现时，企业要么放弃这个创意，要么对商业模式进行创新，以达到目标成本的要求。只有杰出效用、战略定价和目标成本三者结合起来，企业才能实现价值创新。最后一步是解决接受上的障碍。在企业推介自己的创意时，会遇到哪些接受上的障碍？企业只有从一开始就去解决这些障碍，其蓝海创意才能够最终实现，蓝海战略的制定才能完整。

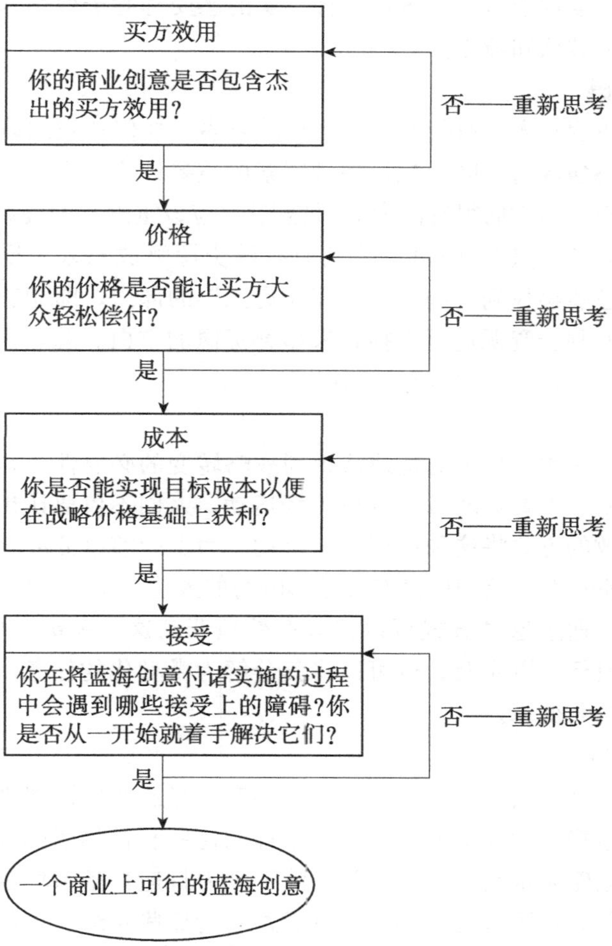

图 5-6　制定蓝海战略的顺序

资料来源：金，莫博涅．蓝海战略．北京：商务印书馆，2005.

三、执行蓝海战略

企业制定了具有获利性的蓝海战略之后就需要执行这个战略。对于任何战略来说，执行都是最具挑战性的工作。对于蓝海战略来说，执行意味着对现状作出重大的变革，难度更大。为此，需要做好以下工作。

（一）克服关键组织障碍

在蓝海战略的执行过程中，企业往往需要克服四重组织障碍：

1. 突破认知障碍

人们通常不愿意作出改变，因此需要唤醒员工，让他们认识到战略变革的必要性。

可以采用两种方式来冲破认知障碍。首先，让员工直接面对经营上最糟糕的问题，让他们感觉到震惊、无处可逃、无从推诿。这种体验能够产生超凡的影响力，快速冲破人们认知上的障碍，促使他们迅速展开行动。其次，让管理层走出办公室，倾听最不满意的顾客的心声，而不是依赖于市场调查，这种真实的感受远胜于数字和报告给他们带来的冲击，有助于迅速突破认知障碍。

2. 跨越资源障碍

通常战略转变幅度越大，执行所需的资源就越多。如何让组织以更少的资源实施战略转变呢？蓝海战略强调通过区分执行中各因素的重要性来更有效地利用资源。对于资源投入少但是在提高业绩方面很有潜力的“热点”，应该重点分配资源；对于资源投入多但对业绩影响甚微的“冷点”，则可以将其原有的资源解放出来，投入“热点”活动中去。有时候，企业还能够找到一些可以“互通有无”的部门，即能够将一个部门的剩余资源与另一个部门的剩余资源进行交换，来填补资源的空白。总之，企业如果学会正确使用现有资源，通常可以让资源障碍问题迎刃而解。

3. 跨越动力障碍

执行蓝海战略，必须让员工清楚地认识到战略转变的必要性，并明确如何用有限的资源去实现这一转变。而要让新战略变成一场运动，人们不仅要认识到需要做什么，还必须以持久的、有效的方式将这种认识付诸行动。为了能够以低成本迅速地调动广大员工的积极性，可以重点关注组织中具有关键影响力的人物，将他们的行为置于聚光灯下，让人人都可以看到。通过这种方式可以持久有效地调动这些关键人物的积极性。另外，为了使战略挑战的目标可以企及，也可以将其分解为微型化的任务，从而激发员工的自信心，推动组织的自我变革。

4. 突破政治障碍

组织政治是企业和公共生活中不可回避的事实，好的战略计划进入执行阶段仍然可能因为某一强大利益集团的反对而搁浅。为了抑制这些利益集团的政治势力，组织领导者需要运用恰当的策略来推动变革。比如，除了全力打造具备市场营销、运营管理以及金融方面能力的高层管理团队之外，还可以通过聘请那些对组织内部的政治争斗非常了解且在组织内德高望重的人担任参谋的角色。除此之外，认清谁是支持者、谁是反对者也非常关键。总之，企业可以采用在更高的级别、更高的范围内争取支持者，结成广泛的联盟，同时把握反对者可能发起进攻的角度，并用无可争辩的事实和理由来反驳他们的指责以突破政治障碍。

（二）将战略执行当作战略的一部分

战略执行要想取得成功，不仅需要高层和中层管理者的认可和支持，还需要基层管理者和每一个员工的支持。为此，企业必须创造一种充满信任和忠诚的文化来激励人们执行他们所认同的战略。只有员工真正从内心深入认可战略并且愿意付出持续的努力去执行战略，企业的战略才能够真正落到实处。但是要做到这一点很不容易，对于任何一个企业来说，赢得全体员工的认可和支持都是一个挑战。

对于蓝海战略来说，由于战略的调整幅度更大，需要人们面临的挑战和作出的改变也更大，所以赢得全体员工的认可和支持的挑战尤为严峻。为此，采用蓝海战略的企业需要遵循一个重要的原则，即将战略执行当作战略的一个部分。将执行当作战略的一部分意味着让员工参与到战略制定的过程中，而不是不考虑员工的思想和感受，将新战略硬塞给他们，那样只会引起他们的反感。反之，让员工参与战略制定的过程，有利于建立员工的信任和忠诚，鼓励他们自愿合作，这样就可以杜绝不信任、不合作，甚至背后拆台的现象，从而使管理风险最小化。

战略聚焦 5-3

网易云音乐的蓝海战略实践

网易云音乐上线于 2013 年。彼时音乐市场是一片红海，巨头林立、模式雷同，音乐产品基本上是直接从 PC 端移植到手机端，用户体验不佳，而网民的使用习惯普遍停留于 PC 时代，很少用移动流量或者手机来播放音乐。网易 CEO 丁磊一直希望能做一款用户体验更好的移动音乐产品。在这样的背景下，网易云音乐 CEO 朱一闻带领网易云音乐团队，从音乐社交和移动社区定位切入，通过一系列变革和创新实践，终于做成一款获得超过 4 亿用户青睐的口碑音乐产品。

网易云音乐诞生以前，音乐产品普遍以播放"本地音乐"为主，只能为用户提供音乐的下载及试听服务，大部分是工具型产品，用户活跃度和深度都比较欠缺，无法支撑丰富的商业模式。而在朱一闻看来，人其实都有分享的需求。音乐的本质是情感的连接，人们情感的传达和分享在听音乐的过程中尤为重要。因此，社交虽然表面上不是刚需，实际上却是用户内心潜在的需求。带着对传统曲库模式的缺陷与问题的深刻反思，朱一闻带领团队另辟蹊径，以"音乐社交"的差异化切入行业，通过歌单、乐评、个性化推荐等特色形成产品上的独家优势，重新定义了移动时代的在线音乐产品。

(1) 歌单。网易云音乐是首个把歌单作为内容组织架构的音乐产品。歌单的出现改变了传统曲库型产品发现音乐的模式。网易云音乐通过收藏、评论、分享歌单等选项极大丰富了产品与社交的连接关系。目前，用户自主创建歌单总量超过 4 亿个，用户日均创建歌单量 62 万个。

(2) 乐评。移动互联网时代，音乐产品不应该只是音乐播放器，而要更关注移动社交，用户在网易云音乐歌曲下面可以撰写评论。乐评的出现，改变了用户传统的听歌习惯。在网易云音乐上，超过 50%的用户边听歌边看评论，而"999+"乐评也成为判断歌曲热门程度的标准之一。目前，网易云音乐累计产生 4 亿条乐评，用户日均产生乐评数 150 万条，拥有国内最大的乐评库。

(3) 个性化推荐。对于听音乐的人来说，个性化需求是一直存在的。网易云音乐采用业内领先的大数据推荐算法，根据用户听歌习惯，把更多冷门优质音乐推给用户，大大降低了发现歌曲的成本。目前，网易云音乐的个性化推荐使用率达 75%，其中推荐准确率达 50%以上，曲库收听率达 80%（行业平均在 40%以下），被誉为"最懂你"的音乐产品。

成立 5 年来，网易云音乐在"音乐社交"上收获不俗成绩，不仅拥有海量歌单库和

丰富乐评，更逐渐形成UGC（User Generated Content）的内容丰富的移动音乐社区。而由歌单-评论-社区的整体架构带来的丰富产品体验，也让网易云音乐逐渐成为全网发现一首陌生好音乐成本最低且社区氛围最浓的地方。

资料来源：网易云音乐：以用户为中心创造音乐社交的新商业模式．（2018－11－01）．https：//www.hbrchina.org/2018－11－01/6845.html.

本章小结

业务层战略是指在具体的产品市场上，企业用来开发核心能力以获得竞争优势的一系列相互整合、协调的约定和行动，简单地说是企业做出的关于如何在单个产品市场上进行竞争的一系列选择。根据迈克尔·波特的理论，业务层战略的目标是在企业与竞争对手的定位之间形成差异。为了形成这种定位差异，企业必须有目的地选择一套不同的运营活动。为此，企业需要考虑如何与竞争对手在价值链上有所区别，从而为顾客创造独特的价值。波特认为，企业创造差异性并获得竞争优势有两种基本的方式：低成本和差异化。同时，企业还需要考虑如何选择适宜的市场范围，即面向广泛的市场还是聚焦于细分市场。这两个维度的选择组合起来就构成了波特提出的三种通用竞争战略，分别是成本领先战略、差异化战略和集中化战略，其中集中化战略包括集中差异化战略和集中成本领先战略。

随着现代信息技术的快速发展和经济全球化步伐的不断加快，产品与服务的生命周期越来越短、顾客需求偏好快速改变、行业的竞争规则不断推陈出新，企业也能更快地感知竞争对手并做出反应。在这种复杂多变的动态环境下，企业凭借过去产业定位或者资源实力所积累的竞争优势，很快就会被外部技术变革和创新以及凭借在相关市场上获得优良资产和能力的新竞争者所侵蚀。因此，企业必须要用动态的观点来看待竞争优势问题，密切关注竞争对手的动向，进行防御，甚至主动出击。动态竞争战略是指企业为了获取、发展、维持和保护竞争优势，从行业竞争互动的视角出发，在预测竞争对手的能力和竞争中反应的基础上所采取的一系列决策和行动。与静态竞争条件下的战略制定不同，企业在制定动态竞争战略时不仅要考虑外部的环境条件以及内部的资源能力，还需要重视企业间动态的竞争互动，时刻关注竞争对手的动向并做出积极的反应。动态竞争战略涉及企业间的竞争互动，包括进攻（或称攻击）和防御（或称反击）两个基本类型。

钱·金和勒妮·莫博涅将现今存在的所有产业也就是我们已知的市场空间称为红海，而将当今还不存在的产业也就是未知的市场空间称为蓝海。红海战略强调确立“与众不同”的战略，在已有的产业秩序中确立自己的防御地位，竞相去击败对手。蓝海战略则采用完全不同的逻辑，不以竞争对手为标杆，而是采用价值创新的方式来实现增长。价值创新的战略逻辑不是将精力放在打败竞争对手上，而是放在同时为买方和企业创造价值上，并由此拓展行业边界，发现新的市场空间。

思考题

1. 什么是业务层战略？在制定业务层战略时需要思考的三个核心问题是什么？

2. 什么是成本领先战略？成本领先战略通常在什么条件下尤为有效？成本领先战略的风险有哪些？

3. 什么是差异化战略？差异化战略通常在什么条件下尤为有效？差异化战略的风险有哪些？

4. 什么是集中化战略？集中化战略通常在什么条件下尤为有效？集中化战略的风险有哪些？

5. 什么是动态竞争？动态竞争的主要特征有哪些？

6. 什么是动态竞争战略？动态竞争战略有哪些基本类型？

7. 什么是蓝海？蓝海与红海有什么本质不同？

8. 什么是蓝海战略？蓝海战略和红海战略有什么不同？

9. 制定蓝海战略应当坚持哪些基本原则？执行中需要把握哪些关键点？

参考文献

[1] 波特．竞争优势．北京：华夏出版社，2005.

[2] 波特．竞争战略．北京：华夏出版社，2012.

[3] 希特，爱尔兰，霍斯基森．战略管理：概念与案例：第 12 版．北京：中国人民大学出版社，2017.

[4] 汤普森，彼得拉夫，甘布尔，等．战略管理：概念与案例：原书第 19 版．北京：机械工业出版社，2016.

[5] 蓝海林，等．企业战略管理．2 版．北京：中国人民大学出版社，2018.

[6] 陈明哲．动态竞争．北京：北京大学出版社，2009.

[7] 戴伊，雷布斯坦因．动态竞争战略．上海：上海交通大学出版社，2003.

[8] 金，莫博涅．蓝海战略．北京：商务印书馆，2005.

第6章 公司层战略

学习目标

- ⊙ 掌握公司层战略的内涵；
- ⊙ 掌握成长战略、稳定战略、收缩战略等公司层战略及其各自特点；
- ⊙ 了解相关多元化战略、不相关多元化战略的内涵及各自的动机和风险；
- ⊙ 了解纵向一体化战略、横向一体化战略的内涵及各自的动机和风险。

引导案例

汇川技术的多元化之路

深圳市汇川技术股份有限公司（简称“汇川技术”，股票代码：300124）成立于2003年4月，是一家从事工业自动化和新能源相关产品研发、生产和销售的国家高新技术企业。目前其业务范围涵盖以下五大领域：通用自动化业务；工业机器人业务；新能源汽车业务；轨道交通业务；电梯电气大配套业务。其产品广泛用于新能源汽车、电梯、空压机、工业机器人/机械手、3C制造、锂电池、起重、机床、金属制品、电线电缆、塑胶、印刷包装、纺织化纤、建材、冶金、煤矿、市政、轨道交通等行业。2017年汇川技术实现销售收入47.77亿元，同比增长30.53%。公司还入选首批国家“智能机器人”重点研发支持计划、2016年福布斯亚洲中小上市企业200强、2015年中国年度最佳雇主100强等。截至2017年底，汇川技术获专利证书746项。

在业界，汇川技术被称为工控行业的“小华为”，不仅因为其高层管理者所共同拥有的曾经在华为工作的经历和狼性企业文化基因，更是由于其快速强劲的成长势头。汇川技术之所以能从单一的变频器供应商发展成集驱动、控制、电机、精密机械为一体的机电解决方案供应商，多元化战略功不可没。

2003年，汇川技术与国内知名电梯生产厂商江南嘉捷联手，合资成立了电梯公司默纳克。默纳克通过将江南嘉捷的电梯产品与汇川技术的零部件制造技术、互联网技术相融合，推出了“电梯互联网＋”战略，为物联网电梯提供智能解决方案，完成了从整梯制造企业向服务型智能电梯解决方案提供商的转变。2008年，汇川技术与江淮汽车和众泰汽车成为合作伙伴，正式进军新能源汽车电动控制器市场。汇川技术将战略重点放在乘用车上，采用汇融中西的战略，把中国供应链、中国产品化能力、中国制造等优势和国外先进技术与平台结合起来，形成了全新的供应链解决方案，增强了自身的竞争实力。2015年，汇川技术完成对江苏经纬50%股权的收购，正式进军轨道交通领域。通过此举，一方面，汇川技术得以全线控制核心技术，成为唯一一家在轨道交通牵引控制行业具有投标资质的民营企业，市场潜力无限；另一方面，汇川技术通过与江苏经纬合作，在市场开发、采购和制造上发挥了较强的协同效应。2016年，汇川技术以6 000万元自有资金收购了上海莱恩公司，致力于完善机械传动领域的战略布局。

汇川技术认为，为解决中国制造业核心零部件技术缺乏、网络标准化及精密制造加工能力欠佳的问题，应从零部件制造技术起步，循序渐进，逐步深入，最终实现智能制造。2012年底，汇川技术开始研制机器人伺服等核心零部件，实现了伺服、控制器、工业视觉等关键零部件的国产化。2016年，汇川技术结合自控技术、行业积累及客户基础，提出“面粉+工艺”战略，其中，“面粉”指机器人硬件产品，而“工艺”则是汇川技术基于不同机器人类型所提出的工艺应用方案，通过与工艺设备制造商进行积极合作，汇川技术成功将“面粉”与“工艺”结合起来，在机器人制造行业站稳脚跟。

以此为基础，汇川技术构建了“一轴一网一生态”战略。其中，“一轴”是自动化中机械部分的核心，追求高效、精密和安全；“一网”代表从工业总线到工业以太网、工业互联网组成的网状结构，使智能制造能力不断提升；“一生态”是指建立一个连接先进制造业、传统制造业、工业4.0的创业生态圈，旨在使其技术、产品、资金能有效地流动。可以看到，汇川技术凭借自身技术、制造优势，推出了一系列相关多元化举措，通过有效确保“一轴一网一生态”战略的落地，增强了自身的实力，使公司持续、良性发展。

资料来源：付建利，张骞爻．下一个15年汇川技术要打一场“双王之战”．证券时报，2018-05-02；汇川技术：新能源汽车整体的布局和规划．中国基金报，2017-06-06；汇川技术发布2017年报核心竞争力支撑业绩持续增长．（2018-04-24）．http：//www. inovance. cn/content/details49_17609. html.

第1节 公司层战略概述

一、公司层战略的内涵

公司层战略（corporate-level strategy）是指企业通过选取和管理不同市场上的不同业务来赢得竞争优势的战略。不同于业务层战略，公司层战略从企业整体出发，立足于更多、更大的业务范围，关注多个业务的战略制定和实施情况。这意味着，企业要运用公司层战略帮助不同业务建立核心竞争力，形成独特竞争优势，为企业增值。从本质上看，公司层战略是一种多元化的投资组合管理模式，即公司通过组合管理模式实现投资收益最大化。

在企业制定公司层战略的过程中，需关注两个核心问题：一是企业业务边界扩张和收缩问题。企业必须决定以何种竞争姿态、发展态势保持在市场中的优势位置。面对不同市场环境和自身资源配置情况，企业需采取适宜的发展模式以建立、维护、扩大自身的竞争优势，提升业绩，获取超额回报。二是企业间不同业务的资源分配和协调问题。受制于有限的内部资源，企业需合理分配不同业务部门的资源配比，取长补短，以追求核心竞争力的提升。

二、公司层战略的类型

根据企业发展态势，公司层战略主要包括以下基本类型：

（一）成长战略

成长战略（growth strategy）是一种企业快速扩张、做大做强的战略。它以发展为核心导向，引导企业采用新的管理方式、生产方式，不断开发新产品，开拓新市场，扩大企业的产销规模，拓展自身经营边界，从而获得高于行业平均水平的利润率。企业采取成长战略时会表现出以下特征：第一，企业发展速度高于产品市场发展速度；第二，企业规律性地进行市场开拓和产品研发；第三，企业频繁地进行创新性行为，创造新的市场需求，使企业内部环境与外部市场匹配。

尽管企业可以在成长战略中获益，但需要明确的是，成长战略具有一定风险性。管理学大师德鲁克曾说："发展就是一种冒险。"对于企业来说，不应将成长作为既定目标，而应将其视为正确行动的必然结果。一味地做大做强可能会在短时间内造成企业资源短缺，提高企业管理难度。只有在成长中不断改善自身发展模式，才能使企业避开"快速成长"的陷阱。因此，在制定成长战略之前，管理人员应充分考虑企业内部资源和能力与外部市场环境的匹配程度，以及战略失败可能引发的后果，作出适合企业的正确决策。

（二）稳定战略

稳定战略（stability strategy），顾名思义，是指企业保持相对平稳、低速发展的战略。不同于成长战略中的快速发展，稳定战略更强调按部就班，在平稳速度中缓慢进步，或保持现有竞争地位。企业采取稳定战略时会表现出以下特征：第一，企业安于现状，继续追求与过去相同或类似的战略目标；第二，企业的增长目标稳定不变；第三，企业很少进行产品或服务创新。

企业之所以会采取稳定战略，主要源于两方面考虑。一方面，战略改变会将企业暴露于巨大的风险之中。所需的知识、技能、经验等关键性资源的更迭会对企业竞争地位造成威胁。受惯性驱使，企业往往倾向于保持原有经营轨迹，不愿作出改变。另一方面，战略改变要求企业拥有较强的动态响应能力和资源获取能力。此类能力的形成需要较多时间和经验累积，对于部分成立时间较短、资源渠道匮乏的企业而言，保持稳定属于"无奈之举"。

（三）收缩战略

收缩战略（retrenchment strategy）是一种企业从目前的战略经营领域和基础水平撤

退、缩减业务范围或缩小业务规模的战略。与成长战略、稳定战略不同，收缩战略不寻求企业的稳定发展或快速扩张，而是通过缩小企业经营规模，实现改善企业经营状况的目的。正所谓“壮士断腕，方能革弊前行”，企业在扩张过程中，可能会遇到业务增长率降低甚至亏损的情况，因此必须采取抽资转向、调整重组、放弃甚至清算等战略，以规避风险并及时止损。其中，抽资转向是指企业减少在某一领域的投资，以削减成本开支，改善资金流运转情况；调整重组是指企业进行内部业务、结构、人员等方面的调整或与外部企业进行资源重组，以扭转财务状况欠佳的局面；放弃是指在上述战略失败时，企业选择放弃部分业务或部门，以摆脱不良资产对企业的负面影响；清算是指通过资产拍卖的形式将企业卖出，以偿还债务，减少股东损失，此类战略适用于企业面临亏损而又无计可施的残局阶段。

三、成长战略的类型

从不同的视角看，成长战略可能涉及以下基本类型。

（一）多元化战略

多元化战略（diversification strategy）与专业化战略相对应，是指企业在主要业务领域外涉足其他多个业务领域的战略。多元化战略是公司层战略的主要表现形式之一，强调企业参与经营和竞争的市场范围，即企业的经营边界。管理者在实施多元化战略时应关注如何创建、购买或出售不同业务单元，使企业所拥有的优势资源和核心能力与市场机会相匹配。相比于专业化战略，多元化战略更强调通过业务组合获得竞争优势，而非专注于单一业务。根据企业新增业务的类型，多元化战略可划分为相关多元化战略（related diversification strategy）和不相关多元化战略（unrelated diversification strategy）。

（二）一体化战略

一体化战略（integration strategy）是企业依托自身在产品、技术、市场等方面的优势，根据核心业务和物资流向，不断向深度和广度拓展边界的战略。其目的在于将与企业生产经营相关的活动纳入管理范围，形成统一的经济支配实体。根据企业的扩张方向，一体化战略可划分为纵向一体化战略（vertical integration strategy）和横向一体化战略（horizontal integration strategy）。

（三）并购战略

并购战略（merger & acquisition strategy）是指企业通过合并或收购其他企业实现成长的战略。其目的是通过企业合作与整合为所有利益相关者创造价值。企业采用并购战略时，首先要考虑能否通过并购实现核心竞争力的增强和竞争地位的提升。

（四）战略联盟

战略联盟（strategic alliance）是多个企业为了达到共同的战略目标而采取的相互合作、风险共担、利益共享的联合战略。战略联盟是企业间为提升经营绩效形成的网络联合体，在企业边界愈发模糊的今天，网络式组织逐渐成为企业提高合作效率的有效手段，而战略联盟就拥有网络式组织的特点：边界模糊、关系松散、机动灵活、运作高效等。

同时，企业也可以选择外包的形式将自身业务嵌入网络之中，提升整体经营绩效。

（五）全球战略

全球战略（global strategy）是企业从全球角度出发，合理安排有限资源，把握机遇，进行全球性选择和部署的战略。全球战略可以使企业满足国外市场日益增长的产品、服务需求，扩大自身经营范围，获得超额利润。同时，全球战略也能使企业跳出本国产品生命周期的制约，提升发展稳定性。

本章第 2、3 节将具体讨论多元化战略和一体化战略，本书第 7、8、9 章将分别展开讨论并购战略、战略联盟和全球战略。

第 2 节　多元化战略

一、相关多元化战略

（一）内涵

相关多元化战略是指企业将自身业务范围延伸至与现有业务相关的业务的战略。其中，业务相关是指业务间存在市场、技术、设备等单方面或多方面的要素关联。企业采取相关多元化战略时会表现出以下特征：第一，企业收购、兼并有助于巩固和提升自身竞争优势地位的新业务、新企业；第二，企业进入可以共享销售和营销渠道的领域；第三，企业将知识、技术、经验从一个业务转移至另一业务；第四，企业积极寻求和探索与自身技术紧密相关的技术、专利或专有技能；第五，企业将商誉或品牌转移至新产品或服务中。

实施相关多元化战略的企业可以通过资源的拓展和能力范围的提升为顾客创造价值，从而获得竞争优势。在实施相关多元化战略过程中，范围经济形态逐渐建立，即企业通过行为共享和核心竞争力传递提升资源利用效率，形成协同效应，加快知识能力吸收转化，最终降低总体业务的经营成本，提升业绩。

首先，企业可以通过行为共享获取竞争优势。企业通过共享关键资源，对主要经营活动（如技术、市场、运作、管理等）加以组合，从而降低成本，提升利润。例如，汽车品牌可以共享营销渠道，将不同产品的宣传内容置于同一个广告内，大幅降低产品宣传和推广成本。行为共享具有价值创造性，可以通过资源共同利用和协同创造价值，实现“1＋1＞2”。研究显示，在银行业和软件业等行业的企业并购中，业务间资源和活动的共享行为可以形成范围经济，提升企业业绩，为股东创造价值。

其次，企业可以通过核心竞争力传递获取竞争优势。在塑造核心竞争力过程中，由于其自身的复杂性及独特性，企业需要耗费大量财力、物力。当企业进行相关多元化时，可将已存在于主要业务的核心竞争力以较低成本转移至新业务之中，这节约了业务拓展成本。同时，核心竞争力的传递有助于企业在竞争中占据优势地位。根据资源基础观理论，核心竞争力具有异质性，难以被竞争对手理解和模仿，因此当企业将关键知识、技能、经验等从主要业务转移至相关业务时，相关业务可迅速吸收、内化，形成核心竞争力，建立起竞争对手无法超越的竞争优势。

（二）动机

企业之所以采取相关多元化战略，主要有以下原因：

第一，追求绩效提升。研究表明，企业实施相关多元化战略与绩效提升意愿有密切联系。一般来说，当企业面临市场规模缩减、收入减少、投资回报率降低时，除了进行内部调整外（如管理人员变更、商业模式创新等），往往会采取相关多元化战略以开拓市场，提升资源利用效率。企业因绩效问题进行内部调整，需要耗费大量人力、物力和时间，且创新变革的成功率难以保证。同时由于企业的经营惯性，管理者很容易产生抵触情绪。相对于内部调整，相关多元化战略所需的企业变动相对较小，更容易得到管理者的支持。

第二，应对未来现金流的不确定性。当企业（特别是小型企业和处于成熟行业的企业）的商业模式或者产品线已经从成长期转入成熟期，或受到竞争对手的强烈威胁时，会将相关多元化战略作为一种有效的防御手段。对于小型企业而言，受规模所限，自身的竞争能力和市场统治力较弱，主要业务很容易被行业内的大型公司侵蚀，因此，采用相关多元化战略是十分必要的；对于处于成熟行业的企业而言，行业正由成熟期转向衰退期，且竞争对手数量较多、利润提升空间较小，企业可采取相关多元化战略实现资金流的扩充。通过拓展企业边界，将相关性业务纳入经营管理范围，企业可以获取额外资金流，以降低未来资金流的不确定性。

第三，实现协同效应。企业在采取相关多元化战略时，将与主要业务相关的其他业务纳入经营管理范围，为主要业务提供关键性互补资源。在相关业务的协助下，主要业务的产品、市场优势将会扩大，经营成本也会因行为共享和核心竞争力传递而降低，业务间的化学反应不断增强，最终形成协同效应，实现“1＋1＞2”。

第四，提升管理层自身薪酬福利水平。在企业所有者和经营者分离的情形下，随着相关多元化战略的推进，企业规模在兼并、收购中扩大，管理者需要面对更加复杂的管理任务和岗位责任，所获得的薪酬福利也会提升，因此采取相关多元化战略成为管理者提升自身薪酬福利水平的有效手段。同时，管理者的管理能动性也会推动相关多元化战略的开展。当管理者得知企业因经营不善即将被收购重组时，他们会发挥自身能动性优势，寻求创新和变革，实施相关多元化战略，以保证对企业的控制权。

（三）风险

相关多元化战略存在以下风险：

第一，容易出现一损俱损的情形。企业在实施相关多元化战略以实现协同效应时，也将自身暴露于风险之中。业务间联系性、依赖性的增强使企业的风险抵御能力下降。当企业面临高行业风险时，由于业务间相关性较高、受市场波动影响较大，易形成连带效应，致使多个业务绩效同时下滑，对企业的生产经营产生巨大影响。此外，企业内部机制变化（如部门管理者变动、组织结构调整）所产生的风险也不容忽视。协同效应的发挥要求业务间环环相扣、紧密连接，但单一业务的经营调整所引发的连锁反应将波及整个企业，为了适应业务变化，企业需改变所有相关业务，使内部风险大幅提升。

第二，在实施过程中可能面临较大挑战。企业在推进相关多元化战略时，会在不同业务间进行资源配置，传递核心竞争力。其中，最有效的方式之一是将主要业务的核心人员调至新的业务部门之中。在这一过程中，企业可能会遇到阻力。一方面，现有业务的管理者可能不愿意将本业务部门经验丰富的核心人员调至其他部门，因为部门管理者需要重新花费时间和精力培养核心人员，并且核心人员也可能出于人际关系的考虑不愿进行部门调整；另一方面，部门管理者不会心甘情愿地接受将核心竞争力传递至其他部门的行为，这对本部门来说并无益处。在核心竞争力无法充分地在业务间流动的情况下，企业的整体业绩会受到较大影响。

第三，管理层的利己性动机会导致过度多元化。出于利己性动机，管理者倾向采取相关多元化战略以提升自身薪酬福利水平，增强对企业的控制。如果一味地追求相关多元化战略，就会出现过度多元化现象。过度多元化使企业在扩张时放宽或降低了对被收购企业的评价标准，错误地估计了相关多元化战略所能带来的收益提升。多元化成本的居高不下和收益的大幅缩水最终使企业身陷扩张的泥潭。尽管在企业业绩不佳时，股东可以通过替换高层管理者来提升企业绩效，但高层管理者仍为自己预留了“后路”，如通过签订薪酬保障协议等将对自身的不利影响最小化。外部市场和企业内部治理机制可以在一定程度上限制管理者的利己性动机，但完全控制其行为是不现实的，因此企业必须权衡在相关多元化过程中过度多元化的风险与所获得的收益之间的利弊得失。

二、不相关多元化战略

（一）内涵

不相关多元化战略是指企业增加新的与原有主要业务不相关的产品或服务的战略。在企业逐步发展壮大时，不相关多元化战略可以丰富企业利润的来源，有效地分散风险，做到“不将所有鸡蛋放在一个篮子里”或“东方不亮西方亮”。

需要明确的是，不相关多元化战略的实施是有条件的。纵览全球市场，通过不相关多元化战略取得成功的企业需要符合以下两个特征：主要业务竞争实力强以及主要业务所处行业的增长潜力不足。一方面，如果企业自身竞争实力较弱，即与竞争对手相比在主要业务领域的竞争地位靠后，那么不宜采取不相关多元化战略。不相关多元化战略要求企业投入大量的时间和精力进行外部行业筛选和兼并，对于竞争实力较弱的企业而言，无疑会对现有业务造成严重影响，在削弱主要业务实力的同时，不相关的新业务很有可能因管理精力有限和内部资源分配不合理而失败。与之相反，在行业中处于领先地位的企业拥有充足的资源以支持不相关多元化战略的推进，能够在企业扩张过程中对主要业务提供充足的保护，防止因资源分配不均出现不相关多元化战略影响主要业务的情况。另一方面，当具有优势竞争地位的企业发现主要业务所处行业的增长潜力不足，无法持续为企业提供高额利润回报时，会选择新的不相关的利润增长点进行不相关多元化。企业需具有远见卓识，把握未来经济发展趋势，探索比现有业务更具增长潜力的发展机会。

企业在通过新建、收购、重组等方式实施不相关多元化战略时，应重点关注以下投资标准：第一，目标投资行业对政策变动、经济波动是否敏感；第二，目标投资的新业务是否可能出现兼并困难，或者兼并的行为是否违反相关法律法规；第三，目标投资的新业务是否能够达到企业预期的获利能力和资产回报率；第四，目标投资的新业务是否需要较多的资本支持以进行资产更新和现金流周转；第五，目标投资的新业务是否具有广阔的发展前景。

根据以上投资标准，企业在进行不相关多元化时应更多关注两类企业：一是资产被低估的企业。企业可以以低于市值的成本兼并该企业，通过包装，以高于成本或市值的价格将其卖出，赚取交易差价。二是处于财务困境的"潜力股"。此类企业往往具有较强的盈利模式或资金流提升潜力，企业可将其兼并，依托自身资源优势为被兼并企业提供经营支持，帮助其摆脱困境，最终从该企业的长期经营中或卖出该企业所获取的价值中获利。

（二）动机

企业之所以采取不相关多元化战略，主要是由于以下原因：

第一，分散企业经营风险。此处的风险分散不局限于不同业务部门间的风险共担，而是强调不同行业内的风险管理。当拓展全新业务时，原本专注于单一行业的经营模式得以改变，企业不再完全受主要业务所处行业风险水平的制约，做到"小钱集中，大钱分散"。例如，从事高风险行业的企业可能会投资或兼并处于低风险行业的企业以分摊风险，防止"一损俱损"情况的出现。在企业扩张后，处于低风险行业的业务可以提供良好的风险缓冲，如果主要业务所处行业出现巨大变动，某一业务的损失可以由其他不相关的业务来弥补。同时，企业可以快速调整航向，投资拥有完全不同技术、市场特征、顾客群的企业，及时止损。不相关多元化战略降低了潜在经营风险，提升了企业获利的稳定性。

第二，有效利用闲置资金。对于部分企业而言，其内部资金流充裕，但苦于没有良好的扩大再生产或资本运作渠道，无法将资金流优势转化为竞争优势。因此，企业可对利润前景较好的行业进行不相关多元化扩张，凭借自身资本优势进行战略布局，投资或兼并该行业内具有潜力的企业，最终通过资本、管理支持实现投资回报率的提高。

（三）风险

不相关多元化战略存在以下风险：

第一，正确评估新业务的难度大。由于不同业务所处行业的差异性较大，管理者难以充分考虑到所有的企业内部特点和竞争环境因素，作出合理决策。例如，高科技导向的企业由于缺乏行业知识，难以对劳动密集型企业的经营状况和行业特征进行判断。事实上，一个企业所涉足的业务领域越多，不相关多元化程度越高，管理者就越难以快速地对该领域形成系统、科学的认知。对行业吸引力和竞争力评价的偏差导致管理者无法判断、区分不良资产和有利资产，这无疑将影响不相关多元化的质量，并为日后的企业经营活动带来隐患。这就对管理者进行不相关多元化经营提出了新的挑战。首先，管理者需具有区分、辨别"好交易"和"坏交易"的能力，使企业免于陷入不良资产的泥潭；其次，管理者应选择合适的业务经理或部门主管负责新的业务，对新业务进行监督管理；再次，管理者需在新业务的战略制定过程中起主导作用，保证战略的合理性；最后，当新业务的经营出现问题时，管理者应及时查漏补缺，扭转局面，作出新的决策。

第二，业务间难以发挥协同效应。相比于相关多元化战略，由于业务间缺乏联系，不相关多元化战略难以形成战略匹配和范围经济。现有管理者难以为新业务提供除资金外的有形（如设备、工厂等）、无形（如知识、技能、经验等）支持，因此新业务发挥效能、建立竞争优势的难度较大。对于管理者而言，他们往往无心顾及新业务的经营状况，采取不干预的管理模式，放任新业务自我发展，最终导致其经营状况恶化。

战略聚焦 6－1

湘鄂情的多元化扩张

1999 年 9 月，一家名为湘鄂情的饭店悄然出现在北京定慧寺。在总经理孟凯的带领下，湘鄂情经过发展、扩张，最终实现华丽蜕变，于 2007 年 10 月 23 日成立北京湘鄂情股份有限公司。凭借特色的菜品和企业的核心竞争力，湘鄂情这一品牌在中国餐饮行业成功立足，并被认定为“中国驰名商标”，先后获得“全国绿色餐饮企业”“全国特级酒家”“中华餐饮名店”等殊荣。2009 年底，湘鄂情在深圳证券交易所正式挂牌上市，开了民营餐饮企业在 A 股上市的先河。

湘鄂情对自身的定位是服务高端市场，而高端餐饮的标准化问题是其快速发展中需面对的首要难题。实际上，湘鄂情为企业转型做了一系列准备，2012 年 4 月，以 1.35 亿元收购上海齐鼎餐饮有限公司 90%的股份，宣布正式进军快餐业；同年 5 月，出资 1 亿元建设中央净菜基地，尝试进入学生餐领域；两个月后，斥资 8 000 万元收购北京龙德华餐饮管理有限公司，进军团餐领域。为实现规模经济，节约成本，湘鄂情还大力建设中央厨房，对原材料进行预加工，节约门店烹饪时间，并大力探索中餐标准化运营模式。

然而好景不长，2012 年底，全社会倡导“厉行勤俭节约，反对铺张浪费”，此举对高端餐饮业产生了巨大影响。湘鄂情的业绩出现断崖式下滑，除了改变，湘鄂情无路可退。2013 年 2 月，湘鄂情开始实施“去高端化”战略，放弃了坚守已久的高端餐饮阵地，关闭了部分酒楼，转投大众餐饮市场，从高端餐饮企业向综合餐饮企业转型，并尝试向海外延伸。

面对高端餐饮市场需求的萎缩，湘鄂情大刀阔斧地进行业务调整和多元化扩张。2013 年 7 月，以 2 亿元收购江苏中昱环保科技有限公司 51%的股权；5 个月后，通过两笔交易以 9 100 万元收购合肥天焱绿色能源开发有限公司 100%股权，正式宣布进军环保领域。虽然进行了扩张转型，但多元化战略的效果却不尽如人意。2013 年，湘鄂情营业收入 8.02 亿元，大幅下跌 41.19%；全年亏损 5.64 亿元，净利润同比下降 789%，巨额亏损使其多元化扩张速度明显放缓。2014 年 3 月，湘鄂情调转船头，出资 3.6 亿元收购北京中视精彩影视文化公司 51%的股权，此后不到一周，又以 2.58 亿元的价格收购笛女影视传媒（上海）有限公司 51%股权，跨界至影视业。然而，其影视之路又遭“当头一棒”，同年 4 月，国家新闻出版广电总局宣布了“一剧两星”电视剧播出新政：自 2015 年起，同一部电视剧每晚黄金时段联播的卫视综合频道不得超过两家。显然，该政策对影视制作行业有较大的影响。2014 年 5 月，在影视行业屡屡受挫的湘鄂情又将目光转向处于发展上升阶段的移动互联网行业，与中科院计算所合作建立了网络新媒体及大数据联合实验室，并定增29.2亿元建立新公司拓展移动互联网业务；同年，湘鄂情招募了部分前快播员工，成立中科云网科技集团股份有限公司（简称“中科云网”），正式进军网络新媒体、大数据和云服务领域。

然而，“改名更姓”并没有为湘鄂情的财务状况带来转机。2015年2月7日，中科云网以1亿元的价格转让“湘鄂情”系列商标及三家子公司股权；2015年4月，中科云网宣布其已构成债券违约，这也是国内首次出现公司债本金违约；2017年底，中科云网累计净亏损达11.44亿元，被实行退市风险警示措施；公司内部也不断曝出董事长和实际控制人反目成仇、争夺权力的消息。截至2018年底，湘鄂情门店只剩8家，创始人孟凯已被董事会解雇，其持有的股份也遭拍卖。面对业绩压力和持续发展的需求，湘鄂情该何去何从？

资料来源：杨桐．湘鄂情：五次转型为什么难逃劫数．中华工商时报，2015-04-13；张旭．湘鄂情：跨界之殇．销售与市场（管理版），2016（9）：67-69；湘鄂情：一场惊世败局之路．现代营销（经营版），2016（5）：40；湘鄂情一场惊世的败局之路：频繁转型跨界成败因．（2016-03-22）. http：//finance. eastmoney. com/news/1354，20160322606656646. html.

第3节 一体化战略

一、纵向一体化战略

（一）内涵

纵向一体化战略是指企业通过自建、兼并或联盟的方式将上下游价值创造活动纳入企业经营管理范围的战略。一般来说，企业经营范围所囊括的价值链活动越多，其纵向一体化水平越高。如果企业纵向一体化的方向是朝向产业链起点的，即原材料供应商等，则企业所采取的是后向一体化战略（backward integration strategy）；如果企业纵向一体化的方向是朝向产业链终点的，即产品消费市场或消费者等，则企业所采取的是前向一体化战略（forward integration strategy）。在新时代互联网高速发展的大背景下，电子商务平台的涌现为企业纵向一体化提供了良好的战略环境和技术支持。

根据企业扩张的方向，纵向一体化战略可以分为以下两种类型。

1. 后向一体化

后向一体化战略是指企业朝产业链上游方向进行一体化扩张的战略。当企业在价值链下游的产品市场影响力较强、销售收入较为稳定、具有优势竞争地位时，价值链上游活动的波动会严重影响企业的发展态势，甚至对企业的核心竞争力形成巨大威胁。一方面，上游市场的原材料采购或供应渠道发生变化会导致供给无法与需求匹配，使企业难以满足市场需求。长此以往，市场中无法满足的需求就会逐渐被竞争对手或新进入者填补，企业的市场份额会被逐步蚕食。另一方面，原材料的成本波动会产生连带效应，造成产品价值的变化。原材料价格的上升会导致企业生产成本的提高，在其他条件不变的情况下，为了保持企业的利润率，必须压缩其他生产环节的成本（如售后服务、广告推广等）或提高产品价格，这些最终都将使客户资源流失，导致企业丧失优势竞争地位。为避免此类情况的发生，企业可以凭借自身的位置，自主生产原材料或配套零部件，也可以并购供应商，或与其合作，建立合资工厂和战略联盟等，提升企业对价值链上游的控制力。例如，手机生产企业可以收购屏幕制造商和电子芯片制造商以进行后向一体化发展。

2. 前向一体化

前向一体化战略是指企业向产业链下游进行一体化扩张的战略。当企业在价值链上游拥有较强核心制造能力、产品供给较为稳定、具有优势竞争地位时，价值链下游的经济活动对产品的未来发展走向起到了至关重要的作用。一方面，产品的市场影响力很大程度上决定了市场需求，如果下游的售后服务并未达到消费者的心理预期，会导致其满意度的降低和购买意愿的下降，从而影响产品需求；另一方面，营销推广力度不足或分销渠道的缺乏会对销售不利，也会造成供给无法与潜在市场需求对接，严重影响企业利润。为避免此类情况发生，企业可以凭借自身的生产制造优势，对价值链下游的经济活动（如推广、分销、售后等环节）进行扩张，通过自建、兼并或联盟的方式，降低产品销售成本，提升市场影响力。例如，木材制造企业可以通过建立或收购电子商务平台的方式，使工厂与市场直接对接，减少销售环节，快速响应市场变化，降低产品价格，提升利润率。

（二）动机

企业之所以会采取纵向一体化战略，主要是由于以下原因：

第一，降低交易成本。通常情况下，企业可以通过签订合同的方式与其他市场主体进行经济交换。但在交易过程中，受制于信息不对称和人的有限理性特征，以合同作为交易形式的保障机制难以有效保护企业利益。投机主义即为了追求个人利益损害集体利益的倾向，会在信息不对称和有限理性的情况下滋生，利用合同无法覆盖的权力职责或利益分配内容的漏洞牟利，从而产生交易成本。企业生产经营活动中产生的交易成本包括：事前交易成本，如签约、谈判、保障契约成本等；事后交易成本，如契约不能适应所导致的成本；讨价还价的成本；建构及营运的成本；为解决双方的纠纷与争执而必须设置的相关成本和约束成本等。同时，不确定性与复杂性、专用性投资等因素也会产生交易成本。在企业进行市场交换过程中，可以通过兼并、联盟等方式将市场的交易活动转化为企业内部协调的行为，以避免或减少交易成本。企业通过内部治理机制降低信息不对称性，避免投机主义的出现，降低交易成本。例如，企业希望获得物美价廉的原材料，但当通过市场交易方式所获产品不符合预期（如价格较高、质量较差等）时，就可以采取纵向一体化战略，兼并上游供应商或与供应商建立战略联盟，将原材料供给活动纳入企业经营管理范围，通过内部审查等充分了解原材料的生产信息和供给状况，更好地把握生产节奏，降低交易成本。

第二，增强市场影响力。通过前向和后向一体化形成范围经济，企业的盈利能力可以得到大幅提升。一般来说，当企业活动占据价值链的大部分环节时，就具备了对单一业务的垄断能力。一方面，企业可充分发挥协同效应，通过供应、生产、运输、销售、服务等多方面业务活动的重叠进行知识、技术、设备、设施或管理结构的重复利用，提升资源利用效率，以此联动价值链，提升其整体性和价值创造能力，在降低成本的同时充分获利；另一方面，在纵向一体化完成后，企业拥有更强的议价能力，可以在同上下游企业协商谈判时掌握更多主动权。同时，企业也可依靠自身规模优势，提高市场准入门槛，建立或提高进入壁垒，以更好地保护自身业务不受其他外部企业的干扰，形成核心竞争力和竞争优势，进一步提升市场影响力。

第三，提升对技术的保护。受制度环境影响，企业所掌握的核心技术可能无法得到有效保护，其他市场主体可以通过市场交易的方式窃取企业所赖以生存的核心技术，特别是在知识产权保护制度不健全的国家，这种现象比比皆是。因此，出于保护自身利益的目的，企业在进行交易时更倾向于采取纵向一体化战略。在此情况下，企业核心技术泄露的概率相比市场交易更小，自身战略地位也会得到更好的维护。

（三）风险

纵向一体化战略存在以下风险：

第一，导致管理复杂化。随着规模的纵向发展，企业所掌握的资源越来越多，资源的复杂性也越来越高，这势必会增加管理难度，提升管理成本。

第二，容易分散资源。在纵向一体化过程中，企业需要投入大量资源来发展价值链各环节，资源分布越分散，越不利于企业“集中力量办大事”以形成竞争优势。资源的流出会严重影响主要业务的持续增长潜力，削弱企业的核心竞争力。

第三，受行业波动影响较大。由于企业沿价值链方向进行了资源整合，各业务间紧密衔接，依赖性较强，在出现行业变化或波动时会产生较高的经营风险，这对实施纵向一体化战略的企业影响较大。

第四，容易滋生官僚主义。随着企业的纵向发展，内部治理机制取代了外部市场交易机制，导致内部治理层级增多、范围扩大，组织管理流程僵化，治理成本提高，丧失市场快速反应能力，从而产生官僚主义。

二、横向一体化战略

（一）内涵

横向一体化战略是指企业以兼并处于同一行业的企业作为战略目标，最终实现规模经济和快速扩张的战略。不同于纵向一体化战略，横向一体化战略强调企业在行业内部的横向扩张。在企业实施横向一体化战略时，将资本和管理更多集中于特定业务部门或行业中，通过兼并的方式扩大生产规模、降低生产成本、巩固市场地位、提升竞争优势，最终增强企业的实力。

值得注意的是，横向一体化只在特定情境下才能更好地发挥规模经济的作用，因此采取横向一体化战略的企业或其所处行业应具备以下特征：第一，企业必须具备充足的资金。横向一体化扩张虽然会为企业带来巨大的垄断优势，但实施成本也相对较高。如果企业缺乏充足的资金，横向一体化可能会导致资金运转情况恶化，甚至会出现资金链断裂等情况。第二，企业必须具备良好的治理架构和管理能力。当对竞争对手完成兼并后，企业面临的首要问题是如何管理竞争对手的员工，先前对立、紧张的敌对状态很可能因为管理不当而持续蔓延，造成内部冲突矛盾激化，从而影响企业的经营管理效率。第三，企业所处的行业具有密集性的生产特征。对于生产密集型企业，生产效率始终是核心问题，横向一体化战略所形成的规模经济可以有效提升生产密集型企业的生产率，降低生产成本。但对于知识密集型企业来说，规模的扩大可能会导致行为灵活性降低，从而抑制创新，降低企业产出。

（二）动机

企业之所以会采取横向一体化战略，主要有以下原因：

第一，降低单位生产成本，形成规模经济。这对于生产制造业企业，特别是采取成本领先战略的企业来说尤为重要。为了扩大生产，企业可以选择自行建厂，但因其耗时长，成本高，难以在短期内实现规模发展。而在企业采取横向一体化战略时，可通过兼并获得竞争对手的人员、技术、设备等关键性生产资源，并在短时间内将其投入运行，大幅提高生产力水平，降低生产成本。

第二，快速拓展市场，提升市场占有率。相比于研发新产品或丰富现有产品功能所带来的客户群体的拓展，接管竞争对手的客户对市场份额的提升效果更高效和稳定。通常来说，消费者更容易接受已存在的产品，而不是全新的产品。因此，横向一体化在减少或消灭竞争对手的同时，可以为企业带来更广阔的市场、更丰厚的利润。

（三）风险

横向一体化战略存在以下风险：

第一，受反垄断法的影响较大。国家的制度环境很大程度上决定了企业的横向一体化是否能够成功。在反垄断法较为完善的国家，企业的横向一体化进程容易受到阻碍，而在制度环境较为宽松的国家，企业横向一体化战略的实施更容易成功。

第二，可能造成规模不经济。企业如果一味地采取横向一体化战略进行扩张，超过了形成规模经济所需的最佳规模，将使企业管理效率因规模扩大而降低，产品单位成本提高，造成规模不经济。

第三，可能产生文化不兼容问题。不同企业的性格、文化特征不尽相同。如何在横向扩张后妥善处理好企业文化兼容问题对企业的管理提出了挑战。一味向被兼并企业灌输自身企业文化的做法会加剧文化冲突、对立，影响企业经营效率。

本章小结

本章集中讨论了公司层战略。公司层战略是企业通过选取和管理不同市场上的不同业务来赢得竞争优势的战略。依据发展态势，公司层战略可划分为成长战略、稳定战略和收缩战略。成长战略又包括多元化战略、一体化战略、并购战略、战略联盟和全球战略。本章详细讨论了多元化战略和一体化战略。多元化战略是企业在主要业务领域外涉足其他多个业务领域的战略，具体划分为相关多元化战略与不相关多元化战略。其中，相关多元化战略是企业将自身业务范围延伸至与现有业务相关的业务中的战略；不相关多元化战略是企业增加新的与原有主要业务不相关的产品或服务的战略。一体化战略是企业依托自身在产品、技术、市场等方面的优势，根据核心业务和物资流向，不断向深度和广度拓展边界的战略，包括纵向一体化战略和横向一体化战略。其中，纵向一体化战略是企业通过自建、兼并或联盟的方式将上下游价值创造活动纳入企业经营管理范围的战略，包括后向一体化战略和前向一体化战略；横向一体化战略是企业以兼并处于同一行业的企业作为战略目标，最终实现规模经济和快速扩张的战略。本章对不同类型的多元化战略和一体化战略的动机和风险进行了详细的阐述。

思考题

1. 什么是公司层战略？
2. 公司层战略包括哪些类型？
3. 简述相关多元化战略与不相关多元化战略的动机和风险。
4. 简述企业采取纵向一体化战略的原因。

参考文献

[1] 蓝海林，等．企业战略管理．2 版．北京：中国人民大学出版社，2018.

[2] 希特，爱尔兰，霍斯基森．战略管理：概念与案例：第 12 版．北京：中国人民大学出版社，2017.

[3] 徐二明．企业战略管理．北京：中国经济出版社，2002.

[4] 杨锡怀，王江．企业战略管理：理论与案例．3 版．北京：高等教育出版社，2010.

[5] 王方华，吕巍．战略管理．2 版．北京：机械工业出版社，2011.

[6] BARNEY J. Firm Resources and Sustained Competitive Advantage. *Journal of Management*，1991，17 (1)：99 - 120.

[7] WILLIAMSON O E. Transaction-Cost Economics：The Governance of Contractual Relations. *The Journal of Law and Economics*，1979，22 (2)：233 - 261.

[8] PORTER M E. Towards a Dynamic Theory of Strategy. *Strategic Management Journal*，1991，12 (S2)：95 - 117.

第7章

并购战略

学习目标

- ⊙ 理解并购的内涵和类型；
- ⊙ 掌握并购的动机；
- ⊙ 描述影响并购效果的因素；
- ⊙ 了解重组的内涵、分类及动机。

引导案例

基于战略协同的企业并购整合模式 —— 宝钢并购八钢

2007年1月16日，宝钢增资重组新疆八一钢铁有限公司（简称“八钢”）的协议正式签署，宝钢拥有八钢69.61%的股权，自此，八钢正式成为宝钢大家庭的一员。并购完成后，宝钢将其西部战略确定为：以“立足西北、辐射中亚”为导向，以八钢为依托，利用当地资源，服务当地市场，积极参与和服务新疆经济建设，把八钢建成中国西部和中亚最具竞争力的钢铁企业，为新疆经济发展作出应有的贡献。

并购完成了，但挑战还在继续。八钢地处西北边疆，对宝钢来说可谓鞭长莫及。而且作为一家有悠久历史和独特文化的老国企，八钢从企业高层到基层员工都对自己的企业有着普遍的自豪感，自上而下都具有较强的保持自身文化以及企业独立性、保持稳定性的诉求。为此，在深入调查的基础上，宝钢集团确立了“稳定经营班底、统一战略规划、对口技术支持、人才培养先行”的并购整合思路。在此思路的指导下，开展了一系列的并购整合行动。具体包括：第一，保持八钢经营班底和组织机构的相对稳定；第二，对八钢的战略规划进行调整，在宝钢集团“两角一边”战略布局的指导下，将八钢原有的经营多元化、市场国际化的战略定位调整为以钢铁业为核心产业、成为中国西部和中亚最具竞争力的钢铁企业；第三，通过技术支撑团队亲自赴现场诊断和指导，支持八钢板材产品开发和板材生产线的顺利达产；第四，通过互派挂职干部、远程教育、专业人伙伴计划、专家结对子等多种方式对八钢的人才培养给予极大的支持；第五，建立产销管理平台，为宝钢和八钢在采购和销售上的协同提供统一的平台，使八钢能够充分利用集团平台，降低采购和销售成本；第六，提供资金支持，宝钢在并购八钢时投资30亿元，并承诺并购后集团不参与八钢的利润分配，八钢所有的利润都将用于企业内部的运营和扩大再生产。

经过有效整合，八钢各方面的经营指标有了长足的进展。2006年八钢销售收入115.4亿元，亏损1.15亿元。2007年并入宝钢集团后，八钢当年就提前完成了全年的生产经营任务，钢产量超过400万吨，销售收入和利润均创下历史最好水平。到2010年，八钢销售收入达到了261亿元，利润达到14.51亿元。从产能规模上看，2006年八钢粗钢产量仅为300万吨，但到2010年八钢已具备年产钢800万吨的能力，产品覆盖长材、板材及管材等品种，有近1 610个品种规格，产品主要在新疆及西部省市销售，部分出口中亚地区。

资料来源：徐京悦．基于战略协同的企业并购整合模式：宝钢集团．中国人民大学商学院案例库，2014.

我们在上一章讲述了公司层战略。并购战略作为一种企业寻求发展和抓住机遇的公司层战略在全球范围内被广泛应用。在这一章，我们将详细阐述并购战略的相关内容。并购战略起初在北美很流行，中国近20年也经历了并购的热潮。正如引导案例所示，宝钢集团利用并购战略应对外界环境的变化，实现了协同效应，促进了企业增长。

然而，并不是所有的并购都能如愿以偿地实现收购方所期待的协同效应。那么理解企业进行并购的动机和影响企业并购绩效的因素就至关重要。首先，我们要对兼并、收购、接管等基本概念以及并购的分类等有清晰的认识。

第1节　并购概述

一、并购的内涵

并购实际上是兼并和收购的简称。兼并（merger）是指两个（企业A和企业B）或者多个企业达成协议将其整合成一个整体（企业C）。通常情况下，兼并发生在两个规模相当的企业间，兼并后原有的两个企业持有基本相同的股份。例如，大众点评和美团于2015年10月8日宣布达成战略合作，双方共同成立一家新公司——美团-大众点评。大众点评网于2003年4月成立于上海，是中国领先的本地生活信息及交易平台，也是全球最早建立的独立第三方消费点评网站。除了为用户提供商户信息、消费点评及消费优惠等信息服务，大众点评还提供团购、餐厅预订、外卖及电子会员卡等O2O（online to offline）交易服务。美团网于2010年3月成立于北京，有着“吃喝玩乐全都有”和“美团一次美一次”的服务宗旨。其经营项目与大众点评网有相当大的重合。并购之后的新公司成为最大的O2O公司，确立了联席CEO和联席董事长结构，由原美团CEO王兴和原大众点评CEO张涛担任。尽管大众点评与美团之间的合并被视为兼并交易，然而实际上很少有真正意义上的兼并交易。原因在于交易双方通常都会有一方更占主导地位，这可能是由市场份额、企业规模或者价值的差异造成的。

这样看来，其实收购（acquisition）更像是兼并中更极端的例子，它是指一个企业（企业 A）接管另一个企业（企业 B），将其纳入本企业的控制之中（企业 A）。通常情况下，收购发生后，收购方拥有绝对控制权或者持有 100%被收购方的股份。这种情况很常见。例如，吉利控股集团向福特汽车公司支付了 13 亿美元现金和 2 亿美元银行票据于 2010 年 8 月 2 日正式完成对福特汽车公司旗下沃尔沃轿车的全部股权收购。该次收购是当时中国汽车行业最大的一次海外并购，吉利借助沃尔沃提升了自身的品牌形象。时隔 7 年，吉利再一次出手收购海外知名汽车公司。2017 年 5 月 24 日，吉利与马来西亚 DRB-HICOM 集团签署协议。吉利将收购 DRB 旗下豪华跑车品牌路特斯 51%的股份。这次收购将有助于吉利进军跑车市场。

图 7－1 是企业兼并与收购的示意图。

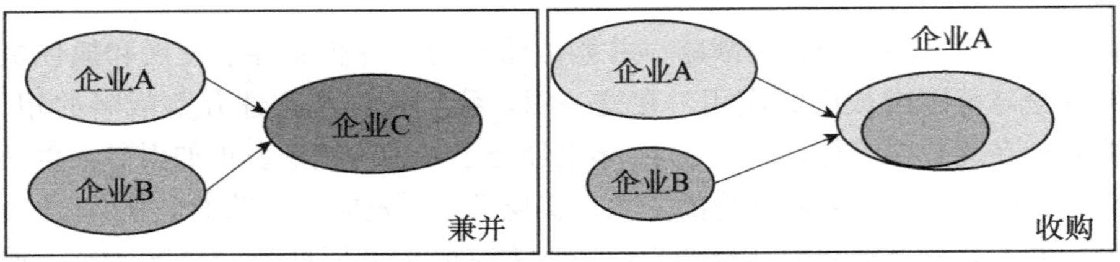

图 7－1　企业兼并与收购

通常，兼并是双方达成共识形成的交易。然而对于收购而言，并不是所有的收购都是善意的，也存在恶意的收购。这种恶意收购称为接管（takeover），通常发生在被收购方并不同意收购方购买的情况下。2015 年上演的宝能系与万科的股权之争是目前中国股市最引人注目的恶意收购与反收购事件。万科在成立之初并不是一个股权分散的企业，1984 年由王石创立并持有 30%的股份。1993 年万科在深交所上市。自此万科经历了数次控制权的争夺，虽然都以管理层的胜利告终，但万科的股权却越来越分散。2015 年，这种分散的股权结构引起宝能系的关注。宝能系开始买入万科股票，意在与华润争夺第一大股东的位置，一时间对万科的管理层造成了极大的威胁。

为了防止被恶意收购，企业也有相应的预防性策略和主动性策略。针对反收购的预防性策略包括适当的股权结构安排、毒丸（poison pill）计划、“驱鲨剂”条款和降落伞（parachute）计划。反收购的主动性策略是指在第一次报价后企业已面临被收购的境地时，所采取的增大收购方收购成本的补救策略，包括白衣骑士（white knight）、股份回购、收购收购者（帕克曼防御）、法律诉讼以及定向配售股票给老股东。

战略聚焦 7－1

反恶意收购的措施

毒丸计划

毒丸计划又称为“股权摊薄反收购措施”，是一种反收购的措施。具体来说，当一家公司遇到恶意收购，尤其是收购方拥有的股份已经达到10%～20%时，公司为了保住自己的控股权，就会大量低价增发新股。目的就是稀释收购方手中的股权，增大收购成本，让收购方无法达到控股的目标。2005年，新浪在面对盛大收购的时候，就采用了毒丸计划，最终盛大只能无奈放弃新浪。

降落伞计划

降落伞计划包括三种形式：金降落伞（golden parachute）、灰色降落伞（penson parachute）和锡降落伞（tin parachute）。

（1）金降落伞。金降落伞是指一旦目标企业被并购，其董事及高层管理人员被解雇，则收购企业必须一次性支付巨额的退休金（解职费）、股票期权收入或额外津贴。这些收益像一把降落伞可以让高层管理者从高高的职位上安全退下来，所以该计划被称为降落伞计划；又因其收益丰厚如金，所以称作金降落伞。

（2）灰色降落伞。灰色降落伞与金降落伞类似，主要是向中层管理人员提供稍逊色的同类保证。

（3）锡降落伞。锡降落伞是指目标企业的普通员工在企业被并购后一段时间内被解雇的话，可领取员工遣散费。

从反收购效果的角度来说，金降落伞、灰色降落伞和锡降落伞策略都能够加大收购成本或增加对目标企业的现金支出从而阻止收购。

白衣骑士

当企业成为其他企业恶意收购的目标时，其管理层为阻止恶意接管，去寻找一家“友好”的企业进行合并，而这家“友好”的企业被称为白衣骑士。一般说来，受到管理层支持的白衣骑士的收购行为成功可能性很大，企业的管理者在取得机构投资者的支持后，也可以自己成为白衣骑士，实行管理层收购。

二、并购的分类

根据并购双方的特征，可以将并购分成不同的种类。按照并购双方所处行业的相关性可以分为横向并购、纵向并购和不相关并购。按照并购双方所处的地理位置差异可以分为国内并购以及海外并购。下面对各种并购类型逐一加以阐述。

（一）横向并购

横向并购（horizontal M&A）是指一个企业并购另一个处在同行业的企业，双方生产或提供同样或者相似的产品及服务（见图7-2）。例如，滴滴出行与优步（Uber）中国的并购案。优步起源于美国硅谷，成立于2010年，它构建了一种新的商业模式，采用“互联网+交通大数据”解决出行问题，并创立了全球第一家通过智能手机应用软件实现一键实时叫车服务的互联网平台。2012年滴滴出行在中国诞生，采取跟优步类似的模式逐渐取代传统路边招手打车的方式。滴滴出行和优步处于同一行业，两个企业的竞争随着2014年2月优步进入中国市场拉开了序幕。优步迅速拓展到数十个一二线城市，短时间内就占领了较大的市场份额。2016年8月1日滴滴出行宣布收购优步中国的品牌、数据等全部资产及其运营业务，至此这场同行业竞争宣告结束。

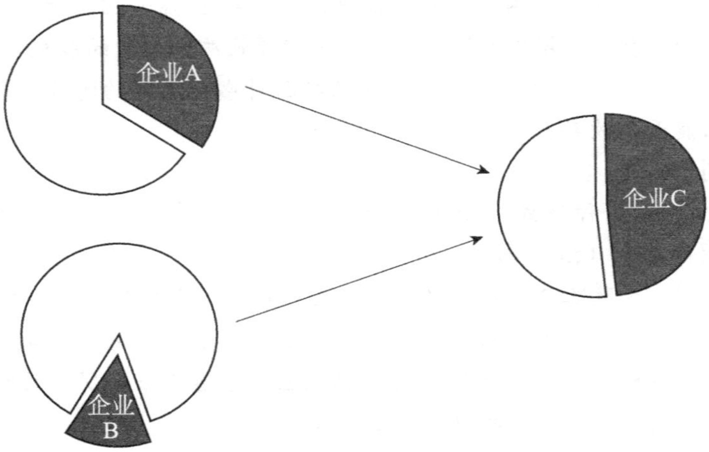

图 7-2　横向并购

(二) 纵向并购

纵向并购(vertical M&A)是指一个企业并购一个上游的供应商或者一个下游的分销商(见图 7-3)。其中，并购一个上游的供应商叫做后向一体化或后向整合(backward integration)；并购一个下游的分销商叫做前向一体化或前向整合(forward integration)。例如，中粮集团收购蒙牛乳业就是后向整合。中粮集团是一家大型食品加工企业，而蒙牛是乳制品生产企业。通过收购蒙牛，中粮集团实现了向上游企业整合的全产业链计划。

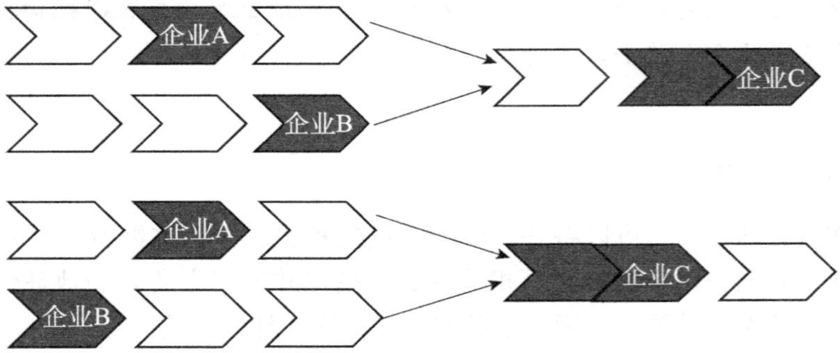

图 7-3　纵向并购

(三) 混合并购

混合并购(conglomerate M&A)是指一个企业并购另一个与其原有产品或服务无关的企业。其中，目标企业既不处于同一行业，也没有横向或纵向关系。

(四) 国内并购和海外并购

国内并购(domestic M&A)是指并购双方都在同一个国家。例如前面提到的美团和大众点评的兼并案例。海外并购(cross-border M&A)，也称跨国并购，是指并购双方不在同一个国家。例如前面提到的吉利收购沃尔沃和路特斯的案例。

第 2 节　并购的动机

上一节介绍了不同种类的并购，这一节我们探讨企业实施并购战略的各种动机。事实上，当企业并购动机不同时，会相应地选择不同种类的并购战略。也就是说，并购的动机与采取的并购种类是密不可分的。企业采取并购战略主要有以下几种动机：增强市场势力；克服进入壁垒，加快进入速度；获取资源；多元化经营，分散投资风险；获得价值被低估的企业。

一、增强市场势力

增强市场势力是企业实施并购的一个主要动机。所谓市场势力是指一个企业有能力以高于市场水平的价格出售自己的产品或者服务，或者有能力以低于市场水平的价格获得其所需的原材料或者服务。这种市场势力通常是由企业的规模和它所具备的资源和市场竞争力带来的。同时，市场势力也受到企业所占的市场份额影响。因此，为了增强市场势力，企业会采取并购同行业竞争者（横向并购）或者并购其上下游企业（纵向并购）的方式。

首先，横向并购帮助焦点企业减少竞争，增加所处行业的市场份额。随着市场份额的增加，规模经济效应使得本企业的成本进一步下降。其次，竞争的减少和市场份额的增加也使本企业增强了相对于其上下游企业的议价能力，从而可以降低本企业的进货成本并且提升本企业产品的销售价格。再次，从效率理论的角度来讲，并购一个同行业的企业可以缩减冗余的资源配置，共享类似的价值链，从而降低成本，实现成本的协同效应。最后，研究表明，当并购双方具有相似的战略、管理风格和资源配置的时候，横向并购可以提升企业的业绩。

纵向并购也可以帮助焦点企业增强市场势力。通过收购其上游或者下游企业，企业可以直接降低其相对于上游或者下游企业的议价能力，从而降低成本或者提升本企业产品的价格。通过并购其上下游企业，焦点企业还可以抑制同行业企业的竞争力。具体来说，如果焦点企业并购了一家上游企业，那么新的企业会通过限制对其原同行业的企业提供原材料来增加自己的市场份额和利润。另外，从交易费用理论（transaction cost theory）的角度来讲，企业存在的原因是它可以替代市场而节约交易成本。企业的最佳规模存在于企业内部的边际组织成本等于企业外部的边际交易成本时。纵向并购就是降低企业的外部交易成本、最优化企业规模的途径。

二、克服进入壁垒，加快进入速度

进入壁垒使尚未进入该市场的企业的运营成本升高。并购战略的一个显著优势是帮助企业克服进入壁垒。这种优势对于一个想要拓展海外业务或者海外市场的企业来讲尤其具有吸引力。当企业要拓展海外市场的时候，对于本企业来说，直接进入新的国家（或称东道国）可能会伴随着外来者劣势（liability of foreignness）。外来者劣势是指企业在东道国由于信息缺乏、不熟悉当地法律、嵌入性不够、文化不同以及歧视等原因相对于本土企业而言增加的额外成本，即外国企业的竞争劣势。而并购一个很熟悉该市场环境因素的东道国企业，可以帮助企业跨越进入壁垒。因此，跨国并购是可以帮助企业克服进入海外市场壁垒的手段。2012 年，万达集团收购美国院线 AMC。这次收购帮助万达集团较为容易地进入美国市场，扩张了其海外影视市场。之后，万达集团相继并购了美国卡麦克、欧洲 Odeon & UCI、北欧院线集团三大院线，占据欧洲、北美院线市场首位。尽管这些海外并购帮助万达成功地克服了进入壁垒并拓展了海外市场，但海外并购的风险是巨大的，我们将在下一节详细论述。

20 世纪 90 年代以来，随着全球经济一体化发展的日益深入，北美和欧洲有很多跨国企业，它们偏好运用海外并购来进行海外扩张。从统计数据上看，1987 年全球跨国并购仅有 745 亿美元，1990 年就达到 1 510 亿美元，而 1995 年仅美国企业的并购价值就达到 4 500 亿美元。近年来，很多中国企业走出国门进行海外并购。根据贝恩公司发布的《中国企业境外并购报告》，2015—2017 年，中国企业境外并购交易总额占亚太地区的比例连续三年超过 40%。仅 2017 年，根据数据统计，中国企业参与并购活动共计 5 772 宗，为过去 5 年新高，交易金额达 6 596 亿美元。

类似地，混合并购也是企业进入一个新的领域或者新的市场的一种手段。并购一个处于目标新领域或者新市场的企业可以帮助企业跨越进入壁垒。

三、获取资源

企业并购并不仅仅是资产上的获取，更重要的是资源上的整合。这些资源包括先进技术、供应链渠道、管理经验以及品牌形象等，它们都对企业提升整体竞争力有很大帮助。

（一）获取先进技术

企业研发新技术和新产品往往要耗费大量的时间、人力和财力，还要承担研发失败的风险。因此，自主研发新技术或新产品短期内不能获得可观收益。研究表明，88%的创新最终不能产生足够的利润来补偿研发成本。60%的创新会很快被其他企业模仿，从而丧失新技术带来的超额收益。所以，企业出于成本与收益的考虑，会认为自主研发是一项高风险的经营活动，而更愿意选择并购一个有现成先进技术或新产品的企业。这么做不仅可以降低企业的研发成本，降低研发失败的风险，还可以加快进入一个新领域的速度。

例如，2018 年 3 月 29 日，中科创达以 3 100 万欧元收购保加利亚技术公司 MM Solutions（MMS）。MMS 是全球领先的移动和工业图形图像视觉技术企业之一，也是中科创达在国际领域的主要竞争对手。MMS 在光学和图像处理、视觉算法等领域积累了超过 16 年的开发和商用经验。目前，全球超过 5 亿部智能手机的摄像头成像单元搭载了 MMS 的图像处理算法和画质调校技术。中科创达旨在通过并购获得 MMS 的先进技术和销售渠道。

（二）获得供应链渠道

并购前企业双方都有自己的供应链，它们可能相互交叉形成竞争或者互补关系，也可能互补交叉形成平行关系。供应链渠道对于一个企业来讲至关重要，不仅对双方处于同一行业的企业来说重要，对一个想要进入新市场的企业来说更为重要。这里所说的新市场可以是新的产品市场，也可以是新的地域市场。通过并购，收购方可以获得目标企业的供应链渠道，从而产生利益的协同效应。在中科创达并购 MMS 案例中，前者也获得了后者的销售渠道。

（三）获得管理经验

企业也可能通过并购获得先进的管理经验和运营流程。管理经验属于隐性知识，相对于显性知识更难清晰地表述和有效地转移。因此，很难通过旁观来学习。并购可以帮助企业获取像管理经验这样的隐性知识。

（四）提升品牌形象

企业的品牌会有溢价效应。同样的产品，甚至是相同质量的产品，名牌产品的价格远远高于普通产品的价格。因此，自身品牌知名度不高或者价值不高的企业会试图通过并购一个更高知名度品牌的公司来提升品牌竞争力，以获取超额利润。例如，七匹狼通过香港全资子公司最终以 3.2 亿元人民币收购国际轻奢品牌 Karl Lagerfeld 80.1%的股权，借此提升自身品牌形象。类似地，吉利收购多家海外知名汽车品牌，包括沃尔沃、宝腾以及路特斯。

上述各种获取资源的动机，通常是通过横向并购来实现的。

四、多元化经营，分散投资风险

企业在追求绩效的同时还需要控制风险。控制风险的一种有效方式是多元化经营。实施多元化战略有多种途径，如公司内部成长、并购新领域企业、建立战略联盟等。其中并购新领域企业是实现多元化经营的最快速方式，有利于降低投资组合风险。多元化经营可以是相关多元化，也可以是非相关多元化。纵向并购是实现相关多元化的主要方式，而混合并购是实现非相关多元化的主要方式。例如，2016 年 1 月 12 日，万达集团宣布以不超过 35 亿美元现金并购美国传奇影业公司 100%股权。这是中国企业金额最大的海外文化产业并购案例之一，一举让万达影视成为全球的全产业链影视巨头。此前，万达集团主要的经营业务在院线，并收购了海外多家院线。此次并购既增加了万达的相关多元化，也整合了产业链上下游资源，从而实现了协同效应。

五、获得价值被低估的企业

最后一种并购的动机源于目标企业的价值被低估。被低估主要有三个方面的原因：受环境的影响；信息不对称；目标企业的经营管理不善，不能发挥应有的潜力。如果收购方可以将目标企业管理经营得更好，则可能通过收购被低估的企业来获得巨额收益。

其实，每一项并购交易背后的动机可能都不止一个。例如，2004 年 12 月 8 日，联想集团在北京正式宣布以总价 12.5 亿美元并购 IBM 全球个人电脑（PC）业务，其中包括台式机业务和笔记本业务。通过这次并购，联想获得了 IBM 的技术及其在海外市场的销售渠道，因此成功进入了海外市场。同时，联想还学习了国外先进的管理理念，提升了自身的品牌形象。

表 7－1 总结了并购的动机与涉及的并购种类。

表 7－1　并购的动机与涉及的并购种类

并购的动机	涉及的并购种类
增强市场势力	横向并购、纵向并购
克服进入壁垒、加快进入速度	海外并购、混合并购
获取资源：先进技术、供应链渠道、管理经验、品牌形象	横向并购
多元化经营、分散投资风险	纵向并购、混合并购
获得价值被低估的企业	无特定并购种类

战略聚焦 7－2

协同效应

协同效应是企业并购追求的主要目标。它大致分为两类：成本协同效应和收益协同效应。简单来说，成本协同效应是并购双方合并为一个企业后，追求在成本上 1＋1＞2的效果；而收益协同效应是并购双方合并为一个企业后，追求在收益上达到 1＋1＞2的效果。

第 3 节　影响并购效果的因素

尽管并购战略可能给企业带来诸多好处，使得企业有动机去采用并购战略，并且理论上并购也可以提高企业的市场竞争力并获得超额收益，然而，实证研究表明只有 20％的并购最终成功，大约 60％的并购交易没能取得令人满意的结果，而剩下 20％的并购交易最终以失败告终。这些数字提醒我们要更加重视那些可能影响并购效果的因素，这些因素主要有以下几个。

一、尽职调查的充分性

尽职调查是指在并购前，并购方对潜在的被并购方所作的一系列评估的过程，包括目标企业的资产和负债状况、经营和财务情况、法律关系以及目标企业所面临的机会与潜在的风险等。尽职调查是企业并购过程中最重要的一环，可以帮助企业有效地防范风险。尽管尽职调查的主要目的是核实目标企业的真实状况和信息，但它还起到判断并购双方在战略上是否合适、期待的协同效应是否能够实现等作用。尽职调查通常由专业的投资银行联合会计师事务所、律师事务所和咨询公司一起完成，当然有的并购企业会自己组织团队做独立的尽职调查。

如果尽职调查工作做得不充分，并购方很有可能支付了超额的溢价给目标企业，造成最终并购交易的失败。例如，上市公司 A 欲进军房地产行业，于是并购房地产 B 公司。在并购前，A 公司仅仅考虑到 B 公司房地产的土地面积、土地位置等因素，并未核查 B 企业是否拖欠税款。并购后，税务局要求 B 公司进行土地增值税清算，B 公司补交了巨额土地增值税，导致 A 公司支付的并账金额远远超过 B 公司的投资价值。这就是尽职调查不够充分造成的损失。

二、债务比例

在企业并购活动中，并购支付是完成交易的一个关键环节，关系到并购双方的利益。并购交易的支付方式有很多，常见的有如下几种：现金支付、换股支付、杠杆收购以及资产置换。其中，现金支付是并购活动中最清楚最快捷的支付方式，不影响并购后的公司资本结构，有利于股价的稳定。然而，它也存在一些劣势，比如需要并购方筹集大量现金，使企业面临巨大的现金流压力。于是便有了杠杆收购的方式，它降低了并购交易对并购方资产或现金的要求，减轻了并购企业的短期财务压力，从而产生杠杆效应。但是这种支付方式也存在弊端，贷款融资成本很高，并购企业的偿债压力增大。由于资本结构中的债务占了绝大部分，杠杆收购的风险较高，贷款利率也往往较高。如果并购方管理经营不善，不能如期实现协同效应，则极有可能被债务压垮。此外，杠杆收购的最大风险在于当出现金融危机、经济衰退或者政策调整等企业不可预期或不可控的外界因素时，收购会面临因支付困难而导致的违约和全盘清算的风险。

三、整合困难

并购交易的宣告并不是并购的结束，而仅仅意味着漫长的并购整合的开始。我们都知道并购后的整合很大程度上决定着并购交易能否达到预想的效果。其实，并购后的整合过程并不如想象中的简单。并购整合通常是个长期且复杂的过程，不同的交易也会有所不同，短则一年，长则三五年甚至十年。这个过程牵扯到很多不确定因素，而这些不确定因素以及阻碍往往来源于并购双方的不同企业文化、发展背景以及组织内部的权力争斗。

两个企业整合在一起首先是文化的融合过程。两个企业独立地发展成长若干年，所经历的事件不同，成长的背景不同，管理团队的理念不同，企业文化也就自然而然地有所差别。但是，当两个企业决定整合在一起的时候，就要面临不同文化的融合。当初联想并购 IBM 的 PC 业务时就面临着这样的挑战。IBM 作为全球知名企业，企业声誉高于当时的联想集团。因此，IBM 处于强势地位，联想处于弱势地位。IBM 的原有员工自然而然地会更加认同原 IBM 的企业文化，而对联想的企业文化认同度较低。此时，如果草率地更换原 IBM PC 部门的高管团队以求得底层员工服从联想的企业文化，可能会适得其反。高管团队的更换会使原本的运营出现断档，新接手的高管不一定熟悉该业务的运营方式。此外，更换掉高管团队一方面使中低层员工人心惶惶，工作效率降低，另一方面也使联想集团失去了与IBM相关的重要的社交网络。所以，比较稳妥的方式是短时间内不要仓促地强求并购双方完全的统一，保持一定的独立性也许会更好。

四、协同效应的实现难度

协同效应是指将两个企业整合在一起的新企业能比单独运营的两个企业创造更大的价值。传统的协同效应是指经营上的协同效应，大致可以分为两类：收益上的协同效应和成本上的协同效应。为了促进并购交易的达成，实施并购的企业总会描绘出一大堆协同效应，试图说服董事会、大股东以及融资方，让他们相信并购能给企业带来巨大的收益。然而，绝大多数并购交易带来的协同效应往往不如预期。贝恩公司的研究表明，参与并购的企业中有70%的企业对协同效应过于乐观，高估了协同效应可能带来的收益，因此支付了超额溢价给目标企业。实际上，要想准确地评估协同效应并非易事，因为每个企业、每个行业都有其独一无二的特性，很难从既有的市场中找到靠谱的基准，作为估值的参照物。而且在实现协同效应时，企业面临很多不确定因素。所以在估值的时候应当进行合理的折价。一般来说，削减成本带来的协同效应最容易实现，而收益上的协同效应很难把握。通常，横向并购的协同效应最高，纵向并购的协同效应次之，混合并购的协同效应最差。另外，国内并购的协同效应要比海外并购的协同效应高。

五、多元化程度

实施多元化战略可以帮助企业增强市场竞争力，而并购战略是实现多元化战略的一种有效和快速的方式。但是企业如果一味地追求多元化，就有可能不再是最优多元化，而是有损企业的发展。随着企业多元化的程度越来越高，企业可能实现的协同效应会越来越小，实现的难度也会越来越大。因此，企业过度多元化要求管理层具备管理不同业务的能力，这对管理者是巨大的挑战。这无疑是在原本就困难重重的并购后整合过程中又增加了一道难关。

六、管理者的代理问题

其实企业进行并购活动有时并不完全是出于企业利益的考虑。根据经典的委托代理理论，企业高管和股东的利益并不总是一致的，然而企业高管的薪酬和社会地位通常与企业规模正相关。因此，企业高管有动机通过并购来迅速扩张企业规模从而最大化自己的利益。如果企业高管是出于这种目的进行并购，那么他们很有可能在尽职调查的过程中不够细致，或者高估所能实现的协同效应来促成并购交易。另外，高管这类特殊的人群通常会过分自信，这种特质使得他们会高估所能实现的协同效应，或者低估可能面临的整合困难，因此支付过高的溢价。无论是哪种原因，都可能导致并购的失败。

表7-2是并购不同阶段影响成败的因素。

表7-2　并购不同阶段影响成败的因素

阶段	影响成败的因素
并购交易前	管理者的代理问题
	尽职调查的充分性
并购交易中	债务比例
并购交易后	整合困难
	协同效应的实现难度
	多元化程度

战略聚焦7-3

衡量并购绩效的指标

目前学术领域里没有一个完美的并购绩效的测量指标。通常用并购当日股票市场的股价超额收益（相对于整个股票市场以及本公司若没有发布并购交易的股价来讲）或者并购企业滞后的整体绩效来衡量企业的并购交易是否成功。这两种方式都有利弊。首先，并购当日并购企业股票市场的超额收益可以很好地剔除其他影响因素。然而，这一天仅仅是并购交易的开始，股价的波动反映的是股民的心理预期，不是并购交易实际效果的好坏。所以，这个指标并不准确。并购企业滞后的整体绩效虽然是企业实际的绩效不是外界的预期，但不同的并购整合需要的时间是不同的，不能简单地说并购后一年还是并购后两年的绩效更为合适。另外，并购后的企业是一个整体，并购交易的绩效仅仅是这个整体的一部分。因此，测量企业整体的绩效从这个角度来说也不是很准确。

战略聚焦7-4

对赌协议

对赌协议又称“估值调整机制”（valuation adjustment mechanism），实际上是期权的一种形式。通过条款的设计，对赌协议可以有效地保护投资人的利益。对赌协议就是收购方（包括投资方）与被收购方（包括融资方）在达成并购（或融资）协议时，对于未来不确定的情况进行一种约定。如果约定的条件出现，被收购方就可以行使一种权利；如果约定的条件未出现，则收购方可以行使一种权利。尽职调查既是为了核实目标企业的真实情况，也是由于信息不对称的存在，它可以帮助收购方有效地控制风险。对赌协议也是为了避免因为信息不对称而造成并购失败。另外，有时企业进行并购是为了快速地进入一个新领域，一个它之前并没涉足的领域。对于这个陌生的领域，收购方可能不能很好地把控目标企业，在后续的整合过程中会面临诸多困难和风险。为了降低风险，实现收购方的预期，对赌协议往往会要求被收购方每年达到一个确定的利润额。对赌协议实际上是将本来由收购方一方承担的风险分摊到交易双方，也使得被收购方在并购以后与收购方的利益目标一致。

第4节 重 组

一、重组的内涵和分类

重组是指一个企业改变它现有的制度、资本以及经营结构的行为。重组也是为了使企业获得更多利润、提高效率或者应对外部环境改变的一种策略。广义上的重组包括扩张型重组和收缩型重组。扩张型重组就是前面所说的兼并和收购，而收缩型重组是本节的重点，主要包括收缩企业规模和缩减经营范围。

（一）收缩企业规模

收缩企业规模是指企业裁员或者减少业务单位，但又不改变原有的经营范围。收缩企业规模有时候是一种应对外部环境变化的主动的管理战略，有时候是一种被动行为。一般来说，收购交易开始后，收购方为了整合双方的资源会进行重组，去掉冗余的部门和人员来提升效率。这种收缩企业规模的重组属于主动行为。有时候由于企业经营不善，或者宏观经济形势不好，企业迫不得已需要进行裁员和关掉门店。例如，随着智能手机和支付宝等智能支付平台的普遍应用，人们可以更快捷地在手机上处理各种原本需要去银行才能办理的业务，包括转账、理财等。商业银行发现它们不再需要那么多的营业网点和柜员，加之中国房地产价格的快速上涨，关闭网点可以显著地降低银行的运营成本。根据银监会行政许可数据统计，仅 2016 年，A 股上市的 13 家全国性银行（含 5 家大行和 8 家股份制银行）合计有 99 家支行、98 家社区支行及 8 家小微支行终止营业。

（二）缩减经营范围

缩减经营范围的重组是指剥离、分立或其他可以减少与企业核心产业无关的经营活动的方式。其中，剥离是指企业将其部分闲置的不良资产、无利可图的资产或产品线、子公司或部门出售给其他企业。分立是指公司将其在子公司中拥有的全部股份按比例分配给公司的股东，从而形成两家相互独立的公司。相较于收缩企业规模，缩减经营范围对企业的绩效起着更积极的作用。这是因为缩减经营范围通常能帮助企业集中更多精力在其具有优势的核心业务上，同时高管也会对其主营业务有更深入的了解和更好的把控。其实很多收购项目从被收购方的角度来看就是一个剥离的过程。

二、重组的动机

企业进行重组的动机有很多，前面已经详细地探讨了企业并购的动机，这里主要讨论企业进行收缩型重组的动机。企业进行收缩型重组的主要动机包括：过度多元化、调整战略重心以适应环境变化以及提高运营效率。

（一）过度多元化

企业多元化水平过高会对企业绩效有负面作用。因此，当企业意识到自己所具备的资源和能力不足以支撑企业和同时实现高水平的多元化时，会选择收缩型的重组战略，以便重新聚焦于核心业务。

（二）调整战略重心以适应环境变化

外界环境在不断变化，企业也必须通过改变自身来适应外界的变化。当原本的业务在新环境下不再具备优势时，企业要果断地进行断舍离才能及时止损。例如，商业银行在大数据和互联网时代要割舍掉实体网点、增加更多个性化的服务才能在新环境下保持竞争力。

（三）提高运营效率

通常在并购后，企业需要剥离掉一些冗余的、职能重复的部门以求得成本上的协同效应。成本上的协同效应相对于收益上的协同效应更容易实现。企业的管理者也会借此机会提升企业的运营效率。

本章小结

企业通过并购来增强市场势力，克服进入壁垒，加快进入速度，获取资源，多元化经营，分散投资风险，以及获得价值被低估的公司。

并购战略不容易达到预期效果，主要因为尽职调查不够充分、高债务比例、整合困难、实现协同效应困难、过度多元化以及存在管理者代理问题。

收缩型重组战略通过收缩企业规模和缩减经营范围来提升企业绩效。收缩企业规模是一种应对外部环境变化的主动的管理战略，有时候则是一种被动的行为。收缩型重组的动机是降低非相关多元化，重新聚焦在企业具有核心竞争力的业务上，调整企业战略重心以适应环境变化，或者剥离冗余部门以提升运营效率。

思考题

1. 兼并、收购与接管的区别是什么？
2. 根据表 7－3，查阅资料并分析 2017 年中国十大海外并购交易的动机。

表 7－3　2017 年中国十大海外并购

序号	并购交易双方	并购金额
1	三胞集团并购美国生物医药公司 Dendreon100%股权	8.19 亿美元
2	万达集团并购北欧院线集团	9.3 亿美元
3	渤海金控收购美国 CIT 集团下属商业飞机租赁业务	100.57 亿美元
4	海航集团收购德国德意志银行	不详

续表

序号	并购交易双方	并购金额
5	中国化工并购全球第一大农药、第三大种子农化高科技公司瑞士先正达	430 亿美元
6	均胜电子并购日本高田	15.88 亿美元
7	万科领衔中国财团收购亚洲最大物流地产巨头普洛斯（GLP）	160 亿新元
8	三元股份联手复星收购法国健康食品公司 St Hubert	6.25 亿欧元
9	复星医药并购印度仿制药企业 Gland Pharma	10.91 亿美元
10	海信电器并购日本东芝映像解决方案公司 95%的股权	129 亿日元

3. 衡量并购绩效的指标有哪些？
4. 为什么企业热衷于并购，然而大多数并购以失败告终？
5. 什么情况下企业有动机进行重组？

参考文献

[1] ZOLLO M，REUER J J. Experience Spillovers Across Corporate Development Activities. *Organization Science*，2010，21（6）：1195－1212.

[2] FEE C E，THOMAS S. Sources of Gains in Horizontal Mergers：Evidence from Customer，Supplier，and Rival Firms. *Journal of Financial Economics*，2004，74（3）：423－460.

[3] COASE R H. The Nature of the Firm. *Economica*，1937，4（16），386－405.

[4] ZAHEER S. Overcoming the Liability of Foreignness. *Academy of Management Journal*，1995，38（2）：341－363.

[5] CAPRON L，MITCHELL W. *Build，Borrow，or Buy：Solving the Growth Dilemma*. Boston，MA ：Harvard Business Review Press，2012.

[6] LEE G K，LIEBERMAN M B. Acquisition vs. Internal Development as Modes of Market Entry. *Strategic Management Journal*，2010，31（2）：140－158.

[7] HOMBURG C，BUCERIUS M. Is Speed of Integration Really a Success Factor of Mergers and Acquisitions? An Analysis of the Role of Internal and External Relatedness. *Strategic Management Journal*，2010，27（4）：347－367.

[8] COOPER R G，KLEINSCHMIDT E J. Success Factors in Product Innovation. *Industrial Marketing Management*，1987，16（3）：215－223.

[9] ELLONEN H K，WIKSTROM P，JANTUNEN A. Linking Dynamic-Capability Portfolios and Innovation Outcomes. *Technovation*，2009，29（11）：753－762.

[10] MAKRI M，HITT M A，LANE P J. Complementary Technologies，Knowledge Relatedness，and Invention Outcomes in High Technology Mergers and Acquisitions. *Strategic Management Journal*，2010，31（6）：602－628.

[11] HITT M A, HOSKISSON R E, JOHNSON R A, et al. The Market for Corporate Control and Firm Innovation. *Academy of Management Journal*, 1996, 39 (5): 1084-1119.

[12] GRAEBNER M E, EISENHARDT K M, ROUNDY P T. Success and Failure in Technology Acquisitions: Lessons for Buyers and Sellers. *Academy of Management Perspectives*, 2010, 24 (3): 73-92.

[13] REUS T H. Culture's Consequences for Emotional Attending During Cross-Border Acquisition Implementation. *Journal of World Business*, 2012, 47 (3): 342-351.

[14] 唐炎钊,王业峰,唐蓉. 中国企业跨国并购文化整合模式的动态选择研究:基于联想并购IBM的PC业务的案例分析. 战略管理,2010 (2).

[15] BRUNER R F, PERELLA J R. *Applied Mergers and Acquisitions*. University Edition. John Wiley & Sons Inc., 2004.

[16] MOSCHIERI C, MAIR J. Managing Divestitures Through Time: Expanding Current Knowledge. *Academy of Management Perspectives*, 2012, 26 (4), 35-35.

第8章 战略联盟

学习目标

- ⊙ 了解战略联盟的起源和特点；
- ⊙ 了解企业加入战略联盟的目的；
- ⊙ 掌握战略联盟的类型和组织形式；
- ⊙ 掌握战略联盟的风险与防范策略；
- ⊙ 了解产业集群的特征以及集群发展战略的意义。

引导案例

“三马” 联盟挑战传统金融业

2012年4月，“三马”（阿里巴巴马云、腾讯马化腾、中国平安马明哲）“桃园结义”，提出互联网金融创新结晶“众安在线财产保险公司”（简称“众安在线”）的筹备申请。这种保险与互联网金融创新的结晶——不设任何实体分支机构，产品需求来自互联网，保险流程通过互联网的技术手段来解决，完全通过互联网进行销售和理赔，已正式获中国保监会批准。简单地说，“三马”要在网上卖保险了。

据了解，众安在线注册资本10亿元，注册地上海，阿里巴巴控股19.9%、中国平安和腾讯各持股15%，来自不同行业的翘楚共谋一事，让业内外兴奋不已。外界称“三马”联手意味着新模式的诞生，将由此开启一个新的网络金融时代。

实际上，几乎所有保险公司目前都以不同的形式涉及网销业务，包括在官方网站上自售以及与保险中介公司建立的网站合作两种模式，所销售的产品以简单产品为主，亦有公司通过网络销售万能险等复杂投资型险种。无论采用哪一种模式，目前都尚未形成规模与品牌。这显然不是技术、支付手段存在障碍所造成的。究其原因，主要是保险从业人员思想陈旧，所设计的网络保险的运营模式尚未被网民普遍接受，主流网销仍是利用网络推介现有产品、吸引客户的兴趣，继而下单或者达成初步意向，由保险公司人工进行后期追踪。严格意义上说，此种网络保险只是利用网络作为一种推广工具，并没有根据网络尤其是互联网的特性开展业务，至多算是新辙，离真正的“互联网金融”还差得很远。此次三巨头借此合作发力，众安在线恰逢其时。事实上，众安在线也受到了资本市场的追捧，在香港联合交易所主板上市当日，股价就大涨 15.6%，市值也从约 860 亿港元涨到约 1 000 亿港元。

总的来看，阿里巴巴拥有大量企业及个人客户，他们不但可以成为财产保险的购买者，其信用水平和交易记录亦可成为众安在线研发新产品的依据。中国平安擅长保险产品的研发、精算、理赔，旗下有庞大的销售及理赔团队。腾讯拥有广泛的个人用户基础、媒体资源和营销渠道。其余中小股东在网络科技领域也具有一定的资源及人才优势。马云有道（网络渠道），马明哲有术（保险产品），马化腾有连接线上线下的接口，“三马”联手，专业、人脉、平台全齐了。而且并非所有的金融机构都能效仿“三马”的合作途径。受资本掣肘、资源不匹配等限制，目前，多数保险公司都不具备与互联网巨头股权合作的条件。

资料来源：三马卖保险 . http：//hn. qq. com/zt2013/story04/.

第 1 节　战略联盟概述

随着经济的迅猛发展以及各个行业市场竞争的加剧，企业开始寻求通过合作来获取更多资源以更快地提高自身的竞争能力，在激烈的竞争中获得生存和发展的优势。战略联盟作为一种松散灵活的合作形式，被越来越多的企业所接纳，成为企业战略管理中不容忽视的一个要素。

一、战略联盟的起源

战略联盟最早源于军事上维护和平的需要。企业战略联盟最早起源于日本企业界的合资浪潮。一些日本企业在寻找合资伙伴时发现可以只购买先进的技术，而不需要设立新的实体，这便是战略联盟的雏形。20 世纪 80 年代以来，面对不断变化的日趋激烈的外部竞争环境，西方企业对企业间的竞争关系有了新的认识，对竞争战略进行了创造性的调整，即从对立竞争转向大规模的合作竞争，于是一种新的竞争观——合作竞争应运而生。合作竞争观认为，竞争并不排斥合作，有时，合作更有利于提高竞争效率。通过合作，企业可以解决许多靠单个企业不能解决的问题。理论界对战略管理的研究在 90 年代出现了一个转折，即研究的重点从竞争转向合作。战略联盟虽然起源于日本，却首先在美国企业界盛行。据统计，自 1985 年起，美国企业联盟的数量以每年 25%的速度递增。2002 年，美国 1 000 家最大的公司联盟创造的收入占其总收入的 35%，而 1997 年为 21%，1980 年仅为 2%。美国公司在战略联盟实践中取得的巨大成功，带动了其他许多国家的跨国公司进行战略联盟尝试，也使得理论界对战略联盟的研究更加重视。

二、战略联盟的定义

战略联盟的概念，最早是在 20 世纪 80 年代由美国 DEC 公司总裁霍普兰德（J. Hopland）和管理学家奈格尔（R. Nigel）提出来的，他们通过研究提出战略联盟是指具有共同发展目标和组织战略的两个及以上单位或部门之间，通过战略联盟协议或联合组织等方式结成的一种共同利益联合体。后续，大量学者开始对战略联盟进行研究，不同学者的研究中也分别使用诸如“战略联盟”“战略同盟”“战略合作”“动态联盟”“知识联盟”“网络联盟”“虚拟企业”“企业联合”“强强联合”等术语。这些术语在内涵及外延上都存在一定差别，可见对于战略联盟的具体定义并没有达成一致，但是本质上有以下几点共识：企业战略联盟可以看作由两个或更多企业为了共同利益达成的有合作协议的联盟；企业战略联盟是一种超越一般交易关系的合作关系，各企业仍保持各自的独立性和平等地位，不存在控制和被控制的隶属关系；战略联盟企业间的合作不一定是全方位的，可能在某些领域合作而在其他领域竞争。

三、战略联盟的特点

（一）组织的松散性

战略联盟是一种松散的企业间一体化的组织形式。一方面，企业处于动态开放的环境中，当外部环境改变时，可以通过解除契约或股权退让的方式来解散联盟，亦可以再寻找新伙伴组建新联盟。另一方面，企业具有独立的经营自主权。联盟参与成员在与联盟主旨无关的其他业务方面，具有绝对的自主性，有权选择是否参与联盟、与谁联盟以及参与多少个联盟，这使它区别于以参股、控股、全资购买等形式为依托的企业组织形式。

（二）地位的平等性和合作的互利性

战略联盟不同于企业与企业之间的市场交易关系，也不同于企业内部各业务部门之间的隶属控制关系，联盟各方的地位是平等的，可按自己的发展需要进行运营。正因为彼此地位上的平等性，战略联盟企业间才有了彼此互利合作的基础。它们只有为了获取大于各自独立经营时所获取的利益，才会自愿与其他达成共识的成员结成战略伙伴，形成互利合作关系。

（三）合作与竞争的并存性

企业战略联盟是合作与竞争的矛盾统一体，体现了合作中竞争、竞争中合作的生存理念。一方面，企业战略联盟是为合作而组建的，但合作的最终目的是能更大范围、更高层次、更有优势地去参与竞争；另一方面，战略联盟企业间的合作通常是有条件限制的，可能会在某些业务领域内合作而在其他业务领域内竞争，可能会一边合作一边竞争，还可能会在某一段时间内合作而在另一时间段内竞争等。

四、战略联盟的目的

企业组建或加入战略联盟有各种各样的动机，其中绝大多数原因是基于这样一种逻辑：两个或两个以上的企业具有不同的能力，它们联合起来就可以带来 1＋1＞2 的优势。

（一）充分利用资源，增强竞争力

战略联盟之所以在全球盛行，主要就在于它能减少工作重复与浪费，实现信息共享和优势互补。合作就是力量。战略联盟的目标之一就是要广泛利用外部资源，利用联盟伙伴的技术、信息、资金、供应渠道和营销网络等经营资源，提高自己的竞争力。如果一个企业试图自己发展各种产品和市场，不仅困难重重，时间长、投入大，而且自己的竞争优势得不到改善和增强。通过联盟，删减不必要的、重复的工作步骤，扩大了人员及物质资源的储备，使各个企业的资源、能力及优势得到创造性的交融整合、协调互动。各个企业单独的优势被激发，聚合成具有更大优势的联盟体，提高了成功的可能性，从而使企业赢得强大的竞争力。

（二）克服贸易壁垒，利用销售渠道

20 世纪 90 年代以来，在经济全球化和一体化盛行的同时，世界经济趋于集团化、区域化，围绕全球市场，企业间的竞争日益激化，再加上新贸易保护主义盛行和区域经济一体化日益发展，区域外的企业很难把产品打入欧盟、北美自由贸易区等区域市场。通过与不同区域、不同国家的企业合作与联盟，不仅可以绕过贸易和非贸易壁垒，而且可以形成联合的整体优势，改变势单力薄的状况，达到共同开拓新市场、迅速掌握市场需求变化信息、分散市场风险、扩大企业产品市场覆盖率的目的。同时，建立销售网络是一项需要巨额固定成本的工程，而销售网络的非竞争性使其具有某种公共物品的性质，因此通过战略联盟相互提供进入对方销售网络的机会，可以使每个合作伙伴避免一大笔沉没成本。

（三）实现规模经济和范围经济效益

规模经济是指随着企业生产规模的扩大，企业产品的单位成本不断下降；规模经济的传统实现方式是通过企业自身扩大再生产或借助企业合并而使企业的规模扩大，但这种方式存在两方面的限制：一是企业规模的不断扩大导致组织失灵，产生“大企业病”；二是企业规模过大还易受到反垄断政策的遏制。战略联盟既可在更大的范围内实行专业化分工，降低生产成本；又能通过联盟协调，节约交易费用，实现技术上的规模经济；同时还能实现范围经济。范围经济是指从事多元化经营的企业通过若干不同产品或经营领域的联合经营可以比单独经营某一产品或领域获得更大的收益，并带来费用的节约和风险的降低。但企业在多元化经营过程中，由于受到自身资源和核心能力的限制，缺乏相应的战略资产，往往不能有效地实现范围经济。通过建立战略联盟，则可借助联盟伙伴的资源和能力，弥补自身战略资产的不足，成功地进行多元化经营，获得范围经济效益。

（四）避免过度竞争

传统的企业竞争是你死我活的竞争。这种竞争不仅会降低各自的盈利水平，而且会导致两败俱伤。其实，竞争是相互作用的，企业在相互竞争的过程中会产生一定的依赖关系。企业的竞争和合作是一种辩证的关系，竞争并不排斥合作，合作在某种程度上也有利于提高竞争的效率。通过建立战略联盟，可以理顺市场上的竞争与合作关系，共同维护有效的竞争秩序，减少过度竞争所带来的巨大浪费。另外，随着大企业市场渗透力

度的加大和市场占有率的提高，一定容量的市场总会存在相对稳定的割据，如果此时大企业还在所剩无几的市场份额中奋力争夺，不仅开支巨大，还可能因为过度竞争而失去现有的市场。因此，为防止过度竞争可能产生的竞争地位的丧失及两败俱伤，企业也会建立战略联盟，共同维护竞争秩序。

（五）共担风险和成本

经济全球化和科学技术的迅猛发展对企业的研究和开发提出了三个基本要求：不断缩短研发时间、持续降低研发成本、分散研发风险。对任何企业而言，研究和开发新产品和新技术或进入新市场，由于受到自身能力、不完全的信息及消费者的需求等因素的制约，往往要付出很高的代价并承担很大的风险。此时，企业自然想到建立战略联盟，通过企业的合作增大信息渠道的密度、提高信息传递的速度，避免单个企业在研发中的盲目性，做到利益共享、风险和成本共担。

（六）扩大企业无形边界，防止“大企业病”

一个企业为了尽可能地控制经营环境，不可避免地要不断扩大自己的规模。这一过程不仅伴随着巨大的资本投入，而且容易出现“大企业病”，即随着组织膨胀而导致效率下降，出现无效率、僵化、缺乏适应能力等问题。原因在于，一方面，消费者的需求已由过去的共性消费模式转变为个性消费模式，大企业过去大批量、少品种的生产模式已不能适应形势要求；另一方面，企业规模过大使企业等级层次增加，势必增加中间管理层次，企业的部门、岗位会越来越多，信息沟通和横向联系会越来越困难，企业内部管理成本也会越来越大。由于规模过大可能引起垄断，政府会通过如反托拉斯法、反垄断法等对企业规模加以限制，使企业扩大规模受到制约。而战略联盟不涉及人员的增加和组织的膨胀，因而可以避免企业组织过大、僵化的风险，规避政府的管制，使企业组织更具弹性和保持灵活的经营机制。此外，利用联盟方的资源，可以减少企业自身的资本投入和固定支出，有助于企业通过资源的结合，扩大企业边界和经营规模。

第2节　战略联盟的类型和组织形式

一、战略联盟的类型

战略联盟按照不同的划分标准，有不同的类型。

（一）按合作的领域分类

战略联盟按合作的领域可以划分为生产型战略联盟（简称“生产联盟”）、市场型战略联盟（简称“市场联盟”）和知识型战略联盟（简称“知识联盟”）。

生产联盟是指通过生产联盟协议，企业共同生产和制造某种产品，以实现单个企业无法达到的规模经济，其核心是每个企业都发挥自己的生产优势。各联盟生产企业的组织结构、资产和管理并不发生变化，仅仅通过协议来规定合作项目、完成的时间等问题。

具体形式主要有日本的“分包制”企业联盟、业务外包、特许生产经营联盟和合作生产联盟等。

市场联盟是指企业合作的基础和目的是扩大自己的产品市场，其核心是市场占有率。从管理角度来看，市场是企业一切活动的起点和归宿。从产品的开发设计开始，企业就必须研究市场、分析市场，按照市场的需求状况来组织产品开发，并按市场的需求量和强度安排产品生产进度和时间；销售过程更是产品直接进入市场竞争的关键阶段，必须根据消费者的偏好进行营销策划，以提高销量。但是由于各国甚至各地区市场保护政策以及风俗文化的不同，要想进入一个市场往往面临重重障碍，而市场联盟为突破这些障碍提供了一个捷径。市场联盟通过对各企业所占市场情况的研究与预测，分析市场动态，通过对联盟企业营销网络的管理，充分利用合作企业的营销渠道，扩大市场范围。具体形式主要有营销联盟、连锁经营和价格联盟等。

知识联盟是随着社会和科技的进步、知识作用的日益重要而逐渐兴起的。知识产生的巨大生产力是其他因素无法比拟的，知识联盟日益成为企业联盟中的主要形式，它比生产联盟有更大的战略潜能。知识联盟是指各方企业以知识为纽带开展合作，是一种包含知识传递、知识共享、知识整合及知识管理等多维互动过程在内的跨学科、跨部门、跨区域的合作创新组织形式。联盟企业共同研究开发新技术，把共同的新技术推向市场，或共同设计、生产新产品。知识联盟最重要的特征就是，知识和技术因素是合作中一切活动的出发点及核心，即联盟的产生及合作的核心都是知识和技术因素。这里的知识包括信息、技术、专利、技能等对企业生产活动产生巨大影响的各种智力因素。技术因素主要指企业的核心技术、技术积累、技术创新以及技术引进、吸收、消化和改进能力等。在联盟中，企业考虑的是如何有效地进行技术开发和创新，如何聚集各企业的核心技术以提高各企业技术开发能力和水平，如何源源不断地推出一代又一代档次更高、质量更好的新产品。在技术进步日新月异、市场竞争日趋激烈的形势下，以技术创新为核心的知识联盟是企业取胜的有力武器。

（二）按合作对象分类

企业战略联盟潜在的合作对象主要有两类：一类是纵向的合作对象，即买方和卖方的联盟，这类联盟可以稳定市场供求关系，减少交易成本；另一类是横向的合作对象，包括与竞争对手、政府部门、科研机构和配套产品生产商等的合作。

（1）与买方联盟。有时称产销联盟。识别并满足买方需求是一切经营战略成功的基础，也是技术创新的出发点和归宿。与买方实现互惠互利的联合，不仅有利于企业及时、准确地捕捉市场信息，也可维护企业与顾客良好的关系，降低市场营销成本。这是一种下游联盟模式（或称前向联盟模式），较适合以零部件生产为主的企业或以批发零售为主的企业。

（2）与卖方联盟。有时称供应联盟，即与原料供应商的联盟。这是一种上游联盟模式（或称后向联盟模式）。后向联盟可以使企业与供应厂商之间的专业化协作关系协调和稳固，可以降低供应成本，建立稳定的原材料供应渠道，减少运输和仓储量，有利于加速生产流程，缩短生产周期，提高劳动生产率。尤其在关键零部件价格上涨、稀缺时，可以保证原材料的供应。卖方联盟对于那些原材料来源比较单一的大型企业尤为重要。

(3) 与竞争对手联盟。在战略联盟中，应把竞争对手看作一个潜在的联盟对象来加以考虑。由于竞争对手生产的产品与自己相同或类似，与之联盟既可以使相关企业在更大空间范围和生产深度上建立分工协作关系，产生规模经济和规模优势，既使企业通过取长补短减少某些重复的投入和研究，提高经济效率，又使企业在联盟中面临更大的风险。与竞争者结盟，关键是要识别二者之间最主要的差异，并在战略联盟规划和实际操作中以这种差异为基础，否则企业将丧失自己的竞争优势。此外，还要谨慎地进行战略定位，确定合作的范围和程度。与竞争对手联盟，如果战略目标定位不当，则很容易导致失败。

(4) 与科研机构联盟。企业与科研机构联盟所产生的利益是显而易见的。科研机构一般具有巨大的人才、技术优势，但由于受到资金及生产条件的限制，其技术成果往往很难转化为现实生产力。而企业能较好地弥补这些不足，而且需要不断进行技术创新来维持生存和发展，这样就在企业和科研机构之间形成了合作的动力，也为二者的联盟提供了广阔的天地。在联盟中，科研机构可以按照企业的要求，及时开发适销对路的新产品，使科研成果迅速转化为生产力，从而增强企业的技术水平与发展能力。

(三) 按合作的参与程度分类

战略联盟按合作的参与程度可以分为股权式联盟和契约式联盟。股权式联盟是指合作各方相互持有对方的一定股份，这是一种比较深入的合作方式。从性质上说，股权式联盟具有准科层制特征。这种合作方式由于涉及各方利益，因而对联盟各方的责、权、利都有明确规定，违约要承担相应的法律责任。这种联盟比较牢固长久，常见的有合资企业与相互持股。其中，合资企业中各投资公司持有的股份大部分是对等的或者相差不多。

契约式联盟是合作各方在某一领域或几个领域通过协议方式进行的合作。这是一种比较松散的合作方式，合作方不涉及股权的参与，只在利益结合点（如合作开发）有紧密的合作。从性质上说，其具有准市场特征。契约式联盟经过一段时间的磨合，随着合作各方的了解与信任的增加，合作很有可能从契约式联盟向深层次的股权式联盟演进。契约式联盟具体可分为技术合作开发协议、合作生产协议、合作营销协议、供应合作协议、培训合作协议以及特许经营等。

(四) 按战略层次分类

希特（Hitt)、爱尔兰（Ireland）和霍斯基森（Hoskisson）在《战略管理：竞争与全球化》一书中，将企业战略分为业务层战略和公司层战略，相应地，将战略联盟划分为业务层战略联盟和公司层战略联盟。

1. 业务层战略联盟

业务层战略联盟是指企业之间在业务层次合作以实现战略目标的联盟形式。希特把业务层的合作划分为四种形式：互补型战略、竞争减少型战略、竞争应对型战略、风险降低（规避）型战略。与其相对应的是四种战略联盟形式。

(1) 互补型战略联盟。这是指两家或两家以上具有资产互补性的企业将彼此的资源结合在一起，从而更好地利用市场机会和创造新价值。互补型战略联盟又可以分为横向互补型战略联盟和纵向互补型战略联盟两种形式。横向互补型战略联盟是非常相近的企业之间同意共享互补的资源和能力，从而在价值链的相同位置创造价值。纵向互补型战略联盟是企业之间同意将其在行业价值链不同位置上的技术和能力共享而形成的，即纵向互补型战略联盟的合作者分别提供它们在价值链不同位置上的互补资源，从而使合作各方得利。

（2）竞争减少型战略联盟。这是指企业在业务层通过组成联盟相互克制或垄断合作（卡特尔联盟）以减少竞争和避免因过度竞争而导致的彼此伤害。

（3）竞争应对型战略联盟。这是指企业在业务层通过组建联盟来应对竞争者。

（4）风险降低（规避）型战略联盟。尤其是在短周期市场环境（该市场环境中的企业所提供的产品生命周期较短，如电子企业等）中，企业可以利用风险规避型战略联盟来规避风险。

2. 公司层战略联盟

公司层战略联盟指企业之间在公司层面合作以帮助实现产品或市场多元化战略目标的战略联盟形式。希特把公司层的合作战略分为三种形式：多元化战略、协同效应战略和特许经营。与其相对应的是三种战略联盟形式。

（1）多元化战略联盟。这是指为了进入新产品或新市场领域而组建的联盟。多元化战略联盟使企业在不并购其他企业的情况下实施多元化战略，开发新产品或开拓新市场。

（2）协同效应战略联盟。这是指为了获得协同效应而组建的公司层战略联盟。协同效应战略联盟可以为两家或多家企业带来由于业务范围扩大而产生的规模效应。与业务层横向互补型战略联盟相类似，协同效应战略联盟是通过在合作伙伴间多种功能或业务之间的协同效应创造价值。

（3）特许经营战略联盟。这是指企业利用剩余的资源、能力和核心竞争力发展多元化战略，以在新产品或新市场创造新价值或减少业务单一所带来的风险的合作形式。通常是两家企业通过合约形式确定在一定时期内，一家企业允许另一家企业销售其产品或使用其商标、专利技术等进行的商业活动。

二、战略联盟的组织形式

战略联盟的主要组织形式如下：

（1）合资企业。这是由两个或两个以上的企业，为合作的目的共同投资创建一个新的企业，然后联合经营、分享利润、共担风险的合作方式，是较为典型的股权式战略联盟。

（2）研发协议。这是指合作各方签订联合开发协议，共同开发某种新产品或新技术。该形式汇集各方的优势，加快了开发速度，大大提高了研发成功的可能性；同时，各方共担开发费用，降低了各方承担的费用与风险。这种联盟可以由包括大学、研究院和企业在内的众多成员参与，研究成果归所有参与者共同享有。具体形式有产品开发联盟、交换技术信息、成立合作研发机构、技术标准联盟等。

（3）定牌生产。如果一方有知名品牌但生产能力不足，而另一方有剩余生产能力，在此情况下，另一方就可以为对方定牌生产。拥有生产能力的一方可充分利用闲置生产能力谋取一定利益；拥有品牌的一方则可以降低投资或并购所产生的费用与风险。

（4）特许经营。这是指企业与其他企业签署特许协议，允许其他企业使用自身品牌、专利或专有技术的一种战略联盟形式。通常，特许方拥有重要的无形资产，通过特许方式，不仅可以获取更多收益，还可以利用规模优势来加强无形资产的维护；而受许可方也可以借此扩大销售、谋取收益。

（5）相互持股。也称交叉持股，是指合作各方为加强相互联系而持有对方一定数量的股份。这种战略联盟中各方的关系相对更加紧密，而双方的人员、资产无须合并。

第 3 节 战略联盟的风险与防范策略

一、战略联盟的风险

虽然战略联盟能给企业带来许多显性或隐性的好处，但随着企业规模和范围的扩大，企业面临的风险也相应增大。具体来说，战略联盟可能带来的风险主要包括外部风险和联盟风险。外部风险是指政策法规、金融风暴、自然灾害等风险，这些风险是企业不可控制的，难以预防。所以关键是联盟本身所产生的风险，主要表现为以下几个方面。

（一）核心知识和技术外泄

知识和技术的共享是战略联盟的实施基础，但自身核心知识和技术的保密工作是每个联盟企业都必须做好的事情。为了更好地促进企业间的合作，企业在彼此学习和交流的过程中，很有可能将自己的核心知识和技术转移给合作伙伴，导致核心知识和技术外泄的危险。至于在联盟过程中各个企业要承担什么样的责任，有时难以准确划定。一旦战略联盟破灭，由于企业自身核心知识的外泄，其优势不再，将给企业带来致命打击。

（二）运营成本增加

战略联盟的运行过程是有成本的，联盟收益未必总是大于成本。第一，联盟本身是一个动态的、开放的体系，是一种动态的组织形式。机会来临时，联盟各方聚兵而战；机会丧失时，联盟各方则各奔前程。这就给联盟的协调和控制带来很大的不确定性，联盟形式越复杂，管理所耗协调成本就会越大。第二，联盟各方分属不同的企业文化，在合作中难免发生管理方式甚至价值观的碰撞，如不能妥善解决分歧，就会给联盟的运转造成很大障碍。第三，联盟各方的目标和利益往往不完全一致，使得它们在对待技术的转移、收益的分配、联盟的自主性等问题上容易产生矛盾与不和。此外，联盟还可能造成无弹性成本，如退出联盟的障碍和成本、对竞争对手的行为无法及时独立地作出反应所带来的成本。以上各因素都直接威胁着联盟的稳定性和持久性，降低了联盟效率，不利于联盟的发展。

（三）合作伙伴的机会主义行为

若合作伙伴选择不当，合作伙伴没有信誉，可能为了追求自身的利益出现败德行为，从而使企业陷入被动，暴露于道德风险之中。由于用来有效评价潜在合作伙伴的信息很难获得或很难全面获得，因此对合作伙伴的选择是最困难的一项任务。

（四）对伙伴的过分依赖

在联盟过程中，相互依赖、共同发展是联盟的优势所在。但是企业若不注意学习，就会出现在某一方面过分依赖合作伙伴的状况，从而使自己处于被动，有可能最后被合作伙伴吞掉。

（五）削弱企业的控制权和独立性

无论何种战略联盟，都必然涉及某个领域的合作。在该合作领域，企业之间的资源共享，联盟企业共同管理该合作领域，所以对单个企业来说，对这部分资源或合作领域的控制权会受到影响。另外，企业结成联盟后，其独立行动和独立决策都会受到影响。尤其在合作领域，企业的行动和决策必须要与合作伙伴协商，意见统一后才能行动，否则就会破坏战略联盟的稳定性。

二、战略联盟的风险防范策略

企业间战略联盟的失败存在多方面的原因，采取适当的措施来加强联盟企业间的联系、避免战略联盟的失败就显得尤为重要。战略联盟的风险防范策略主要如下：

（一）企业首先应该更新竞争观念，高度重视战略联盟的真实内涵

战略联盟必须明确联盟的内涵及有效的运作策略，并能认识到战略联盟潜在的问题。战略联盟有两个判定标准：第一个标准是战略联盟是一种战略性的合作；第二个标准是战略联盟需要通过联盟来实现企业的战略目的。战略联盟的判定标准表明，要使一种合作关系成为战略联盟，其目的必须是追求公司的一个或多个战略目的或目标。战略联盟可能会给公司在战术、运作和财务上带来好处，但其首要目的是为公司的战略服务。

（二）选择合适的联盟伙伴

战略联盟的实践表明，一个企业能否成为合作伙伴，主要从三个方面衡量，即著名的 3C 原则：首先要看这个企业与本公司是否具有兼容性（compatibility）；其次看这个企业是否具有能力（capability）；最后看这个企业能投入什么（commitment）。如果与之合作的企业符合 3C 原则，那么合作成功的概率就比较大。

1. 兼容性

兼容性是企业组建战略联盟的第一个原则，因为彼此相容才能使不同的企业在一起工作，才能使彼此的差异得到调和和缩小，战略联盟才可能得到巩固与发展。考察兼容性可从以下方面着手。

（1）考察潜在对象在公司规模和能力上是否相容。企业根据自己的战略目标选择能力不同的联盟伙伴，但是多数研究资料表明，规模、能力相当的企业组成的战略联盟更可能成功。因为企业能力相当，双方才会更容易实现平等，联盟的基础才会稳固。所以组建战略联盟时，除非有特殊考虑，否则应该寻找在能力与规模上与自己相当的合作伙伴。

（2）考察潜在对象在战略目标上是否相容。战略目标是联盟各方合作的动机和目的。虽然合作双方的目标不一定要完全一致，但双方一定要朝着一个共同的方向努力。联盟各方都应明确战略联盟不是出于短期行为，而是从长期占领、开发某个市场和保持核心竞争力出发而作出的战略决定。

(3) 考察潜在对象在组织管理和实践上是否相容。一个企业要仔细研究潜在的合作伙伴在组织管理实践上与本企业是否相容。

(4) 考察潜在对象在财务上是否相容。如果对合作伙伴的财力考虑不足，就可能由于无法控制预算而使得合作不欢而散。

(5) 考察潜在对象在公司文化上是否相容。每个企业都有着不同的历史、信仰和价值观，有着不同的人力资源管理传统和实践，以及不同的行政管理作风，在企业合作时，企业文化能否相容也是关系到合作成败的重要因素之一。

2. 能力

战略联盟的目的就是通过不同企业的优势互补和整合达到 1+1>2 的效果，为此双方必须具有某种优势和专长，具有能够对联盟投入的互补性资源，以达到凭自身能力和条件无法实现的目标。企业组建战略联盟时不仅要看潜在对象是否与己兼容和互补，也要看这个企业是否有能力，以及此能力是否是企业所需要或所欠缺的，与之联盟能否提高或补充企业的能力，这种能力可能体现在经营、创新、融资等各个方面。

3. 投入

合作伙伴具有全力以赴的精神和投入热情也是保证战略联盟成功的重要因素。如果合作者缺乏投入时间、精力和资源的精神和热情，那么，无论它多么有能力、与企业多么相容，联盟都很难成功。所以企业在决定与潜在合作对象建立联盟之前，必须要测试对方是否有投入热情，可从以下方面考察。

(1) 联盟业务是否为潜在对象的核心业务或者是否与其核心业务有关系。如果联盟的业务范围对合作者来说不属于它的核心业务或者关系不大，那么，该合作者很有可能不愿意投入过多的时间和精力，当有意外发生时，它很有可能迅速退出联盟体，使另一方处于进退两难的境地。

(2) 确定潜在合作伙伴退出联盟体的难度。战略联盟面临的一个重大风险就是当合作一方把联盟纳入它的发展战略之中，并为之投入大量的时间和资源之后，另一方却要退出。所以，企业在组建战略联盟时，必须要充分评估潜在对象退出联盟体难度的大小。

(三) 选择合适的联盟方式

战略联盟的方式很多，从不同参与程度或紧密程度角度，按低到高排列，有许可证转让、研究开发伙伴关系、合资企业、股权参与等。在选择战略联盟方式时，通常有一个从低程度参与向高程度参与的发展过程。按联盟各方所处业务性质不同，又可分为横向联盟、纵向联盟和混合联盟。战略联盟方式的选择应有一定的策略性。采用何种方式，必须根据企业的战略目标而定，还应考虑达到目标的可行性。为了保护企业自身的权益，避免重要资源的流失，企业要根据自己所拥有的谈判筹码来决定合作方式。

(四) 建立合理的组织关系，设计良好的管理机制

战略联盟是一种网络式的组织结构，在战略联盟设计之初应针对合作的情况，确定合理的组织关系，对联盟各方的责、权、利进行明确的界定，防止由于组织关系不合理而影响其正常运作。战略联盟比较适用虚拟管理，应特别重视协作效应，并强调给合作

各方都带来效益。

（五）建立合理的利益分配原则

利益的分配直接关系到联盟的稳定性。合理的利益分配方式应该遵循以下几个原则：投入产出一致；风险与利益一致；个体合理；联盟结构最优化。为了解决道德风险对联盟发起者或盟主可能造成的利益损失，在签订协议时就要考虑如何设计利益分配机制来影响联盟成员的后续行为。

（六）加强联盟内的相互信任

战略联盟内的相互信任之所以重要，首先是因为战略联盟所面对的双重不确定性环境。信任能确保成员企业以都能接受的行为对这些未知环境作出相应的反应。其次，信任能降低可觉察的有可能产生的损失，减弱或消除机会主义的动机和行为，使成员企业能更好地共享整合优势。加强联盟内的相互信任比事先预测、依靠权威或进行谈判等手段可以更快更经济地减少联盟内部的复杂性和不确定性，并由此改善联盟的绩效。

（七）加强联盟企业间的沟通，实现多层次的整合

联盟各方应有意识地通过多层次的多种联系保证交流、沟通、协调和控制，以实现以下五个方面的整合：一是实现高层领导者之间的持续接触，实现联盟的战略整合；二是使中层经理人员或专家一起制定特殊工程或联盟行动的计划，实现联盟的战术整合；三是联盟应为工作人员及时提供信息、资源和人力等完成任务所必需的要素，促进联盟在用语和技术标准上达成一致，实现操作整合；四是合作者之间只有建立融洽的人际关系，才能保证联盟的正常运转，实现联盟的人际关系整合；五是不同的企业在文化层面往往有各自的特点，只有实现联盟的文化整合，才能保证战略的顺利实施。

（八）建立合理的退出机制

在缔结战略联盟之前，企业还必须准备好撤退战略，以防万一。当企业发现自己的发展战略已经和联盟相冲突或与盟友的发展战略相矛盾，战略联盟的优势已经不存在或存在潜在的风险时，应立即停止联盟的实施。当联盟产生无法避免的风险导致联盟关系破裂时，合理的退出机制是减少退出成本的关键。联盟关系破裂大多是能力强的一方兼并或收购能力弱的一方。因此，联盟企业首先应该明确自己的角色，建立自身的风险预警系统，规划可能出现的结果，测算企业退出联盟的代价，以免在联盟突然终止时措手不及。

第 4 节 集群发展战略

产业集群是产业发展演化过程中的一种地缘现象，是某个产业领域内具有分工合作、竞争创新的企业或机构在一定地域内集中而形成的有机体系，该体系涵盖了从原材料供应到销售渠道直至最终用户的上、中、下游的完整结构，具备健全的外围支持产业体系，具有产业柔性集聚等特性。在产业集群内，企业之间建立了密切的合作竞争关系；通过深度的专业化分工，促进了每个企业效率及产业效率的提高。产业集群的核心是同类企业之间及企业与其他机构之间的联系及互补性。这种关系有利于规模经济的实现，同时也比垂直一体化的企业组织结构具有更大的弹性，而且有利于互动或知识学习过程的进行。随着全球经济竞争的日趋激烈，集群化作为企业的一种战略选择或区域经济发展模式，不仅为企业带来了竞争优势，而且促进了世界各地的经济增长。

一、企业群与产业集群

在现实的经济世界里，企业规模存在界限，一个企业不可能包容所有产品的生产，在许多情况下，大多数企业甚至未能涵盖一个产品生产的所有环节。因此，在经济网络中，多企业分立而形成企业集合成为必然。反映在空间上，这些企业集合既可能分布于多个地点，也可能集中于一个地点。我们把集中于单位空间（单位市场区）的企业集合称为企业群。企业群并非企业的简单累加，而是企业在空间上的有机组合。企业群的形成依赖于区域内某些地点的成本优势。当某地点比市场区内的其他地点的企业产品成本低时，市场区内的经济要素就向该地点集聚。随着该地点经济要素的集聚，市场规模逐渐扩大，大量新企业逐步建立，企业群开始形成。于是，该地点的成本优势会更加明显，企业群中的一些企业的规模越来越大，而且当该地点的企业产品成本小于附近市场区的成本时，附近市场区的经济要素和企业也开始向该地点集聚，企业群的规模逐步扩大。因此，企业群的形成是成本比较的结果，其中最主要的是企业在某地点的集聚能够带来集聚经济效应。

集聚而成企业群的企业可能多种多样，相互之间规模大小、生产内容和组织结构都可能存在很大差异，但是，如果具有某些共同特征的企业集聚在一起，就会产生一种新型的产业组织形式——产业集群。产业集群概念是企业群概念的自然延伸。从本质上讲，产业集群是企业间联系网络这一抽象空间和区位禀赋网络（包括经济、社会、人文因素）这一具体空间叠加而形成的产业网络组织。

（1）产业集群不同于产业和行业。产业集群不仅仅指企业间的供应链关系或可以共享的资源、技术，它的构成要素更为广泛。它既包括垂直的生产系统，如供应商或分销渠道等，也包括相关联的产业，如大学、科研机构、产业或行业协会以及基础设施等。

（2）产业集群不同于企业或产业集合。产业集群更重视企业间的相互联系，如果在某区域内存在着相同或不同企业及行业的多个企业，而这些企业之间缺乏相互联系或联系比较松散，就不能称为产业集群，而只能称为企业集合或产业集合。

（3）产业集群不同于集团。构成产业集群的企业是各自独立的，一般是专业化程度较高的企业。这些企业可能在产品生产或销售上相同或相近，也可能在生产链条上有着紧密的联系，构成一个相互依赖的生产网络。在这一网络中，企业间为赢得和留住顾客而激烈竞争。如果没有有效的竞争，产业集群将失去活力，难以生存或长久维持。

二、产业集群的特征

（一）地理临近性

这反映了集群的地理集中性。集群本身就有空间的概念，构成集群的各主体在特定的地域内柔性集聚。越来越多的统计数据支持“全球化常常意味着集中化”的假设，即同一产业中的企业并不是平均地分散在世界各地，而是倾向于向特定的国家和地区集中，电子商务环境下的全球化大大加速了这一过程。可见，经济全球化、更快捷的交通运输和通信系统并没有阻挡产业发展的地区集中化倾向。至今，对产业集群的地理边界没有明确的界定，事实上，由于经济地理空间具有不同的尺度，大至全球范围，小至自然村落，因此产业集群中的地域范围只能是一个相对概念。

（二）产业关联性

产业关联性反映集群各主体之间的联结模式。构成产业集群的各主体之间存在产业联系，它们只从事某一产业或相关产业的生产和服务，包括一批对竞争起重要作用的、相互联系的产业和其他实体，如零部件、机器和服务等专业化投入的供应商和专业基础设施的提供者。集群还通常向下游延伸至营销网络和顾客，并从侧面扩展到互补产品的制造商以及通过技能、技术或共同投入品联系起来的业内公司。最后，很多集群还包括提供专业化培训、教育、信息研究和技术支持的政府及其他机构，如大学、标准评估机构、智囊机构、职业培训机构以及贸易机构等。可见，产业集群不仅是企业的集聚，更是基于精细分工与专业化的产业链的集聚。

（三）专业化分工

产业集群的专业化特征具体表现为区域专业化和集群内部生产（经营）的专业化。生产经营同一产品的大量中小企业在特定区域聚集，使某一产品和特定地区紧密联系起来，每一产业集群的名称都体现了其区域专业化特征，如大唐袜业集群、嵊州领带产业集群、中关村高新技术产业集群等。区域专业化是形成区域品牌的基础，区域品牌是集群内企业共享的一种很珍贵的无形资产。在产业集群内部，各主体之间的联系建立在专业化分工基础之上，也正因为如此，产业集群比市场稳定、比层级组织灵活，而产业集群内部的专业化分工和紧密协作是形成其强劲的竞争优势的基础。

（四）结构网络化

在产业集群中，许多处于同一产业或具有紧密产业联系却又各自独立的企业及其相关机构（如大学、研究院所、中介机构、相关政府部门等）在同一区域聚集，不仅形成了基于专业化分工的交易网络和基于技术同源、技术衔接和技术交叉或组合的技术网络，而且由于企业之间、人员之间长期频繁的正式或非正式接触，形成了基于共同地域文化、产业文化和复杂的人缘关系的社会网络。可见，产业集群是一种交易网络（经济网络）、技术网络和社会网络相互交织的地方网络。

（五）经济外部性

马歇尔首次提出外部经济的概念时就认为许多性质相似的小型企业集中在特定的地方可以获得外部经济。马歇尔进一步指出，产业的增长，特别是产业地理集聚的形成，很大程度上得益于集聚所产生的外部经济，即创造出熟练的劳动力市场、专业化服务性中间行业和技术外溢，并改进铁路和其他基础设施。产业集群的经济外部性特征主要包括技术的外部性和市场的外部性。

技术的外部性强调集群成员在生产函数（技术）上的相互依赖，一方面表现为集群内知识的溢出，包括技术知识、技术诀窍、需求信息、供给信息、经营经验等知识的溢出。另一方面，技术外部性还表现为模仿创新在集群内具有普遍性，企业创新的利益不能完全被创新者独占，还会溢出到集群内的其他成员。

市场的外部性强调集群成员在市场上的相互依赖，产业集群具有信息集聚功能，从而使集群内部的企业分享信息方面的外在经济效益。这种效益主要表现在集群内汇集了主导产品及其相关中间产品的供求、成本、价格、技术、质量、款式和品种等大量的市场信息，同时汇集了专业化供应商和专业化服务提供者的相关信息，使集群内各主体快捷地了解市场行情的变化，节约了搜寻市场信息的费用。这种外部性是针对集群内部的每个成员而言的，而对集群整体则是内部的。市场的外部性还表现为集群内部的所有成员共享区位品牌，产业集群往往还促进专业市场的形成。

三、产业集群的分类

（一）按集群企业构成分类

马库森（Markusen）于1996年将产业集群分成四类：一是马歇尔式产业集群，意大利式产业集群为其变体形式；二是中心辐射式产业集群，其地域结构围绕一种或几种工业的一个或者多个主要企业；三是卫星平台式产业集群，主要由跨国公司的分支工厂组成；四是政府支持式产业集群。科诺林伽（Knorringa）和梅耶-斯塔莫（Meyer-Stamer）1998年在马库森理论的基础上，把产业集群分为意大利式产业集群、卫星式产业集群和轮轴式产业集群，并分析了不同类型产业集群的特征，如表8－1所示。

表8－1　按集群企业构成分类的产业集群

	意大利式产业集群	卫星式产业集群	轮轴式产业集群
主要特征	中小企业居多；专业性强，竞争激烈，合作网络，基于信任的关系	中小企业居多；依赖外部企业，基于低廉的劳动力成本	大规模地方性企业和中小企业；明显的等级制度
主要优点	柔性专业化；产品质量高，创新潜力大	成本优势；技能/隐性知识成本	柔性，大企业十分重要
主要缺点	路径依赖；面对经济环境和技术突变时适应缓慢	销售和投入依赖外部参与者；有限的诀窍影响了竞争优势	整个集群依赖大企业的绩效
典型发展轨迹	内部劳动分工的变迁	因跟进领先者而产生	大中型企业的领头羊作用
政策干预	集体行动形成区域优势，公共部门和私人部门合营	中小企业升级的典型工具	大企业/协会和中小企业支持机构合作，从而增强了中小企业的实力

资料来源：任寿根．新兴产业集群与制度分割：以上海外高桥保税区新兴产业集群为例．管理世界，2004（2）：56－62.

（二）按交易成本分类

麦卡恩（McCann）、田中四郎（Tomokazu Arita）和戈登（Gordon）（2002）运用交易成本理论将产业集群分为纯集聚体、产业综合体和社会关系网络，如表8－2所示。

表 8-2　基于交易成本的产业集群分类

特征	纯集聚体	产业综合体	社会关系网络
公司规模	小	部分企业较大	变化
企业间关系	无法确定、不稳定	可确认、稳定的贸易关系	信任、忠诚合作、共同承担风险，机会主义行为少
成员资格	开放	封闭	部分开放
入群条件	土地租金	内部投资	历史传统、风俗、经历
空间结果	偏好租金	对租金无影响	部分租金资本化
空间分布	城镇	非城镇	非城镇
案例	竞争性城市经济	钢铁或化工产业综合体	新产业区
分析方法	纯集聚模型	投入产出分析	社会关系网络理论

资料来源：MCCANN P，ARITA T，GORDON I R. Industrial Clusters，Transactions Costs and the Institutional Determinants of MNE Location Behavior. *International Business Review*，2002，11（6）：647-663.

（三）按产业集群的形成方式分类

在产业集群的类型中，也有学者从产业集群形成的方式，将产业集群分为政府推动的外生产业集群以及市场驱动的内生产业集群，如表 8-3 所示。

表 8-3　按照产业集群的形成方式分类

特征	政府推动的外生产业集群	市场驱动的内生产业集群
主要特征	自上而下为主	自下而上为主
主要优点	能够形成完善的基础设施和制度环境 产业集群的标准化体系	能够形成良好的市场力量和产业衔接配套
潜在挑战	集群的互补性 技术创新的内驱力不足	配套政策和设施不足 产业集群规范性建设周期较长
政策作用	较强	较弱

（1）政府推动的外生产业集群。政府的适当适时行为不但不会阻碍产业集群的发展，相反会激发产业集群的活力，促进集群的发展。更有少数产业集群是在政府的主导下形成的，而且其中的一些发展得比较成功，例如印度的班加罗尔软件产业集群。波特在其著作《国家竞争优势》中分析国家和地区竞争力时，强调了政府的作用。政府的作用主要体现在政府通过政策调节、创造竞争优势上面。特别是在经济市场化的今天，集群这一特定产业战略的实施，需要企业、政府、市场三方的互动，政府不能再以完全从属的角色进入，而应该以更加积极的状态参与其中。具体而言，这种类型的产业集群由于政府的积极推动，能够形成完善的基础设施和制度环境。此外，产业集群的规范和标准容易快速建立，但由于这类产业集群是由政府推动，而非市场自发形成，如果考虑不周，会导致集群的互补性不足，技术创新的内驱力不足。

（2）市场驱动的内生产业集群。此类产业集群基本上是在市场力量的作用下自发形成的，并且是在形成之后才被发现，有滞后性。而且都是以市场为主、计划为辅，自下而上为主、自上而下为辅，主要是运用“自下而上”与“自上而下”相结合的方式来培育与发展产业集群。这种发展路径一般出现在依靠内驱力形成的产业集群之中，例如传统手工业升级型产业集群，集群形成和发展的主导因素是市场。这类产业集群由于是由市场力量来驱动，因此，产业之间的衔接和配套较强。但因为是市场自发产生的集群效应，产业集群的基础设施建设可能会受到挑战，特别是产业规范和标准建设可能需要较长时间。

三、集群发展战略的意义

集群发展战略是新形势下企业可以选择的重要的发展路径，能够给企业在未来的竞争环境中带来显著的比较优势。

（1）集群可以提高企业的生产效率。同一产业的企业在地理上的集中，能够使厂商更有效率地得到供应商的服务，快速招聘到符合自己意图的员工，及时得到本行业竞争所需要的信息，容易获得配套的产品和服务，促进产业化链条中的每个企业进一步发展专业化生产等。这些都使集群内的企业能以更高的效率生产产品或提供服务，有利于其获得相对于集群外企业的更多的竞争优势。

（2）集群可以有效推动创新。集群推动技术创新，这可以从两个方面理解。第一，区域内的企业集聚促进了干中学、用中学以及同行业之间的正式和非正式交流，使得不同的创意在交流中产生新的火花，促进了企业的技术创新；第二，集群对技术创新的推动体现在其促进了企业间的技术创新合作。从实践来看，集群中企业合作创新的获益确定性比一般情况下大得多，这是因为在集群中，企业和机构间的信息对称性比在一般条件下增加，这实际上提高了集群中实体之间合作得益的确定性，同时企业和机构所拥有的资产的专用性降低，纵向一体化的必要性也减少，集群内出现大量兼并与垄断的可能性也就减少，这样，机会主义的生存空间也就小了。

（3）集群有利于降低生产成本。集群带来了大量竞争对手，加剧了同行业企业间的竞争，迫使企业不断降低成本，改进产品和服务，同时使企业获得了增加产业需求、共同分担市场开发成本、推进技术标准化等益处，这些使企业获得了更明显的竞争优势。

（4）集群有利于吸引顾客和投资。企业在区域上的集聚对该产业的顾客有较大的吸引力，容易打开市场。同时，集聚也使好企业的名声能很快在集群内传播，从而使风险投资者发现市场机会，企业也因创业资本的支持而迅速成长。

本章小结

战略联盟具有组织松散性、合作成员之间地位平等性以及合作互利性、合作与竞争并存性的特点。企业加入战略联盟能够充分利用资源增强竞争力、克服贸易壁垒并利用销售渠道、实现规模经济和范围经济效益、避免过度竞争、共担风险和成本，并且能够在扩大企业无形边界的同时防止“大企业病”。企业可以采取合资、研发协议、定牌生产、特许经营以及相互持股的组织形式与合作伙伴结成战略联盟。

战略联盟并不是没有风险，其风险主要包括外部风险和联盟风险。外部风险是指政策法规、金融风暴、自然灾害等风险；联盟风险则包括企业核心知识和技术外泄、运营成本增加、合作伙伴的机会主义行为、对伙伴的过分依赖以及企业的控制权和独立性被削弱等风险。因此，企业在结成战略联盟时，需要采取适当的措施来加强联盟企业间的联系、避免战略联盟的失败。

随着全球经济竞争的日趋激烈，集群化作为企业的一种战略选择或区域经济发展模式，不仅为企业带来了竞争优势，而且促进了世界各地的经济增长。产业集群具有地理临近性、产业关联性、专业化分工、结构网络化以及经济外部性等特征，采用集群发展战略有助于企业提高生产效率、推动创新、降低生产成本以及吸引顾客和投资。

思考题

1. 简述战略联盟的特点。
2. 企业为什么要结成战略联盟？
3. 战略联盟可能给企业带来什么风险？有什么防范策略？
4. 产业集群是指什么？它具有什么样的特征？
5. 企业为什么要加入产业集群和选择集群发展战略？

参考文献

[1] BÜYÜKÖZKAN G，FEYZIOGLU O，NEBOL E. Selection of the Strategic Alliance Partner in Logistics Value Chain. *International Journal of Production Economics*，2008，113 (1)：148 - 158.

[2] DAS T K，TENG B S. Managing Risks in Strategic Alliances. *Academy of Management Perspectives*，1999，13 (4)：50 - 62.

[3] DAS T K，TENG B S. Resource and Risk Management in the Strategic Alliance Making Process. *Journal of management*，1998，24 (1)：21 - 42.

[4] DAS T K，TENG B S. Risk Types and Inter-Firm Alliance Structures. *Journal of Management Studies*，1996，33 (6)：827 - 843.

[5] DAS T K，TENG B S. Trust，Control，and Risk in Strategic Alliances：An Integrated Framework. *Organization Studies*，2001，22 (2)：251 - 283.

[6] DAS T K. Strategic Alliance Temporalities and Partner Opportunism. *British Journal of Management*，2006，17 (1)：1 - 21.

[7] HITT M A，IRELAND R D，HOSKISSON R E. *Strategic Management Cases：Competitiveness and Globalization*. Cengage Learning，2012.

[8] JUDGE W Q，DOOLEY R. Strategic Alliance Outcomes：A Transaction-Cost Economics Perspective. *British Journal of Management*，2006，17 (1)：23 - 37.

[9] MARKUSEN A. Sticky Places in Slippery Space：A Typology of Industrial Districts. *Economic geography*，1996，72 (3)：293 - 313.

[10] MCCANN P，ARITA T，GORDON I R. Industrial Clusters，Transactions

Costs and the Institutional Determinants of MNE Location Behaviour. *International Business Review*, 2002, 11 (6): 647 - 663.

[11] PORTER M E. Competitive Advantage, Agglomeration Economies, and Regional Policy. *International Regional Science Review*, 1996, 19 (1 - 2): 85 - 90.

[12] STUART T E. Network Positions and Propensities to Collaborate: An Investigation of Strategic Alliance Formation in a High-Technology Industry. *Administrative Science Quarterly*, 1998, 43 (3): 668 - 698.

[13] TSANG E W K. Motives for Strategic Alliance: A Resource-Based Perspective. *Scandinavian Journal of Management*, 1998, 14 (3): 207 - 221.

[14] WHIPPLE J M, FRANKEL R. Strategic Alliance Success Factors. *Journal of Supply Chain Management*, 2000, 36 (2): 21 - 28.

[15] 丁建军，陈赤平．产业集群分类、治理比较及演变趋势分析．中南财经政法大学学报，2008 (5)：26 - 31.

[16] 丁晨．战略联盟风险识别体系及防范机制研究．武汉理工大学，2005.

[17] 严建援，颜承捷，秦凡．企业战略联盟的动机、形态及其绩效的研究综述．南开学报（哲学社会科学版），2003 (6)：83 - 91.

[18] 任寿根．新兴产业集群与制度分割：以上海外高桥保税区新兴产业集群为例．管理世界，2004 (2)：56 - 62.

[19] 刘善庆，陈文华，叶小兰．产业集群分类综述．企业经济，2005 (5)：71 - 73.

[20] 孙相文．企业战略联盟风险分析与防范策略研究．改革与战略，2009，25 (2)：57 - 60.

[21] 尤振来，李春娟．产业集群的分类研究综述及评价．统计与决策，2008 (3)：161 - 163.

[22] 张全芝．企业战略联盟风险及其对策研究．现代商贸工业，2010，22 (19)：70 - 71.

[23] 徐飞，徐立敏．战略联盟理论研究综述．管理评论，2003，15 (6)：12 - 18.

[24] 文小奇．企业战略联盟伙伴选择研究．东北大学，2008.

[25] 李世清．竞争性战略联盟中资源、合作风险与联盟结构研究．重庆大学，2010.

[26] 李亚军，陈柳钦．产业集群的创新特征及其创新效应分析．北方经济，2007 (1)：40 - 42.

[27] 李凯，李世杰．我国产业集群分类的研究综述与进一步探讨．当代财经，2005 (12)：93 - 96.

[28] 梁家强．企业战略联盟的动因和发展趋势．工业技术经济，2005，24 (8)：19 -21.

[29] 王华．企业战略联盟的风险及其防范．市场周刊，2004 (12)：13 - 14.

[30] 谭艳丽．产业集群的特征及其效应分析．经营管理者，2009 (6)：54 - 54.

[31] 高全顺．产业集群的分类研究．江西师范大学，2008.

第9章 全球战略

学习目标

- ⊙ 了解全球战略的环境；
- ⊙ 分析跨国企业进入海外市场的动机；
- ⊙ 讨论跨国企业进入海外市场的模式，以及决策基础；
- ⊙ 明确公司层国际化战略的类型，以及如何平衡全球资源整合与海外市场本土需求之间的关系。

引导案例

蚂蚁金服的国际化

近年来，经常出国的人会发现，在国外支付宝能轻松实现“吃逛买”，比如日本的大丸百货、东吉百货等百货公司已经接入支付宝，在日本旅游逛街就像在国内一样方便；在泰国更是打通旅游“一条龙”服务，除了与商户合作，支付宝也推出Rabbit交通卡，实现游客的出行便利。此外，英国跨境支付公司万里汇（WorldFirst）2019年2月14日宣布成为蚂蚁金服全资子公司，至此，支付宝已经与海外250余家金融机构开展合作（孙晓玲等，2019）。蚂蚁金服成立于2014年，致力于用科技让普通人和小企业享受平等的金融和生活服务，一直在加速国际化步伐。然而，金融行业与国家经济命脉息息相关，同时也是各国政府重点把控的领域，蚂蚁金服国际化之路必须因地制宜。

蚂蚁金服采用了三种海外市场进入模式。

首先，借助旅游业，发展海外支付。随着消费升级，出境旅游成为众多国民的选择，正是中国游客出境“买买买”的需求，成为蚂蚁金服顺势而为发展海外业务的契机。支付宝与境外金融支付机构和终端消费商户合作，为出境游客提供了含境外扫码支付在内的丰富的海外支付业务，迅速打开海外市场。例如，针对中国游客到日本旅游，蚂蚁金服与日本商户进行对接，打通二维码渠道，为出境游客提供和国内一样的消费体验。截至2019年，支付宝在日本接入的商户已经超过30万家，覆盖机场、百货店和免税店等多个领域（马曹冉等，2019）。

其次，借助技术，发展海外合作。“一带一路”倡议为蚂蚁金服进入沿线国家提供了契机。“一带一路”沿线国家多为发展中国家和欠发达国家，金融体系相对薄弱，但是劳动人口比较密集，这就为移动互联网下的金融支付服务体系提供了巨大的发展空间（郭名媛等，2017）。蚂蚁金服提出“Glocal”的概念，即“Global＋Local”，是指在国际化的同时注重本土化，主要是与当地企业合作，通过技术和经验输出，致力于打造适合东道国的本土支付宝。例如，菲律宾的 GCash、马来西亚的 TNG Digical、印度的 PayTM 等电子钱包都搭载了蚂蚁金服的技术。

最后，借助资本，发展海外投资。除了通过技术输出进入发展中国家，蚂蚁金服还通过投资合作的方式打通发达国家的支付渠道。蚂蚁金服海外投资已经覆盖新加坡、印度、泰国、澳大利亚等多个国家。

资料来源：孙晓玲，王慧慧．蚂蚁金服收购英国支付公司万里汇．（2019－02－15）．http：//world. xinhua08. com/a/20190215/1797373. shtml；马曹冉，彭纯．蚂蚁金服董事长：支付宝在日接入商户数已超 30 万家．（2019－05－13）．http：//www. xinhuanet. com/2019－05/13/c _ 1124488742. htm；郭名媛，徐艺丹，李俊瑶．蚂蚁金服出海记．中国管理案例共享中心，2017.

第 1 节　全球战略的环境

一、全球化与反全球化

（一）全球化与国际商务

1. 全球化的定义

全球化（globalization）出现在 20 世纪 60 年代，一般是指来自世界不同国家或地区的人们之间的相互依存关系的集合（Waters，1995）。该词有时特指通过降低贸易、资本、技术以及人力资源壁垒达到全球经济的整合，即经济全球化（Osland，2003）。世界贸易组织是支持全球经济贸易自由化的国际官方组织，迄今已有超过 160 个成员，对经济全球化产生了重大影响。

有史以来，人类的跨地域联系促使自然资源、产品、服务的种类不断增加，导致市场范围不断扩张，最终影响人们的生活方式。如今，技术的快速进步与扩散、跨境贸易与资源流动的自由化等因素推动国际交流与合作，数字经济的存在已经将世界各个国家和地区更加紧密地联系在一起。或许我们还不知道，但是我们必须承认现在生活中购买的产品和服务其实来自全球各地，例如苹果手机虽然是美国品牌，但是全球联系使得苹果手机的全球生产链得以实现。例如 iPhone XS 和 iPhone XS Max 使用的是英特尔的调制解调器和通信芯片以及日本东芝的 NAND 闪存芯片（郑直，2018）。此外，苹果公司的供应商还包括日本的 Murata、荷兰的 NXP、意大利和法国的 STMicroelectronics 等全球的跨国企业。因此，由于经济贸易全球化，对于某种包含很多零部件的特定商品，很难说清它们具体产自哪里。

2. 国际商务的定义

国际商务（international business）是全球化的实现机制，是指包括销售、投资、运输等在内的所有商业交易，但是该类交易的发生必须包含两个及以上国家。在国际商务中，私营企业的目的是利用各国的比较优势获取经济效益，而政府交易则可能带有经济和政治双重目的。国际商务已成为世界经济的重要组成部分，单纯依靠本土市场获取资源和要素以及依赖本土市场进行产品输出，不仅不能保证企业长久发展，就连基本的生存都会受到威胁。发达国家的跨国企业早就通过出口、投资等方式将产品与服务迅速输出到全球市场，这种情况不再允许发展中国家的企业固步自封、偏安一隅。因此，任何企业都应从国际视角制定经营战略，尤其要考虑两个问题：生产材料从何处获取和产品卖到何处去。

国际商务涉及两个及以上的复杂经营环境，跨国企业必须努力学习全球战略相关议题，以保证自身在全球竞争中的有利地位。全球市场的竞争形式多种多样，例如在某些国家进行市场竞争，跨国企业会遇到更为开放自由的竞争市场，竞争更为激烈；而有些国家的市场竞争则会有更多的政府干预，政府既是裁判员又是参与者。由于各国社会环境的差异性，跨国企业的海外经营方式必须因地而异。

（二）反全球化

虽然全球化趋势成为主流，但有关全球化的争议依然普遍存在。反对者提出以下三方面问题：首先是全球化威胁国家主权。批评者认为，国际贸易协定的存在，尤其是那些旨在降低贸易壁垒的协定，使得主权国家不能相对自由地进行政治决策，例如本土目标和政策无法正常实现、小国对大国经济的过分依赖问题以及文化同质性问题。其次是全球化带来了经济增长与环境压力。反对者认为经济全球化过于强调经济快速增长，导致过快消耗不可再生资源，对环境造成极大破坏，不符合绿色发展和可持续发展道路，例如向河流和海洋排放有毒物质以及空气污染等。最后是全球化造成了日益扩大的贫富差距，增加了个人焦虑程度。各类指标显示，全球化导致国家之间以及国家内部的贫富差距扩大，原因在于全球化不仅提供了更为廉价的劳动力和资源，还加剧了全球市场竞争，使得本身能力较弱的个人和企业在全球化大环境中的处境更加艰难。全球化与反全球化一直都是相辅相成、相伴相生的。在全球金融危机深不见底的大背景下，一方面各国呼吁携手维系现有开放体系，另一方面却又出现了以英国脱欧公投以及多国贸易保护主义盛行为标志的反全球化浪潮，这些都值得普遍关注。

二、政治与法律环境

本部分旨在分析跨国企业如何在不同的政治与法律环境中经营。诚然，有些国家的政治与法律环境比较类似，比如澳大利亚和新西兰，但是通常情况下，跨国企业需要处理多样化的政治与法律环境，尤其是当新兴经济体的企业到发达国家投资时，面临着更严格的法律管制。

（一）政治环境

1. 政治意识形态

政治意识形态（political ideology）是指政府阐明政治社会纲领的目标、理论、意图的思想集合，从而规定社会的运行方式。跨国企业在制定全球战略时必须深入了解开展业务国家或地区的政治意识形态对商业环境的影响。

2. 政治风险

政治风险（political risk）是指国家政策的改变给跨国企业带来的潜在损失。一国的政治决策、政治事件或政治环境影响商业环境，可能使跨国企业失去部分或全部的投资价值，或者迫使跨国企业接受较低的投资回报率。政治风险总体分为两大类，即宏观政治风险和微观政治风险。前者影响在该国的所有企业，例如新任领导人的不同政见，后者则是对某些特定企业产生影响，例如差异化的税收政策。沿用宏观-微观分析逻辑，学者进行了更为细致的划分，认为政治风险主要包括四大类：系统性（systemic）、程序性（procedural）、分配性（distributive）、灾难性（catastrophic）（Daniels et al.，2015）。宏观经济和社会政策的改变引发系统性风险，但是该类风险并不一定减少投资利润，例如市场化改革导致外资企业在中国市场的蓬勃发展。司法不公或政府腐败等政治行为都会引发程序性风险，提高跨国企业的交易成本。分配性风险来源于政府对外资利润的征收形式的变化。灾难性的政治风险属于宏观风险，对企业乃至国家经济的影响都是毁灭性的，如种族与军事冲突、政权更迭等。

（二）法律环境

1. 法律体系

法律体系（legal system）是指某一国家规范个体与组织行为的准则、实施法律的过程及解决纠纷的程序等。由于传统、习俗等方面的原因，不同国家的法律体系呈现出差异性。跨国企业在制定全球战略时，需要了解不同的法律体系以及与商业实践相关的规定与要求。比如，英美法系的基础是传统、判例与习俗；大陆法系的基础是现有的法律法典和程序，代表国家有德国、法国、日本等；习惯法系的基础是日常生活中的智慧，在非洲一些国家仍有沿用；混合法系是指两种及以上法律体系同时适用，如尼日利亚同时采用英美法系和习惯法系等。

2. 全球战略中的法律议题

全球战略的诸多细节必须考虑法律环境。第一，经营考虑。跨国企业的建立、合同的签订和实施、人员的聘用和解雇、企业的关闭等都要符合当地的法律法规。第二，战略考虑。经营考虑聚焦管理者的日常经营活动，战略考虑则更多关注企业长远议题，包括在哪里生产、怎样推销以及如何保护产品的独特性等。第三，知识产权考虑。知识产权是指创造性的想法、经验以及能够提高个人、组织或国家竞争力的无形洞察力，难以创造却易于模仿。跨国企业在进行全球研发工作或在全球范围内推广新产品时，必须注意各国对知识产权保护的态度以及知识产权法律的完善程度。

三、经济环境

本部分旨在阐明跨国企业如何在差异化的经济环境中进行商业经营。不同国家的经济发展水平、经济效益以及经济潜力存在差异，因此，准确估计一国的商业吸引力对作出正确的投资决策至关重要。

（一）经济环境衡量因素

管理者通过不同的方式来衡量一个国家的经济效益和经济发展潜力，其中一些可能是非正式的衡量指标，包括手机的数量、发电量、报纸发行量等。管理者一般通过传统的经济衡量方式，即商品与服务流通总量的货币价值，来判断一国的经济潜力，该货币价值也就是通常意义上的国民总收入（gross national income，GNI）。其他经济特征，包括通货膨胀、失业、债务、收入分配、贫困、劳动力成本、生产率等，也是重要的经济指标。只有多角度分析一个国家的经济水平，跨国企业才能找出最适合本国产品的海外市场，如小米手机的高性价比对高收入国家居民的吸引力低于低收入国家。

（二）国际经济环境分析

跨国企业不仅要从基本的指标中分析出各国的市场潜力，同时也要关注各国的经济体制以及各国经济体制的动态变化，找出其演化路径，寻求跨国企业未来的商业机会。经济体制（economic system）是经济结构和经济过程的集合，能够指引一国的资源分配和经济活动运行，主要包括市场经济与计划经济两大类型。市场经济的主要特征为生产资料个人所有和政府干预较少。计划经济是指政府决定所有经营活动。在市场经济与计划经济并存的混合经济体制中，政府对经济政策的制定干预较强。以中国为代表的新兴经济体正在不断涌现，其特征是政府逐渐放松管制，市场制度日益成熟。对跨国企业而言，该类经济体的市场尚未完全开发，潜力较大，抓住先发优势很有可能在该类市场站稳脚跟。此外，跨国企业在选择投资区位时，还需考虑各国之间的经济自由度差异（Deng et al.，2018）。

四、文化环境

文化植根于历史，跨国企业只有真正了解并适应东道国本土文化，才能减少贸易摩擦。管理者在选择海外投资区位时必须关注母国与东道国之间的文化差异，减少外来者劣势带来的额外成本（Zaheer，1995）。

文化（culture）是指某一社会具体的行为规范，反映该社会的价值观、态度和信仰。在一国内部，人们的重要特征基本类似，比如价值观、语言、民族特征等。文化具有多样性的特点，可进一步划分为各种亚文化。此外，某些文化特征甚至超越国家边界，将不同国家的群体紧密联系起来。例如，无论是在哪个国家，城市和乡村的居民在观念上都存在很大差异，不同国家的城市居民在观念上的一致程度可能超越某一国家的城市与乡村居民的一致程度。因此，跨国企业的管理者不仅要对东道国的整体文化有所把握，对特定地区和特定人群的价值观念也必须有所了解，因为文化的冲击对企业全球战略的影响有时是致命的。

霍夫斯泰德的文化模型是文化因素分析的公认模型，它主要从四个维度对文化进行分析，包括权力距离、不确定性规避、个人主义与集体主义、刚性与柔性（Hofstede，1980)。权力距离是指上下级相互影响的程度，反映员工与上级之间的社会距离、员工对组织不公平行为的接受程度。上下级权力距离的地区差异性使得不同东道国的管理者在处理上下级关系问题上更为谨慎。不确定性规避是指每个国家对不确定性的偏好程度。例如，美国就是不确定性规避程度较低的国家，其员工会更倾向于接受新鲜事物；而日本则是不确定性规避程度较高的国家，员工更想要稳定安逸的生活。处于个人主义较强环境中的员工重视自身价值和利益的实现，而处于集体主义环境中的员工则偏重组织利益的实现，因此，跨国管理人员要因地制宜，选择最能激发工作潜能的激励方式。刚性文化表明人们追求经济效益的欲望较强，而柔性文化则表明人们追求舒适的工作环境以及良好的工作氛围，因此，刚性文化企业到柔性文化国家进行跨国经营时，必须考虑刚柔结合，满足当地员工的情感需求。

五、技术环境

技术环境指与企业跨国经营活动直接相关的技术领域的发展。尤其是在数字经济的今天，信息技术变革对于企业跨国经营活动的影响更为深远。因为通信和运输技术的极大进步，任何国家的人都可以了解全球商品与服务，也可以通过全球物流快速获得低成本、高质量的商品。例如，以往人们认为在中国销售其他国家种植的鲜花是不可能的，现在，在中国鲜花市场上可以看到荷兰、新西兰等国种植的鲜花，全球技术的进步使得种植者可以将鲜花更快速经济地销往世界各地。互联网的高速发展和跨境电商平台的出现，使得新创企业也可以进行国际商务，这类企业称为天生全球化企业或国际新创企业（McDougall et al.，1994）。此外，国家的技术发展程度存在差异，因此技术寻求型企业的对外直接投资通常会选择发达地区，期待通过合资的方式产生技术学习效益。

六、钻石模型

1990 年，波特提出“国家竞争优势理论”（Porter，1990），该理论即钻石模型（diamond model)，解决了为何某个国家的某个行业能够获得国际性的成功进而获得垄断优势的问题。例如：为何日本的汽车工业在成本和市场份额上处于优势地位？钻石模型认为，四个关键要素（生产要素，需求状况，相关和辅助行业，企业战略、结构和同业竞争）和两个辅助要素（政府、机会）的共同作用非常关键，如图 9－1 所示。

生产要素即地区市场要素的丰富程度，包括自然资源、技术资源、资本资源等；在本地需求方面，高标准的本地顾客能提高产品质量，促进产品创新，从而塑造本国产品的特色；辅助行业即国内是否具备优势的关联和辅助行业，如深圳在制造组装电子产品上的优势需要依赖周边强大的产业集群和供应链优势；企业战略特色也是一国竞争优势的来源，如德国和日本的企业中有工程师背景的人身居高位，而在美国有财务背景的人

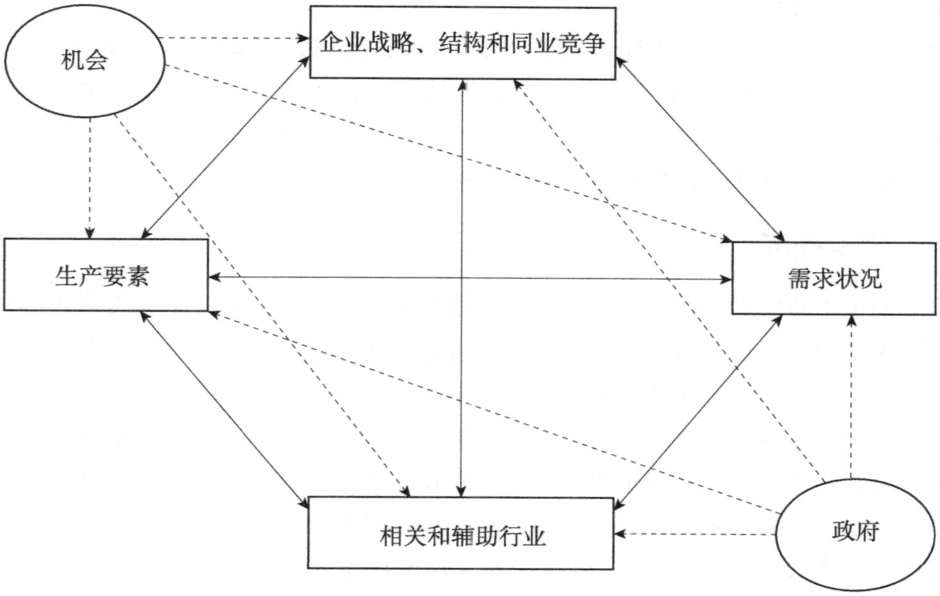

图 9-1　钻石模型

资料来源：PORTER M E. *The Competitive Advantage of Nations*. London：Macmillan，1990.

占据优势。

波特的钻石模型针对的是某个国家某一行业的竞争能力分析，然而这种竞争能力是否可以复制到其他国家有待考证。例如，瑞典的特种钢技术是支撑精密仪器的基础，一旦进行海外市场投资，是否有同等规格的辅助行业加以支撑？如果将辅助技术一并转移至海外市场，是否会增加额外成本？

第 2 节　进入海外市场的动机

一、配适环境

跨国企业选择进入海外市场或是进行海外市场转移时会考虑环境因素。首先，政治环境和法律环境的改变会影响全球投资。美国和欧洲国家对中国发起轮胎反倾销调查，巨额的反倾销税使得中国轮胎行业不得不考虑将出口目的地转移至与中国交好的国家，或者将生产地转移至与美国交好的国家。比如，山东青岛森麒麟轮胎公司在泰国设立先进的生产线。而对于高新技术行业的企业来说，选择知识产权保护更为完善的国家进行研发才是更好的选择。其次，文化环境也影响海外投资方向。通常，跨国企业会选择文化差异较小的国家进行海外贸易，因为相似的文化背景使得企业不至于触碰禁忌。再次，经济环境的变化影响跨国企业的海外战略。例如，中国市场劳动力成本的升高使得很多制造企业将工厂转移至东南亚各国。2015 年中国工人每天的平均工资是 27.5 美元（国家统计局，2016），远远高于印度尼西亚的 8.6 美元以及越南的 6.7 美元（吴肖乐，2016），因此，2015 年微软将诺基亚的手机制造厂迁往越南。最后，技术进步不断推进企业国际化的步伐，例如互联网技术的不断发展推动跨境电商的出现，淘宝、京东等接连推出天猫国际、全球购、海囤全球等全球购物平台。

二、规模经济

企业的销售额取决于消费者的消费欲望和购买力。显然，进入全球市场可为跨国企业提供更多潜在的有购买力和购买欲望的消费者。尤其是无形资产比例较高的企业大多依靠新产品进行创收，海外销售能够使企业迅速回本。此外，海外销售不仅能提高企业整体销售额，还能降低产品的单位成本，达到规模经济效应。事实上，众多知名跨国企业的海外销售收入占比达到一半以上，包括德国的大众、瑞士的雀巢、美国的 IBM 等。2018 年，中国的小米手机超越三星，成为印度智能手机市场最大的品牌。虽然在中国市场的销售增长率只有个位数，但是小米手机在印度市场的形势向好。

三、获取资源

海外市场能够提供丰富的资源，包括自然资源与战略资源。首先，跨国企业依赖海外市场能够获取所需的产品、服务以及零部件。例如手机行业，任何企业都不可能单独完成一部手机所需的所有工序，企业之间相互合作才能保证多道工序顺利实施（苹果手机依赖富士康完成装配任务）。其次，跨国企业通过海外上市获取海外资本。比较典型的例子是，中国的很多知名企业（百度、阿里巴巴）选择了海外上市。再次，选择性的海外投资能够帮助获取先进的知识、技术和管理经验。新兴经济体或者发展中国家的跨国企业制定全球战略的一大目的就是获取技术外溢效应，一般通过合资企业的形式加深沟通交流，各取所需，比如吉利并购瑞典沃尔沃汽车、海尔并购美国通用电气家电事业部。最后，跨国投资在一定程度上能够达到避税目的。跨国企业如果能够在税率较低的国家进行投资，就可以利用税率差异达到跨国避税目的。

四、地域优势

地域优势来源于邓宁（Dunning，1977；1981）提出的国际生产折中模型，该模型认为对外直接投资的一大诱因是特定市场的地域优势。地域优势是指在东道国投资能够享受到的独特利好，比如自然资源禀赋（原油、煤炭、水产等）、市场潜力（GDP、销售市场、购买力等）、政策便利（税收优惠等）、当地政府（政府干预度、政权稳定等）、劳动力成本、竞争程度等。某些特定的行业必须寻求海外市场，例如，航运行业的特殊性质使得新加坡、鹿特丹等港口成为首选；石油行业对地域的依赖性很强，这就使得跨国企业选择沙特阿拉伯、利比亚等石油资源丰富的中东或北非国家进行投资。海外市场的巨大潜力吸引着全球投资者，如庞大的消费市场使美国和中国成为世界进口大国。此外，政府支持性的政策同样吸引着海外投资者，例如，中国对高新技术类外资企业的优惠政策对国际资本投资极具吸引力。

第 3 节　进入海外市场的模式

一、非股权模式

非股权模式包括出口、许可使用权与特许经营权、管理合同、交钥匙合同、研发合同等。

（一）出口

出口（export）是指将一国的产品和服务销售给海外买家，包括间接出口和直接出口两种方式。间接出口指将产品委托出口代理商出口；直接出口则是跳过中间商，与海外买家进行直接销售（国外分销商、国外零售商、最终用户、互联网直接销售等）。相比其他形式的进入模式，出口是风险最小的海外市场进入模式。根据经典的乌普萨拉国际化过程模型（Uppsala internationalization process model），跨国企业由于缺乏全球知识和经验，倾向于首先采用出口模式进行全球扩张，以避免因全球市场的不确定性而遭遇损失（Johanson，1977）。

（二）许可使用权与特许经营权

许可使用权（licensing）是指通过许可协议，许可方允许被许可方在一段时间内在特定区域使用许可方的无形财产。作为交换，被许可方需要按规定支付专利使用费。许可使用权可以是排他性的（许可方在特定时期特定区域不可将无形财产使用权授予其他企业）或非排他性的（许可方可以将无形财产使用权同时授予多个企业或个人）。无形财产主要包括专利、文学音乐等作品的版权、商标、特许权、程序等。跨国企业内部签订专利使用权转让协议，在一定程度上能够达到跨国避税的效果，通过将专利权转移到税率较低国家的子公司或分公司，支付的专利费能够在税前扣除，从而减少高税率国企业的税费支出。

特许经营权（franchising）是许可使用权的一种特殊经营方式，特许方不仅授予被特许方无形财产的使用权（通常指商标），还会指导被特许方的生产经营活动，如麦当劳为加盟者提供经营指导。某种意义上，特许方与被特许方属于纵向联盟的关系，原因在于双方的依赖性很强，各自负责最终产品的某一部分。特许经营权的方式在快餐行业比较常见。

（三）管理合同

管理合同（management contract）是指企业将自身的人事和行政管理才能输出到国外，从而获得一定报酬。合同通常为 3～5 年，按照工作量收费，不与利润挂钩。例如，英国机场管理局（BAA）拥有成功的机场管理经验，长期为美国印第安纳波利斯、意大利那不勒斯以及澳大利亚墨尔本提供机场管理服务。该类进入模式的优势在于：提供方无需资本投入即可获得海外收入，而海外企业可以在不丧失所有权的前提下获得先进的管理经验。该类进入模式在酒店行业更为常见，通过管理合同酒店能够获得高质量的酒店管理经验，提高酒店的竞争力（Dev，2002）。

（四）交钥匙合同

交钥匙合同（turn-key contract）是国际业务的形式之一，是指跨国企业为东道国建造工厂等项目工程，一旦工程建造、投入使用前的安装调试等工作完成，则将项目的所有权和管理权移交东道国企业。交钥匙合同的顾客一般是东道国政府机构，尤其是在想要快速完善基础设施、公共服务以及产业化的发展中国家，如中国中铁、中土集团承建的亚吉铁路就属于此类合同。该类合同的最大特点是规模较大，大多数合同金额上亿美元，也有的数十亿美元，这就决定了只有大型跨国企业才能承担如此巨大的承包项目。

（五）研发合同

研发合同（R&D contract）是企业为了在全球范围内获取先进技术、提高企业的生产力和产品的国际竞争力，与东道国企业签订的技术研发合作合同。比如，华为在英国与曼彻斯特大学于 2015 年 10 月宣布合作研发石墨烯技术，用于面向未来的通信材料。又如，京东方与 IBM 于 2015 年 6 月开始合作研发基于健康大数据的管理平台。

二、股权模式

股权进入模式包括合资企业、跨国并购、绿地投资等。

（一）合资企业

合资企业（international joint ventures）指两家及以上的企业共同拥有某家公司的所有权，母国企业无须拥有最终控制权。合资企业具备两大优势：合法性和组织学习。通过与东道国企业合资，外资企业能够更快获得当地利益相关者的认可。例如，韩国现代与北汽集团于 2002 年合资建立的北京现代汽车，充分抓住了北京 2008 年奥运会重塑北京出租车市场的机遇，在中国市场上获得成功（Lu，2006）。此外，合资企业加强各类企业之间的合作学习（Aitken，1999）。然而，合资企业也存在一些问题：一方面，合资方越多，管理就会越困难，合资项目的一方如果不能保质保量完成任务，就会影响后续其他国家企业系列活动的展开；另一方面，合作双方技术溢出的存在可能会导致“教会徒弟饿死师傅”的后果。

（二）跨国并购

跨国并购（merger and acquisition，M&A）是指来自不同国家的两家及以上的独立企业合并组成一家企业，通常是优势企业吸收其他较为劣势的企业。该类投资又被比喻为棕地投资（brownfield investment）。2017 年，中国的对外投资并购活动十分活跃，共完成并购 431 起，涉及 50 多个国家和地区，总金额高达1196.2亿美元。中国化工以 421 亿美元收购瑞士先正达公司是当年全球跨境并购第二大项目（商务部，2018）。推动跨国并购的原因有多种。首先，跨国并购可以帮助跨国企业获取某些难以获得的资源，例如高水平的知识型人才（Anand，2002）以及先进的技术（比如吉利收购沃尔沃汽车、海尔并购通用电气家电事业部)。其次，如果进入一个新领域的成本和风险较高，跨国并购不仅可以获取被并购方的商誉和品牌认可度，还可以使用被并购方的分销渠道。现在很多中国投资者也通过并购模式进入海外市场，主要是为了获取外方企业的品牌效应，比如美的并购德国库卡机器人公司。此外，跨国并购方式可以帮助跨国企业获取当地资本。当然，跨国并购会带来管理上的困难，企业需要花费更多的时间、精力融合当地企业与母国投资者。

(三) 绿地投资

绿地投资 (greenfield investment) 是指跨国公司在东道国新设立的、全部资产所有权归跨国公司所有的企业。驱动跨国企业选择绿地投资的原因很多。首先，多数情况下，企业并不能找到合适的被并购方。当地政府为了鼓励自由竞争，可能会出手干预跨国并购行为。其次，跨国并购的失败率很高。被并购方通常是经营出现问题的企业，想要使其扭亏为盈非常困难，因为可能遇到劳动关系、现有品牌存在问题、效率低下或地理位置较差等问题。此外，并购方与被并购方的管理融合是一大难点。文化差异导致管理者的行事方式存在差异，容易引发冲突，影响决策的实施 (Child，2001)。基于上述跨国并购的劣势，绿地投资不失为一种可行的海外市场进入模式。根据联合国贸易和发展会议公布的 2018 年《世界投资报告》，2017 年全球跨国并购金额为 6 940 亿美元，而当年已公布绿地投资项目标的金额则达到 7 200 亿美元 (UNCTAD，2018)。

第 4 节　公司层国际化战略

企业在海外市场经营时，面临公司层与业务层国际化战略选择。公司层战略选择与本书第 5 章讨论的业务层战略基本一致，但是公司层国际化战略呈现出明显不同的特征，因此本节将重点讨论公司层国际化战略。

一、全球整合和本土响应的压力

跨国企业制定全球战略时面临两方面的压力：全球整合 (global integration) 和本土响应 (local responsiveness)。全球整合和本土响应的压力对企业价值链的整合提出较高要求。一方面，从产品与服务供给角度来看，企业需要整合全球最佳资源为我所用，大规模提供标准化产品以达到规模经济效益。另一方面，从下游购买需求角度来看，企业需要依据地区特质提供差异化产品。跨国企业需要把握两者之间的平衡。

(一) 全球整合的压力

推动全球整合的动力主要来自市场的全球化以及标准化带来的高效率。一方面，如今的全球购买模式表明，有相当一部分消费者愿意接受全球统一的标准化产品，例如苹果手机、微信等全球交流工具、谷歌搜索引擎、星巴克咖啡以及优衣库服装 (Levitt，

1983）。技术的进步加速了消费者偏好的趋同。另一方面，物流运输技术的进步使得标准化的产品能够在全球范围内流通，通信技术的进步使得买家有机会在更广的范围内搜寻最佳产品。

标准化是供给的内在推力，原因在于标准化能够促使跨国企业生产低成本、高质量的产品，实现规模经济。标准化的逻辑很直接，即重复性的工作可以提高投入效率，而价值链效率的提高，反过来支持产品升级和打造低成本的生产流程，从而实现更低的产品价格。例如，标准化生产机器设备的跨国企业在原材料购买上可以实现较大折扣，对材料也能实现流水线管理，大大降低产品的生产成本。因此，通过在全球范围寻找合适的生产地点，跨国企业可以为市场提供高质量的低价商品，从而加速全球整合的过程。

（二）本土响应的压力

本土响应的压力主要来源于两个方面：消费者需求差异和当地政策差异。首先，虽然传媒以及技术的进步促使消费标准化，但是由于文化烙印、历史遗产和民族情结，各国的消费偏好仍然存在差异。但不管怎样，消费者总会选择与日常生活习惯更为贴近的产品。因此，跨国消费习惯的差异促使企业的价值创造活动必须迎合当地需求，例如美国人偏好大型汽车，而欧洲国家和新兴经济体的消费者则偏好小型汽车。此外，在某些行业（如食品行业），标准化的生产并不能带来高效益，例如雀巢食品的口味会根据当地顾客的偏好进行改良，以提高经济效益。其次，虽然经济一体化、法律接轨以及政府放松管制等趋势缩小了各国之间的差距，但是不同国家在具体的政策制定以及执行方面仍然存在差距，例如各国卫生保健行业的标准差异较大，使得跨国医药公司进入各国市场时，必须更加关注当地药品监管部门的流程以及产品改良。

二、公司层国际化战略的类型

针对不同的全球整合和本土响应压力，跨国企业可以采取以下四种战略：国际战略、多国战略、全球战略以及跨国战略。

（一）国际战略

国际战略（international strategy）旨在通过海外市场扩张，来实现产品核心竞争力的最大化利用。该战略依赖当地分支机构在总部的监督下进行价值管理活动。虽然分支机构可以根据当地环境及时调整产品和服务，但是最终的控制权仍然掌握在总部手里，因为总部对企业的核心竞争力有更准确的认识。例如，谷歌提供网页产品的核心机构位于加州山景城，谷歌允许分支机构基于当地语言和文字的差异对网页内容进行微调，但是谷歌总部是海外新产品和新程序的最终来源。实行国际战略的前提是企业具备其他市场同类竞争者所没有的核心竞争力。当全球整合和本土响应的压力均较小时，跨国企业倾向于该种方式，典型的如麦当劳、沃尔玛、华为等。

（二）多国战略

实施多国战略（multi-domestic strategy）的基础是不同国家有着独特的市场特质。

国家边界使得总部不能对国外分支机构进行有效监督，跨国企业必须打造高度自由化的分支机构，使其具备应对当地市场变化的能力。因此，多国战略要求总部放权给国外分支结构，使其能够根据当地情况及时调整价值活动。如果当地政府鼓励本土化生产，那么分支机构应该利用当地优惠政策建立本土工厂；如果当地的消费者喜欢与人打交道而不喜欢通过大众传媒的渠道获取信息，那么分支机构应该建立销售部门。总之，采用多国战略的企业认为价值链的设计工作是当地分支机构的特权，并不是总部单方面的行为，例如海尔巴基斯坦工厂的经理应有权根据当地炎热天气来决定空调外挂机的耐热材料。多国战略可以帮助企业降低政治风险、提高本土声望、加快创新等，但同时也会带来较高的成本。差异化的产品需要不同的原材料、产品生产工序、销售模式等，对成本较为敏感的跨国企业来说，多国战略并非良策。当全球整合压力较小而本土响应压力较大时，跨国企业倾向于采用多国战略，典型的如宝洁。

（三）全球战略

全球战略（global strategy）强调通过推广和销售同质产品和服务，提升全球绩效。它与多国战略形成鲜明对比：在产品生产方面，全球战略鼓励管理者选择最优生产地点实现效率最大化；在销售方面，全球战略鼓励标准化的营销模式。对于某些产品来说，全球化是唯一选择，如汽油、钢铁、糖、小麦等，全球消费者对这些产品的需求类似。事实上，在挑选这些同类产品时，价格是唯一考虑因素。对选择全球战略的跨国企业来说，首要任务是如何通过标准化程序获得收益，即选择资源密集、成本较低的地区进行产品生产，如中石油的海外产地集中在中东与北非等地区石油资源丰富的国家。虽然全球战略能够带来成本优势，但是标准化的产品使其在面对本土市场环境突变时缺乏能动性。当全球整合压力较大、本土响应压力较小时，跨国企业可以选择全球战略，如无线通信芯片行业的企业。

（四）跨国战略

跨国战略（transnational strategy）的背景是：当今相互连接的消费者、产业、市场要求跨国企业的价值活动不仅能够将其核心竞争力最大化，还要能够应对本土需求。跨国战略是全球整合与本土响应双重压力下的一个折中策略，兼具多国战略差异化（市场敏感度）和全球战略标准化（效率）的特点。但是，跨国战略强调互动性的全球学习，本土化经营管理经验通过学习吸收最终可以整合为集团知识，提升集团的核心竞争力。此外，在跨国战略中，创新思想并无固定的从上到下（总部到分支）或者是从下到上（分支到总部）的流向，而是从发起者到接收者。分支机构作为独立的竞争支点而存在，成功的管理经验可以被总部学习借鉴，进而扩散到其他区域。跨国战略的优势在于兼顾效率和灵活性，劣势在于成本较高，因为建立集团信息系统、培养网络协作的理念以及在多模式下运营都需要较高的成本。当全球整合和本土响应压力都较大时，企业会选择跨国战略。具体的全球整合压力-本土响应压力战略矩阵如图 9－2 所示。

全球整合压力 \ 本土响应压力	低	高
高	全球战略 世界为统一的市场。总部控制全球生产，追求标准化	跨国战略 兼具全球整合和本土响应，灵活的价值链保证本土响应，复杂的协调机制推动全球整合
低	国际战略 利用现有的核心竞争力去探求海外市场机会	多国战略 依赖国外分支机构的自主权调整产品和流程，满足当地市场需求

图 9-2 全球整合压力-本土响应压力战略矩阵

资料来源：DANIELS J D，RADEBAUGH L H，SULLIVAN D P. *International Business: Environments and Operations*. 15th ed. London：Pearson Education Ltd.，2015.

本章小结

全球化加深了国家之间的相互依赖，国际商务是全球化的实现机制和外在表现。

全球战略需考虑国家（地区）政治与法律环境、经济环境、文化环境、技术环境等。

管理者不仅需要通过经济分析判定国家潜力，还需观测未来的经济走向，指出未来的投资方向。

企业进入海外市场的动机是配适环境、实现规模经济、获取资源、获得地域优势。

企业进入海外市场的模式总体分为两种：非股权模式和股权模式。前者主要包括出口、许可使用权与特许经营权、管理合同、交钥匙合同、研发合同等，后者主要包括合资企业、跨国并购、绿地投资等。总体来说，股权进入模式风险更高。

全球整合压力以及本土响应压力使得跨国企业在公司层国际化战略上必须有所抉择，其可采取的应对战略主要包括国际战略、全球战略、多国战略、跨国战略四类。

思考题

1. 蚂蚁金服为何采用多样化的海外市场进入模式？
2. 以中国和美国为例，分析两国的知识产权政策对海外企业到当地投资的影响。
3. 从动因角度分析中国企业对外直接投资区位的选择标准。
4. 天生全球化企业回归母国市场时会遇到哪些冲击？
5. 以海尔收购美国通用电气家电事业部为例，分析跨国企业并购的动因。

参考文献

[1] 孙晓玲，王慧慧．蚂蚁金服收购英国支付公司万里汇．(2019-02-15). http://world.xinhua08.com/a/20190215/1797373.shtml.

[2] 马曹冉，彭纯．蚂蚁金服董事长：支付宝在日接入商户数已超30万家．(2019-05-13)．http://www.xinhuanet.com/2019-05/13/c_1124488742.htm.

[3] 郭名媛，徐艺丹，李俊瑶．蚂蚁金服出海记．中国管理案例共享中心．2017.

[4] 2015年国民经济和社会发展统计公报．(2016-02-29)．http://www.stats.gov.cn/tjsj/zxfb/201602/t20160229_1323991.html.

[5] 2017年度中国对外直接投资统计公报．(2018-10-30)．http://www.fdi.gov.cn/1800000121_33_11652_0_7.html.

[6] 唐风．威斯康星州州长：想就富士康合同进行重新谈判．(2019-04-18)．新浪科技．

[7] 吴肖乐．优劣之辨：中国采购VS东南亚采购．(2016-12-16)．中国贸易新闻网．

[8] 郑直．苹果公司偷秘方？老对头告上公堂，有人拆开新iPhone发现玄机．(2018-09-26)．每日经济新闻．

[9] ANAND J, DELIOS A. Absolute and Relative Resources as Determinants of International Acquisitions. *Strategic Management Journal*, 2002, 23 (2): 119-134.

[10] AITKEN B J, HARRISON A E. Do Domestic Firms Benefit from Direct Foreign Investment? Evidence from Venezuela. *American Economic Review*, 1999, 89 (3): 605-618.

[11] CHILD J, FAULKNER D, PITKETHLY R. *The Management of International Acquisitions*. Oxford: Oxford University Press, 2001.

[12] DANIELS J D, RADEBAUGH L H, SULLIVAN D P. *International Business: Environments and Operations*. 15th ed. London: Pearson Education Ltd., 2015.

[13] DENG Z, JEAN R J B, SINKOVICS R R. Rapid Expansion of International New Ventures across Institutional Distance. *Journal of International Business Studies*, 2018, 49 (8): 1010-1032.

[14] DEV C S, ERRAMILLI M K, AGARWAL S. Brands across Borders: Determining Factors in Choosing Franchising or Management Contracts for Entering International Markets. *Cornell Hotel & Restaurant Administration Quarterly*, 2002, 43 (6): 91-104.

[15] DUNNING J H. Trade, Location of Economic Activity and the MNE: A Search for an Eclectic Approach. *The International Allocation of Economic Activity*, 1977: 395-418.

[16] DUNNING J H. *International Production and the Multinational Enterprises*. London: Allen & Unwin, 1981.

[17] FOSTER R J. Making National Cultures in the Global Ecumene. *Annual Review*

of Anthropology, 1991, 20 (20): 235－260.

[18] HOFSTEDE G. *Culture's Consequences: International Differences in Work-Related Values*. Beverley Hills: Sage Publications, 1980.

[19] JOHANSON J, VAHLNE J E. The Internationalization Process of the Firm: A Model of Knowledge Development and Increasing Foreign Market Commitments. *Journal of International Business Studies*, 1977, 8 (1): 23－32.

[20] LEVITT T. The Globalization of Markets. *Harvard Business Review*, 1983 (May/June): 92－102.

[21] LU J W, XU D. Growth and Survival of International Joint Ventures: An External-internal Legitimacy Perspective. *Journal of Management*, 2006, 32 (3): 426－448.

[22] MCDOUGALL P P, SHANE S, OVIATT B M. Explaining the Formation of International New Ventures: The Limits of Theories from International Business Research. *Journal of Business Venturing*, 1994, 9 (6): 469－487.

[23] OSLAND J S. Broadening the Debate: The Pros and Cons of Globalization. *Journal of Management Inquiry*, 2003, 12 (2): 137－154.

[24] PORTER M E. *The Competitive Advantage of Nations*. London: Macmillan, 1990.

[25] UNCTAD. *World Investment Report* 2018: *Investment and New Industry Policies*. Geneva: United Nations, 2018.

[26] WATERS M. *Globalization*. New York and London: Routledge, 1995.

[27] ZAHEER S. Overcoming the Liability of Foreignness. *Academy of Management Journal*, 1995, 38 (2): 341－363.

第 10 章 数字化战略

学习目标

- ⊙ 了解数字经济的含义和数字经济时代的特征；
- ⊙ 掌握网络效应、长尾效应的基本内容；
- ⊙ 掌握四种基本的互联网战略；
- ⊙ 了解传统企业数字化转型的必要性和步骤。

引导案例

人人网沉浮记

2015 年 1 月 30 日，人人网（renren. com）向用户发布消息称，将逐步关闭网站的“站内信”功能。此举引发了人人网用户的激烈反对，人人网即将谢幕的传言甚嚣尘上。消息发出后，人人网迎来了巨量老用户的回归。大批曾每日登录人人网的 80 后和 90 后，都在冥思苦想几年前的账号密码，以重新登录人人网，缅怀与抢救自己的青春记录。人人网 CEO 陈一舟不得不发表公开信，称此举只是网站的功能升级，没想到会引起这么大的反响，并承诺将永久保留“站内信”的内容。

陈一舟对在线社交平台的兴趣由来已久。1999 年从斯坦福大学 MBA 毕业后，陈一舟就和伙伴回国创办了 ChinaRen 网站，口号是“建造全球最大的华人虚拟社区”；其后陈一舟又在社交网络服务领域有过多次尝试。2004 年，美国哈佛大学的学生马克·扎克伯格（Mark Zuckerberg）创建了后来举世闻名的社交网站 Facebook，发展大学生社交网络。受 Facebook 的启发，2005 年底，陈一舟推出了 5Q 校园网，瞄准大学生群体的实名社交需求。

与陈一舟同时研究 Facebook 模式的，还有本科毕业于清华大学、从美国中断博士学位学习回国创业的王兴。2005 年 12 月，校内网（Xiaonei. com）上线，最初的用户限制为清华大学、北京大学、中国人民大学三所高校的学生；随后校内网把熟人社交模式推广到全国高校，只有用学校的IP地址或学校域名的邮箱才能成功注册。当时，互联网上最热门的社交产品是诸如博客、在线论坛（BBS）、QQ等社交平台，主打陌生人社交。大学是一个人从单纯的高中学习向复杂的社会生活过渡的重要阶段，大学生结识新朋友、交流和分享的需求都非常强烈。这种需求需要在一个更为安全、互信的网络环境中实现。瞄准了这一市场空缺，校内网凭借实名制大学生社交定位一炮而红。发布仅3个月，校内网就迅速吸引了3万用户，2006年更是实现了用户量的暴增。大学生们在校内网上展示自己的真实姓名和头像，撰写日志，分享照片，与朋友交流，忙得不亦乐乎。

然而，面对用户暴涨带来的海量服务器和带宽需求，校内网却在融资上遇到麻烦，难以为继。对社交网络有很高敏锐度的陈一舟，决定不惜一切代价收购校内网。2006年10月23日，陈一舟担任董事长兼CEO的千橡互动集团正式收购校内网，并宣布将5Q校园网并入校内网，实现资源整合。校内网一举垄断国内的大学生在线社交市场。2007年，校内网相继开通了港澳台地区和海外大学的社交网络服务，同年宣布进军白领和高中生市场。2008年，校内网正式开通手机版，同年实施开放平台战略，邀请第三方公司加入平台提供服务。2009年，校内网正式更名为人人网，新的名称既象征着网站是一个人与人沟通的平台，更喻示着网站的目标市场正式跨出校园，走向社会。2010年底，人人网注册用户1.7亿，活跃用户过亿，人均月访问26.3次，出现了“人人天天用人人”的盛况。

发展势如破竹的人人网受到资本的青睐。2008年4月，日本软银集团押宝中国社交网络平台，领投了对人人网母公司千橡互动集团的4.3亿美元投资。2010年12月，千橡互动集团正式更名为人人公司，并于2011年5月4日在美国纽约证券交易所上市。首个交易日，人人公司的市值一度高达74.82亿美元，成为仅次于腾讯、百度的中国第三大互联网公司。2011—2012年，人人公司面临着融资和上市后来自股东的盈利压力，同时也遭到微博、微信等新生代社交网络平台的强势进攻。人人公司急于寻找将人人网流量变现的盈利模式，却因为缺乏战略定力，在多个业务领域创造了短暂的辉煌后惨淡收场。2007年，人人公司成立游戏部门，推出一系列广受欢迎的在线游戏。2012年，游戏业务占到人人公司总营收的57.8%。然而就在同年，人人公司旗下的游戏产品由于违规操作，被苹果应用商店大规模下架，这对人人公司的游戏业务造成沉重打击，使其从此一蹶不振。之后，人人公司在2014年开展校园分期贷款，2016年追赶网络直播风口，2017年转战二手车金融市场，2018年进军区块链，追赶着互联网时代一个又一个新的浪潮，生怕错过每一个赚钱的业务模式。如今打开人人网的主页，网红直播视频令人眼花缭乱，人人网的宣传口号也从原来的“上人人，找同学”变成了“高颜直播交友平台”。人人网与实名制社交渐行渐远，甚至连社交底色也逐渐褪去，失去了留住用户的核心理由。用户的流失使得人人网众多依靠流量开展的业务日益衰落。

2018年8月，陈一舟在人人网上发文《人人网的明天，由你定!》，承认人人网运营的失败。3个月后，人人公司宣布将人人网社交平台业务相关资产以2 000万美元的现金加4 000万美元的股票对价出售给北京多牛互动传媒股份有限公司。多牛公司主营游戏与娱乐媒体，希望借人人网的加入，将内容文娱产业与社交融合发展。人人网曾经的

CEO 陈一舟说："很高兴为人人网社交平台业务找到一个新的归宿和起点。"

资料来源：爱范儿．陈一舟：人人网被骂太多 关于未来想听老用户的意见．(2018－08－05). http://tech.163.com/18/0805/18/DOFEUUFH00097U7R.html；Ann. 人人网远去．(2018－11－15). http://news.iresearch.cn/content/201811/278498.shtml.

第 1 节　数字经济时代

一、数字经济的含义

数字经济是一种广义的经济形态，指以现代信息网络为平台，以数字化的信息和知识为重要资源，以信息通信技术的应用为特征所进行的各种经济活动，以及在此基础上形成的各种经济关系的总和。数字经济既包括由信息通信技术所搭建的基础设施，如互联网、物联网和区块链网络，又包括在基础网络上搭建的商业平台、终端硬件、软件和应用程序，还包括在网络上进行活动的个人以及各行各业进行数字化转型的社会实体。

互联网和信息技术的蓬勃发展，促进了信息的积累和知识的产生，加速了人类社会向数字经济时代的转变。互联网是数字经济中最有活力的元素，已经深刻改变了人们的生活方式和商业运营逻辑。人类社会进入数字化时代，凡是需要与外界交互的各个方面都受到互联网的影响。在线社交成为日常生活必不可少的一部分，互联网即时通信软件、社交网络平台几乎人人都在用；人们也经常在线娱乐，在网络上打游戏、看视频、听音乐；企业通过互联网组织生产和销售，在网络上人们既可以购买到种类繁多的商品，也能点外卖、叫出租车，还可以理财；政府也通过互联网提供更为便捷的在线政务服务，人们足不出户就能接收各种公告和信息，进行政务手续的网上预约、办理和查询。随着第五代移动通信技术的发展，以及大数据、云计算、人工智能、区块链、物联网等先进信息技术的成熟和商业化应用，数字经济将带来更深刻的社会变革。

二、数字经济时代的特征

（一）信息和知识成为企业竞争中占主导地位的资源

数字经济时代，信息和知识成为重要的生产要素。一方面，经济主体在网络上的活动产生了海量数据，互联网使得信息传播的速度和广度都极大提升；对信息的收集、存储和处理技术也飞速发展，知识的生产和更迭速度越来越快。企业得以利用信息和知识创造更多的财富。另一方面，信息和知识作为一种生产要素，它们的再生产过程和使用过程都不会造成原有信息或知识的消耗，因此这种资源使用的边际成本很低；进一步地，对信息和知识的利用，还会产生新的信息和知识，实现价值增值。基于以上特性，数据、信息和知识成为数字经济时代驱动经济发展、形成企业核心竞争力的主导资源。

（二）信息技术的应用成为企业竞争的必要条件

在数字经济时代，互联网成为企业运营的基础设施，在此基础上，物联网、云计算、人工智能、区块链等新一代信息技术也将发展并迎来大规模的商业应用。数据的收集、存储、分析能力将成为企业核心竞争力的重要来源。原本产业链条中的信息中介被线上技术取代，企业通过去中介化得以有效降低中间交易费用。典型例子如互联网平台企业通过技术直接连接供给者和消费者，绕过传统处于中间环节的经销商，利用互联网的连接性创造价值。

（三）企业和地区间的协作扩大

现代信息技术使得企业间的协作成本下降，企业越来越依靠与其他企业、地区之间的协作来完成价值链条上的经济活动。通过互联网，企业能有效协调和管理不同主体和地区间的生产经营活动，其生产分工和市场销售都得以在全球范围展开。在此基础上，全球经济一体化的进程将大大加快。通过大数据、人工智能等技术，企业更容易收集到境外消费者的数据，并基于数据进行快速学习，减少由于对境外市场不熟悉而造成的外来者劣势。

（四）创新加速

在数字经济时代，“互联网＋”成为一种普遍现象，为各行各业带来新的商业机会。随着互联网和新一代信息技术向各个商业领域渗透，新的市场、产品、商业模式不断涌现。海量的数据资源与数据分析能力成为企业创新的重要驱动因素。

三、数字经济时代的战略变化

（一）企业竞争力的变化：网络效应

社会网络是由社会中的人或组织相互连接而成的。在网络中，活动主体相互依赖、相互作用，形成一个有机的整体。互联网的威力在于通过现代通信技术提供一种更为高效的方式连接社会主体，使社会网络在连接的广泛性和紧密性上都有了极大的飞跃。互联网的普及以及商业应用使得以网络效应为基础的竞争变得越来越重要。

1. 网络效应的概念

网络效应指的是在网络中一个活动主体的行为对其他活动主体会产生积极的影响，使他人的福利增加；因而网络的价值随着用户数量的增加而增加，每一个新用户的加入都会给已有用户带来价值。以电话网络为例，当安装电话的用户很少时，使用电话的价值并不高；而电话越普及，电话网络的价值就越高。网络效应是一种规模经济，但与传统的由生产规模产生的规模经济不同，网络效应是由网络的用户规模带来的，因此也称为需求方规模经济。现代信息技术使得网络用户之间的连接能力和连接成本大大降低，网络效应在互联网活动中体现得尤为明显。

2. 网络效应的来源

（1）直接网络效应。直接网络效应指的是一个产品的用户规模会对产品价值产生直接影响。使用同一产品的用户可以直接为其他用户带来价值，用户越多，产品的价值就越大。典型的例子如互联网、电子邮件、即时通信软件等产品。

（2）间接网络效应。间接网络效应指一种基础产品的价值取决于该产品的辅助产品的数量与多样性。基础产品和辅助产品之间存在互补性，共同为用户提供价值。一种产品的互补品越多，该产品的价值就越大。典型的基础产品与互补品的例子有智能手机与第三方应用软件。

（3）交叉网络效应。交叉网络效应指在双边市场中存在的一种特殊的网络效应。在双边市场中有两组不同类型的用户，他们通过共有平台互动，满足彼此的需求。一类用户的数量变化决定了另一类用户的收益变化。典型的双边市场是互联网交易平台，例如在线购物平台淘宝网，网上店铺和消费者为双边市场的两类不同用户，店铺的数量越多，消费者的选择越多；消费者的数量越多，网络对店铺的吸引力也越大。双边市场也可以拓展为多边市场，比如网上订餐服务就有食肆、送餐员和消费者三组不同类型的用户。

3. 网络效应下的竞争特点

（1）网络增长具有临界规模。网络必须达到一定的规模，用户加入网络才能获得价值。当网络的用户规模达不到临界值时，用户加入网络的成本将大于从网络中取得的收益。当网络的用户规模超越临界值之后，用户规模和网络效应间将产生正向的相互作用：用户越多，网络价值越大；而网络的价值提升，又将吸引更多的用户加入。因此企业需要尽快突破网络的临界规模，进入用户增长的良性循环。

（2）先动优势与赢者通吃态势明显。先进入市场的企业，更有可能率先积累用户，使网络达到增长的临界规模。一旦到达临界规模，网络效应的作用凸显，企业就将有能力吸引更多的用户。因此网络效应能帮助先进入市场的企业建立起竞争门槛。在其他条件相近的情况下，新用户将总是选择最有价值的网络，即规模最大的网络加入。企业的网络规模和用户价值的正反馈机制会不断加强其网络的竞争力，使企业呈现出“赢者通吃”的态势。

（二）市场的变化：长尾效应

1897 年，意大利经济学家帕累托发现财富在人口中的分配是不平衡的，小部分的人口（约 20%）享有大部分的财富（约 80%），这种现象又称为二八定律。二八定律反映了少数的人或事物可以造成主要的影响这样一种现象，在商业中有着广泛的应用。企业遵循二八定律进行产品和目标市场的选择。少数主流产品的销量很高，带来大部分的收入和利润，是企业选择经营的品类；其余的非主流产品销量很低，将被企业摒除在主要经营范围之外。

长尾效应则是在互联网条件下，对企业经营的二八定律的颠覆。“长尾”的理念由克里斯·安德森（Chris Anderson）于 2004 年提出，他指出在互联网时代，企业需要认识到小众市场的威力。长尾市场由无数个小众市场组成，长尾产品数量多、流行度低。如以产品为横轴、流行度为纵轴，这些产品的轨迹在坐标图上的表现是横坐标的长度长、纵坐标的高度低，像一条长长的尾巴，因此称为“长尾”。

在传统条件下，生产和销售的长尾产品会增加企业的成本，而销量又达不到一定规模，因此长尾产品往往被企业放弃。然而在互联网条件下，长尾市场爆发出的能量不可小觑。一方面，互联网的非实物性使得产品的储存、展示成本大大降低。互联网是一个有无穷展示能力的平台。受物理空间的限制，传统零售业只能展示一定数量的商品；娱乐场所只能容纳一定数量的人群；电视台只能播放24小时。同时，传统经济还受到地理区域的制约，产品或服务都需要找到本地的客户。网络经济则不受这些限制。

另一方面，互联网的全球连接性使商品能够接触到的顾客范围极大扩展。即使是看似小众的需求，放在全球市场这一大范围下，需求总量也不容忽视。每一个人的需求都会与主流需求有些许不同之处。当产品的成本足够低、流通的渠道足够广时，任何小众产品都会找到市场。众多小市场所共同占据的市场总量，可以与主流市场相匹敌，甚至超越主流市场。因此，互联网时代是发挥长尾效应的时代。

克里斯·安德森在《长尾理论》一书中，以图书市场为例，介绍了长尾令人吃惊的规模。在美国的大型实体书店售卖的图书大概有10万种，而市场上流通的图书总量实际上超过300万种。限于印刷、仓储和展示成本，出版商和实体书店均采取以畅销书为主的经营策略。数字出版商和在线书店则不受这些限制，网上书店亚马逊年销量的近1/4是由排名10万位以后的图书贡献的。

在数字经济时代，长尾效应将得到更有效的开发。全新的通信技术让生产端与消费端可以进行更多的沟通与融合，未来产品将出现更多的客户定制，而不是由供应商设计后让客户选择。产品的供给将体现出多样化、个体化和小型化的特征；现代通信技术可以将世界任何地方的供给者和消费者连接起来，因此生产也将更加分散。

第2节　互联网战略

一、线上战略

（一）线上战略的含义

线上战略就是指在开放的网络环境下，企业基于浏览器/服务器应用方式，使客户不谋面地进行各种商贸活动，实现网上交易、在线电子支付以及各种商务活动、金融活动和相关的综合服务活动的商业战略。线上战略典型的应用如电子商务，比如淘宝网、京东商城，购物者在线上完成产品的搜寻和比较、下单购买，最后留下评论和回馈。

1994年，30岁的杰夫·贝佐斯是华尔街一家投资银行的高级副总裁。当得知互联网用户每年近两倍的增长率时，他意识到其中蕴涵着巨大商机，于是放弃了高薪职位，投身于他认为可在网络上畅销的产品——图书。对于图书这种遍布全球的资源，如果以人工方式去排序分类，显然不可取。而利用电子计算机强大的排序和组织能力可在短时间内完成图书的分类，并且图书容易包装，方便配送，人们也不必再跑到书店费时间寻找想要的书了。贝佐斯看到了线上销售图书相对于线下的优势，亚马逊在短短几年内快速发展，造就了互联网神话，贝佐斯本人也被誉为“电子商务之父”。贝佐斯这种通过线上渠道来销售图书的战略，就是线上战略。

回想20世纪90年代以来互联网走向商业应用的过程，很多传统行业从线下搬到线上。新浪、网易、搜狐等把传统新闻从线下变成线上，后来淘宝把集市从线下放到线上，京东把电器商城和百货商城从线下搬到线上，58 同城网和赶集网把原来报纸分类信息从线下搬到线上……毫不夸张地说，整个互联网的发展过程就是一个各行各业逐步从线下到线上的过程。

从一定程度上讲，线上战略的推出使人们的行为方式发生巨大的变化。但线上战略只是改变了人类满足需求的方式，并没有改变人类的基本需求。以前购物要去商场，现在在网上就可以；以前看新闻是订阅报纸，现在用手机就可以浏览全球资讯；以前支付要当面付钱，现在通过手机或电脑就可以……仔细观察就可以发现，线上战略只是把原来线下进行的活动搬到了线上，也就是说改变了活动的进行方式或途径，并没有改变活动本身。

（二）线上战略的优势

1. 降低交易成本

线上战略将传统的商业流程数字化、网络化，用信息流代替了实物流，大大减少了人力和物力成本。相对于传统的门店销售模式来说，在电商平台，厂商省去了房租、装修的费用，宣传费用和销售费用也得以降低。在此基础上，产品价格有了更大的调整空间。线上战略的成本优势使得企业可以提供具有更高性价比的产品和服务，一方面企业能通过线上战略提高利润，另一方面消费者也因为能享受到更便宜的价格而转向线上购买。

2. 突破地域和时间限制

消费者去实体商场购物，不但商品价格较贵，有时还很花时间；而一些想要的商品很可能无法就近购买。同时，在不同的实体商店进行商品的搜索、比价，成本很高。通过线上渠道，消费者可以很方便地接触到世界各地的商品提供者，不必花时间亲自到实体商场挑选货品，不必亲自去服务机构办理业务。线上服务也不受时间的限制，消费者可以 24 小时随时随地完成购买。线上战略既突破了地域限制，又节约了时间，还能让消费者获得更便捷的消费体验，因此受到广大消费者的欢迎。

二、线上＋线下战略

（一）线上＋线下战略的含义

线上＋线下战略（Online to Offline，O2O），指的是企业通过互联网、大数据、云计算、人工智能等先进技术，将线下的商务机会与互联网结合，让互联网成为线下交易的信息展示及服务平台，使线上交易、线下体验深度融合。线上＋线下战略的兴起与网络支付技术的发展密不可分。企业将线下产品及服务在线上进行展示，并通过在线支付功能“预约消费”。以团购、在线订餐等为代表的线上购买、线下体验模式，采取的就是典型的线上＋线下战略。

近年兴起的“新零售”模式也是线上＋线下战略的一种应用。单纯的线上销售模式有其短板。一方面，由于互联网和移动互联网终端大范围普及所带来的用户增长以及流量红利逐渐萎缩，传统电商所面临的增长瓶颈开始显现。另一方面，传统的线上电商从诞生之日起就存在难以补齐的明显短板。相对于线下实体店给顾客提供产品或服务时所具备的各种感官体验，线上渠道始终没有找到能够提供真实场景和良好购物体验的现实路径。新零售是将线上与线下的优势相结合，依托互联网及大数据等信息技术，将线上服务和线下体验进行深度融合的一种销售模式。

小米集团的销售模式就是线上+线下战略的典型例子。小米把零售全渠道从上到下分为三层，分别是米家有品、小米商城和小米之家。米家有品和小米商城是线上电商，小米之家是线下实体商店。米家有品和小米商城充分发挥了线上优势，商品品类十分丰富。米家有品的商品种类达到 20 000 种，除了小米旗下品牌，还出售第三方品牌的产品，涵盖了衣食住行各类产品；小米商城销售小米公司旗下小米、红米、米家品牌的 2 000 种商品。

而线下的小米之家只有大约 200 种商品，其定位是集品牌展示、体验咨询与销售功能为一体的体验店铺。消费者来到小米之家，可以接触实物产品，避免了线上购物看得见摸不着的尴尬；同时在线上看中的产品，在小米之家立即就能拿到，避免了物流的等待时间。在这个有梯度的全渠道中，小米之家作为实体体验店有一个重要任务，就是从线下往线上引流，向用户介绍更丰富的小米产品系列。用户在小米之家购买商品时，店员会引导用户在手机上安装小米商城的 App，如果用户喜欢小米的产品，下次购买就可以通过手机完成。而实体店内没有的商品，消费者也可以扫码，在网上购买。

成功实施线上+线下战略，关键是线上线下信息的管理和融通。第一，不管客户是线上下单还是线下下单，流程都是统一的；第二，无论客户是找线上客服还是线下经销商，企业都能够第一时间得知客户在本店的行为信息；第三，服务体验是全流程的，客户随时随地都能在线上看到自己产品的服务状态，咨询问题；第四，不仅线上线下的产品或服务一致，价格也应该一致；第五，线上线下的体验还要求能及时引导客户在线上与线下进行无缝切换。

（二）线上+线下战略的优势

1. 集合线上线下优势

线上模式强调信息的交互，线下模式则突出体验。对用户而言，可以通过网络平台获取关于商家以及产品和服务的大量信息；同时，很多网络平台都会提供大量的优惠政策，比如团购、拼盘、积分兑现等方式；用户也可以直接在网上与商家沟通、议价，并且可以快捷地下单付费。这种模式将线上模式的优势和线下模式的优势汇集起来，为消费者提供来自两种模式的优质体验。企业通过线上的展示宣传和线下的实际体验，能够有效提升其产品在消费者中的认知度；线上的模式方便企业与消费者沟通，还能跟踪交易的进程，并记录消费者的基本信息及购买行为，有利于其为客户设计心仪的产品和服务；线下的模式能够拉近企业与客户的距离，更容易获得客户对于产品和服务的真实感受。

2. 提升需求响应和货品流通效率

通过线上平台，海量的商品供应与客户对于商品的需求能够进行快速的匹配，从而高效地引导线下消费。线上+线下战略既能快速为商家带来销售收益，又能快速满足消费者的需求。另外，在向新零售转化的过程中，企业建立起场景式营销的购物体验。这不仅解决了传统营销产品筛选人工成本高、市场定位不准确等问题，还明显缩短了供应链，加快了资金周转速度。同时，企业借助大数据等技术，收集与分析顾客的需求偏好和消费习惯，进一步将顾客的消费体验优化升级。

三、平台战略

（一）平台战略的含义

了解平台战略，首先需要明确，平台并不是一个新的概念和模式。货币产生前人们交换物品的集市和如今依然存在的菜市场都是平台。通俗地讲，平台即服务于人们进行各类交易的固定场所或虚拟空间，与每个人的生活都息息相关。随着互联网技术的发展与普及，借助网络搭建的虚拟网上平台，如生活服务类网站、购物网站、数字阅读网站等，人们可交换、买卖的资源与形式变得更加广泛。网络平台的社会作用即为用户提供虚拟空间，通过网络技术，不断吸引新的用户、对用户进行匹配并提供配套服务以降低交易各环节成本，使交易各方获利。

平台战略指的是企业以用户价值为核心，将具有不同需求的用户集中在一个虚拟的空间（即平台），构成双边或多边市场，并根据双边或多边市场需求的异质性提供对应的连接方式和配套服务。目前许多成功的互联网公司采取的均是平台战略，如国外的 Facebook、亚马逊、优步、爱彼迎，国内的淘宝网、滴滴打车、微信、微博等。美团点评也是一个通过平台战略成为数字经济时代的独角兽的企业。美团点评的整体战略就是搭建一个技术平台，将吃、喝、玩、乐等多个品类的商家与消费者通过平台连接在一起，如外卖平台、点评平台、生活服务平台、机票酒店预订平台等，而这些平台最终都能通过美团 App 连接在一起。美团点评一方面为商家提供广告推广服务，另一方面通过大数据分析为用户进行精准推荐，通过技术支持使双方交易更加便捷快速。

平台具有明显的网络效应。用户群体借助平台进行交流和交易，用户规模对平台的价值起关键影响作用。除了扩大用户规模，平台还需要建立快速的沟通渠道，促进用户之间的互动。一个好的平台也需要为用户群体提供全方位的服务。平台提供的衍生产品会为平台带来间接网络效应，增加平台的稳定性。以淘宝网为例，为促进交易的达成，淘宝网开发了在线聊天软件阿里旺旺以促进买卖双方交流，接入第三方支付平台支付宝以提高支付的便捷性和安全性。

平台战略也可以应用于非互联网企业。海尔是传统家电企业的代表，一直致力于提升产品和服务质量，并实现规模效应。随着互联网的出现，企业的传统商业模式受到冲击，海尔注意到部分互联网企业借助平台战略取得巨大成功，便开始思索将平台战略引入传统制造企业。2015 年海尔提出“人人创客”的理念，搭建了“创客”（创业者）平台，由传统制造企业转变为一个由小微创业企业和“创客”构成的巨大平台。海尔自身也完成了从产品制造者到创客创造者的转变，其平台战略实现了平台、小微企业和创客的结合，三者均以用户需求为导向，持续为海尔创造价值。

（二）平台战略的优势

1．重组产业链，降低运营成本与交易成本

平台战略是一种新的商业模式，它充分发挥互联网的连接作用，以连接提供价值，以网络效应为竞争的基础。企业本身不做生产，只搭建平台，联系生产者和消费者，因此是一种轻资产的运营模式。对于采取平台战略的企业，互联网技术使其交易联系更加便捷，交易过程更加简化，从而降低连接成本。由此，产品或服务的价值可以更多地在生产者和消费者之间分配，因此互联网平台能吸引更多的使用者，扩大市场规模，促进交易。例如，百度搜索降低了人们搜寻信息的成本，滴滴出行降低了乘客打车、司机揽客的成本，大众点评降低了人们搜寻餐厅等线下服务的成本。

关于重组产业链，出版业的平台战略是一个非常经典的例子。传统出版业的价值链是这样的：先是作者写作小说，然后出版社和印刷厂排版印刷，接下来经销商和零售商负责各个渠道的销售，最后读者购买。线上阅读平台出现后，平台方直接对接了小说的生产者和消费者，对原本单向又冗长的价值链作出重新整合。这样一来，消费者可以更低价格获得更广泛的阅读资源，作者的回报周期缩短，企业得以减少管理成本并在较短时间出版更多读物。

2. 发掘新的商业机会

当平台建立起庞大的供给和消费网络后，企业可以持续开发网络的价值，发掘新的商业机会。苹果公司最初的利润主要来源于手机制造与销售，互联网的普及使苹果公司注意到手机使用者对于软件服务的需求，大数据时代的到来更是直接催生了用户对云存储、数据整合类软件的迫切需求。因此，苹果公司开始研发自己的软件向用户提供多种资源，如提供音像资源的 iTunes，提供云存储服务的 iCloud，提供各类免费、付费软件的应用商店 App Store 等。截至 2018 年 3 月 31 日，苹果的付费注册用户达到 2.7 亿，服务营收达 92 亿美元。另一个例子是以搜索引擎服务起家的百度。百度目前已经发展为集搜索、广告、社群、游戏、生活服务等为一体的大型平台。依托现有的平台规模，百度可以继续开发更多的业务和产品，持续为公司创收，使其始终保持商业活力。

四、互联网生态战略

（一）互联网生态战略的含义

生态一词多用于生物界，指生物与环境构成的统一整体。生态体现了资源共享、协同发展的理念。1996 年，美国学者詹姆斯·穆尔在《竞争的衰亡》一书中首次提出了商业生态系统的概念。穆尔认为，商业生态系统是由组织和个人所组成的经济联合体，成员之间存在共生关系，彼此互利地生存在一起。互联网生态战略则是指企业通过互联网、物联网、大数据、云计算、人工智能等技术，将不同业务网络联系在一起，共同为用户提供价值的一种战略。互联网生态战略可以看作企业多元化战略的一种新型态。传统的多元化战略以企业的核心竞争力为基础拓展业务，在多元业务的经营上产生协同；互联网生态战略则是以企业所拥有的用户资源为核心，深度挖掘用户的需求，通过多元业务提升用户体验。

生态战略对互联网平台型企业尤为重要。平台型企业的核心资源是其用户网络，生态战略可以充分发挥用户网络的价值，把不同网络的资源整合在一起，实现平台间的相互导流，使不同业务组合在一起，创造具有全新价值和全新体验的产品。比如苹果、美团都是借助已有的平台，利用互联网技术将多个业务网络有机结合在一起，使得各个平台的资源、用户能够相互导流，实现数据和技术共享，从而使平台服务更加全面，整个企业生态的网络效应得到加强。

以互联网巨头阿里巴巴为例，基于淘宝网建立起的庞大用户网络，阿里巴巴创造了互联网金融平台、社交平台、物流平台，并开发了战略咨询、广告推广等服务。总的来看，阿里巴巴以电商、物流、互联网金融作为三大支撑点，运用互联网、云计算、大数据以及人工智能技术丰富其服务种类，提高其服务质量，使消费者、商家都能通过平台和衍生服务获益。

（二）互联网生态战略的优势

1. 资源共享，协同成长

互联网生态战略下，企业各业务之间并不是资源掠夺的关系，而是资源共享、协同成长的关系。京东云鼎是京东云推出的电商应用云计算平台，属京东服务市场综合服务交易平台下的子平台。基于京东云平台的技术资源，京东宙斯（京东开放服务的简称）、京东服务市场、京东云课堂都可以为电商企业提供端到端的全产业链服务。2016 年的数据显示，依托稳定的京东云服务，上百家独立软件开发商可以接入京东营销系统，订单履约时效提升 20%，安全防骗指数提升 80%，单个运维成本每年节约 5 万～10 万元。

2. 相互赋能，跨界发展

互联网生态战略下的各业务不是独立发展的，而是彼此赋能，实现跨界重组，打造新的生态型产品，提升用户价值。美团丽人是美团的子平台之一，内容涵盖美容、美发、美甲等。随着市场规模的扩大与持续增长，传统美业已经逐渐升级为“新美业”。2017 年底，“她经济”开始展现出市场活力，而互联网下半场的到来，也意味着传统美业即将在营销拓客、人员管理、店铺运营方面发生三变。一直以来致力于用技术创新来变革传统产业的美团，推出了“新美业”业务，以“新场景、新服务、新运营”为核心，从“店、码、人”三个核心点切入，满足商家解决新的营销形式、人员发展以及运营工具的需求，帮助其在行业转型升级中脱颖而出。美团依据已有的平台、技术、资源、数据为美业商家提供技术支持和方案策划的过程就是一个赋能过程，反过来美业商家选择加入美团，也是为美团获得新的用户赋能。

3. 推陈出新，持续进化

互联网生态战略型企业的产品是不断进化的，且随着市场需求的变化及时淘汰老业务，推出新产品。苹果的 iPhone、iPad 和 iMac，乃至未来的 iTV 和 iCar，都是在生态下的衍生。类似诺基亚、柯达这种采取专业化战略的企业，虽在一定历史阶段取得巨大成功，但自进化与自创新的能力受限，当企业成长到一定规模后，就会受到行业规模、经济周期及破坏式创新等各种威胁，无法找到新的突破点。

第 3 节 传统企业的数字化转型

一、对数字化转型的认识

（一）数字化转型的必要性

1. 数字化转型是企业顺应时代的必然要求

如今，互联网、云计算、大数据、人工智能、区块链、物联网等信息技术在电子商务、金融服务、政府监管等方面带来颠覆性的变化，数字经济的社会认知度趋高。早在

1995 年，尼古拉·尼葛洛庞帝在其《数字化生存》中就预言了今天的数字经济时代，提出数字化生存是现代社会中以信息技术为基础的新的生存方式，将对人类的生产生活方式产生巨大影响。网络连接万物，汇聚了人类社会的海量数据和资料，为企业成长、创新提供了源泉。身处数字时代洪流中的企业只有与时俱进，与时代发展的步伐保持一致，才能免于被时代淘汰。

2. 数字化转型是满足现代用户需求的必要工具

现代用户对企业产品和服务的个性化、数字化、实时化的要求越来越高，用户需求的日益提升给传统企业敲响了变革的警钟。人们总是想要设计好、性能好、价格低又易获取的产品和服务。消费领域的巨大变革使企业很难再依赖单一的产品获得长久的成功，因为类似的好东西总是会通过互联网迅速传播，技术的快速更迭使得创新层出不穷，没有最好，只有更好。在手机行业，诺基亚的没落和苹果的崛起，以及国产品牌诸如小米、vivo 的成功就是典型的例子。即使是星巴克、肯德基这样的餐饮企业也纷纷利用数字化工具来满足客户的需求。星巴克于 2009 年推出第一款 App，此后 10 年不断用数字技术提升客户的交互体验，通过数字化的工具和手段，提供促销、支付、预订、配送服务，对用户进行了高黏性的运营；麦当劳、肯德基等连锁快餐品牌，也推出 App 解决高峰期用户排队的问题，消费者到店前就可以线上提前下单，到店可以立即取餐，大大缩短了排队时间。

3. 数字化转型是提高企业竞争力的必然选择

从行业竞争的角度来看，物竞天择、适者生存，在数字经济时代，如果企业不进行数字化转型，就面临着被消费者抛弃、被同行业竞争对手超越以致最终被迫出局的风险。从企业自身发展变革来看，数字化转型可以为企业带来新的市场机会，创造新的商业模式，而且，应用数字技术可以提升企业效率，降低企业成本。

数字化转型是企业创新的秘密武器：在线商城的崛起使线下销售渠道越来越难做，线上企业用数字化方式使传统模式不可能实现的无限量的商品门类和快速查找商品的问题得以解决；共享模式以租代买，共享单车给传统的自行车制造厂商带来极大的打击。利用数字化技术，企业的经营方式和目标市场可以发生巨大改变，为企业创新打开新的大门。

（二）数字化转型的挑战

1. 目标不清晰

公司缺乏明确的愿景和战略转型路线图，不清楚自己通过数字化转型要到哪里去。很多中小企业受大时代背景和大企业行为的影响，也开展数字化转型，但是如果缺乏明确的目标、不明白到底该怎么开展数字化转型可能会使企业走弯路、错路。数字化转型的关键是解决企业现有流程的痛点，不能为了转型而转型。同时要特别注意，数字化转型不应以企业的方便为中心，让顾客花费时间精力去适应新的流程，产品和服务品质却没有提升。数字化转型应该以客户体验为中心，而不是给客户制造麻烦。

2. 僵化的组织结构

进行数字化转型的企业，如果仍然延用旧的组织架构做事，将难以提升创新能力和资源整合能力。组织惰性使得企业不容易改变已有的工作模式与组织架构。然而传统的多层级组织架构在组织内部信息的共享、跨部门工作的协调、新知识的产生与创新上存在劣势。数字化转型践行以客户为中心的理念，要打破数据壁垒，对传统的组织流程和架构进行解耦与重构。

3. 过时的考核与激励体系

数字型企业需要更新其绩效考评标准。如果企业仍然使用传统的衡量指标，会在一定程度上阻碍数字化转型的步伐。数字经济时代是全员创新的时代，鼓励创新要包容试错行为，而创新很难量化，也不能单纯以绩效衡量。同样，数字经济时代对企业部门间的协作与共享需求也未能在传统的考核体系中体现。企业可以考虑用关键行为考核方法鼓励创新与协作。

二、数字化转型的步骤

数字化转型不是一蹴而就的，而是一个循序渐进的过程，这个过程中的每一个环节都是数字化转型成功的关键。数字化转型需要围绕公司的核心定位进行，否则只能是一次短暂的改进而非彻底的转变。数字化转型的步骤大致可分为战略制定、战略实施、组织调整三个阶段。

（一）战略制定

战略制定过程要求公司管理者根据公司的现状与价值定位确立转型目标，选择合适的数字化转型方案。

1. 分析公司现状，对公司可能面临的挑战进行评估

数字化转型并不是任何公司在任何发展阶段都适合采取的，它不是简单的技术升级或者供应链优化，而是一种颠覆式的变革。公司领导者需要熟悉公司的发展现状，明确当前是否为企业亟待转型的时期以及当前发展阶段是否有足够的资金、人力支持其数字化转型。此外，如果想要对业务流程进行重构，必须通过算法工具对业务流程建模，在模型基础上进行模拟与检验，这一过程也要求公司对自身情况作出评估。具体来看，数字化转型的战略是否有意义，最终要看市场份额、销售利润等现实指标。同时，若公司规模庞大，还应该根据公司现状圈定数字化转型的范围，可先进行数字化转型试点，再逐步扩大转型范围。

数字化转型还可能导致公司业务形态、组织架构甚至是企业文化的变革，采取数字化转型战略前管理者应评估转型后公司可能面临的风险，若风险带来的成本远远大于转型带来的收益，则公司需要重新考虑数字化转型的可行性。

2. 选择数字化转型方案

企业明确了主要挑战后，下一步应该评估各种转型方案，并结合自身特点选取合适的转型方案。方案的确定除了受领导者决策影响外，一般还依赖于专业咨询公司或提供数字化服务的公司。在方案选择过程中企业应该始终铭记自身的终极目标，即为客户、股东、企业长期发展创造价值。

（二）战略实施

1. 技术问题

公司实施数字化转型最大的挑战是缺乏专业知识与技术支撑其采取行动。资本雄厚的

大企业可以组建自己的技术团队，构建自有的数字平台企业和数据库。例如海尔每年投入2亿元进行信息化建设，打造了一个高效优质的信息高速公路，推动了自身数字化转型。对于像海尔一样的企业，在这一过程中如何识别、挖掘数字人才是构建数字化转型内驱力的关键。而对于中小型企业，特别是传统制造型企业，既缺乏足够的资本支持其从零开始组建技术团队，又缺乏互联网、人工智能、大数据相关知识，此时，合作伙伴对该类企业的数字化转型至关重要。合作伙伴可以为企业提供专业技术，如专门提供平台维护、数据分析服务的公司；合作伙伴还可以为企业提供咨询服务，优化决策方案。

2. 转变业务形态

数字化转型后，企业的具体业务形态势必会有变化，每种业务形态都是与行业和时代相关的。以零售业为例，从最早期的货郎、市集，再到专卖店、大型超市，不同阶段的零售模式都有很大的差异。而亚马逊、阿里巴巴这样的电商基于数字化的业务形态，则是对传统零售的巨大颠覆。电商这种新的业务形态是在数字化之下的一种成功的业务形态转变。

（三）组织调整

企业数字化变革的核心是组织。数字化时代，成功不再取决于各部门如何在职责范围内行事，而是取决于整个组织团队如何配合协作，以及各团队对企业数字化的支持程度。企业转型需要经历各种阵痛，在推动相关部门数字化融合和数字化建设的进程中，必定会遇到不同程度的阻力，有效化解各种阻力是战略落地的重要步骤之一。

1. 让员工做好转型的准备

管理者应该向员工清晰传达数字化转型的计划和未来战略，获得员工的支持并给予适当的培训，使其做好相应的准备。

2. 组织结构扁平化，加强部门间的合作

数字化转型过程中企业的组织结构将由垂直化逐渐趋于扁平化，数据部门与业务部门的合作关系将取代传统业务部门之间的信息传递关系。企业在运作过程中还要注意企业和部门间的摩擦，只有采取适当措施对摩擦予以消解，才能推动相关变革的前进。

3. 适当调整企业文化

数字化形态下，企业文化多注重创新。人是组织的灵魂，而企业文化正是对于企业内“人”的一种管理和约束，要想使企业数字化转型成功，还需要塑造适合的企业文化。例如，数字化时代最重要的创新精神要求企业高层首先认识到数字化转型的必要性，明确企业转型的最终目标，认识到企业现状与目标之间的差距，然后确定路径并一步一步坚定走下去。

本章小结

数字经济是一种广义的经济形态，指以现代信息网络为平台，以数字化的信息和知识为重要资源，以信息通信技术的应用为特征所进行的各种经济活动，以及在此基础上形成的各种经济关系的总和。数字经济时代具有四个基本特征：(1) 信息和知识成为企业竞争中占主导地位的资源；(2) 信息技术的应用成为企业竞争的必要条件；(3) 企业和地区间的协作扩大；(4) 创新加速。

数字经济时代，网络效应和长尾效应将发挥重要作用。网络效应指的是在网络中一个活动主体的行为对其他活动主体产生积极的影响，使他人的福利增加，因此网络的价值随着用户数的增加而增加，每一个新用户的加入都会给已有用户带来价值。网络效应可分为直接网络效应、间接网络效应和交叉网络效应。网络需要达到临界规模才能发挥出网络效应；在网络效应下，企业的先动优势明显，容易形成“赢者通吃”的竞争态势。

长尾市场由无数个小众市场组成。长尾效应指的是众多小市场所共同占据的市场总量，可以与主流市场相匹敌，甚至超越主流市场。在数字经济时代，长尾效应将得到有效的开发。

线上战略指的是在开放的网络环境下，企业基于浏览器/服务器应用方式，使客户不谋面地进行各种商贸活动，实现网上交易、在线电子支付以及各种商务活动、金融活动和相关的综合服务活动的商业战略。

线上+线下战略指的是企业通过互联网、大数据、云计算、人工智能等先进技术，将线下的商务机会与互联网结合，让互联网成为线下交易的信息展示及服务平台，使线上交易、线下体验深度融合。

平台战略指的是企业以用户价值为核心，将具有不同需求的用户集中在一个虚拟的空间（即平台），构成双边或多边市场，并根据双边或多边市场需求的异质性提供对应的连接方式和配套服务。

互联网生态战略指的是企业通过互联网、物联网、大数据、云计算、人工智能等技术，将不同业务网络联系在一起，共同为用户提供价值的一种战略。

数字化转型是企业顺应时代的必然要求，是满足现代用户需求的必要工具，是提高企业竞争力的必然选择。传统企业数字化转型面临着三个挑战：(1) 目标不清晰；(2) 僵化的组织结构；(3) 过时的考核与激励体系。数字化转型的步骤分为战略制定、战略实施、组织调整三个阶段。

思考题

1. 人人网前 CEO 陈一舟曾表示，网络效应是人人网与微信竞争落败的主要原因。试分析为什么微信比人人网成立时间晚，却能拥有更强大的网络效应。

2. 数字经济时代给传统企业带来了哪些机会和挑战？

3. 作为大学生，应该做怎样的知识储备与提升，才能更好地适应数字经济时代？

参考文献

[1] 托夫勒．第三次浪潮．上海：生活·读书·新知三联书店，1983.

[2] 韩耀，唐红涛，王亮．网络经济学．北京：高等教育出版社，2016.

[3] 安德森．长尾理论．北京：中信出版社，2006.

[4] 马化腾，孟昭莉，闫德利，等．数字经济：中国创新增长新动能．北京：中信

出版社，2017.

[5] 尼葛洛庞帝．数字化生存．北京：电子工业出版社，2017.

[6] 谢伊．网络产业经济学．上海：上海财经大学出版社，2002.

[7] 王阳雯．FinTech+：金融科技的创新、创业与案例．北京：经济管理出版社，2018.

[8] 莫塞德，约翰逊．平台垄断：主导21世纪经济的力量．北京：机械工业出版社，2018.

[9] 穆尔．竞争的衰亡：商业生态系统时代的领导与战略．北京：北京出版社，1999.

[10] ARMSTRONG M. Competition in Two-Sided Markets. *The RAND Journal of Economics*，2006，37（3）：668－691.

[11] KATZ M L，SHAPIRO C. Network Externalities，Competition，and Compatibility. *American Economic Association*，1985，75（3）：424－440.

第 11 章 战略创业与创新

学习目标

- ⊙ 了解战略创业的内涵和内容；
- ⊙ 理解战略创业的意义；
- ⊙ 掌握战略创业的不同模式；
- ⊙ 理解战略创业的不同组织形式；
- ⊙ 理解支持战略创业的不同创新形态。

引导案例

诺基亚的战略创业之路

100 多年前，随着工业化浪潮的兴起，诺基亚在芬兰诞生，主营造纸和橡胶业务。随着电信需求的日益增长，诺基亚于 1960 年成立了电子部门，主要从事光电传输的研发和生产。1969 年首先引进 PCM 传输设备，1982 年生产了第一台北欧移动电话 Senator，诺基亚逐渐在电信领域积累优势。工业化带来的技术进步和巨大需求为诺基亚的发展带来了绝佳的机会，通过收购、新建业务部门等多种方式，诺基亚在 20 世纪 60 年代逐渐成长为横跨造纸、化工、橡胶、电缆和油气等多个领域的多元化公司。

20 世纪 90 年代，芬兰严重的经济衰退和公司业务冗杂导致的效率低下使诺基亚陷入窘境。1992 年，奥利拉执掌诺基亚，提出了以移动通信为中心的专业化发展新战略。传统的造纸、轮胎、电缆、家用电子等业务或被出售剥离，或被撤资压缩。移动电话和移动通信网络作为仅剩的业务，支持着诺基亚让移动语音和数据通信成为日常消费品的战略愿景。年轻的管理团队在用户界面、产品设计和品牌方面投入了大量资源，在新兴的移动电话市场上抢得先机。1998 年，诺基亚超过摩托罗拉成为全球最大的手机制造商，基于塞班系统的智能手机广受消费者欢迎。与此同时，通信设备和软件服务也是诺基亚着力打造的增长点，以世界一流的固网设备和移动网设备为全球市场提供通信服务。21 世纪初，诺基亚已经成长为一家在电信领域提供高增值产品的全球化公司。

2007年第一代iPhone手机面世，以破坏式创新的姿态开启了触屏智能机的时代。手机的定位不再局限于通信，操作体验、功能拓展甚至时尚品位都成为消费者新的需求。但诺基亚没有作出相应的战略调整，因循守旧地不愿放弃弊端显露的塞班系统，盲目排斥安卓系统的战略布局，这使得诺基亚逐渐落后于时代潮流。2010年，安卓的市场份额超过塞班。诺基亚迫于压力和微软结成战略合作伙伴，但仍不能挽回颓势，一年时间诺基亚股价跌幅超过70%。2012年，三星手机销量超越诺基亚，终结了诺基亚长达14年的市场霸主地位。2013年9月，诺基亚的手机业务正式出售给微软。体量庞大的优势最终却导致诺基亚无法及时变革和调整战略，没有跟上市场持续创新的步伐。

痛定思痛，剥离手机业务后，诺基亚决定在发展Here地图服务、诺基亚解决方案与网络（NSN）和领先科技三大支柱业务上进行摸索和尝试。尽管后来诺基亚因为财务困难不得不抛售Here地图业务，但此举也为其提供了大量的现金支持，使其能够集中力量进行通信设备制造和解决方案的深入布局。2015年，诺基亚收购全球五大电信设备商之一的阿尔卡特朗讯，标志着诺基亚在新的支柱业务上有了更大的突破。在2016年的全球通信设备及解决方案市场中，诺基亚与华为和爱立信鼎足而立，三分天下。2018年，诺基亚与美国移动运营商公司T-Mobile达成协议，将为后者提供超过35亿美元的5G网络设备，这是截至目前关于5G交易规模的世界之最。同年，诺基亚与中国移动在人工智能和5G技术领域签署了价值10亿欧元的框架协议。诺基亚在遭遇低估后再次通过收购和合作战略等方式快速进行战略转型，将资源和能力聚焦在通信设备制造和解决方案业务上，在不断的尝试中逐渐摸索出了未来的重点业务和战略方向。但是诺基亚要想再次引领行业潮流仍然面临诸多压力，前途未知。

资料来源：萧然．诺基亚没落的启示：一个不创新而枯萎的案例．人民日报，2013-10-14；孙建恒．诺基亚：你以为他死了，其实他已重回世界第二．华夏基石e洞察，2018-10-17；向炎涛．诺基亚转型阵痛持续 业绩连续下滑短期内难以改变．中国经营报，2016-08-13；孙建恒．诺基亚起死回生：一个典型企业的自我救赎和转型重生之路．华夏基石e洞察，2017-06-09.

第1节　战略创业概述

一、创业的内涵

（一）创业

创业（entrepreneurship）是创业者或创业团队识别、捕获、开发创业机会的过程。个人或组织在资源缺乏的情况下寻找市场中的新机会，并通过开发创业机会创造潜在价值。这些创业机会往往未被市场充分发现和挖掘，同时不会为企业的现有资源所约束。创业的表现和组合多种多样，包括创造新产品、提供新服务、应用新的生产方法、开发和使用新原材料、挖掘新的市场、重建新的产业组织等。

（二）创业机会

创业机会（entrepreneurial opportunity）是指将新产品和新服务推向市场并获得利润的可能性。在别人没有发现这些有价值的机会或者没有发现这些机会的潜在价值时，个人或组织追求并把握住这些机会，通过创新活动实现新的价值。创业机会的识别和开发过程本身具有高度不确定性（包括机会价值不确定性、资源效用不确定性、合作行为不确定性等），高度不确定性带来的风险要求创业者付出时间成本、承担财务压力、从事高强度工作等。同时创业是在不确定性情境下为获取超额收益投入的创造性活动，本质上是一个创新的过程，对企业的创新能力提出了要求。

（三）创业的意义

创业的意义主要体现在促进经济发展、吸纳就业人口和推动技术创新等方面。首先，创业促进了经济的发展，企业家通过创造新的组织和新的输入组合促进了经济增长，目前创业创新已经成为我国经济持续发展的战略性驱动力。其次，创业对就业有很大的贡献，根据布奇（Birch）提供的报告，创业者最活跃的小企业群体为市场贡献了超过 60％的就业岗位。最后，创业对技术创新的推动作用十分明显。根据《国家中长期科学和技术发展规划纲要（2006—2020 年）》的数据，我国当前的绝大部分创新活动已从由科研院所和大学承担转为由企业承担。

创业的类型多种多样，近年来制度创业、社会创业、技术创业和战略创业等较为前沿的创业形式越来越受到理论界和实业界的关注。其中，战略创业是指在位企业在战略层面的创业活动，是一种重要且有价值的创业形式。

二、战略创业的内涵

（一）战略创业

战略创业（strategic entrepreneurship）是指在位企业为追求竞争优势和战略目标，识别、捕获和开发市场中的新机会的过程。在位企业为了追求竞争优势，在外部环境中积极寻找新的创业机会，并通过内外部创业行动整合现有资源以开发和利用这些机会，从而创造新的价值和竞争优势。战略创业融合了企业面临的双重挑战，其核心是在位企业识别、捕获创业机会，实现价值创造。

战略管理是强调企业利用、开发现有的资源和能力获取竞争优势的行为，创业则是注重企业探索开发市场中的新机会以创造潜在价值的过程。战略创业是在位企业从战略管理的视角来考虑企业的创业过程，既体现了战略对优势的追求，也反映了创业对机会的把握。

（二）公司创业

公司创业（corporate entrepreneurship）是指现有在位企业以创新和先动的姿态行事，通过风险承担来寻求新产品、新市场与新机会的过程。公司创业强调在位企业必须保持初创企业的创新精神和企业家精神，持续寻求环境中出现的新机会。

公司创业的内涵与战略创业较为接近，均属于战略管理领域和创业领域交叉形成的管理概念，在许多情境下两个概念可以互换。不过相比于战略创业，公司创业更强调在位企业对机会的寻求和开发，而没有综合考虑战略管理对企业已有竞争优势维持的要求；同时，公司创业相对更强调通过内部创新和技术研发实现创业机会。目前大多数研究者并未严格区分二者的概念维度，本章对此也不作严格区分。

(三) 战略创业的内容

战略创业可以进行多种不同的描述，包括持续再造、组织重塑、战略更新和领域重新定义。

持续再造（sustainable regeneration）是指在位企业定期推出新产品、新服务或者进入新市场的战略创业现象。在位企业开发新兴市场中的创业机会，并通过持续不断地创造新产品、新服务或者进入新市场的方式，利用企业的创新能力充分开发未被竞争对手发现的市场机会。持续再造是目前被广泛接受的战略创业形式。

组织重塑（organizational rejuvenation）是指在位企业通过改变其内部流程、结构和能力，寻求获取或维持核心竞争力的战略创业现象。组织重塑强调战略和组织的变革，通过改进特定的现有企业战略来维持或提高竞争力。组织重塑有利于赋予在位企业以企业家精神，帮助企业重新焕发创新活力，维持市场的优势地位。

战略更新（strategic renewal）是指在位企业通过从根本上改变其竞争方式来重新定义其与市场或竞争对手间关系的战略创业现象。战略更新强调通过创业活动改变组织内的已有关系或者组织与外部环境的关系，促进企业适应市场环境变化、实现快速迭代。战略更新包括重新定义公司的概念、再造组织和引进能促进变革的创新系统等。

领域重新定义（domain redefinition）是指在位企业在市场中寻找竞争对手尚未发现的新机会或未进入的新市场，通过重新配置现有产品或者创造新产品快速占领新市场的战略创业现象。在位企业主动创建或者进入一个未被竞争对手发现的新市场，有利于避开原有的激烈竞争。企业可以通过制定行业标准或者设置进入壁垒等方式，发挥其先发优势以取得竞争成功。

三、战略创业的意义

(一) 战略创业适应了企业竞争优势获取的逻辑转变

企业竞争优势获取由资源和能力逻辑转向需求和价值逻辑。随着高强度竞争环境的出现，企业赖以获取竞争优势的资源基础不断发生变化。企业难以通过少数核心资源和能力维持长期竞争优势，而是需要不断了解外部环境的变化，捕捉外部的新机会，通过新产品、新业务和新市场的持续开发以及战略的动态调整获取长期的竞争优势。战略创业将企业竞争优势的获取和创业机会的捕获结合起来，强调企业的战略行为应当以市场机会和客户需求为导向，以价值创造为落脚点，适应了企业竞争优势获取的逻辑转变。

(二) 战略创业有助于企业实现创业与守业活动的动态平衡

创业侧重于通过对创业机会的识别和开发获取竞争优势，战略管理侧重于对现有资源和能力的整合并沿着机会开发的路径创造和维持竞争优势。企业如果仅关注机会的识别开发而忽视原有的业务结构和资源能力，容易脱离实际盲目投入。企业如果仅着眼于利用自身资源来维持竞争优势而忽视对新机会和新市场的识别开发，容易因循守旧。战略创业将创业机会的开发和原有竞争优势的维持结合在一起，既有助于企业通过创业活动捕获新的创业机会，也有助于企业通过新资源的获取或者资源新价值的赋予维持原有的竞争优势。因此，企业仅仅关注创业或者守业任何一个方面都不够，战略创业有利于实现二者的动态平衡。

（三）战略创业赋予在位企业以创新精神和企业家精神

在新的竞争格局下，公司的生存和发展依赖于不断发现新的机会并通过快速创新捕获创业机会。在企业实践中，尽管许多大公司拥有丰富的资源和良好的声誉，或者充足的资金和完整的商业知识，也有更强的风险承受力，但在与小企业的竞争中并不总能占据优势。原因在于大公司内部高度的结构化和制度化逐渐削弱了其创新精神和企业家精神。诺基亚在智能机时代来临之际，因循守旧不愿放弃弊端显露的塞班系统，导致其战略更新迟缓从而逐渐被市场淘汰。迅速发展的新创企业则具备更强的创新动力，小企业利用市场环境变化的时机及时把握新机会、新市场，可以实现对大公司市场份额和利润的快速抢占。“快鱼吃慢鱼”“小鱼吃大鱼”等新创企业后来居上的现象近年来屡见不鲜，给在位大企业带来了很大的挑战。战略创业赋予了在位大企业以更强的创新精神，有利于推动其永续发展，实现基业长青。

第 2 节　战略创业模式

企业的战略创业模式分为内部创业和外部创业两种。内部创业强调在位企业在内部营造创业氛围，促进创业活动的开展。内部创业可分为引导性和自发性两类。外部创业强调在位企业将外部创业机会引入组织内部，并通过资源整合开发创业机会。外部创业包括合作、收购等不同方式。

一、内部创业

（一）内部创业的内涵

内部创业（intrapreneurship）是指在位企业营造创业氛围以识别创业机会，并整合自身资源和能力以开发创业机会的过程。在内部创业的背景下，企业家必须配置内部资源、协调组织活动，并与企业内部各部门保持顺畅的沟通。企业家需要作出一系列创新性的战略选择和决定，以发动和鼓励组织内部进行变革，通过转化引导性和自发性的战略创新行为使创新成果商业化。

创新和研发是内部创业的重要路径。公司的创业精神基于有目的的创新，创新是展示创业精神的工具。企业的创业活动往往是通过创新创造出新的资源或者赋予已有资源新的潜在能力，使它能够创造出新的利润。而在已成立的企业中，大多数创新都源自企业内部的研发活动。企业的研发投入不断地创造出突破性的新技术和新产品，有助于企业把握市场机会、维持竞争优势。不过产品和技术研发的回报往往不能在短期内立刻显现，企业要有耐心，必须保持持久稳定的研发投入才能保持持续的创新能力提升。除了创新与研发之外，公司内部创业还包括许多与组织更新相关的路径，例如启动各种类型的特殊项目、建立新的业务单元、重新定位公司的战略方向等。在位企业通过组织结构的设计和产品-市场定位的调整实现内部的重整优化，促进创业活动的开展。

开展内部创业活动充满了巨大的不确定性和风险，许多时候内部创业的收益是长期才能看到的，也是难以预测的，并且具有一定的模糊性。在位企业要把握好其重要的影响因素，才能顺利实现内部创业的过程，最终达到开发新机会、创造新价值的战略目的。首先，内部创业会受到组织结构的影响，如果组织结构过于严密和臃肿，内部创业者会被束缚住手脚。企业需要通过组织设计赋予创业活动更大的便捷性。其次，企业文化对创新精神的追求会潜移默化地影响组织成员。如果企业文化过于强调稳定和风险规避，将弱化员工的内部创业倾向。公司内部创业的开展需要和相应的创业文化匹配。最后，管理层偏好也会对内部创业活动产生影响。如果管理层倾向于控制企业，在一定程度上会阻碍具备高度创造性和破坏性的内部创业活动。因此管理层应当开放赋能，给予组织内部更大的创造性和自由度。

（二）内部创业的类型

内部创业大致可分为引导性战略行为与自发性战略行为两种类型。引导性战略行为是一个自上而下的渐进式创新过程，即通过有目的的战略规划指导战略创业行为。自发性战略行为是一个自下而上的过程，即通过自发的战略创业行为指导战略变革。公司战略创业同时需要引导性战略行为和自发性战略行为。战略上的秩序可以通过引导性战略行为的规划和管制获取，而多样化则依赖于自发性战略行为的试验和选择获得，这有助于我们更深刻地理解大型多元化企业如何在战略秩序和多样化之间保持有效的平衡。不过在某种意义上，自发性的战略行为由于其能够普遍调动企业成员的能动性和创造性，更可能给企业带来突破式创新。

1. 引导性战略行为

引导性战略行为（induced strategic behavior）是指企业高层管理团队有目的、有计划地通过一系列战略决策促进内部创业的过程。引导性战略行为往往符合企业现有的战略规划和组织结构，并且发生在企业比较熟悉的外部环境中。和自发性战略行为相比，引导性战略行为受到高层管理团队更为直接的影响，某种程度上是企业高管团队对公司内部创业的顶层设计和战略规划。在这样的内部创业形式中，企业作出的战略决策往往是经过与之相匹配的结构层级过滤得到的，和企业当前的主要战略保持高度一致。当内部创业发生在中基层管理者或者普通员工中时，高层管理团队往往会通过各种管理机制的框架对其进行约束和管制。

企业风险投资（corporate venture capital）是指非金融在位企业以自有资本对外部企业进行股权投资以获取收益的行为，是企业通过引导性战略行为实施战略创业的重要形式。企业风险投资的形式主要有两种：第一种是把自有资金委托给专业的风险投资公司，使其按照委托方的战略规划进行管理和投资；第二种是在位企业直接成立独立的风险投资子公司，如百度的度小满金融、京东的京东数科等。一般来说，战略创业领域的公司风险投资主要指后者。公司风险投资子公司往往按照母公司高层管理团队的顶层设计和战略规划要求，通过组建合资企业、建立新企业或者控股新创企业等方式帮助在位母公司进行战略创业布局。企业风险投资对在位企业的战略变革具有重要意义。首先，它有助于在位企业实现战略目标，如调整产品结构、优化战略布局和维持竞争优势等；其次，它是一个学习和尝试的过程，在位企业通过子公司的投资探索、寻找新机会和新市场；最后，它有利于提高在位企业对外部环境的适应能力，从而实现企业的战略更新与变革。后面将对企业风险投资团队作为战略创业的组织形式进行阐释。

2. 自发性战略行为

自发性战略行为（autonomous strategic behavior）是企业的中基层管理人员或者普通员工不断追求创业设想，并且通过企业内部的既定程序或者组织结构实现创业设想的过程。自发性战略行为往往并未包含在现有战略框架内，而是发生在企业比较陌生的新环境之中并导致企业环境的重新定义。与引导性战略行为由高层管理团队控制和指导不同，自发性战略行为鼓励公司所有成员为未来的战略变革作出贡献，并且强调在战略创业的过程中逐渐摸索公司的战略变革。许多企业的执行层员工直接对接市场和消费者，他们往往更加具备创业的远见卓识，更能洞悉可以更好满足客户需求的新技术、新产品和新服务。自发性战略行为促使中基层管理人员或者普通员工不断试验并寻找成功的可能性，然后通过沟通机制为高层管理团队提供合理的、由自发性战略行为创造的发展机会，进而使这些战略行为整合到未来的公司战略中，并在公司层面成为可能。

内部创业孵化（intra incubation）是指在位企业为鼓励员工的创新行为和创业活动而扮演孵化器角色的行为，是企业通过自发性战略行为实施战略创业的重要形式。在位企业通过设立创业基金、打造孵化平台等方式，为中基层管理人员和普通员工提供一个自我实现的舞台。企业内部成员通过平台或者制度表达自我的创业设想，这些自发性战略创业设想往往和企业现有的战略不同，有可能将企业引入新的蓝海市场，使企业获取新的竞争优势。企业通过制度规范筛选出具有潜力的创业项目并将其商业化，是获得创新速度和竞争优势的重要途径。视源股份的孵化器就是一个典型的例子。视源股份通过鼓励内部的自发性战略创业行为不断地拓展业务领域，寻找适合自己的发展战略。内部孵化对在位企业的战略创业具有重要意义。首先，内部孵化是一个知识积累和扩散的过程，有助于企业成员的内部学习；其次，内部孵化有助于充分调动全体成员的积极性和主动性，充分挖掘人力资本；最后，内部孵化将试错权力下放给企业中基层管理团队和普通员工，有利于提高创新速度。本章后面将对公司内部孵化团队作为战略创业的组织形式进行阐释。

二、外部创业

（一）外部创业的内涵

外部创业（external entrepreneurship）是指在位企业将外部的创业机会和优势资源引入组织内部，并通过资源能力的整合实现创业机会的过程。内部资源和能力的缺乏是限制许多企业开展战略创业的重要制约因素。因此，企业要想获得持续的竞争优势，不但需要充分开发内部资源，还需要将外部的资源和创业机会引入内部来实现快速的战略创新。外部创业有利于在位企业快速捕捉外部环境中的创业机会，同时也有利于快速获得互补性的资源从而推动企业战略创业的进程。

(二) 外部创业的类型

外部创业包括合作和收购两种典型战略。合作战略是在位企业快速获得创新能力的一种方法。在全球化的竞争背景下，企业常常会通过和其他企业甚至竞争对手建立合作关系的方式来获取战略创业所必需的资源和能力。收购战略则是在位企业获得资源和创新知识的另一种方式。在位企业可以通过收购直接获取新的优势资源、进入新的市场或者获得新的业务，从而改善自身的战略布局。

1. 合作战略

(1) 内涵。合作战略（cooperative strategy）是指在位企业以共同利益为基础，和其他具备资源互补性的企业甚至竞争对手建立合作伙伴关系的过程。合作战略通常是以合作企业资源竞争优势的互补性为前提，同时强调资源共享和风险共担。

在新的经济背景下，技术创新瞬息万变、产业环境日益动态化、新的消费需求层出不穷，市场的底层逻辑逐渐从竞争博弈转向合作共赢。一方面，越来越多的企业意识到，比起盲目的竞争搏杀，通过合作创新来提高企业绩效对竞争优势的获取和维持更有帮助。另一方面，没有任何一家企业拥有的资源的广度和深度足以开展所有的研发活动来满足市场对企业创新能力的要求，因此通过和外部企业合作，引入外部优势资源和创业机会来帮助企业获取创新能力和竞争优势的战略逐渐得到企业的认可。

(2) 类型。合作战略的类型主要有合资企业、交叉持股、特许经营、战略外包和价格联盟等。

1) 合资企业（joint venture）。合资企业是指由在位企业和其他企业按照约定的出资额，共同出资、共担风险、共享收益而形成的新企业，属于较为典型的股权式合作联盟。企业选择合资的合作战略有利于学习其他企业的现金管理经验、获得合资方的财务支持、共享市场渠道和无形资产。合作各方将各自的优势资源投入合资企业，可以获得 1+1>2 的优势，但同时合资企业也面临着控制权分配和企业文化融合等问题。

2) 交叉持股（cross-shareholdings）。交叉持股是指在位企业和其他企业之间互相参股的合作战略形式。一方面，交叉持股有利于稳定经营权，抵制敌意收购；有助于扩大企业资本，发展规模经济；有助于降低交易成本，提高运营效率。另一方面，交叉持股容易导致公司治理结构失衡，产生内部人控制问题，增加代理成本。

3) 特许经营（franchise）。特许经营是指在位企业通过法律协议，授予其他企业销售其产品或者利用其商标进行相同业务的经营的合作战略形式。特许经营有利于实现低成本的快速扩张，因此在一些集中度较低的行业（如零售业、酒店业等）十分受欢迎。对于授权企业而言，特许经营有助于实现其快速扩张，但是授权企业也必须承担被授权方的连带风险；对于被授权企业而言，特许经营可以帮助其获得专业的管理经验和品牌效应，但是由于受制于授权企业，其成长受到一定的限制。

4) 战略外包（strategic outsourcing）。战略外包是指在位企业将自己的非核心业务委托给外部专业化企业的合作战略形式。战略外包将非优势业务交给专业高效的合作伙伴有助于在位企业降低成本、分散风险；同时企业可以将资源集中于自己的核心业务，从而有助于提高效率、增强核心竞争力。战略外包必须注意保护核心业务的安全，否则可能导致竞争对手采取不正当方式削弱企业的竞争优势。

5）价格联盟（price alliance）。价格联盟是指在位企业基于共同的目标和合作伙伴达成价格共谋协议的合作战略形式。价格联盟有助于在位企业降低同行竞争强度，但是必须注意相关法律法规的规制带来的合法性问题。同时，由于同行之间的背叛行为，价格联盟的风险比较大。

（3）意义。

首先，合作战略有利于促进企业之间的资源共享和优势互补。现在，企业面临的问题更加复杂多变，难以仅仅依靠内部有限的资源和能力来应对市场的要求。在市场逻辑从竞争转向合作、从封闭转向开放的前提下，在位企业与其他企业甚至竞争对手积极建立合作关系有利于实现优势互补，提高资源的利用效率。

其次，合作战略有利于降低经营成本，分散创新风险。一方面，企业的创业活动具备高度的不确定性和风险性，特别是投入巨大且收益回报期较长的技术创新会给企业带来较高的成本和风险；通过合作战略，企业可以学习其他企业的先进经验，甚至共享资源和渠道，从而降低创新成本、分散创新风险。另一方面，传统的零和博弈思维常常导致恶性竞争，而合作战略是以企业的共同利益为基础，有助于同行之间找到最大公约数，回归合作共赢的道路。

最后，合作战略有利于引入外部创业机会，增强协同效应。合作创新有助于引入外部创业机会，缩短战略创业的时间。机会识别和开发是一个复杂的过程，合作伙伴通过学习效应和能力协同能够避免走弯路，提高机会识别和创新开发的效率。特别是在开发新技术和商业化创新成果方面，合作联盟本身就是一种社会资本，可以为企业识别新技术提供帮助，也可以为创新提供必需的知识和其他无形资产。

（4）风险。以战略创业为目的的合作战略并非完全没有风险，在位企业想要通过合作战略及时把握外部创业机会、实现战略变革的目标，需要及时防范合作风险。

首先，不同企业的战略目标并不完全一致。虽然合作战略联盟内的企业是基于共同利益的需求，并且共享成果、共担风险，但是每一个企业的具体利益诉求是不同的。当它们试图达成共识时，本质上就存在矛盾和冲突。因此，在位企业应当尽量寻找战略目标较为相似、资源互补性更强的合作者。

其次，合作者可能会窃取企业的资源和能力，导致企业核心竞争力的削弱和竞争优势的丧失。在与竞争者合作时，企业尤应注意保护自己的关键业务和核心竞争力。在位企业在选择合作者时，应当谨慎，同时应当注重战略联盟内部的信息对称性，防止联盟企业之间的不正当行为。

最后，合作企业之间面临着长期利益和短期利益的矛盾。短期利益往往比长期利益更加明确且易于追求，也许合作联盟的利益基础只是基于短期的共同目标，当共同的短期目标实现后，合作联盟的稳定性会受到很大影响。因此，企业必须厘清合作伙伴之间的长期利益和短期利益的矛盾，找到最优的平衡点。

2. 收购战略

（1）内涵。收购战略（acquisition strategy）是指在位企业通过购买其他企业的部分或全部股权，提高核心竞争力的外部创业战略。企业往往会将被收购公司的业务纳入其战略规划组合，从而达到引入外部创业机会、快速获得创新能力的战略创业目标。许多科技企业都是通过收购实现快速成长的。联想收购IBM的PC业务、海尔收购通用电气的家电业务等都是较为成功的典型案例。

（2）类型。收购战略可分为横向收购、纵向收购和混合收购。

1）横向收购（horizontal acquisition）。横向收购是指在位企业对同行业内的生产或销售同类产品的企业的收购行为。横向收购有助于企业快速获取优势资源，减少竞争，增强规模效应。

2）纵向收购（vertical acquisition）。纵向收购是指在位企业对生产过程或经营环节紧密相关的产业链上下游的企业的收购行为。纵向收购通过市场交易行为内部化，降低市场风险，稳定交易渠道，节省交易费用。

3）混合收购（hybrid acquisition）。混合收购又称复合收购，是指在位企业对生产和经营彼此没有关联的产品或服务的企业的收购行为。混合收购有助于企业获得异质性的资源和能力，并且能够降低企业进入新市场的难度。

（3）意义。

首先，收购战略可以弥补企业资源和能力的不足，提高企业效率。收购战略可以帮助在位企业快速获得缺乏的资源，降低创新能力培养的成本；还可以帮助企业在更大的范围内进行专业分工，通过协同效应提高效率。

其次，收购战略可以快速扩大企业规模，提高市场份额。企业通过收购可以快速拓展生产线，扩大企业规模；通过规模效应降低生产成本，削弱同行竞争；通过渠道共享节省交易成本，稳定市场渠道。

最后，收购战略可以引入外部的新机会和新技术。企业通过收购可以将外部有潜在价值的创业机会引入内部，缩短机会识别和开发的时间。同时，企业通过收购引入市场中的新技术，为企业绩效的提高和竞争优势的维持提供持久动力。

（4）风险。

首先，企业收购可能会用购买创新的能力取代从内部进行创新的能力。如果企业一直专注于通过收购获取创新资源，久而久之可能导致企业弱化自主研发能力，变为只能应用创新的新技术跟随者。

其次，企业收购面临着比较大的财务压力。如果收购为企业带来的价值无法偿还收购行为本身的成本，收购反而会牵连收购企业自身。

最后，企业收购需要注意组织整合的问题。不同企业的组织结构、文化传统、管理制度等大相径庭，想要在短时间内成为“一家人”面临很大的难题。

第3节　战略创业的组织

从操作层面看，企业开展战略创业需要通过特定的组织或者团队实现。本节主要围绕跨职能团队、企业风险投资团队、独立团队和内部孵化团队四个较为常见的组织进行阐述。

一、跨职能团队

（一）内涵

跨职能团队（cross-functional team）是指在位企业将不同部门之间具备异质性知识和能力的员工组合起来实现战略创业的团队。在位企业的战略创业本质上是一种破坏式创新，需要将各类异质性的资源和能力组合起来，通过资源配置、行动协调和组织沟通实现决策转化识别和解决具体问题。战略创业往往难以仅靠单个常规部门的职能实现，而是需要不同的职能部门之间互相配合协作，如设计、生产、销售和财务等部门。跨职能团队的成员共同协作有利于提高工作效率，在设计与实施全面质量改进方案、开发新产品和新技术、拓展新的生产线和新市场等战略工作中具有重要作用。

（二）意义

首先，跨职能团队有利于促进异质性资源和能力的整合，促进目标的达成。跨职能团队的成员来自不同的部门，如设计、生产、销售、运营、风控和财务等，还可能包括供应商代表等利益相关者。异质性的团队结构有利于实现知识和技能的互补性，促进企业内部资源的整合与协同，从而为战略创业提供必要的基础。其次，跨职能团队有利于实现企业内部隐性知识的共享，促进学习效应。跨职能团队的优势在于可以使团队的每一个成员在交流与分享自身独特知识的同时，收获其他部门和团队成员的异质性知识，从而增强学习效应，促进人力资本开发。企业外部成员的加入还能为团队带来全新的思维和视角，进一步加强学习效应。最后，跨职能团队往往采取扁平化管理，有助于提高效率。跨职能团队往往采取扁平化的组织结构模式，有利于整合不同部门职能间的活动。团队的工作设计不需要按照原有的组织层级垂直进行，而是可以围绕提高创新能力、实现创新开发的核心目标通过非正式化的过程进行。扁平化管理使团队成员将精力集中在战略目标上，这有利于加快新产品和新技术的开发过程。

（三）应用

跨职能团队在企业中的应用非常广泛，在设计与实施全面质量改进方案、开发新产品和新技术、拓展新的生产线和新市场等战略任务中扮演着重要的角色。例如，IBM 为了 360 系统，曾组建一个大型的跨职能攻坚队。团队成员来自公司的各个职能部门和业务流程，有助于内部要素的统筹安排，从而促进创新能力的发挥。

跨职能团队在组建和整合组织职能时也需要注意一些问题。首先，跨职能团队需要明确统一的目标。来自各个部门和业务单元的员工有各自的目标侧重，例如，设计部门可能会注重产品的功能性，生产部门更加注重生产的成本和难度，销售部门则侧重于消费者的需求偏好。目标不统一可能导致团队效率低下。其次，跨职能团队需要整合组织规则和运作方式。不同的成员带着各自部门的组织惯性，保留着原有的运作规则。团队需要加强集体建设，并在成员间就运作方式达成一致，以提高工作效率。

二、企业风险投资团队

（一）内涵

企业风险投资团队（corporate venture capital team）是指非金融在位企业为对外部

企业进行股权投资以获取收益而组建的特殊部门或者子公司。前面提到，企业风险投资是企业内部创业的重要方式。企业风险投资在企业的战略变革与布局、创新能力的获取和提升、创业机会的识别和开发方面扮演重要的角色。而企业风险投资团队或者子公司的组建使得企业可以专门集中一部分力量用于战略探索，对提高企业战略创业的效率大有裨益。

（二）意义

首先，企业风险投资有助于在位企业实现战略性的目标。企业风险投资团队往往基于企业的战略目标进行驱动式和促进式的投资。例如，微软为了推动新的微软互联网服务架构“Net”的市场化而投资更多的愿意接受标准的新创企业，也曾为了获得诺基亚庞大的专利库和优秀的技术研发人员收购其手机业务。企业风险投资在调整产品结构、优化战略布局和维持竞争优势等方面发挥着不可替代的作用。其次，企业风险投资是一个学习迭代的过程。研究表明，企业风险投资对企业提高识别、吸收和利用外部知识的能力有着积极作用。企业风险投资团队作为企业战略创业的探索者，可以更有效地在市场中寻找、探索有潜力的新机会和新市场，逐渐跳出弱势的业务领域，寻找、识别具有潜力的新领域，从而促进企业内部的战略更新，推动企业变革与成长。最后，企业风险投资有利于在位企业快速获得创新能力，是获取未来技术的窗口。研究表明，企业风险投资在高科技行业备受欢迎。普华永道 2014 年的调查显示，95%的受访者认为技术和市场因素是企业风险投资的重要战略动机。许多大公司正逐渐调整它们的创新战略，不同于依靠强大的基础研究能力或早期开发能力逐步提高企业内部的创新能力，现有的大公司更倾向于通过企业风险投资掌握拥有早期技术的技术开发商。企业风险投资团队或者子公司的组建有助于公司集中力量探索未来发展趋势，提高对外部环境的适应能力。

（三）应用

企业风险投资在大型企业特别是技术型企业中非常受欢迎，例如，国外的微软、诺基亚和朗讯科技等，国内的百度、京东和华为等都有自己的风险投资部门或者子公司。企业风险投资的形式主要有两种，即委托制和自建制。委托制是在位企业把自有资金委托给专业的风险投资公司，按照委托方的战略规划进行管理和投资。这种风险投资方式可以有效利用外部的专业化资源，但是严格意义上不属于企业战略创业的范畴。

自建制就是在位企业成立风险投资部门或者直接成立独立的风险投资子公司，如百度的度小满金融、京东的京东数科等。一般来说，战略创业领域的企业风险投资主要是指这种情况。企业风险投资子公司往往按照母公司高层管理团队的顶层设计和战略规划要求，通过组建合资企业、建立新企业或者控股新创企业等方式帮助在位母公司进行战略创业布局。企业风险投资团队或子公司对在位企业识别开发创业机会、促进战略更新和组织变革、开发新业务和新市场等有重要的作用。特别地，企业可以通过风险投资团队进行合资或者并购，将企业内部创业与外部创业有机地结合起来。

三、独立团队

（一）内涵

独立团队（independent team）是指在位企业通过在内部开辟特区的方式进行战略创

业的独立组织。在位企业一方面需要保持组织结构的稳定性，另一方面需要保持组织的创新性和灵活性。为了追求稳定和创新的战略平衡，通过在企业内部划分出一个独立的创业特区不失为一种破局办法。企业所建立的独立团队应当有开放的资源支持，同时应获得企业管理维度的特殊安排。

（二）意义

首先，组建独立团队有助于充分开发创业型员工的价值。企业内部有的员工倾向于战略和业务执行，其价值评判往往体现在绩效薪酬和垂直晋升方面。但是对于创业型员工来说，除了物质奖励之外，提供一个专门的内部创业特区用于大展拳脚具有更好的激励效果。企业创建独立的创业团队为创业型员工提供了一个实现自我价值的平台，有利于企业充分开发人力资本。其次，组建独立团队有助于实现区别化管理，提高创业效率。规模庞大的企业往往存在“大企业病”，其严密的组织结构和制度流程保证了企业的稳定性，但是也限制了企业的创新性。通过组建独立的创业团队，企业可以实现“一个企业，两种管理模式”的目标，在制度规范与资源分配上给予创业特区更大的倾斜，从而提高内部创业团队的效率。最后，组建独立团队有助于分权管理，赋予内部创业者更大的自由权。在位企业为了实现标准化管理，其组织结构设计往往倾向于等级制和集中化。事事审批、层层申报的烦琐程序极大束缚了内部创业者的创新性和自由度。通过设立独立团队，企业从管控逻辑转变为开放赋能逻辑，通过理性的分权制度给予创业团队更大的创业空间。

（三）应用

通过组建独立团队实施战略创业逐渐得到企业界的关注，特别是在强调变革创新的互联网行业。在互联网等新兴行业里，一方面，开放、赋能、平等、创新等企业价值观得到普遍认同；另一方面，互联网企业的创新和变革需要更加强烈，在复杂多样的市场环境中及时把握创业机会尤为重要，因此不少互联网公司倾向于在企业内部建立独立特区来促进战略创业。例如，阿里巴巴推行的“大中台、小前台”的管理模式，一方面通过传统矩阵化管理模式固化核心技术与核心能力，实现标准化管理；另一方面鼓励支持内部创业团队充分发挥想象力与战斗力，实现价值创造。

在独立团队的组建和管理中，企业应当注意几个方面的重点。首先，企业应当赋予独立团队足够的自由度，放弃传统管控的思维，提高创业团队的创新能力，容忍试错成本。其次，企业应当注重培养内部的创业文化。企业文化的影响是潜移默化的，如果仅有组织创新的外壳，没有鼓励创新的内核，独立团队也难以发挥作用。最后，企业应当在资源提供和管理维度上适当向独立团队倾斜，为其充分发挥想象力和创新力提供物质和组织基础。

四、内部孵化团队

（一）内涵

内部孵化团队（incubation team）是指在位企业为鼓励员工的创新行为和创业活动而建立的扮演孵化平台角色的团队。企业建立内部孵化团队是为了选择和培育有潜力的创业项目。在位企业通过设立创业基金、打造孵化平台等方式，为中基层管理人员和普通员工提供一个自我实现的舞台。企业内部的孵化团队通过新业务、新产品、新模式的创新尝试，为企业的持续发展和战略变革提供动力。

（二）意义

首先，内部孵化团队有利于企业内部知识的积累和扩散，有助于促进内部创业者的学习效应。企业通过组建孵化平台，为内部创业员工提供了一个交流、学习和尝试的场所，有利于促进内部知识的积累。在内部孵化团队中，内部创业者互相交流创业经验和想法，提供互补性资源和能力，有助于增强企业的学习效应，促进知识在企业内部的扩散。其次，内部孵化团队有利于充分调动员工的积极性和主动性，充分挖掘人力资本。内部孵化团队为员工提供了一个自我价值实现的平台，有助于调动员工的内部创业动机，充分挖掘员工的创新能力。内部孵化将试错权力下放给企业中基层管理团队和普通员工，扩大了内部创业者的自由权，有利于提高企业探索新机会的效率。最后，内部孵化团队往往可以获得更大的资源聚集，有利于提高创新效率。企业往往会在资源提供和能力培养上给予内部孵化团队更大的倾斜，这有利于创新资源在孵化平台的聚集，从而帮助企业节省时间、少走弯路、提高创新效率和创业成功率。

（三）应用

孵化团队在提高创新能力、促进技术商业化方面发挥着重要作用。企业内部成员通过平台或者制度表达自己的创业设想，有可能将企业引入新的蓝海市场，使企业获取新的竞争优势。企业通过制度规范筛选出具有潜力的创业项目并将其商业化，是获得创新速度和竞争优势的重要途径。进入 21 世纪，我国的大多数科技企业和互联网企业都建立了内部孵化团队，通过平台和生态的优势进行创新战略布局。根据科技部火炬中心近几年的数据，我国比较有潜力的创业独角兽大多诞生于互联网公司或者科技公司的内部孵化平台，如阿里巴巴的钉钉就是典型代表。

企业在组建孵化团队时应当注意一些问题。首先，企业应当完善顶层设计和规则制定，应当有明确的孵化制度作保障，从而能够及时筛选出有潜力的孵化团队。其次，企业应当打造专业的孵化平台，提高平台运营效率，为孵化团队提供充足的资源和便捷的服务。最后，企业应当鼓励创新多元的文化氛围，激发员工的创新动机。

第 4 节　创新的形态

创业本质上是通过创业机会创造新事物，这个过程离不开创新，包括创造新产品、提供新服务、应用新的生产方法、开发新的市场、重建新的产业组织等。因此，创新是创业的本质特征，也是战略创业追求的结果。本节将介绍几种典型的创新形态。

一、渐进式创新与突破式创新

（一）渐进式创新

1. 内涵

渐进式创新（incremental innovation）是指在现有知识基础上进行创新，对当前的产品生产线或技术作局部的小幅调整的改良式创新形态。企业的大多数创新行为是渐进式的，呈现逐渐演变和直线型发展的特点。渐进式创新形态往往与企业现有的市场领域与客户群体的变化相联系，主要按照市场需求和客户偏好逐渐进行技术与产品的改进，其本质上是内部引导型和外部追随型的创新形态。在家用电器等成熟的传统制造行业，渐进式创新较为常见。

2. 优点

首先，渐进式创新的成本比较低，并且小幅度改进的产品生产便捷快速，便于企业开展活动，是成熟行业中企业之间竞争的有力武器。其次，渐进式创新大多以企业现有的资源和知识为基础，以主流市场的消费要求为导向，不会给企业带来很大的风险。最后，渐进式创新往往强调学习和模仿能力，在短期内对企业绩效有较为正向的影响。

3. 缺点

首先，渐进式创新的力度比较小，成果往往不太显著，大多是小幅度的改良和优化，如果遭到竞争对手突破式创新的攻击，可能会丧失竞争优势和市场地位。其次，渐进式创新具有持续性和长期性，在短期内对企业创新能力的提高难以有质的影响。但是，渐进式创新有巨大的累积性效果，经过长期的积累能造就很大的优势。最后，如果渐进式创新作了过多的改变以至于公司难以消化吸收，那么也存在一定的风险。

（二）突破式创新

1. 内涵

突破式创新（breakthrough innovation）是指通过重大的技术突破并创造新知识的创新形态。突破式创新往往不是基于已有的资源和知识或者只依赖于现有公司的一部分资源和知识，就实现了明显的突破性的创新成果。突破式创新大多具备革命性和非直线型的特点，一般是以新技术服务于新创造的市场，其本质上是内部自发型和外部引领型的创新形态。突破式创新往往存在于一些新兴行业，比如之前的 PC 市场以及现在的数字技术行业。

2. 优点

首先，突破式创新往往与科学技术的重大发明相联系，在经济方面对企业具有巨大的溢出效应，为公司带来收入和利润的增长，有利于企业的长远发展。其次，突破式创新对市场和消费者具有引领作用，为市场提供新功能，为客户提供新产品，在某种程度上可能引起行业的变革。最后，突破式创新是小企业在激烈的竞争中突出重围、获取竞争优势的方法，许多新兴行业的初创企业正是通过突破式创新来创造核心竞争力，从而获取市场地位的。

3. 缺点

首先，突破式创新是对原有市场、产品或技术的变革，有很大的难度。其次，突破式创新往往需要较多的人力物力投入，具有一定的不确定性，导致企业创新投入的风险较大。最后，突破式创新的收益往往在长期才能体现出来，在短期内难以及时回报企业投入，不符合企业在短期内的利润追求目标。

二、维持性创新与破坏性创新

（一）维持性创新

1. 内涵

维持性创新（sustaining innovation）是指在位企业针对主流市场中的困境，对现有产品、服务、技术及管理方式进行改良的创新形态。维持性创新的目的在于保持既定的市场规则和模式，而非打破市场的现有格局和惯性。维持性创新有利于强化现有的企业格局和市场地位，因此受到行业主导者或既得利益者的欢迎。

2. 优点

首先，维持性创新有利于企业有效抵御行业既有竞争对手或新进入者的攻击。在位企业除了要面对行业内的竞争对手，还要面对新进入者的攻击。企业需要聚焦于自身的优势资源，通过维持性创新活动持续开发和保持核心竞争力，才能够抵御同行和外来者的攻击，维持竞争优势和行业地位。企业以目标客户需求为导向积极改进现有的业务和产品，有利于巩固企业在行业中的固有优势。其次，维持性创新的导向往往是基于主流市场的需要，因此其改进成果更容易被市场主流客户接受。最后，与破坏性创新相比，维持性创新给公司带来的风险是可控的，一般不会产生大的动荡。

3. 缺点

维持性创新是在位企业在现有的行业规则之下，通过开发既有资源来维持和巩固竞争优势的过程。因此，当行业规则和价值创造模式被新进入者或者在位的变革者破坏的时候，行业中原有的领先者往往难以继续立于不败之地。哈佛商学院的克里斯坦森教授在研究中发现，许多备受市场推崇的标杆企业出人意料地迅速被行业和市场所抛弃。究其原因，在位大企业更注重维持和巩固竞争优势，因此倾向于采取维持和加强现状的战略和创新。这些企业家和管理者认真研究市场变化，保证投入带来的收益最大化。在这样的思维之下，自我颠覆式的破坏性创新由于风险较大、收益不确定性高等不受在位优势企业的欢迎。因此当外来竞争者或者在位变革者带来破坏性创新时，在位优势企业往往措手不及。诺基亚在iOS系统和安卓系统的双重颠覆下，仍然固守原有技术，试图通过技术改良维持竞争优势，最终不免遭遇滑铁卢。此外，维持性创新并不适用于非优势企业或者新进入者。非优势企业要想挑战行业巨头的地位或者新进入者要想进入其他业务领域，往往面临着巨大的壁垒，维持性创新无法给予企业足够的颠覆能力。

（二）破坏性创新

1. 内涵

破坏性创新（disruptive innovation）又称为颠覆性创新，是指企业彻底打破现有模式和价值创造规则，并建立新模式和新规则的创新形态。破坏性创新可以大致分为低端破坏和新市场破坏。低端破坏是指在原有的价值网络和市场空间中对现有低端服务或客户的颠覆，而新市场破坏是指创造一个新的不同于传统的价值网络和市场空间。颠覆性创新的目的在于打破既定的商业模式和市场格局，为企业争取更有利的甚至决定性的市场地位。因此，颠覆性创新往往受到行业新进入者或者现有行业中试图后来居上者的欢迎，这些企业往往难以通过维持性创新打破行业壁垒和行业巨头的压制。

2. 优点

首先，破坏性创新为后来者提供了一个颠覆现有市场、获取竞争优势的方法。行业主导者为了应对竞争对手或者新进入者的威胁，往往会采取设置行业壁垒、巩固核心能力等方式阻止后来者的侵入。如果后来者继续在已有的竞争市场中沿着传统的发展路径创新，就很难同在技术、资金和市场上均具备优势的在位大企业相抗衡。破坏性创新可以打破原有的规则和模式，一旦原有的市场基础被打破，在位大企业的优势基础将不复存在。因此通过全新的优势产品或服务对现有格局的彻底颠覆来获取竞争优势和市场地位，是后来者的有力武器。数码相机的横空出世就是破坏性创新改变市场格局的典型案例。其次，破坏性创新也是在位大企业通过战略创业来维持竞争优势的法宝。尽管破坏性创新往往发生在新进入者和初创企业当中，但这并不意味着破坏性创新是后来者的专利。事实上，一个拥有高端技术和竞争优势的现有企业仍然可以实现破坏性创新。在位大企业往往面临着巨大困境，即当技术和市场发生颠覆性变化时，它们可能难以突破组织惯性而陷入长远利益与短期利益协调的困境中。破坏性创新赋予大企业以新创企业的战略柔性和创新能力，在位大企业应当鼓励在企业文化、组织结构和管理制度上的变革，鼓励颠覆性技术的研发，通过引导消费者的需求或者改变现有需求满足的方式，来推动革命性的变革。

3. 缺点

首先，破坏性创新的过程是探索性的，创新结果存在不确定性。颠覆原有市场格局和价值规则是一个高度创造性的过程，需要高级管理层对创新战略的科学性和可行性进行高度把握和细致规划。如果管理层的战略规划失误，可能引起企业动荡。其次，创新研发的过程较长、成本较高，企业的资金压力、外部市场的敌对行为、内部的不稳定因素等都会对创新活动产生负面影响。最后，市场回报难以预测。由于消费者惯性和市场规则的存在，企业的破坏性创新成果未必能得到市场合法性的认同和消费者的接纳。企业在没有进行科学规划的情况下贸然采取破坏性创新战略，可能导致企业在获得收益之前就遭遇失败。

三、封闭式创新与开放式创新

（一）封闭式创新

1. 内涵

封闭式创新（closed innovation）是指企业完全依靠内部力量实现技术研发和成果商业化的创新形态。封闭式创新强调企业内部对创新过程的严格控制，在创意产生、研发投入、成果商业化和知识产权管理等各个环节，企业都完全依靠内部的力量完成。在传统的控制逻辑和竞争逻辑中，封闭式创新的范式曾得到企业界的普遍认同。

2. 优点

首先，在封闭式创新形态下，企业通过大量的基础研究和技术研发取得发明成果，通过对新产品的商业化以及严格的知识产权制度来获取利润和维持竞争优势，之后继续加大基础研究，形成了研发投入—创新成果—获取利润—继续投入的良性循环。封闭式创新的优势在 20 世纪的许多企业中得到了证实。其次，封闭式创新强调企业对内部创新的投入和对核心技术的保护，有利于企业内部创新能力的提高。

3. 缺点

首先，封闭式创新强调企业对内部资源的依赖性，不利于企业引入外部优势资源。企业局限于内部既有的资源、知识和能力，削弱了其外部学习能力，可能导致企业不能快速响应外部环境的变化。其次，企业过于注重内部创新的安全性和隐蔽性，一定程度上阻碍了其与外部众多优秀且低价的同类创新成果之间的交流，可能导致企业闭门造车，脱离市场需求。最后，封闭式创新对于知识产权的保密制度使得技术研发人员成为企业的核心资源，一旦技术研发人员离职，将给企业核心能力带来威胁。

（二）开放式创新

1. 内涵

开放式创新（open innovation）是指企业利用和整合内外部资源进行创新和创新成果商业化过程的创新形态。开放式创新分为引入型和输出型，前者是指企业将外部有价值的创意、知识、技术等资源整合到企业内部进行创新的过程；后者是指企业将内部有价值的创意、知识、技术等资源输出到外部进行商业化和市场化的过程。开放式创新的重点在于不再严格把控企业的内部创新过程，而是将内部和外部的创新资源与市场化渠道整合起来实现创新目标。随着知识资源的扩散、人力资源的流动、创业机会的增多以及消费者主导时代的到来，开放式创新越来越受到企业的重视。

2. 优点

首先，开放式创新缩短了创新实践，降低了创新成本。在封闭式创新形态下，企业的资源和核心能力只能依靠内部研发获得，基础研究的投入巨大。而开放式创新则可以帮助企业利用外部成熟的技术和资源，并挖掘其潜在价值，有利于缩短自主研发的时间，降低创新成本。其次，开放式创新有利于分散创新风险，提高创新效率。不同的企业在识别创业机会、进行基础研究、实现产品商业化等环节的优势不同，企业加强和外部市场的合作一方面有利于将创新风险分散给不同的创新主体，另一方面也有利于通过分工合作提高创新效率。最后，开放式创新有利于提高创新的成功率。企业加强和外部环境的互动，有利于及时获悉市场最新需求和前沿技术的发展情况，从而避免闭门造车。此外，开放式创新有利于增强企业之间的学习效应和交互效应，从而提高创新的成功率。

3. 缺点

企业过于强调开放可能导致内部优势资源和核心竞争力的外流，对企业竞争优势的维持产生不利影响。此外，企业一味追求开放式创新也可能导致对外部资源的过度依赖，阻碍自主研发和创新能力的提升。

四、技术创新与商业模式创新

（一）技术创新

1. 内涵

技术创新（technological innovation）是指以创造新技术为目的或以技术资源为基础的创新形态。技术创新是一个从产生新产品或新工艺的设想到实现商业化应用的全过程，主要分为研发新的技术和创造性应用已有的技术两大类。技术创新不是在位企业可有可无的点缀，而是其生存和发展的巨大推动力，许多给企业带来竞争优势和巨大利润的突破式创新和破坏性创新都是技术创新带来的。

2. 优点

首先，技术创新是企业获取竞争优势的重要推动力。技术创新有利于提高产品与服务的差异化程度，从而提高产品和服务的创新溢价；生产技术的创新还可以有效降低产品成本，从而提高企业的市场竞争力。其次，技术创新有利于推动商业模式创新。企业的创新性技术在寻求商业化的过程中形成了技术创新网络，而技术创新网络为企业商业模式的变革提供了必要的资源，最终改变了企业的商业模式。数字经济时代许多高效便捷的商业模式创新，很大程度上得益于信息技术的发展。最后，技术创新有利于企业将技术开发与利润获取结合起来。传统的技术开发是一个纯粹的技术概念，等同于生产过程中的产品和工艺创新，并不考虑开发成果的市场化应用。技术创新则强调将技术行为与经济行为结合起来，在注重技术开发的同时考虑开发成果的商业化价值，强化了技术研发过程中的经济价值取向。

3. 缺点

技术创新的投入成本较高，回报期较长，某种程度上会影响企业短期利益的获取。特别是对于资金、人才都严重不足的新创企业而言，通过技术创新获取竞争优势存在一定的难度。因此，企业应当根据实际情况选择适合自身发展的创新形态。

（二）商业模式创新

1. 内涵

商业模式是指企业价值创造、价值交付和价值获得的结构体系。商业模式创新（business model innovation）是指企业通过改变价值创造基本逻辑获取竞争优势的创新形态。商业模式创新可分为两类：一是商业模式构成要素本身的变化，如诺基亚由设备供应商向解决方案提供商的转变；二是商业模式构成要素之间关系或者动力的变化，如戴尔的定制化生产模式拉近了消费者与企业的直接距离。企业内部的技术创新、市场需求的变化和竞争对手的压力都是推动商业模式创新的重要动力，商业模式创新反过来也可以推动技术创新的突破、市场需求的满足和竞争优势的获取。

2. 优点

首先，商业模式创新有利于企业整体的转型升级。外部环境的变化带来了市场基本逻辑的转变，企业发展日益从零和博弈走向合作共赢，从封闭管控走向开放赋能，从生产决定需求走向市场引领生产。企业适应外部环境的变化无法仅靠技术研发或营销投入等单一的环节调整，而是需要内部系统性的调整。商业模式创新涉及企业的方方面面，有利于促进企业适应市场价值创造逻辑的转变，是企业战略性转型升级的重要途径。其次，商业模式创新有利于推动新产品或新服务的产生，从而帮助企业获取和维持竞争优势。商业模式创新往往有利于促进企业的技术创新和服务创新，从而开发新的产品或者提供新的服务，为企业获取核心竞争力和竞争优势提供动力。最后，商业模式创新有利于企业更好地满足客户需求，实现客户价值。商业模式创新具备外向性和开放性，强调对外部环境进行解构。企业的商业模式创新以客户需求为导向，推动新的价值创造系统的产生。因此，商业模式创新的结果往往能促进企业更好地满足客户需求，实现客户价值。

3. 缺点

商业模式创新的过程涉及企业的方方面面，可能会对企业产生颠覆性影响。因此商业模式创新必须注意风险管理，在稳定和动荡中寻找最优的平衡点。如果过于追求商业模式创新，可能会导致企业脱离市场实际。

本章小结

创业是创业者或创业团队识别、捕获、开发创业机会的过程。战略管理是企业利用内外部资源获取竞争优势的过程。战略创业将创业机会捕获和竞争优势获取两大目标结合起来，强调在位企业在战略的高度上进行创业活动。战略创业赋予在位企业以创新精神和企业家精神，有利于适应企业竞争优势获取的逻辑转变，实现创业与守业活动的动态平衡。

战略创业主要可分为内部创业和外部创业两大类。内部创业强调在位企业在内部营造创业氛围，开发创业能力。内部创业主要包括引导性战略行为和自发性战略行为，前者以企业风险投资团队为代表，后者以企业内部孵化团队为典型。外部创业强调在位企业引入外部的创业机会和优势资源进行战略性创业与变革。外部创业主要包括合作战略和收购战略，前者包括建立合资企业、交叉持股、特许经营、战略外包和价格联盟等，后者包括横向收购、纵向收购和混合收购等。

企业开展战略创业需要通过特定的组织或者团队实现。跨职能团队通过员工的异质性知识和能力的组合实现创业活动，有利于提高企业内部的学习效应和创新效率。企业风险投资团队通过内部的战略行为引入外部的优势资源，有利于促进企业的迭代升级和寻找未来的创业风口。独立团队被赋予试错的特权，一方面有利于提高创业型员工的价值，另一方面在企业战略创业中发挥探索性作用。内部孵化团队通过企业创业项目的挖掘和培育提高企业内部创新能力，促进内部资源的积累和扩散。

创新是创业的本质特征，也是战略创业追求的结果。渐进式创新是一种改良式的创新形态，呈现逐渐演变和直线型发展的特点。突破式创新则具备革命性和非直线型的特点，对企业的影响更加深远。维持性创新强调对现有市场地位的维持，一般受到行业主导者或既得利益者的欢迎。破坏性创新强调对现有市场格局和价值规则的颠覆，往往受到行业新进入者或者现有行业中试图后来居上者的青睐。封闭式创新注重企业对创新结果和市场化过程的严格管控。随着外部市场的不确定性和开放性的增强，强调内外部合作的开放式创新受到理论界和实业界的关注。技术创新和商业模式创新是市场中较为常见的两种创新形态，前者强调技术开发和经济目标的结合，后者强调企业价值创造过程的变革。创新包括多种形态，企业应当结合实际情况选择最适合自身的创新形态。

思考题

1. 什么是创业？什么是战略创业？

2. 为什么说战略创业对在位企业很重要？
3. 战略创业包含哪几种模式？不同模式之间有什么区别？
4. 内部创业的类型有哪些？
5. 常见的战略创业的组织有哪些？
6. 创新的形态主要分为哪几种？企业应如何进行选择？

参考文献

[1] 希斯里奇，卡尼．公司内部创业．北京：中国人民大学出版社，2018.

[2] 魏江，邬爱其．战略管理．北京：机械工业出版社，2018.

[3] 斯晓夫，吴晓波，陈凌．创业管理：理论与实践．杭州：浙江大学出版社，2016.

[4] 威克姆．战略创业学：理论、案例与中国实践．大连：东北财经大学出版社，2014.

[5] 巴林格，爱尔兰．创业管理：成功创建新企业．北京：机械工业出版社，2006.

[6] 希特，爱尔兰，霍斯基森．战略管理：概念与案例：第 10 版．北京：中国人民大学出版社，2012.

[7] 张玉利，李乾文．创业导向、公司创业与价值创造．天津：南开大学出版社，2009.

[8] 巴隆，谢恩．创业管理：基于过程的观点．北京：机械工业出版社，2005.

[9] 波特．竞争战略．北京：华夏出版社，2012.

[10] 戴维奇．“战略创业”与“公司创业”是同一个构念吗？——兼论中国背景下战略创业未来研究的三个方向．科学学与科学技术管理，2015，36 (9)：11-20.

[11] 罗珉，李亮宇．互联网时代的商业模式创新：价值创造视角．中国工业经济，2015，57 (1)：96-107.

[12] 唐未兵，傅元海，王展祥．技术创新、技术引进与经济增长方式转变．经济研究，2014，49 (7)：31-43.

[13] 董保宝，向阳．战略创业研究脉络梳理与模型构建．外国经济与管理，2012，34 (7)：25-34.

[14] 包建华，方世建，罗亮．战略创业研究演进与前沿探析．外国经济与管理，2010，32 (8)：1-9.

[15] 刘兰剑．渐进、突破与破坏性技术创新研究述评．软科学，2010，24 (3)：10-13.

[16] 姜彦福，沈正宁，叶瑛．公司创业理论：回顾、评述及展望．科学学与科学技术管理，2006，27 (7)：107-115.

[17] 高闯，关鑫．企业商业模式创新的实现方式与演进机理：一种基于价值链创新的理论解释．中国工业经济，2006，11 (11)：83-90.

[18] 薛红志，张玉利．公司创业研究评述：国外创业研究新进展．外国经济与管理，

2003, 25 (11): 7-11.

[19] CECCAGNOLI M, HIGGINS M J, KANG H D. Corporate Venture Capital as a Real Option in the Markets for Technology. *Strategic Management Journal*, 2018, 39 (13): 3355-3381.

[20] MAZZEI M J. Strategic Entrepreneurship: Content, Process, Context, and Outcomes. *Entrepreneurship Theory and Practice*, 2018, 14 (3): 657-670.

[21] REYNOLDS P D. Corporate Entrepreneurship 2.0: Research Development and Future Directions. *Foundations and Trends in Entrepreneurship*, 2017, 13 (6): 441-490.

[22] WRIGHT M, HITT M A, Strategic Entrepreneurship and SEJ: Development and Current Progress. *Strategic Entrepreneurship Journal*, 2017, 11 (3): 200-210.

[23] KURATKO D F, HORNSBY J S, HAYTON J, Corporate Entrepreneurship: The Innovative Challenge for a New Global Economic Reality. *Journal of Small Business Management*, 2015, 45 (2): 245-253.

[24] HARRY S, JACKY J, KENNETH A, et al. Exploring the Role of Trust in the Deal-Making Process for Early-Stage Technology Ventures. *Entrepreneurship Theory and Practice*, 2013, 37 (5): 1203-1228.

[25] FOSS N, LYNGSIE J, ZAHRA S A, The Role of External Knowledge Sources and Organizational Design in the Process of Opportunity Exploitation. *Strategic Management Journal*, 2013, 34 (12): 1453-1471.

[26] YANADORI Y, CUI V. Creating Incentives for Innovation? The Relationship between Pay Dispersion in R&D Groups and Firm Innovation Performance. *Strategic Management Journal*, 2013, 34 (12): 1502-1511.

[27] BUSCHGENS T, BAUSCH A, BALKIN D B. Organizational Culture and Innovation: A Meta-Analytic Review. *Journal of Product Innovation Management*, 2013, 30 (4): 763-781.

[28] WRIGHT M, CLARYSSE B, MOSEY S. Strategic Entrepreneurship, Resource Orchestration and Growing Spin-Offs from Universities. *Technology Analysis & Strategic Management*, 2012, 24 (9): 911-927.

[29] HITT M A, IRELAND R D, SIRMON D G, et al. Strategic Entrepreneurship: Creating Value for Individuals, Organizations, and Society. *Academy of Management Perspectives*, 2011, 25 (2): 57-75.

[30] YU D, HANG C C. A Reflective Review of Disruptive Innovation Theory. *International Journal of Management Reviews*, 2010, 12 (4): 435-452.

[31] KURATKO D F, AUDRETSCH D B. Strategic Entrepreneurship: Exploring Different Perspectives of an Emerging Concept. *Entrepreneurship Theory and Practice*, 2010, 33 (1): 1-17.

[32] IRELAND R D, COVIN J G, KURATKO D F. Conceptualizing Corporate Entrepreneurship Strategy. *Entrepreneurship Theory and Practice*, 2009, 33 (1): 19-46.

[33] SCHMIDT G M, DRUEHL C. When Is a Disruptive Innovation Disruptive? *Journal of Product Innovation Management*, 2008, 25 (4): 347 - 369.

[34] KETCHEN D J, IRELAND R D, SNOW C C. Strategic Entrepreneurship, Collaborative Innovation, and Wealth Creation. *Strategic Entrepreneurship Journal*, 2007, 1 (3 - 4): 371 - 385.

[35] TENG B S. Corporate Entrepreneurship Activities through Strategic Alliances: A Resource-Based Approach toward Competitive Advantage. *Journal of Management Studies*, 2007, 44 (1): 119 - 142.

[36] IRELAND R D, HITT M A, SIRMON D G. A Model of Strategic Entrepreneurship: The Construct and Its Dimensions. *Journal of Management*, 2003, 29 (6): 963 - 989.

[37] HITT M A, IRELAND R D, CAMP M S, et al. Strategic Entrepreneurship: Entrepreneurial Strategies for Wealth Creation. *Strategic Management Journal*, 2001, 22 (6 - 7): 479 - 491.

[38] COVIN J G, MILES M P. Corporate Entrepreneurship and the Pursuit of Competitive Advantage. *Entrepreneurship Theory and Practice*, 1999, 23 (3): 47 - 63.

第 12 章 战略制定、实施与控制

学习目标

- ⊙ 了解战略制定的内容及参与者；
- ⊙ 了解战略制定的框架与方法；
- ⊙ 掌握战略思考的五个要素及其与战略规划的关系；
- ⊙ 掌握战略实施的重要性及其与战略制定的区别；
- ⊙ 了解战略实施与战略制定的匹配关系；
- ⊙ 了解战略与组织结构的匹配关系；
- ⊙ 掌握平衡计分卡指标间的逻辑关系。

引导案例

创新中成长的美的集团

美的诞生与上市

1968 年 5 月，何享健和 23 位北滘镇居民以生产自救的名义筹集 5 000 元，组建了北滘街办塑料生产组，何享健担任组长。

改革开放初期，外商投资企业多选在家电行业，港澳同胞返乡探亲带家电成为时尚。何享健敏锐地意识到家电将成为中国有巨大潜力的市场，他把电风扇作为企业发展的突破口。1981 年 8 月，"美的"商标正式注册，何享健担任顺德县美的风扇厂厂长，"美的"从此诞生。

1985 年 4 月，美的成立空调设备厂，引进技术和管理方法，组装生产窗式空调机。随后，美的进一步多元化，进入了暖风机、电饭煲、电机等家电领域。1993 年 11 月 12 日，美的电器在深圳证券交易所挂牌上市，成为中国第一家由乡镇企业改制的上市公司。

多元化与事业部制

1996 年，美的有 1 万多名员工，生产经营空调、风扇、电饭煲等五类产品，销售额 29 亿元。当时，何享健一人管理生产和销售，每天有看不完的文件，签不完的字，集权式管理导致美的跟不上市场的变化，空调业务跌出行业前三。何享健打算借鉴日本松下电器的经验。美的高层经过调研和反复论证，决定在1997年初导入事业部制组织结构。总体思路是：美的集团总部集中抓总体战略决策、人事以及市场协调工作；按照经营业务和产品的不同，组建空调、家庭电器、压缩机、电机、厨具事业部，事业部在集团统一领导下拥有较大的经营自主权；事业部下设市场、服务、计划、财务、经营管理五大职能，直接管理多家业务相关的企业。据此，公司拟定了《美的集团主要业务分权规范手册》（以下简称《分权手册》），总原则是“集权有道、分权有序、授权有章、用权有度”。

1998年9月，公司正式发文执行《分权手册》。《分权手册》明确规定了美的集团和事业部间的权限划分，详细阐明了管理流程中重要决策权的归属，即集团战略与目标管理，规章制度、公文、会议及新闻宣传，人力资源管理，工资、奖金、员工福利，财务管理，资金管理，资本管理，投资管理，生产制造与技术，市场营销，总务，研究开发及科技与知识产权管理，审计监察，其他等14大类217项，对将涉及经营管理的各项决策权限分为提议、提案、审核、裁决、备案等方面做了详细规定，使其具有可操作性。上至何享健下至各层级管理者，都清楚各自的责任权限，知道何时自作决策、收放权力。

《分权手册》亦讲求责权利一致原则，事业部总经理拥有很大的权力和利益，也承担相应的责任。在年初，事业部总经理与集团总部签订责任状，明确年度业绩指标，美的集团制定了集团-事业部分权手册、经营信息报送规范、月度经营汇报会、年度/半年度经营总结会、高层经营管理人才述职质询会，以及项目投资、财务管理、审计监督（包括财务、制度、流程、离任等审计）等制度和流程，实行严格的责任追究机制；到年终，依据上述业绩指标进行考核。

职业经理人与管理者收购

事业部制让美的实现了从集权到分权、从人治到法治的转变。被赋予较大权限的职业经理人在经营管理实践中锻炼并提高了能力，逐步成为美的集团的中坚力量，由此形成了优秀的职业经理人团队。1998年，美的营业收入达50亿元，空调产销100多万台，比上年增长80%；风扇产销1 000多万台，居全球销量榜首；电饭煲产销稳居行业首位。此后，美的开疆拓土，开始了持续十年的收购与合作联盟之路。

2000年4月，美的管理层与工会共同组建顺德市美托投资有限公司，何享健等高管股份占比77.1%；同年12月，美托公司再次受让北滘经济发展总公司股份，美托公司持股比例升至22.19%，成为粤美的第一大股东，美的完成了管理者收购。

何享健的企业家精神

何享健以其企业家的洞察力和创新力，在每个重要转折点上都抓住了机会，通过改制使美的成为中国第一家上市的乡镇企业，通过事业部制组织结构改造实现了从集权到分权、从人治到法治的转变，通过管理层收购实现从乡镇企业向民营企业的转变。2018年纪念中国改革开放40周年之际，何享健被授予改革先锋称号，被誉为“乡镇企业改组上市的先行者”。

截至2018年，美的拥有15万名员工、60多个海外分支机构、15个国家的生产基地、11个海外研发中心。在2018年《财富》世界500强中，美的排名323位，居全国家电企业之首。美的以“科技尽善，生活尽美”为愿景，以“联动人与万物，启迪美的世界”为使命。美的从“双智战略”，到“人机新世代”，再到国内首家自主兼备“制造业知识、软件、硬件”三位一体的工业互联网平台M.IoT，随时代变化而改变，其不断创新让生活更美好的初心不变。

资料来源：毛基业，李晓光．中国创业故事．北京：中国人民大学出版社，2020.

第1节　战略制定

一、战略制定的内容

本书第1章描述了战略管理的过程包括战略分析、战略制定、战略实施、战略评估与控制，本节就战略制定展开论述。战略制定涉及一系列公司制定、实施使命和目标活动的过程，国家标准GB/T 19580—2012《卓越绩效评价准则》对有关的战略制定内容作了以下描述和总结。

1. 战略制定过程与关键要素

战略制定过程包括战略制定的主要步骤、主要参与者，确定长短期计划的时间区间，以及战略制定过程如何与长短期计划的时间区间相对应。

2. 战略和战略目标

制定战略要明确战略和战略目标，明确战略目标对应的时间表和关键量化指标，以及战略和战略目标如何应对战略挑战、发挥战略优势，如何反映产品、服务、经营等方面的创新机会，如何均衡地考虑长短期挑战和机遇，以及所有相关方的需要。

3. 战略部署

战略部署指如何将战略和战略目标转化为实施计划及相关的关键绩效指标，以及如何根据这些关键绩效指标预测组织未来的绩效。

4. 绩效预测

绩效预测应包括以下方面：长短期计划期内关键绩效指标的预测结果以及相应的预测方法；如何将所预测的绩效与竞争对手或标杆组织的预测绩效相比较或与以往绩效相比较；如何确保实现所预测的绩效，如何应对与竞争对手或标杆组织的绩效差距。

二、战略制定的参与者

1. 公司各级管理者

如第1章图1-3所示，战略包括公司层战略、业务层战略和职能层战略，将三个层次的战略具体展开为战略内容、主要职能和决策人员，如表12-1所示。可见，公司各级管理者是战略制定的参与者。

表 12-1　公司各层次的战略内容、主要职能和决策人员

	公司层战略	业务层战略	职能层战略
战略内容	最高层次的战略，以公司整体为对象，研究其生存/发展的基本问题和总纲，是企业最高管理层指导/控制的最高行动纲领	在公司战略指导下战略业务单元的战略	为实施和支持公司/业务层战略而在职能领域制定的战略。包括生产/市场营销/财务/研发战略等，由一系列具体方案和计划构成
主要职能	决定应从事什么业务，怎样发展这些业务	解决在选定领域如何与竞争对手展开有效竞争	解决资源利用效率问题，是使公司/业务战略达成预期目标的桥梁
决策人员	公司高层管理者	公司业务部门管理者	职能部门经理

2. 公司利益相关方

公司包括各种利益相关方，战略制定中考虑的利益相关方见表 12-2。每个利益相关方都希望战略决策者采纳有利于实现自身利益的做法，但利益相关方的目标不尽相同，存在潜在的利益冲突，这将最终影响公司的战略结果。因此，公司所有的利益相关方也应该是战略制定的参与者。

表 12-2　战略制定中考虑的利益相关方

利益相关方	利益相关方举例
资本市场利益相关方	股东
	资本主要提供者
产品市场利益相关方	主要顾客
	供应商
	所在社区
	工会
组织利益相关方	员工
	管理人员
	非管理人员

三、战略制定的框架与方法

如图 12-1 所示，战略制定的框架和方法包括三个阶段、九种方法。该战略制定框架和方法适用于所有规模和类型的公司，可以帮助战略制定者确定、评价和选择战略。

1. 信息输入阶段

第一阶段即信息输入阶段的方法和技术包括 EFE 矩阵、IFE 矩阵和竞争态势矩阵。这些方法要求战略制定者在战略制定过程的早期将主观观念定量化。在信息输入阶段的矩阵中就内外部因素的相对重要性进行一些决策，可以使战略制定者更为有效地建立和评价备选方案。当然，在确定适当的权重和评分过程中需要有良好的直觉性判断。

2. 匹配阶段

第二阶段即匹配阶段采用的方法和技术包括 SWOT 矩阵、战略地位与行动评价（SPACE）矩阵、波士顿咨询集团（BCG）矩阵、内部-外部（IE）矩阵、大战略矩阵等。

第一阶段：信息输入阶段

外部因素评价（EFE）矩阵	竞争态势矩阵	内部因素评价（IFE）矩阵

第二阶段：匹配阶段

优势–劣势–机会–威胁（SWOT）矩阵	战略地位与行动评价（SPACE）矩阵	波士顿咨询集团（BCG）矩阵	内部–外部（IE）矩阵	大战略矩阵

第三阶段：决策阶段

定量战略计划矩阵（QSPM）

图 12-1　战略制定的框架与方法

3. 决策阶段

第三阶段即决策阶段的方法和技术包括定量战略计划矩阵（QSPM）。QSPM 用第一阶段输入的信息对第二阶段认定的可行备选战略进行客观评价，揭示出各种备选战略的相对吸引力，从而为评价和选择特定的战略提供客观基础。

上述战略制定框架与方法，能够让直觉判断与分析性判断相结合，为公司战略选择提供客观基础。下面举例说明大战略矩阵。

4. 大战略矩阵

大战略矩阵已经成为公司制定备选战略的一种常用工具。大战略矩阵基于两个维度：竞争地位和市场增长，由此形成四个象限，各个公司战略都可在某一象限中，如图 12-2 所示。

市场增长迅速

弱竞争地位 ←		→ 强竞争地位
	象限Ⅱ 1. 市场开发 2. 市场渗透 3. 产品开发 4. 横向一体化 5. 剥离 6. 结业清算	象限Ⅰ 1. 市场开发 2. 市场渗透 3. 产品开发 4. 前向一体化 5. 后向一体化 6. 横向一体化 7. 集中化多元经营
	象限Ⅲ 1. 收缩 2. 集中化多元经营 3. 横向多元经营 4. 混合式多元经营 5. 剥离 6. 结业清算	象限Ⅳ 1.集中化多元经营 2.横向多元经营 3.混合式多元经营 4. 合资经营

市场增长缓慢

图 12-2　大战略矩阵

（1）位于第Ⅰ象限的公司。这类公司处于极佳的战略地位，继续集中经营当前的市场（市场渗透和市场开发）和产品（产品开发）是适当的战略。处于该象限的公司大幅度偏离已经建立的竞争优势是不明智的。当该象限公司拥有过剩的资源时，后向、前向或横向一体化可能是有效的战略。当该象限公司过分偏重于某一单一产品时，集中多元化战略可能会降低过于狭窄的产品线所带来的风险。该象限公司有能力利用众多领域中的机会，必要时可以冒险进取。

（2）位于第Ⅱ象限的公司。这类公司所在行业正在增长，但不能有效地进行竞争。公司需要分析其当前竞争方法为何无效，如何变革才能提高其竞争力。由于该象限处于高速增长产业，加强型战略（与一体化或多元化战略相反）通常是公司的首选战略。然而，如果公司缺乏独特的生产能力或竞争优势，横向一体化往往是理想的战略选择。为此，可考虑剥离或结业清算，剥离可为公司提供收购其他企业或者买回股票所需要的资金。

（3）位于第Ⅲ象限的公司。这类公司处于增长缓慢的产业，并处于不利的竞争地位。公司必须迅速进行某些重大的变革，以免情况进一步恶化及可能的结业清算。首先应大幅度减少成本和资产（收缩），另外可将资源从现有业务领域转向其他业务领域。如果各种尝试均告失败，公司的最后选择便是剥离或结业清算。

（4）位于第Ⅳ象限的公司。这类公司处于增长缓慢的产业，但有较强的竞争力。公司有能力在有发展前景的领域进行多元化经营。这类公司具有较大的现金流并对资金的需求有限，从而可以成功地采取集中化、横向或混合式多元化经营，也可以进行合资经营。

值得注意的是，战略决策永远由战略制定者自己，而不是各种分析工具和方法主导。战略制定过程由重文字到重数字的转变会给人一种错误的确定感，减少甚至否定对话、讨论和争论。对话、讨论和争论能够促进理解、检验假设和增加公司知识，分析方法应促进而不是削弱公司内部的相互沟通，并且客观的信息分析有利于避免个人偏见、政治观点、情绪、个性以及偏执错误（过于重视某一因素的倾向）主导战略制定过程。

四、战略规划和战略思考

战略制定仅仅是战略规划的过程吗？答案是“否”，战略制定还应包括更为重要的战略思考。战略管理学家明茨伯格说明了战略规划和战略思考的不同：战略规划是一种程序化、已知战略的分析过程，其产出是计划；战略思考是一种综合性思考，需要运用洞察力和创造力，其产出是“企业的综合性思维”；而在战略制定方法中，最普遍的要素是创造力、探索和对不连续性的理解。作为一种特定的思维方式，战略思考包括五个要素。

（1）系统思维。战略思考建立在系统思维的基础上，战略思考者具有完整的端对端集中创造的系统思维模式，了解各部分之间的依存关系。彼得·圣吉在《第五项修炼》一书中对系统思维作了全面阐述。

（2）聚焦意图。战略思考是意图导向型，传递的是方向，是与众不同的、对未来的一种独特的竞争思考。战略意图提供一个焦点，让公司所有员工形成合力，集聚力量和精力、抵御诱惑，长期关注直至实现目标。

（3）明智机动。在聚焦战略意图的背景下，需要有明智的机动，即管理者拥有识别、抓住不可预期的、呈现机会的能力。这不仅要关注预期战略，还要留出新战略出现的空间。意图不是把握相对熟知和固定的事物，而是去发现它是什么、为什么以及如何去实现。这种意图不是来源于管理者的预见，而是来源于他们的经历和体验。动态系统的视角驱使管理者按照持续性的发展性问题、愿望、挑战和个人意图去思考。

（4）适时思考。战略意图意味着现实和意图之间存在差距，意味着现有能力和资源是不足的，这就要求公司必须去创造资源。战略思考通常是适时思考，即将过去、现在、未来联系起来。适时思考运用了制度记忆和广泛的历史情景去考虑构建未来，这要求组织既能从自己和他人的历史中选择适合的类比方法，又能充分熟知这些事件中的范式。

（5）假设驱动。战略思考的最后一个要素是将这一过程视为假设驱动的过程，体现的是一种科学方法，即提出假设并加以验证。在信息量迅速增加、思考时间越来越短的环境下，提出好假设并进行验证的能力是非常关键的。

第2节　战略实施

一、战略实施的重要性

战略制定与战略实施是战略管理过程中两个紧密相关的环节和活动，两者之间有着根本的区别，见表12-3。

表12-3　战略实施与战略制定的区别

类别	战略制定	战略实施
力量	行动之前部署力量	行动中管理和运用力量
关注点	注重效果	注重效率
过程特点	思维过程	行动过程
方法	好的直觉和分析技能	具体的激励和领导技能
协调人数	几个人协调	众多人协调

成功的战略制定并不一定能保证成功的战略实施，只有两者都有效才能实现组织的目标。实际上，做一件事情（战略实施）总比决定做这件事情（战略制定）要困难复杂得多，正所谓“纸上得来终觉浅，绝知此事要躬行”。曾有学者在1985—1995年调研了四个行业的200多家企业，结果表明，企业维持高业绩或者由不佳业绩实现高业绩取决于四个关键活动：形成明确的战略方向，构建高效的组织，建立一种适应的文化，以及在满足顾客需求与降低成本之间作出决策。在这四项活动中，第一项活动属于战略制定范畴，其他三项活动则与战略实施有关，由此可见战略实施的重要性。战略实施的重要性具体可从三个方面说明。

1. 战略实施的时间周期

战略实施比战略制定要花更长的时间。战略制定通常比战略实施更具有时间约束性，前者会持续几周或几个月，后者则可能持续几年。持续的时间越长，需要应对的竞争对手反应与不可预见的因素越多。例如，竞争对手的行动会与之前预测的相反，企业必须随时做出或者调整相关的反应。在较长的时间周期内，企业会有关键人员的调整、资源的重新分配等改变，这进一步增加了战略实施的困难。

2. 战略实施的相关人员及其任务复杂性

一般来说，战略实施比战略制定所涉及和影响的人员要多。这会引起很多问题，包括对拥有很多参与者的不同战略实施活动的管理与控制。大量的人员会增加管理多样性和动机冲突的困难，同时需要对不同组织以及职能部门的活动执行者进行协调。总之，大量的参与人员增加了战略实施的复杂性。

3. 顺序思考与同步思考的必要性

战略实施者在相关工作中必须能够顺序思考和同步思考，这不是简单的任务，但对战略实施具有决定性作用。一方面顺序思考是一个逻辑过程，表明实施决策与活动之间的顺序关系，如 A→B→C→D 是一个连续的因果链。管理者必须首先决定 A，或者说决定实施过程中首先需要做的是什么。然后问题是“A 对 B 的影响是什么”或者“如何开展或改变 B 来支持 A”。例如，A 代表公司战略，B 代表组织结构，问题就是战略如何驱动组织结构改变，或者组织结构如何构建或调整以支持战略的需要。一旦 A－B 关系确定，下一个逻辑顺序就是改变或调整 C，依次会影响 D、E、F 等的选择。这样一个有计划的、逐步分析的逻辑顺序，对合理地形成连贯的战略实施至关重要。

然而，管理者仅仅顺序思考是不够的，同步思考对整个活动和结果链也是十分必要的。例如，当理性地分析战略与结构（A+B）时，管理者不但要看到战略实施的这个小部分，还必须具有关注整个战略实施过程的全局意识。当思考 A－B 关系时，必须同时思考 C、D、E，甚至 X、Y、Z。唯有如此，才能确保战略实施的有效性。

二、战略实施与战略制定的匹配关系

如前所述，战略制定和战略实施是战略管理过程中两个紧密相关的环节和活动，只有两者相互匹配，既制定良好的战略，又保证战略有效地实施，才能实现战略目标。否则，两者任何一方出现问题，都将对战略结果产生不利影响。表 12－4 说明了战略实施和战略制定匹配的四种情况。

表 12－4　战略实施与战略制定的匹配

		战略制定	
		好	坏
战略实施	好	成功	摇摆
	坏	艰难	失败

（1）成功象限表示战略制定和战略实施双好。公司即便受到外部环境各种因素的影响，仍能够顺利实现其战略目标。

（2）摇摆象限表示不好的战略制定和好的战略实施。公司可能遇到两种情况，一种情况是公司战略实施有效，克服了战略制定不足而获得成功，或者发出可能失败的警告而避开失败。另一种情况是公司在战略实施中失败。针对这种情况，公司要作出及时准确的判断，主动采取措施规避失败风险。

（3）艰难象限表示好的战略制定和不好的战略实施。公司可能过分注重战略制定，忽视战略实施，一旦出现问题，公司通常重新制定战略，而不是找出战略实施中的问题，最终可能导致失败的结局。

(4) 失败象限表示战略制定和战略实施双差。公司的战略管理过程无效，结果只能是失败。

总之，战略实施与战略制定同为战略管理过程的两个环节，既有区别又有联系，只有两者都好，才能保证战略管理过程的有效性，最终实现战略目标。

三、战略实施的关键领域

在战略实施过程中，应当注意使公司的关键领域与战略目标相一致，与战略实施相匹配。具体来说，战略实施的关键领域包括治理结构、战略领导力、战略性创业以及组织结构和控制等。

(1) 治理结构。在当今商业环境下，公司能否持续发展关键在于其是否充分考虑到所有的利益相关方。由于潜在利益冲突的存在，公司面临着如何同时满足不同利益相关方利益的挑战。不同利益相关方的目标通常各不相同，每一个利益相关方都希望战略决策者采取有利于自己的做法。公司治理结构某种程度上平衡了利益相关方的利益，从而确保战略目标的实现。第 13 章将详细讨论公司治理结构的内容。

(2) 战略领导力。战略领导力是战略领导者预测事件、展望未来、保持灵活性并促使他人进行战略变革的能力。战略领导力作为竞争优势的潜在来源，主要由公司高层管理团队承担。战略管理过程中的决策包含了公司文化和道德因素，涉及公司和利益相关方之间的互动。换句话说，决策是公司所有员工都遵循的核心价值观的产物。在当今动荡复杂的环境下，战略决策者必须意识到其决策会不同程度地影响到资本市场、产品市场和组织的利益相关方，而且要考虑到道德因素。反之，战略决策者如果没有意识到上述现实，那么在商业道德实践方面，公司将处于竞争弱势地位。第 14 章将详细讨论战略领导力的内容。

(3) 战略性创业。创业和创新是当今社会经济发展的主要驱动力量，战略管理过程是寻求外部机会威胁和内部优势劣势匹配与平衡的过程。因此，战略制定和实施必须要捕捉和利用机会，即从战略角度进行创业和创新活动。

(4) 组织结构和控制。战略和组织结构之间存在相互作用的关系，组织结构总是源于或跟随公司战略的选择，但在某些情况下，组织结构也会影响当前的战略行动和未来的战略选择。

关于战略与组织结构的匹配关系、战略控制内容将在本章第 3、4 节详细讨论。

第 3 节　战略与组织结构

一、组织结构与战略匹配

战略和组织结构之间的关系本质上是公司战略改变需要组织结构进行相应调整，组织结构源于或跟随公司的战略选择，同时组织结构也会影响当前的战略行动和对未来战略的选择。研究表明，大多数公司的发展历程都反映了战略和组织结构匹配的特定模式。

美国哈佛商学院的钱德勒教授发现，公司倾向于以某些可以预知的模式发展壮大：先是通过数量，然后是地域，接下来是整合（纵向和横向），最后是多元化。钱德勒将上述发现解释为：公司战略（成长模式）决定组织结构，如图 12-3 的战略和组织结构发展模式所示。

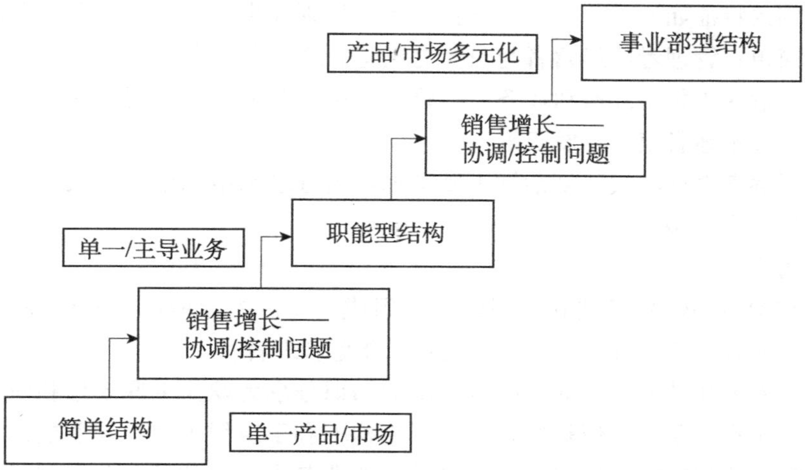

图 12-3 战略和组织结构发展模式

值得注意的是，公司往往存在战略的前导性和组织结构的滞后性。战略前导性是指公司战略的变化快于组织结构的变化，结构滞后性是指企业组织结构的变化慢于战略的变化。为此，公司在战略制定时，要认识到组织结构变化的滞后性，尽量缩短组织结构的滞后时间，但也不要操之过急。总之，要确保战略与组织结构相匹配。

另外，汤姆·彼得斯在《追求卓越》一书中指出，很难看到战略决定了什么独特的结构方法。战略的关键问题在于执行和保持适应——实施战略，保持灵活。关于组织结构，20 世纪 50—60 年代的特征是分散化的浪潮，70 年代是缺乏效率的矩阵型结构，但结构问题仅仅是影响管理效果的要素之一。任何明智的组织方法，都应包括相互依存的七个变化要素（7S），即硬的战略（strategy）、结构（structure）和系统（system），软的作风（style）、人员（staff）、技能（skills）和共享价值观（shared values），见图 12-4。

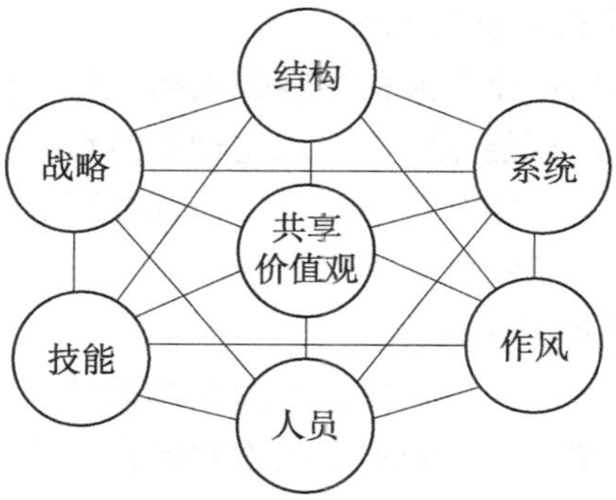

图 12-4 7S 模型

二、三种典型的组织结构类型

1. 简单结构

简单结构是指公司所有者兼经营者直接做出所有主要决定并监督所有活动，员工只是作为管理者监督权力的延伸来提供服务。通常，公司的所有者兼经营者直接参与公司的日常经营活动。

这种结构的特征如下：关系多为非正式的，规则较少，任务的专业化程度有限，信息系统较为简单；管理者兼经营者与员工之间进行频繁的、非正式的沟通，工作协调容易。简单结构适用于集中战略和业务层战略，实施这些战略的公司只为单一地域市场提供单一产品，如本地餐馆、理发店等。

随着公司逐渐发展壮大，复杂性不断增加，给管理和组织带来挑战，公司倾向于从简单结构发展为职能型结构。

2. 职能型结构

职能型结构由一位总经理和有限的员工组成，在占主导地位的职能领域（如生产、财务、营销、研发、工程和人力资源）设置职能型管理者。

由于职能专业化的分工，促进职能领域的知识分享为职业生涯规划和职能人员的专业化发展提供了有利条件。但是职能型组织结构不利于组织内部不同职能部门之间的沟通和协调。职能型战略有利于多元化水平较低的业务层战略和部分公司层战略。从简单结构向职能型结构转变时，公司应避免阻碍创新的官僚制度。

3. 事业部型结构

事业部型结构由一个公司总部和几个运营部门组成，每个运营部门都是一个独立的业务或利润中心，公司总部授权部门经理负责本部门的日常决策和运营。

事业部型结构的特点是公司总部集中重大政策决策权，把部门运营权下放到部门经理，从而调动了部门管理者的积极性，确保了责权利一致。事业部型结构适合从事多元化经营的大公司。

三、业务层战略与职能型结构的匹配

公司可以利用不同形式的职能型结构，支持成本领先战略、差异化战略以及整合成本领先/差异化战略。

1. 利用职能型结构实施成本领先战略

公司利用成本领先战略向行业中典型顾客提供标准化的产品和服务，图 12－5 表示了实施成本领先战略所采用的职能型结构。在这种职能型结构中，运营是主要职能；强调生产过程而非新产品研发；由相对集中的员工协调各职能；规范化的程序允许低成本文化；整体结构是机械式的，职位角色高度结构化。

2. 利用职能型结构实施差异化战略

实施差异化战略的公司试图向有独特需要的顾客提供非标准化的产品和服务，以不同的方式为顾客创造价值。图 12－6 表示了实施差异化战略所采取的职能型结构。在这种职能型结构中，研发和营销是主要职能；强调新产品开发；有些职能是分权化的；研发和营销由集中化的员工完成；有限的规范化使新产品设想更容易产生，变革易于实施；整体结构是有机式的，职位角色不具有结构性。

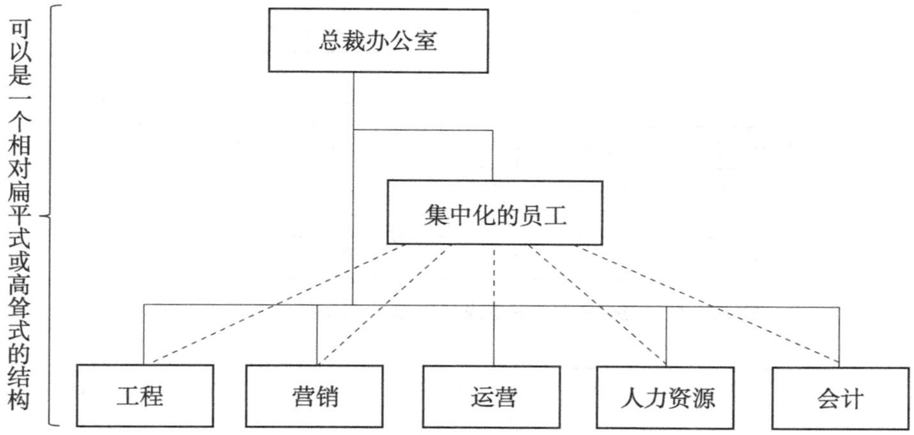

图 12－5　实施成本领先战略的职能型结构

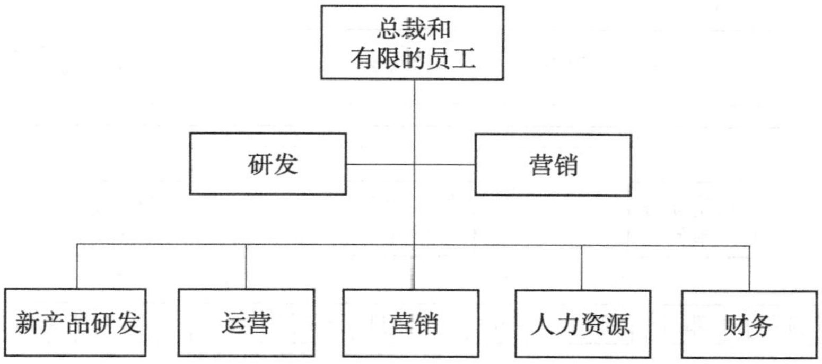

图 12－6　实施差异化战略的职能型结构

四、公司层战略与事业部型结构的匹配

1. 运用事业部型结构的合作形式实施相关约束型战略

运用事业部型结构的合作形式实施相关约束型战略是指通过水平整合促进事业部之间相互合作。如图 12－7 所示，在这种事业部型结构中，结构整合策略将所有部门紧密地联系在一起；公司总部强调集中化的战略规划、人力资源管理和营销，以促进部门间的合作；研发通常是集中化的；报酬是主观的，除了与部门业绩有关，还与公司总体业绩相关；强调合作共享的文化。

2. 运用事业部型结构的战略业务单元形式实施相关联系型战略

战略业务单元形式是指由公司总部、战略业务单元以及战略业务单元的部门三个层次组成的事业部型结构。图 12－8 展示了实施相关联系型战略的事业部型结构的战略业务单元形式。在这种事业部型结构中，战略业务单元内部各部门间是整合的，但业务单元之间相互独立；总部最重要的职能是战略规划，战略业务单元自己制定预算；公司总部员工是战略业务单元和部门的顾问，不介入产品战略。

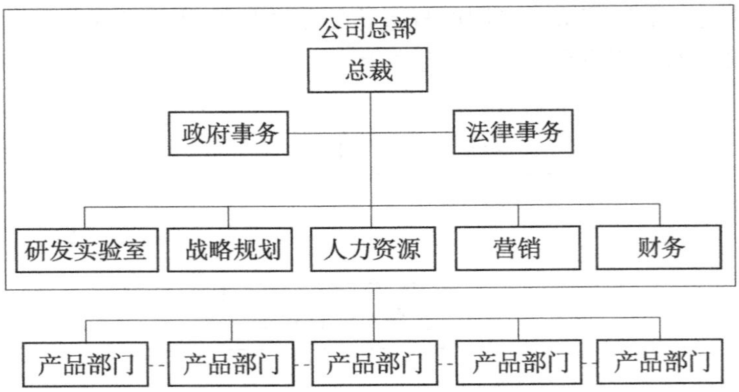

图 12－7　实施相关约束型战略的事业部型结构的合作形式

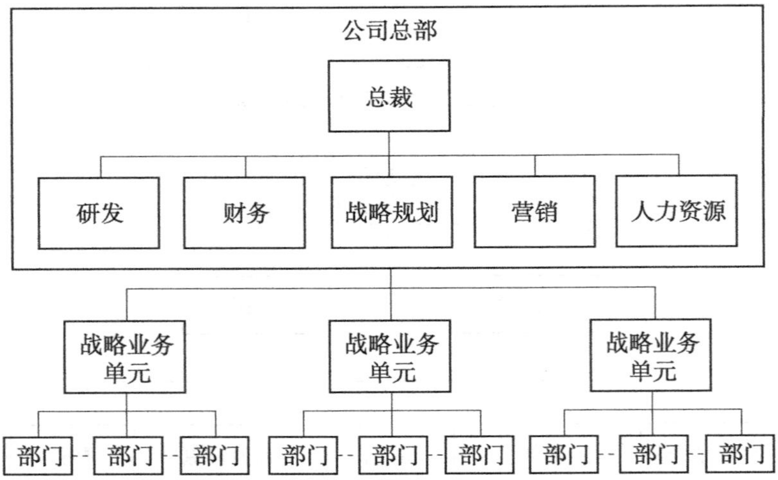

图 12－8　实施相关联系型战略的事业部型结构的战略业务单元形式

3. 运用事业部型结构的竞争形式实施非相关多元化战略

实施非相关多元化战略的公司希望通过高效的内部资本配置或者业务的重组、收购和出售创造价值。图 12－9 展示了实施非相关多元化战略的事业部型结构的竞争形式。在这种事业部型结构中，公司总部只有少量员工；财务和审计是公司总部最重要的职能；当公司收购和剥离资产时，法律事务职能尤为重要；各部门是相互独立的，便于财务评

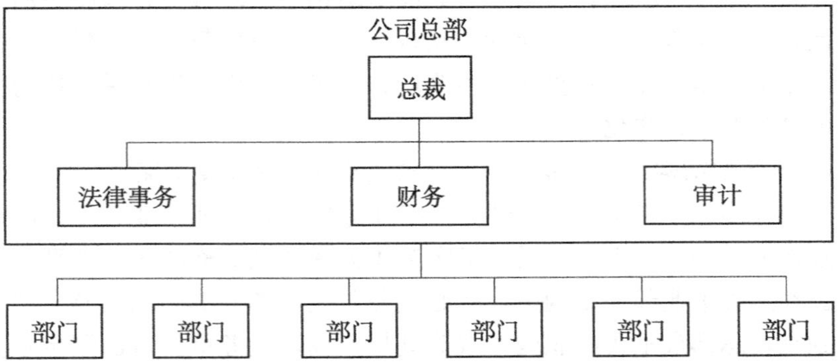

图 12－9　实施非相关多元化战略的事业部型结构的竞争形式

估；部门自行负责战略控制，但由总部控制现金流；各部门为争夺公司资源而相互竞争。

五、国际化战略与全球结构的匹配

1. 利用全球地理区域结构实施多国战略

图 12－10 展示了实施多国战略的全球地理区域结构。在这种结构中，圆圈表示运营的分权化；强调迎合地区或国家文化所造成的需求差异；公司总部在各个独立分支机构间协调财务资源；组织类似于一个分权化的联盟。

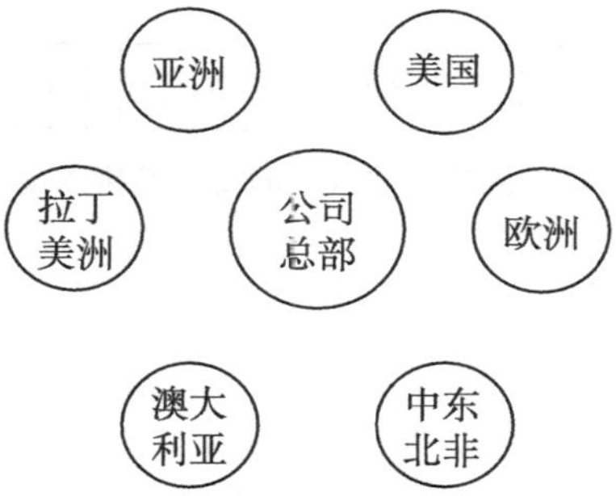

图 12－10　实施多国战略的全球地理区域结构

2. 运用产品分区性结构实施全球战略

图 12－11 展示了实施全球战略的产品分区性结构。在这种结构中，公司总部集中协调全球产品间的信息流；公司总部利用内部协调机制促进全球性的规模经济和范围经济；公司总部以合作方式配置财务资源；整个组织类似于一个集权化的联盟。

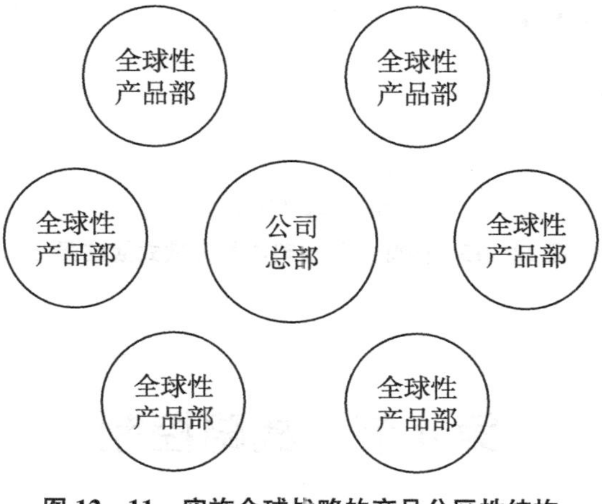

图 12－11　实施全球战略的产品分区性结构

3. 运用混合结构实施跨国战略

图 12－12 展示了实施跨国战略的混合结构的混合形式，这种组织结构同时具有集权与分权、整合与非整合、规范与非规范的特点，总之，它要实现这三个方面的平衡。

4. 国际合作战略中的分散式战略网络

图 12－13 展示了国际合作战略中采用的分散式战略网络，包括许多不同地区的中心企业，便于管理合作公司间的多元化合作协议，确保公司在不同国家进行竞争。不同国

家间制度的差异增加了管理国际网络的难度，只有细心管理才有可能获得成功。

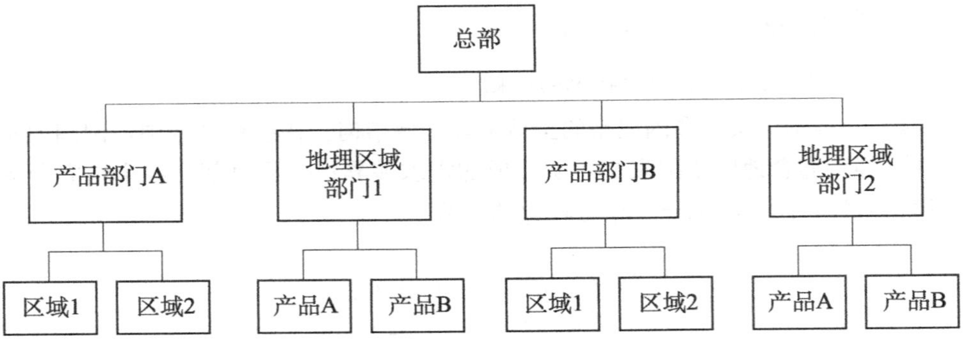

图 12－12　实施跨国战略的混合结构的混合形式

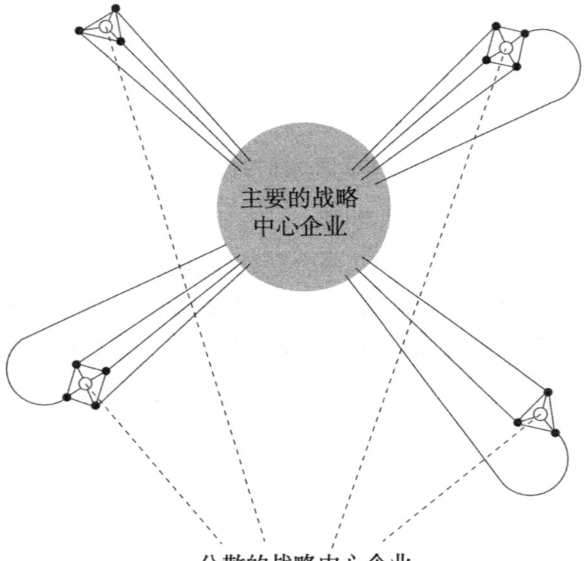

图 12－13　国际合作战略中的分散式战略网络

第 4 节　战略控制

一、战略控制

1. 战略控制有广义和狭义之分

广义的战略控制是公司控制，也称组织控制，是指监督战略实施进程、及时发现和纠正偏差，使战略实施结果符合预期战略目标的过程。换句话说，组织战略控制要求公司能够保证战略方向的正确性，并按照正确的方向有效地贯彻实施。因此，有效的战略控制需要分析战略是否按照原计划进行，以及战略是否取得了预期的效果，所有这些活动都应在战略实施过程中进行，而不能等到战略实施完成以后才进行。

狭义的战略控制是指它作为控制的手段之一，与财务控制一起支持和监督战略实施。

2. 战略控制和财务控制

战略控制是基于公司外部环境的机会与威胁（应该做的事情）、内部的优势与劣势（能够做的事情）的符合性和匹配程度，对公司战略实施的有效性作出主观定性的判断。有效的战略控制可以帮助公司了解做什么才能取得成功，还可以用来评估公司对战略实施所需要条件的专注程度。如对于业务层战略来说，战略控制用于研究价值链的主要活动和辅助活动，以证实关键活动是否得到了重视和适当的执行。

财务控制主要指一系列客观指标，对比已经建立的量化标准，定量地衡量公司的经营业绩。指标中既有会计指标，如投资回报率、资产回报率，又有市场指标，如经济附加值。在使用财务控制指标时，公司不仅要把业绩与前期结果进行比较，还要与竞争对手以及行业平均业绩标准进行比较。在经济全球化的今天，人们已经能够利用先进的技术发展更为成熟的财务控制。

战略控制和财务控制对组织控制来讲十分重要，任何组织的战略有效性都取决于这两类控制的有机结合。

二、平衡计分卡

1. 平衡计分卡的含义

平衡计分卡（balanced scorecard）作为战略实施、控制及绩效管理的系统工具，自 20 世纪末开始流行，现已成为公司业绩评价的主要方法和工具。这一概念最早由罗伯特·卡普兰和戴维·诺顿在《哈佛商业评论》上发表的一篇文章中提出，即任何单一的绩效指标都难以反映组织的绩效全貌，必须用一套“平衡的”指标体系确保组织健康发展。

平衡计分卡要求组织运用一整套财务和非财务指标来部署、测量组织的战略和目标，包括财务、顾客、内部业务流程和学习与成长四个领域及其测量指标，见图 12－14。平衡计分卡将组织的绩效状况综合地反映在一分文档上，使管理者一目了然，从而理解和把握组织的经营状况。确定绩效指标的过程是一种系统的、演绎性的努力，其出发点是组织的使命、愿景及其实现的关键战略和手段，这意味着导入平衡计分卡要求设立目前尚不存在的绩效指标。

2. 四类绩效指标的逻辑关系

平衡计分卡的四类指标基于如下逻辑：

（1）财务方面的绩效指标关注股东的利益。为股东创造价值在于公司是否取得令人满意的投资回报，这是公司能否存在和发展的条件。

（2）公司在财务方面的成功取决于为顾客创造价值，因而顾客满意是财务成功的前提条件。

（3）顾客满意应当以一种有效的方式实现，必须确保企业内部关键业务流程表现良好。例如，通过信息和互联网技术改进高效率地服务顾客，将为顾客创造价值，并更好地转化为股东价值。

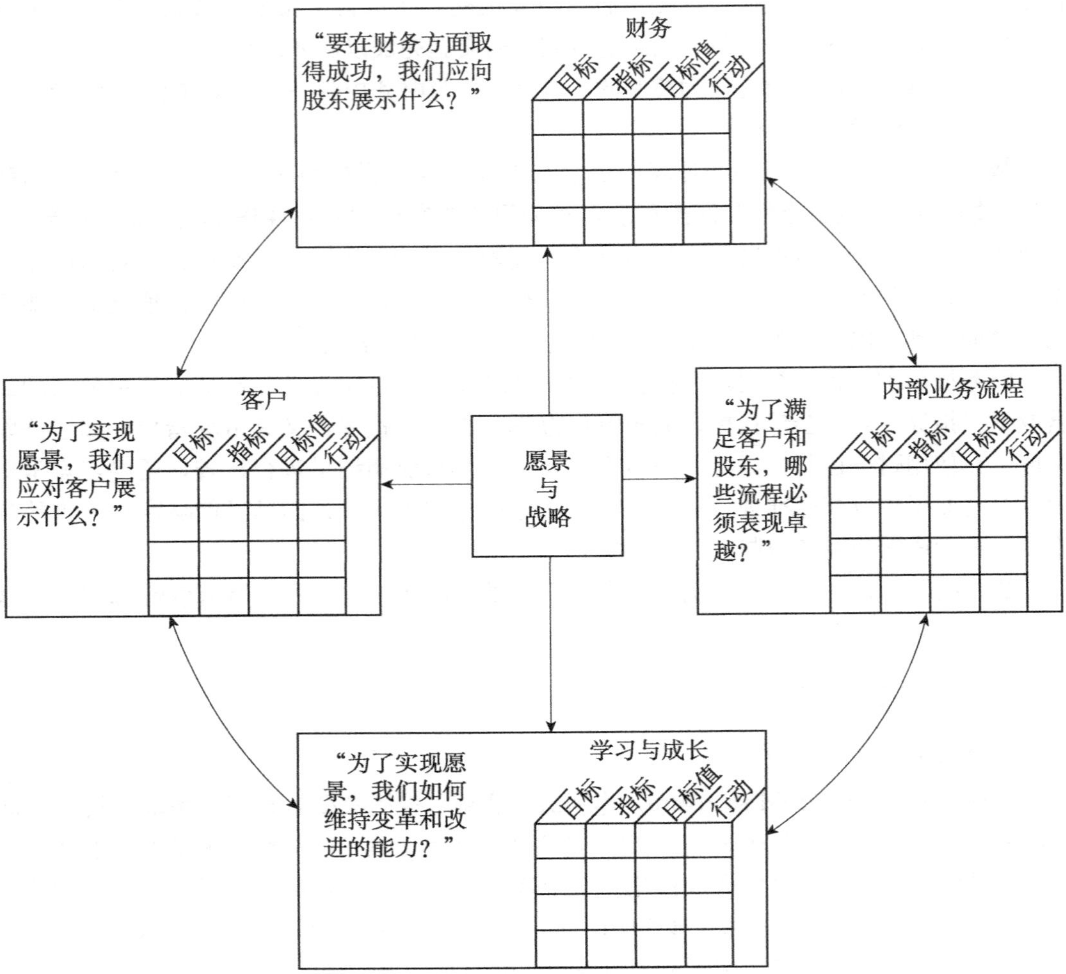

图 12－14　平衡计分卡示意图

(4) 为顾客创造价值必须是持久的。外部环境在变化，顾客需求也在变化，这意味着现在给顾客创造的价值不会持久不变，为此必须对组织及其员工在创新、学习和成长方面提出要求。

总之，平衡计分卡兼顾了各利益相关方的利益，包括定性指标和定量指标，考虑了现在与未来，真正做到了平衡，可以全面反映组织的综合绩效水平。平衡计分卡可在组织中自上而下地层层展开，将组织各个部门的经营活动置于组织愿景和战略框架的指导之下。

本章小结

本章对战略管理的主要过程即战略制定、战略实施和战略控制做了概括和说明。

在第 1 节战略制定中，首先，说明战略制定的内容，主要包括制定过程和关键要素、战略和战略目标、战略部署和绩效预测；其次，指出所有利益相关方都应作为公司战略制定的参与者；再次，描述了战略制定分析框架和方法，包括三个阶段、九种方法；最后，讨论了战略思考和战略规划的关系，以及战略思考的五个要素。

在第 2 节战略实施中，首先，说明战略实施的重要性；其次，说明战略实施与战略制定之间的区别和联系；最后，指出战略实施过程中应考虑的关键领域——治理结构、战略领导力、战略性创业以及组织结构和控制。

在第 3 节战略与组织结构中，首先，阐述了战略与组织结构的匹配关系；其次，介绍了三种典型的组织结构类型——简单结构、职能结构以及事业部型结构；最后，展示了不同战略与组织结构的匹配。

在第 4 节战略控制中，首先，说明了战略控制的含义；其次，重点介绍了作为战略绩效管理方法的平衡计分卡。

思考题

1. 战略制定包括哪些内容？谁是战略制定的参与者？
2. 简述战略制定的框架与方法。
3. 说明战略思考的五个要素。它们与战略规划有什么区别和联系？
4. 简述战略实施的重要性。它与战略制定有什么区别和联系？
5. 说明战略与组织结构的匹配关系。
6. 什么是战略控制？
7. 什么是平衡计分卡？其各类指标之间有怎样的关系？

参考文献

[1] 明茨伯格，阿尔斯特兰德，兰佩尔．战略历程：穿越战略管理旷野的指南：原书第 2 版．北京：机械工业出版社，2012.

[2] 彼得斯．追求卓越．北京：中信出版社，2012.

[3] 戴维．战略管理：第 8 版．北京：经济科学出版社，2001.

[4] 希特，爱尔兰，霍斯基森．战略管理：概念与案例：第 12 版．北京：中国人民大学出版社，2017.

[5] 希特，弗里曼，哈里森．布莱克威尔战略管理手册．北京：电子工业出版社，2015.

[6] 毛基业，李晓光．中国创业故事．北京：中国人民大学出版社，2020.

第13章 公司治理

学习目标

- ⊙ 掌握公司治理的定义及主要理论；
- ⊙ 掌握两大公司治理问题与基本对策；
- ⊙ 理解公司内部治理结构与外部治理机制；
- ⊙ 了解公司治理的基础设施。

引导案例

雷士照明：控制权之争

1998年，吴长江、杜刚、胡永宏在广东聚首，共同创立了雷士照明。三人在创业初期并无太多资源可用。在艰苦的创业期，他们同吃同住，经常“在面包车上啃馒头”，熬过了最初艰难的发展阶段。从创立之初，吴长江就一直想要建立一个“全产业链”的企业，但是在1998—2005年这7年间，雷士照明打造了一个在当时看来颇为前卫的“轻公司”：雷士照明只拥有少量的实物资产以满足制造需求，同时与公司的供应商和经销商建立极为紧密的合作关系。为了打造独特的品牌，雷士照明拿出了大量的资金扶植各地的经销商。作为交换，经销商必须专营雷士照明品牌。如果你想购买雷士照明产品，就需要到雷士照明的专卖店去，在杂货里找不到雷士照明的踪迹。但每年无偿提供给下游数千万元乃至上亿元的资金，对于一家年销售额刚刚突破10亿元的公司而言，是一个沉重的负担。2005年底，吴长江、杜刚、胡永宏在这个问题上产生了根本性的分歧。吴长江认为企业应该将收益再投资，继续这种模式，另外两位创始人则希望停止“烧钱”，将获得的资金以股利形式发放。依照股权投票，杜刚和胡永宏的意见占得上风。气愤之下，吴长江以8 000万元的价格将自己的股份出售给杜刚和胡永宏。

出人意料的是，在吴长江出售股份一周后，雷士照明的经销商齐聚惠州，“逼宫”杜刚和胡永宏，要求雇佣吴长江为企业的总经理。由于无法接受这一条件，这次退出的人变成了杜刚和胡永宏，他们决定以相同的价格出售自己的股份，吴长江需要在半年内分别付给另外两位股东各 8 000 万元。虽然吴长江夺得了控制权，可随之而来的是资金紧缺。用吴长江的话说，那半年间“什么都不管，就是想办法怎么找钱”，从投资人、银行、朋友，甚至是高利贷者那里借钱。

2006 年 8 月，还没弄清资本市场规则的吴长江在资本掮客的介入下，接受了软银赛富 2 200 万美元的投资，这极大地缓解了雷士照明的财务窘境。阎焱在美国获得经济学博士学位，曾经在世界银行担任经济学家，头脑中充满了对于规则的尊重和资本市场的游戏规则。阎焱领导的软银希望吴长江减少一些随性之举，从而控制软银投资时所需要面对的风险，这让以“袍哥”自居的吴长江颇为不满。

软银的投资确实提高了雷士照明的规范化程度，借助软银在帮助企业上市方面的经验，雷士照明于 2010 年成功在香港上市。次年，衣锦还乡的吴长江将公司总部搬回了自己的老家重庆万州。出人意料的是，随后因为需要配合当地警方审查其他案件，按照港交所规定，他必须辞去董事长职位。在获得软银的支持后，董事长随后由战略投资方施耐德方面的人员接任。这直接触动了经销商和吴长江的神经：前者担心机构投资者为了短期利益减少对渠道的财务支持，后者担心已经多次被阎焱批评的自己无法重掌雷士照明。警方结束调查之后，吴长江立刻调动自己在公司的旧部，配合主要的经销商和供应商，发动集体行动，进行新一轮的“逼宫”，迫使软银和施耐德重新选举他为董事长。这次集体动员期间群情激愤，工厂停工，上下游声称将停止与雷士照明合作，导致雷士照明股价暴跌。地方政府也不得不协助解决事件。最终双方达成和解，吴长江达成了自己的目的，重掌雷士照明。

2012 年 7 月这次胜利似乎给了吴长江很大的启示。他意识到自己对雷士照明的控制能力，即使他持股比例并不高（不足 20%，软银是第一大股东，持股 35%），但也足够改变这艘大船的航向。为了彻底赶走束缚自己的软银，吴长江和德豪润达的王冬雷达成合作，后者收购吴长江手上的雷士照明股份并向吴长江定向增发自己的股份，德豪润达成为雷士照明的控股母公司，吴长江则成为母公司的第二大股东。同时，作为德豪方面的第一大股东，王冬雷与吴长江在私下达成了所谓“君子协定”，王冬雷承诺吴长江在雷士照明的领导地位，同时保证不插手雷士照明事务。

从后来的披露看，吴长江后来的行为更为大胆：通过多种方式，为自己控制的公司进行利益输送，掏空了雷士照明；他还嗜赌成性，欠下亿元赌债，拿公司资金为自己还债；故意绕开财务制度，为自己的家族成员牟利。因此，王冬雷希望罢免吴长江的董事长职务，夺回控制权。

为了达成夺得控制权的目的，王冬雷方面做了大量准备。目睹了两次“逼宫”，王冬雷充分意识到公司的控制权并非简单等同于股权。2013 年末，王冬雷动用多种利益手段来分化和获取经销商的支持，大量有影响力的经销商选择与王冬雷合作。

2014 年 8 月，王冬雷利用股权正式罢免了吴长江的董事长职务。作为应对，吴长江试图再次组织大规模的“逼宫”运动，获得公司和上下游的支持。但是这一次，自己曾经付出大量投资的经销商站在了对手那一边。供应商内部也发生了分裂，为数不少的上游企业认为吴长江长期拖欠账款，不值得再次支持。广州的生产基地也充分尊重董事会决议，支持大股东德豪润达。这一次，王冬雷获得了胜利。在双方对决的过程中，王冬雷揭露了吴长江的不端行为，最终引起了检方的重视。2014 年 11 月，吴长江因涉嫌挪用资金罪被逮捕，王冬雷正式接手雷士照明。

雷士照明控制权争夺的案例给管理者提供了参考。

(1) 公司战略投资人和创始人之间经常发生矛盾。这根本上源于双方对于公司的不同诉求。战略投资人希望通过公司的上市和扩张完成自己投资的升值和变现。而创始人希望能够在更长的时期内发展公司。

(2) 案例中出现的第一类代理问题（“内部控制人”问题），主要是发生在吴长江和阎焱之间，阎焱希望吴长江改掉不遵守财务制度、随便使用公司资金的习惯，吴长江则更多地将这个要求视为对自己权威的挑战和管理能力的质疑。

(3) 案例中出现的第二类代理问题“隧道挖掘”问题主要发生在王冬雷入股之后。吴长江这时转型为职业经理人，不再是公司的控制人。但他依然任人唯亲，安排了大量自己的亲信在上下游的关联公司中。在后来的司法调查中，人们发现吴长江在不断地通过各种手段掏空公司。

第 1 节　公司治理概述

一、公司治理的定义

从公司治理的实践及这一问题的产生和发展来看，可以从狭义和广义两个方面来理解公司治理的定义。狭义的公司治理是指所有者（主要是股东）对经营者的一种监督与制衡机制，即通过一种制度安排，合理地配置所有者和经营者之间的权利和责任关系。它是借助股东大会、董事会、监事会、经理层所构成的公司治理结构来实现的内部治理。其目标是保证股东利益的最大化，防止经营者对所有者利益的背离。

广义的公司治理不局限于股东对经营者的制衡，还涉及广泛的利益相关者，包括股东、雇员、债权人、供应商和政府等与公司有利害关系的集体或个人。公司治理通过一套正式或非正式的、内部或外部的制度或机制来协调公司与所有利益相关者之间的利益关系，以保证公司决策的科学性与公正性，最终维护各方的利益。因为在广义上，公司已不仅是股东的公司，而是一个利益共同体的公司，其治理机制也不仅限于以治理结构为基础的内部治理，而是利益相关者通过一系列的内部、外部机制来共同治理，治理的目标不是股东利益的最大化，而是所有利益相关者的利益最大化。要实现这一目标，公司治理就不能局限于权力制衡，而必须着眼和确保企业决策的科学性与公正性。不仅需要建立完备有效的公司治理结构，而且需要建立行之有效的公司治理机制。在此基础上，学术界还产生了泛广义的公司治理概念，这一概念认为公司治理是董事和高级管理人员为了股东、职员、顾客、供应商及提供间接融资的金融机构的利益而管理与控制公司的制度或方法。也就是说，泛广义的公司治理概念在涵盖狭义与广义的公司治理内涵的同时，还包括企业的战略决策系统、企业文化、企业高管控制制度、收益分配激励制度、财务制度、人力资源管理制度等。

二、公司治理的理论

1932 年，伯勒（Berle）和米恩斯（Means）合作出版了《现代公司与私有财产》一书，正式拉开了公司治理理论研究的序幕。经过 80 多年的发展，公司治理理论取得了极其丰硕的成果。这里主要介绍两种公司治理理论：委托代理理论和利益相关者理论。

（一）委托代理理论

委托代理理论是制度经济学契约理论的主要内容之一，委托代理关系是指一个或多个行为主体（股东等）根据一种明示或隐含的契约，指定、雇用另一些行为主体（经理等）为其服务，同时授予后者一定的决策权，并根据后者提供的服务数量和质量对其支付相应的报酬。授权者就是委托人，被授权者就是代理人。

委托代理理论的主要观点如下：委托代理关系是随着生产力大发展和规模化大生产的出现而产生的。其原因一方面是生产力发展使得分工进一步细化，权利的所有者由于知识、能力和精力的原因不能行使所有的权利了；另一方面是专业化分工产生了一大批具有专业知识的代理人，他们有精力、有能力代理行使好被委托的权利。

20 世纪初，伴随着规模庞大的开放型股份制企业的大量出现，企业的股权日益呈现出分散化趋势。股份制企业中作为企业所有者的股东所拥有的企业控制权比例越来越小，而企业的经营管理者几乎完全拥有企业的控制权和支配权。所有权与控制权分离导致的直接后果是委托代理问题的产生，即作为委托人的股东怎样才能以最小的代价，使作为代理人的经营者愿意为委托人的目标和利益而努力工作。从委托人方面来看，第一，股东或者因为缺乏相关的知识和经验，以至于没有能力来监控经营者；或者因为其太繁忙，以至于没有时间、精力来监控经营者。第二，对于众多中小股东来说，由股东监控带来的经营业绩改善是一种公共物品。对致力于公司监控的任何一个股东来说，他要独自承担监控经营者所带来的成本，如搜集信息、说服其他股东、重组企业所花费的成本，而监控公司所带来的收益却由全部股东享有，监控者只按他所持有的股票份额来享有收益。这对于他本人来说得不偿失，因此股东们都想坐享其成“搭便车”。在这种情况下，虽然加强监控有利于公司绩效和总剩余的增加，但只要每个股东在进行私人决策的时候，发现其行为的私人收益小于私人成本，他就不会有动力实施这种行为。从代理人方面来看，第一，代理人有着不同于委托人的利益和目标，所以，他们的效用函数和委托人的效用函数不同；第二，代理人对自己所做出的努力拥有私人信息，代理人会不惜损害委托人的利益来谋求自身收益的最大化，即产生机会主义行为。在所有权分散的现代公司中，同所有权与控制权分离相关的所有问题，最终都与代理问题有关。

（二）利益相关者理论

1984 年，弗里曼出版了《战略管理：利益相关者管理的分析方法》一书，明确提出了利益相关者管理理论。利益相关者管理理论是指企业的经营管理者为综合平衡各个利益相关者的利益要求而进行的管理活动。与传统的股东至上思想相比，该理论认为任何公司的发展都离不开各利益相关者的投入或参与，企业追求的是利益相关者的整体利益，而不仅仅是某些主体的利益。

企业的利益相关者是指那些与企业决策行为相关的现实及潜在的、有直接和间接影响的人和群体，包括企业的管理者、投资人、雇员、消费者、供应商、债权人、社区、政府等，这既包括股东，又涵盖股东之外与企业发展相关的群体。每个利益相关者都希望组织在制定战略决策时能给其提供优先考虑，以实现其目标，但这些利益主体的相关利益及所关心的焦点存在很大的差别，且往往互有矛盾。公司不得不根据对利益相关者的依赖程度作出权衡，优先考虑某类利益相关者。“股东优先”的治理模式正是因此而产生的。然而，企业虽是由出资者设立、以盈利为出发点，但其毕竟存在于社会之中，与社会及其他社会成员之间存在千丝万缕的联系。而且这些利益相关者都对企业承担着不同的风险，企业的生存和发展取决于其能否有效处理同各个利益相关者之间的关系，而股东只是利益相关者之一。因此从利益相关者视角来分析企业的公司治理问题，如今得到了普遍认可。

三、公司治理的重要性

公司治理被人们高度重视的实践根源在于，公司发展所产生的各式各样的问题引起了股东、经理、员工等利益相关者的不满。因此，需要通过良好的公司治理机制，促进企业的股权结构合理化、加强企业的内部控制、降低企业的代理成本，以增强企业的核心竞争力、提高经营业绩，从而实现企业的可持续发展。随着全球经济一体化的发展和现实经济环境的变化，现代公司治理面临着更多问题，如何建立有效的公司治理机制引起了国际社会越来越多的关注。市场环境的快速变化与竞争的加剧，使许多国家与企业组织都清楚地认识到，良好的公司治理既需要国家强制性法规的作用，也需要那些与市场环境变化相适应的、具有非约束性的、灵活的公司治理原则。

公司治理问题的根源是公司制度本身，因此公司治理是针对公司制度的治理。然而企业制度的不断演进，导致了公司治理制度安排并非一劳永逸，而是随企业内外部环境动态变化。一方面，企业需要基于自身特点及股东权责分配过程建立不同的公司治理机制。另一方面，公司治理模式因不同国家的制度环境差异而具有明显的国别差异，并在一定程度上成为特定国家的政治、法律、经济、历史和文化等环境因素的产物。受到制度环境、资源稀缺性、竞争全球化等多种原因的影响，公司治理具有动态发展的特征，这对学者和企业家持续关注公司治理问题提出了要求。

第2节　两大公司治理问题

公司治理问题主要包括代理型公司治理问题和剥夺型公司治理问题。代理型公司治理问题面向的是股东与经理之间的关系，即传统意义上的委托代理关系；而剥夺型公司治理问题则涉及股东与股东间的利益关系。就本质而言，这两类公司治理问题都属于委托代理问题，只不过第一类问题是公司所有者与经营者（亦即股东与经理之间）的代理问题，而第二类问题是大股东与中小股东之间的代理问题。可以将第一类公司治理问题形象地称作经理人对于股东的“内部人控制”问题，将第二类公司治理问题称为终极股东对于中小股东的“隧道挖掘”问题。

一、经理人对于股东的“内部人控制”问题

按照委托代理理论，现代企业可以看作一系列委托代理契约的集合。在这些契约中，所有者与经营者之间虽然具有委托代理关系，但是由于委托人与代理人间存在目标利益不一致与信息不对称的问题，企业的外部成员（如股东、债权人、主管部门等）无法实施有效的监督。企业的内部成员（如厂长、经理或工人）能够直接参与企业的战略决策，并掌握了企业大部分的实际控制权，他们可能在公司战略决策中追求自身利益，甚至内部各方面联手谋取各自的利益，从而架空所有者的有效控制，并以此来侵蚀外部人（股东）的合法权益，这就是所谓的“内部人控制”现象。

当前一般认为内部人控制问题的主要表现如下：过高的在职消费，盲目过度投资；信息披露不规范、不及时；经营者的短期行为，过度耗用资产，工资、奖金等收入增长过快，侵占利润；资产转移，敷衍偷懒；大量拖欠债务，甚至瞒报亏损；等等。国有资产流失、会计信息失真是我国国企改革过程中的“内部人控制”问题的主要表现形式。

（一）“内部人控制”问题的背景

“内部人控制”最早由日本经济学家青木昌彦提出，他通过研究苏联、东欧国家在体制转轨过程中出现的一些特有情况后发现，从 20 世纪 80 年代起，这些国家开始在经济转型过程中直接套用西方发达国家的公司治理模式，试图构建自己的公司治理系统，但由于历史、文化、制度和习俗等多方面的不同，并未取得预期的效果。针对这些问题和现象进行研究后，青木昌彦、钱颖一等提出了较具代表性的“内部人控制”的公司治理理论。

“内部人控制”是转轨过程中所固有的一种潜在的可能风险。在一般的公司治理模式中，经理层的“偷懒”以及“道德风险”问题可以由外部（或市场）抑制其发生，如竞争性的劳动力市场、有效率的资本市场等。但是，由于体制转轨过程中存在路径依赖，要在制度转型时期重建新的公司治理机制必然会遇到相当大的阻力。内部人控制造成的直接后果就是企业所有者的利益遭到内部人的侵害，企业效率遭受损失。青木昌彦主张寻找一种对企业监控的特殊外部机制，在这种机制下，即便在经理和员工不愿放弃其既得利益的情况下，治理机制依然可以有效地发挥作用。

（二）“内部人控制”问题的成因

“内部人控制”问题的形成，实际上是在所有权和经营权分离的公司制度下，委托代理关系所带来的必然结果。虽然从某种意义上讲，所有者与经营者利益一致、目标相同，公司经营好坏与两者息息相关，但两者实际上并非相同的利益主体：所有者的目标较为单一，追求企业利益最大化；而经营者的目标更为多元化，既追求个人收入，也追求权

力、地位与在职消费等。当两者之间发生利益冲突时，经营者往往会利用控制公司的特殊地位和拥有公司大量信息的有利条件，设法弱化所有者的约束，放弃甚至侵害所有者的权益以实现自身利益的最大化。

另外，公司治理机制的不完善为内部人控制提供了有利条件。通过对股份制企业的运行状况进行研究分析可以发现，许多公司的内部治理结构是扭曲的。一些股东大会流于形式，公司并没有把股东大会作为最高权力机构，董事会凌驾于股东大会之上，甚至是董事长兼任总经理独揽大权，董事会、监事会成员由股东大会选举产生的比例也不高，难以产生监督和制衡。

(三)“内部人控制”问题的基本对策

当前，公司治理中存在的“内部人控制”问题虽然出现在企业内部，根源却在于企业外部的制度和机制，即外部职责的懈怠和治理功能的缺失。要解决“内部人控制”问题可从以下几方面着手。首先，完善公司治理体系，加大监督力度。在明确股东大会、董事会、监事会和经理层的职责的基础上，使其运作流程更加规范，信息更加透明、公开。这既有利于监管企业的日常经营活动，也能为建立更好的经理人激励机制提供条件。其次，强化监事会的监督职能，形成企业内部权力制衡体系。吸纳具有良好专业素质的外部人员担任独立董事，以此削弱监事会对董事会的依附，从而加强对企业经理人员的监督。监督机构独立运作，与日常经营相互制约、相互扶持。从长远看，这有助于形成内部人不同利益集团间的监督制衡机制。最后，完善和加强公司的外部监督体系，使利益相关者参与到公司的监管中，再结合经济、行政、法律等手段，构建对企业经营者的外部监督机制。例如，银行参与公司治理和监管就有天然优势。银行一般能及时了解公司的财务状况，从而克服信息不对称条件下对公司经营者的行为难以监督的问题。

二、终极股东对于中小股东的“隧道挖掘”问题

在传统的公司治理理论中，一般都是将如何保障公司股东利益不被侵占作为关注的重点，相应的治理结构和治理机制也都基于此种考虑进行设计。但在现实世界中，许多公司都存在一个或几个具有绝对影响力的大股东，对于那些数量上占绝大多数的中小股东而言，他们实际上只拥有名义上的控制权，与其所承担的实际风险并不对等。在这种股权结构下，委托代理问题主要集中体现为大股东与中小股东之间的利益冲突。尤其是当资本市场缺乏对中小股东利益的保护机制时，对公司经营活动具有控制力的大股东就更加不易受到约束，他们可以牺牲众多中小股东的利益，通过追求自利目标而不是公司价值目标来实现自身获利最大化。因此，当公司有大股东存在时，公司的主要代理问题将不再是管理人员与股东之间的冲突，而是控股股东与中小股东之间的利益冲突。因此，此时公司治理的重点应是如何防止大股东利用对企业的控制权对其他中小股东利益的侵占。除了法律法规层次上明确对中小股东保护的条款外，还需要从公司治理的制度设计层次增加对这类弱势群体的保护，以防止“隧道挖掘”行为的出现。

(一) 控制权增强机制

一般而言，大股东通常采用三种基本的控制权增强方式来获得超过现金流权的公司控制权：(1) 构建金字塔结构；(2) 总发行类别股票；(3) 交叉持股。其中，金字塔结

构指公司股权组织结构，它是控制性股东控制上市公司的有效链式结构。在金字塔结构中，终极控制股东一般处于控制链的顶端，而上市公司常常处于最底端，有一个或多个并非被终极股东完全控制的企业位于两者之间。如果位于金字塔结构顶端的终极股东持有公司 A 50%的股份，而公司 A 又持有公司 B 50%的股份，并且公司 A 和公司 B 的其他股份由分散的小股东持有，那么终极股东在拥有 25%的现金流的情况下就控制了公司 B。通过金字塔控制链，控制性股东可以轻易地控制上市公司，并且这种情况下控制性股东的控制权和现金流权存在较大的偏离。金字塔结构是一种最为普遍的控制权增强机制。此外，大股东还常常通过发行具有不同投票权的股票来获得对上市公司的控制权，这是控制性股东控制公司最直接的方式。一般而言，这种机制可以保护公司创始人的利益不被机构投资者剥夺，却提高了公司的投票权和现金流权的偏离程度。交叉持股的公司股权结构是一种和其他公司股东联合的控制机制，在亚洲较为常见。

（二）“隧道挖掘”与控制权私利

基于前述控制权增强机制，掌握了控制权的大股东较大程度地实现了投票权和现金流权的分离，这给予了他们剥夺中小股东利益的空间。这种行为被称作“隧道挖掘”，也被称作大股东的“掏空”行为，即大股东为获取私人利益而做出通过隐蔽渠道侵害上市公司利益的行为。大股东能够侵害上市公司，主要是因为控制权私利的存在。

公司大股东获取控制权私利的主要方式包括关联交易转移利润、非法占用上市公司资金、融资分红、高管的高薪水和特殊津贴等。控制权私利的表现除了货币收益外，还有大股东自身权力地位的巩固、巨大的成就感、声誉等非货币收益。控制权私利可以有多种形式，但其本质是相同的，即控股股东因处于控制地位而获得的其他中小股东无法获得的且不是所有股东按持股比例分享的私有收益。控制权私利是大股东在掌握控制权之后的一种“控制权成本”的补偿。适当范围的控制权私利可以激励大股东并且使其控制权成本得到补偿，对公司价值产生正向效应；而超额的控制权私利会损害企业价值和投资者利益。

（三）“隧道挖掘”问题的基本对策

大股东通过各种“隧道挖掘”行为侵占公司及中小股东利益已经不是个别现象，其带来的问题已经非常严重，相关部门必须对此高度重视。“隧道挖掘”行为不但严重损害了广大中小股东的利益，造成了明显的不公平结果，打击了广大中小投资者参与资本市场的积极性，还严重阻碍了金融市场平稳健康的长远发展。大股东掠夺小股东现象的普遍存在说明在公司治理机制中需要健全对大股东行为的制约机制。

为了保护中小股东利益，在关注外部的法律环境的同时还应当调整上市公司的内部治理结构。从外部法律环境来看，国家或地区实施的对投资者权利进行保护的法律及执行力度，决定了该地区的投资者受保护的程度。高程度的投资者法律保护能够限制控股股东的掏空行为，有利于提升公司价值，促进资本市场的发展。从内部治理结构来看，上市公司的股权制衡和董事会独立是有效保护中小股东的方式。股权制衡是指公司中其他股东对控制性股东的制约能力，一般用前几大股东和第一大股东的股权之比来衡量公司的股权制衡程度。上市公司的股权制衡可以有效控制大股东的掏空行为，提高公司的价值。另外，保持董事会的独立性也是保护中小股东权益的重要内部治理机制之一。公司的控制性股东在选择董事会成员和管理层时可能表现出较为严重的干预倾向，从而影响董事会的独立性，对中小股东的权益维护产生了潜在威胁。当前公司一般通过设立独立董事来保持公司董事会的独立性，但由于国家制度环境及公司治理结构等差异，独立董事的独立性和监督职能的履行效果受到了质疑，因此，建立有效的董事会独立性维护机制还需要在未来的公司治理研究中进行进一步的研究与探索。

第3节　公司内部治理结构与外部治理机制

一、公司内部治理结构

公司内部治理结构是指主要涵盖股东大会、董事会（监事会）、高级管理团队以及公司员工之间责权利相互制衡的制度体系。由于经理人员与股东的利益不一致、合约的不完备和信息的不对称所产生的不确定性，委托代理问题不太可能仅通过签订合约的手段来解决。这样在公司内部就需要一个制度机制来约束经理人员的败德行为。所以，在实践中股东并不是将公司的控制权直接交给经理人员，而是以一种信托关系首先交给董事会，董事会再通过委托代理关系聘用经理人员进行经营管理。为了使公司能够有效地运作，各层权力机构应明确自身的权利与义务，避免出现越级管理现象。

（一）股东大会

1. 股东与股东大会

股东是出资设立公司并对公司债务负责的人。股东向公司投资，从而持有公司股票，并且凭借持有的股票行使其权利，享受法定的经济利益，并承担相应的义务。股东可以是自然人，也可以是各种类型的法人实体。股东与其所持股的公司互为独立的法律人格并互为权利义务关系，是相互独立的两个民事主体。依据《公司法》及公司章程的规定，股东拥有公司，公司拥有法人财产。基于此，二者之间存在互动关系。

一般来说，股东主要是通过参与股东大会来行使权利。股东大会有两个基本特征：一是股东大会是公司内部的最高权力机构和决策机构；二是股东大会是公司的非常设机构，除了每年的例行年会和特别会议外，股东大会并不会在公司出现。股东大会是股东表达意见的主要渠道。在股东大会上，股东不但可以对公司的经营方针作出决策，还可以通过改选董事会来对经理层施加压力。也就是说，股东虽然没有权力直接解聘不称职的经理人员，但他们可以通过手中的投票权威胁董事会，使公司的董事会更加尽责，进而使得经理人员不敢随意侵占股东的利益。

2. 机构投资者

机构投资者是指利用自有资金或者从分散的公众手中筹集的资金专门进行有价证券投资活动的法人机构，包括证券投资基金、社会保障基金、商业保险公司和各种投资公司等。随着公司投资者中机构投资者规模的扩大，机构投资者的所有权不再被视作是被动的，而是可以通过股东大会参与公司管理，这就形成了机构投资者的行动主义，使公司治理变得更加有效。

机构投资者的行动主义的内涵包括：（1）机构投资者与所投资公司的董事会举行一对一的例会，即参与和对话；（2）机构投资者积极在股东大会上行使表决权；（3）机构投资者积极关注所投资公司的董事会成员构成；（4）机构投资者联合向公司管理层提出公司战略和经营建议。机构投资者行动主义的目的是影响所投资公司的未来发展，包括公司战略、公司经营绩效、公司兼并或转让战略、非执行董事未能使管理层准确地遵守契约和承诺、内部控制失效、未能合理地遵守公司治理原则、不恰当的薪酬计划、公司履行社会责任的方式等。

（二）董事会

董事会是由股东大会选举产生的，负责公司及其经营活动的指挥与管理。它对股东大会负责，是股东大会闭幕期间公司常设的权力机构，是集体行使权力的机构。股东大会所作的关于公司重大事项的决定，董事会必须执行。

1. 董事及其分类

董事是指由公司股东大会选举产生的具有实际权力和权威的管理公司事务的人员，是公司内部治理的主要力量，对内管理公司事务，对外代表公司开展经济活动。担任董事职位的人可以是自然人，也可以是法人。但法人担任公司董事时，应指定一名有行为能力的自然人为代理人。

董事按照其与公司的关系分为内部董事与外部董事。内部董事也称执行董事，主要指担任董事的本公司管理人员，如总经理、常务副总经理等。外部董事是指不在本公司担任除董事以外的其他职务的董事，如其他上市公司的总裁、公司咨询顾问和大学教授等。

此外，公司的外部董事还可以进一步分为关联董事和独立董事。关联董事是指虽然不在公司中担任其他职务，但仍与公司保持着利益关系的董事，如公司关联机构的雇员或咨询顾问等。独立董事才是真正具有独立性的董事，他们不仅是公司的外部董事，而且与公司或公司经营管理者没有重要的业务联系或专业联系，并对公司事务作出独立判断，如大学教授、退休的政府官员等。

2. 专门委员会

为了更有效地解决公司内部治理问题，董事会一般下设几个专门委员会，分别从事相关方面的工作。董事会的这些专门委员会原则上应由独立董事构成，由他们召开会议，承担各自的工作。其中，最常见的如审计委员会、薪酬与考核委员会、提名委员会与战略决策委员会。

（1）审计委员会。其主要职责：1）检查公司会计政策、财务状况和财务报告程序；2）与公司外部审计机构进行交流；3）对内部审计人员及其工作进行考核；4）对公司的内部控制进行考核；5）检查、监督公司实际或潜在的各种风险；6）检查公司遵守法律、法规的情况。

（2）薪酬与考核委员会。其主要职责：1）负责制定董事、监事与高级管理人员考核的标准，并进行考核；2）负责制定、审查董事、监事、高级管理人员的薪酬政策与方案。

（3）提名委员会。其主要职责：1）分析董事会构成情况，明确对董事的要求；2）制定董事选择的标准和程序；3）广泛搜寻合格的董事候选人；4）对股东、监事会提名的董事候选人进行形式审核；5）确定董事候选人并提交股东大会表决。

（4）战略决策委员会。其主要职责：1）制定公司长期发展战略；2）监督、核实公司重大投资决策等。

（三）经理层

经理层由负责公司日常经营管理和行政事务的经理人员组成。这些经理人员是由公司董事会聘任的在法律法规及公司章程规定和董事会授权范围内代表公司从事业务活动的高级管理人员。

1. 经理人的职权

在我国，总经理虽受聘于董事会，其职权的主体部分却不为董事会所授权，而是由《公司法》明文规定。《公司法》规定，经理的职权包括：

（1）主持公司的生产经营管理工作，组织实施董事会决议；

（2）组织实施公司年度经营计划和投资方案；

（3）拟订公司内部管理机构设置方案；

（4）拟订公司的基本管理制度；

（5）制定公司的具体规章；

（6）提请聘任或者解聘公司副经理、财务负责人；

（7）决定聘任或者解聘除应由董事会决定聘任或者解聘以外的负责管理人员；

（8）董事会授予的其他职权。

同时，考虑到各公司的情况不同，《公司法》指出，公司章程对经理职权另有规定的，从其规定。

2. 经理人的薪酬激励

经理人的激励约束机制是公司治理结构中的一个核心问题。传统上，薪酬激励一直是委托人用来解决代理问题的主要手段。一般来说，在对经济利益无限追求的前提下，一个设计合理的薪酬机制能够使经营者努力工作，为委托人创造更大的财富。

（1）年薪制。所谓年薪制是指以企业经营者为实施对象，以一个经营周期即以年度为单位，确定经营者的基本报酬，并视其经营业绩发放风险收入的一种薪酬制度。这一制度将经营者的收入与其经营业绩挂钩，体现出经营者人力资本的价值，从而能更好地发挥经营者的积极性和创造性。

年薪制的根本缺陷在于易导致经营者的短期行为。由于年薪制中的经营者收入以年度来计算，主要取决于当年企业的经营效益，因此经营者有可能削减企业某些支出或选择那些回收期短的投资项目，这显然不利于企业的未来发展。

（2）股权激励。为了弥补年薪制的缺陷，公司一般会对经理人实施股权激励。股权激励是一种通过经营者获得公司股权的形式给予企业经营者一定的经济权利，使他们能够以股东的身份参与企业决策、分享利润、承担风险，勤勉尽责地为公司的长期发展服务的激励方法。

一般来说，股权激励兼具报酬激励和所有权激励的双重作用。公司经营得好，公司股票的价格就能不断上涨，经营者就可以通过出售股权获得可观的收益；反之，公司经营不善，股票价格就难以上涨，甚至还会下跌，在这种情况下，经营者就可能遭受损失。因此，股权激励的目的是通过报酬机制把经营者的行为与公司所有者的利益联系在一起。同时，一旦经营者购买了公司的股票，他们就处于和普通股东同样的地位，成了企业的所有者。作为企业的所有者，他们当然也期望公司能实现利润的最大化和资产的保值增值，因此，股权激励可以通过所有权机制保证经营者行为与所有者的利益一致。

股权激励的具体方式有多种，包括股票期权、股票增值权、虚拟股票、业绩股票及限制性股票、延期支付、经理人持股等。

二、公司外部治理机制

从科学决策的角度看，公司内部治理结构不能解决公司治理的所有问题，还需要若干具体的超越内部治理结构的外部治理机制。外部治理机制主要是指企业内部的各种监控机制以外的对公司发挥监控和约束作用的各种市场机制（如产品市场、资本市场、经理人市场）。

（一）产品市场

产品市场的竞争对经理人的约束主要来自两个方面。一方面，在充分竞争的市场上，只有最有效率的企业才能生存，作为企业的经理人员自然面临更大的压力。企业的经理人如果不努力的话，企业就可能破产，经理人自己也可能失业。在生存的压力下，经理人会付出更大的努力，而且产品市场的竞争越激烈，经理人的这种压力就越大。也就是说，市场竞争越激烈，经理人败德行为的空间就越小。

另一方面，产品市场的竞争可以提供有关经理人行为的更有价值的信息。如果企业所在的行业没有竞争，全行业只有一家企业，企业的股东就很难评判经理人工作的好坏。但是，如果同时有几家企业在同一行业竞争，并且影响不同企业收益和成本的因素是相同的，那么企业的股东就可以通过把自己的企业与其他企业进行比较而获得经理人工作优劣的更准确的信息。有了产品市场上的比较，股东就可以把经理人的报酬与同行业其他企业经理人的业绩相联系，也就可以为经理人提供更强的激励。

（二）资本市场

资本市场也称为控制权市场。资本市场对经理人行为的约束是通过接管和兼并方式进行的，也就是在资本市场上争夺企业控制权。简单地说，当公司现有经理人经营不努力时，企业的业绩就可能下降，股票价格就会下跌，股票的价值也会小于可能的最大价值。这时，会有人通过资本市场上的收购，获得这家公司的控制权，经营无方的管理者将被替换，以期待公司改进管理后实现增值。

即使收购不成功，在位管理者也会因面临被替换的威胁而主动改善其经营行为。此时，即使没有其他激励措施，经理人也可能付出更多的努力，从而有可能使其行为与股东利益和公司价值最大化目标更趋一致。因此，收购和重组的威胁被认为是控制经理人行为的最有效的方法之一。

（三）经理人市场

存在于公司所有者和管理者之间的委托代理问题会因为管理者对自己职业生涯的关注而得到缓解。管理者对自己职业生涯的关注主要来源于经理人市场。经理人市场之所以对经理人的行为有约束作用，是因为在竞争的市场上声誉是决定个人价值的重要因素。经理人如果不努力，其业绩表现就会不佳，其声誉就会下降。同时，经理人也必须关心自己的名声，因为声誉好了才会有人愿意聘请他，他也才能获得更高的报酬。

第 4 节　公司治理的基础设施

影响公司治理效率的因素不仅包括公司内部治理结构和公司外部治理机制，还包括公司治理的基础设施。公司治理的基础设施主要包括公司信息披露制度、评价公司财务信息和治理水平的信用中介机构、保护投资者利益的法律法规、政府监管以及媒体和专业人士的舆论监督等。公司治理的一个重要目标是提供高质量的公司信息，前述几个方面可以围绕确保披露高质量的公司信息而有机地联系起来。但是，披露的信息质量很难保证，因此需要会计、审计等信用中介机构进行评价，为披露的公司信息出具独立意见。但有了这些信用中介机构并不能保证公司披露的信息一定真实可靠，一旦出问题，就可能要诉诸事后的惩罚机制，也就需要法律法规的介入。如果有完善的投资者法律保护，并且有公正透明的执法程序，一旦出现信用中介机构伙同公司欺骗信息使用者尤其是投资者的情况，相关法律制裁机制便立即启动，这同样可以最大限度地挽回投资者的损失。除此之外，还需考虑从公司信息的产生到披露过程中的政府监管和专业人士的舆论监督，他们可以在事中控制信息披露的质量。因此，我们可以把公司治理的基础设施统一到公司信息披露的分析框架中（如图 13－1 所示）。

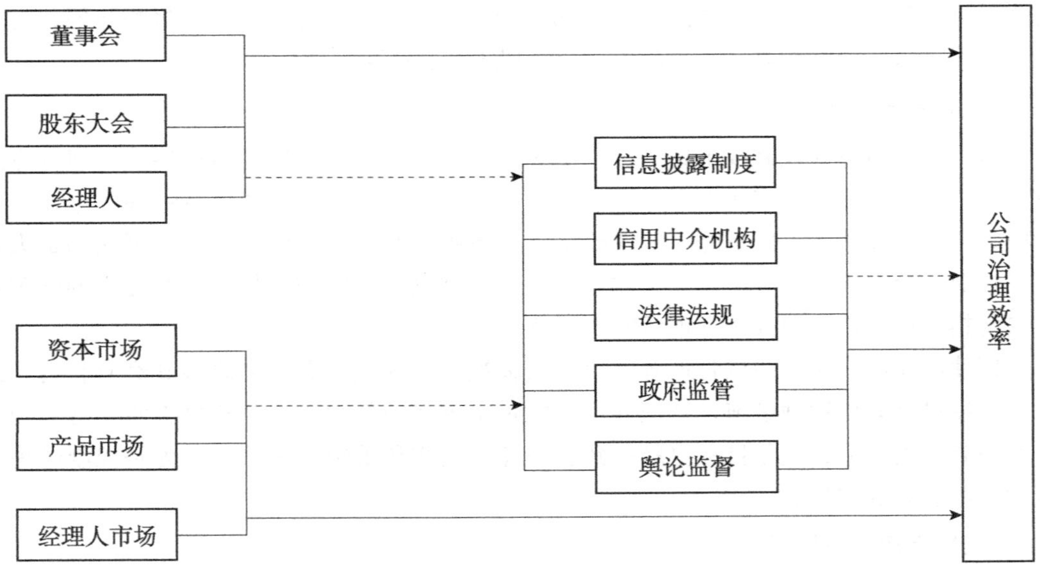

图 13－1　公司治理效率影响因素的分析框架

资料来源：高闯．公司治理：原理与前沿问题．北京：经济管理出版社，2009.

一、信息披露制度

信息披露制度是上市公司为保障投资者利益、接受社会公众的监督而依照法律规定必须将自身的财务变化、经营状况等信息和资料向证券管理部门和证券交易所报告，并向社会公开或公告，以使投资者充分了解情况的制度。它包括公司证券发行前的信息披露和上市后的持续信息公开，主要由招股说明书制度、定期报告制度和临时报告制度组成。信息披露制度的特征主要包括信息披露义务的强制性和自愿性、信息披露内容的多样性和信息披露时间的持续性等。

信息披露在公司治理结构中的作用表现在以下几方面：

1. 信息披露在内部治理结构中的监督作用

如何监督高级经理人员和大股东的行为是公司治理的关键。监督需要信息，尤其是公司财务方面的信息。财务信息通过对一个企业财务状况、经营成果和现金流量的披露，降低了股东与经理人员之间以及大股东和中小股东之间的信息不对称，从而比较有效地降低了经理人员和大股东的机会主义行为。

2. 信息披露在内部治理结构中的激励作用

信息披露特别是财务信息的披露为激励经理人员提供了依据。激励经理人员的关键在于如何评价经理人员与其签订的报酬契约。财务信息披露是对经理人员进行评价的基础，对经理人员真实、客观的评价可以起到降低道德风险、提高激励效果的作用。

3. 信息披露在内部治理结构中的契约沟通作用

企业是一系列契约关系的联结。财务信息为企业各种契约的签订、执行与监督提供基础性数据，并成为企业契约的重要组成部分，可以降低契约沟通成本（如签约成本和监督成本）。同时，契约是不完备的，缔约各方不可能对所有情况事无巨细地进行约定，因此，公司股东、董事会和经理人必然为获得财务信息相关的各种权利展开沟通和博弈。内部治理结构各个契约环节的有效运行，如股东控制权和投票权的行使，董事会决策权的实施和经理人薪酬计划的制定，同样以信息披露为依托。信息披露有效缓解了内部治理结构中的契约摩擦和沟通摩擦，降低了公司治理成本。

4. 信息披露有助于外部治理机制的有序运作

公司外部治理机制的有效运作同样需要相关、可靠、及时和充分的财务信息。

二、信用中介机构

信息披露制度旨在向公司利益相关者提供必要的信息，而信用中介机构可以让公司利益相关者相信公司所提供信息的真实性和可靠性。信用中介机构需要保持足够的独立性，对公司披露的信息出具客观公正的评估报告，为公司的利益相关者负责，避免他们的利益受到损害。主要的信用中介机构包括会计师事务所、投资银行和律师事务所等。一般而言，这些信用中介机构在担保公司信息披露质量方面很守信用。如果它们对公司披露的虚假信息表示认可，就会面临承担相应法律责任的风险，可能会受到政府部门的民事或刑事起诉，后果严重，所以，它们在工作中一般会严格遵守工作准则和职业道德。

1. 会计师事务所

会计师事务所一方面为公司起草和审查财务报告，另一方面还要查找公司账目的漏洞，防止虚假信息的出现，从而保证真实、准确地描述公司财务状况。专业会计师是保证会计师事务所信用的关键，他们通过审计服务建议公司建立严格的内部程序，以保证审计结果或审计的财务报告达到最低质量标准。

2. 投资银行

投资银行是主要从事证券发行、承销、交易、企业重组、兼并与收购、投资分析、风险投资及项目融资等业务的非银行金融机构。投资银行主要由一些专业金融投资分析师组成，他们能够对公司进行深度投资分析，评价公司的投资价值，这种能力是一般投资者所不具有的，因此，投资分析结论对广大投资者的投资决策有重大影响。另外，有投资银行参与的企业兼并、收购和重组等业务充分体现出其公司治理功能。

3. 律师事务所

律师事务所是第三个主要的信用中介机构。尽管与会计师事务所、投资银行相比，投资者对它们并不是很关注，但在发达的证券市场中，它们的作用不容忽视。律师事务所会综合考虑接受发行公司准备的相关文件，提醒发行公司和投资银行遵守信息披露制度。

信用中介机构独立性的制度安排对于其信用机制的建立至关重要。而这种制度安排是否有效，一方面取决于信用中介机构人员的职业操守和专业能力，即进行专业业务服务既要有专业胜任能力，又要有独立的地位，并保持合理的职业谨慎；另一方面取决于相关的制度设计。这样，如何通过制度安排确保信用中介机构的独立性就成了公司治理中信用中介机构信用机制建构的核心。

三、法律法规

公司治理是以法治为基础的，公司法、银行法、证券法、破产法、劳动法等法律均会对公司治理产生重大影响。投资者法律保护主要是指一个国家的法律法规对投资者的保护条款及这些条款的执行情况。对中小投资者的法律保护越完善，公司价值越高。对小股东的权利保护较好时，普通投资者预期他们未来的投资收益被大股东剥夺的可能性较小，从而更愿意购买这些公司的股票。相反，对小股东的权利保护较差时，普通投资者面临着很大的被大股东欺诈的可能性，因而不能实现他们应该得到的未来收益。在这种情况下，普通投资者愿意为这些公司的股票支付的价格就低，在极端的情况下甚至可能迫使一些公司退出股票市场。

四、政府监管

政府监管的必要性和重要性如下：一是信息不对称问题导致市场失灵，需要政府监管；二是法律的不完备性需要通过政府监管加以弥补。我国还处于转型期，市场缺陷无法通过市场本身来克服，必须借助公共权威机构即政府。一个有效的政府是市场经济转型的前提条件。同时，政府为了促进就业、实现经济增长、获得税收，必然要关注公司稳定和公司各方的利益，也就必然要对公司实施监管。

有效的政府监管体系应包括以下四个方面：

1. 法律监管

法律具有权威性与强制性，对公司治理中各主体和客体的行为具有最高权威的强制性约束，是其他形式监督的依据和基础。法律监管应从两个方面进行：(1) 制定法律规章，即立法监管；(2) 法院执法，即司法介入监管。

2. 行政监管

法律监管有其不足之处：(1) 法律规章的制定不完善、不健全；(2) 司法介入监管一般是被动的和事后的，不利于保护受损人的利益。因此，有必要引入能主动执法的机构，即政府各级行政机关。行政监管就是指各级行政机关依照法律的授权和规定对公司治理中各主体和客体的行为所进行的监管。行政监管的主体主要有证监会及其派出机构、财政部、国资委、银保监会等。

3. 市场环境监管

这是指政府通过对市场环境的建设来达到公司治理的目的。良好的公司治理依赖于充分竞争和完备的市场体系（如竞争的产品市场、资本市场、经理人市场、劳动力市场），以及健全的破产机制等，这些都是有效的公司治理体系的重要组成部分。培育和营造良好的市场体系需要依靠政府的支持、引导和监管。

4. 信息披露监管

上市公司信息披露的管理体制是一国或地区对上市公司信息披露行为所采取的管理体系、管理结构和管理手段的总称，是上市公司监管体制的重要组成部分。负责上市公司信息披露监管的管理机构主要包括证券主管机关和证券交易所。

五、舆论监督

舆论监督的实施主体主要分为两个层次，即公众层次和媒体层次。公众作为舆论监督的主体，是舆论话题的发现者与提供者。而媒体一方面是公众舆论监督的实现途径和输出管道，另一方面也是舆论监督话题的发现者与供应者。可以说，媒体在舆论监督中负有双重任务。

媒体监督具有全方位性和独立性，它无处不在，对公司治理主体和客体构成现实和潜在的监督。它通过对公司的一些重大违法事件的揭露来提高监督效率。同时它还对行政监管行为进行监督，通过对公司违规行为的调查和披露，迫使行政监管部门提高监管效率，迫使立法机关加快立法进程，从而促进了行政监管效率和法律监管效率的提高。

公众监督对公司治理的影响主要来自专业人士的作用，包括公司治理、公司财务等方面的专家和学者。他们对上市公司治理评价以及虚假信息披露等问题的分析发挥了专业人士积极的公司治理监督作用。

本章小结

从狭义角度讲，公司治理是指所有者（主要是股东）对经营者的一种监督与制衡机制，即通过一种制度安排，合理地配置所有者和经营者之间的权利和责任关系；广义地讲，公司治理不局限于股东对经营者的制衡，还涉及广泛的利益相关者，包括股东、雇员、债权人、供应商和政府等与公司有利害关系的集体或个人。现代公司分散的股权结构、分离的所有权和控制权以及市场信息的不对称等特征，是公司治理问题产生的主要原因。公司治理问题主要包括：公司所有者与经营者间的代理问题，即经理人对于股东的“内部人控制”问题；大股东与中小股东间的代理问题，即终极股东对于中小股东的“隧道挖掘”问题。

解决公司治理问题依赖于健全的公司治理制度安排：涵盖股东大会、董事会（监事会）、高级管理团队以及公司员工之间责权利制衡安排的内部治理结构；来自产品市场、资本市场、经理人市场对公司进行监督和约束的外部治理机制；包括信息披露制度、评价公司财务信息和治理水平的信用中介机构、保护投资者利益的法律法规、政府监管以及媒体和专业人士的舆论监督等公司治理基础设施在内的公司治理机制。它们共同构成了影响公司治理效率的关键因素。

思考题

1. 根据委托代理理论，委托代理问题产生的原因是什么？
2. 比较分析两大公司治理问题的成因和应对措施。

参考文献

[1] BERLE A A, MEANS G C. *The Modern Corporation and Private Propetry*. New York: Macmillan Company, 1932.

[2] COASE R H. The Nature of the Firm. *Economica*, 1937, 4 (16): 386 - 405.

[3] COASE R H. The Nature of the Firm: Influence. *Journal of Law, Economics, and Organization*, 1988, 4 (3): 33 - 48.

[4] COASE R H. *The Firm, the Market, and the Law*. Chicago: University of Chicago Press, 1988.

[5] EISENHARDT K M. Agency Theory: An Assessment and Review. *Academy of Management Review*, 1989, 14 (1): 57 - 74.

[6] FREEMAN R E. *Strategic Management: A Stakeholder Approach*. Boston: Pitman, 1984.

[7] FREEMAN R E. The Politics of Stakeholder Theory: Some Future Directions. *Business Ethics Quarterly*, 1994 (4): 409 - 421.

[8] JENSEN M. C. Agency Costs of Free Cash Flow, Corporate Finance and Takeovers. *American Economic Review*, 1986, 76 (2): 323 - 329.

[9] JENSEN M C, MECKLING W H. Theory of the Firm: Managerial Behavior, Agency Costs and Ownership Structure. *Journal of Financial Economics*, 1976, 3 (4): 305 - 360.

[10] MEYER J W, ROWAN B. Institutionalized Organizations: Formal Structures as Myth and Ceremony. *American Journal of Sociology*, 1977, 80 (2): 340 - 363.

[11] 李维安. 公司治理学. 2版. 北京：高等教育出版社，2009.

[12] 林毅夫．关于制度变迁的经济学理论：诱致性变迁与强制性变迁．(2015-03-29). http://www.doc88.com/p-1068553734626.html.

[13] 宁向东．公司治理理论．北京：中国发展出版社，2006.

[14] 赵晶．社会资本控制：公司治理的新范式．北京：经济管理出版社，2015.

[15] 苏国勋．理性化及其限制：韦伯思想引论．上海：上海人民出版社，1988.

第 14 章 战略领导力

学习目标

- ⊙ 理解战略领导力的定义、构成要素及特征；
- ⊙ 解释战略领导力对公司成长的重要影响；
- ⊙ 说明 CEO 和高层领导团队的关键作用；
- ⊙ 阐述高层领导团队对战略变革产生的影响；
- ⊙ 阐述战略型领导者的素质以及如何培育战略领导力。

引导案例

微软重生

还记得 2014 年的微软吗？虽然还保持着盈利，但似乎已经没落了。在瞬息万变的商界，所有的产业都在迅猛发展。微软眼看着 iPhone 红遍全球，而自己只能靠 Office 软件和 Windows 系统吃老本。微软曾经在 1999—2000 年坐拥超 6 000 亿美元市值，成为当之无愧的全球第一大市值公司，然而，到了 2013—2014 年，微软的市值已经不足 3 000 亿美元。消费者和企业早就在拥抱移动端，而微软却停滞不前。那时候的苹果、Facebook 正忙着“改变世界”，亚马逊的云计算服务也蒸蒸日上，它们将微软这家“老店”远远甩在身后。

2014 年 2 月，就在唱衰微软的声音不绝于耳的时候，萨蒂亚·纳德拉（Satya Nadella）临危受命，成为继比尔·盖茨和史蒂夫·鲍尔默后微软的第三位 CEO。上任前，纳德拉并非身负盛名的管理者，而是一位勤恳忠诚的微软老员工。他 1992 年加入微软，一步步做到云服务和企业团队主管。许多人不禁对这个决定提出了质疑：这位 CEO 能带领微软这家拥有 12 万员工的老店重获新生吗？

纳德拉上任后，提出了“移动为先，云为先”的新战略，大刀阔斧地进行“自我革命”，砍掉手机业务，放弃 Windows Phone，转身拥抱云服务与 AI，不惜血本投资 Azure 云计算，大力改进基于云端的办公软件 Office 365 和 Dynamics 365，为微软开启了第二个春天。

2018 年 11 月 24 日，微软市值为 7 533.4 亿美元，正式超过苹果，成为世界上市值最高的公司。2018 财年微软年营收 1 103 亿美元，微软成功跻身年营收超千亿美元的企业阵营。Azure 已经取代 Windows，成为微软公司业务主要的增长动力之一，也是最大的亮点之一。有机构曾预计，Azure 可在未来 10 年内突破 1 000 亿美元的营收。曾经深陷垄断丑闻的“霸道”微软竟然开始和竞争对手合作，并久违地推出了“酷”产品。Surface 电脑广受好评，让人不禁将其和苹果电脑作比较。微软 4 年多来的“变身”让科技圈的评论家不禁感叹：微软推出的产品竟然也能让人兴奋了。

在盖茨和鲍尔默时代，微软形成了一种竞争至上的狼性文化。微软选择死守自己的技术，严防竞争对手从中获益。纳德拉认为，要保证微软在这个“移动为王，云端至上”的新世界里繁荣生长，待在 PC 这个舒适区里是下下策，微软要做的是正面迎战苹果和亚马逊这些后起之秀。公司的使命也从“所有为人们带来价值的产品都要出自微软之手”更新为“予力全球每一人、每一组织，成就不凡”。

纳德拉不像前任 CEO 那样在业界四处树敌，反而成为一个与谁都合得来的好好先生。纳德拉的温润性格给下属留下了深刻的印象。他谦逊地表示，自己很感激盖茨和鲍尔默的信任，并说自己继承了两位前辈的“管理遗产”，并将在这些遗产的基础上带领微软走一条不同的路。纳德拉的领导风格极大地改变了微软的内部文化，微软强调要建立一种“成长心态”，通过创造积极的内部文化来激发员工创新的灵感。

在纳德拉的领导下，“一个公司、一个微软”的公司文化快速在微软扎根。他认为员工应该专注于合作，应该从“什么都懂”转为“什么都学”。管理混乱和勾心斗角的现象逐渐减少，员工之间开始建立信任、互相分享新想法并展开真正的合作。微软终于不再高傲，与 Adobe 公司展开了合作，并在苹果的软件平台上推出自己的产品，还破天荒地走上开源之路。

千亿美元的年收入、Azure 的快速增长，表明微软转型成功，也确立了其在云计算领域的地位，微软正在重回巅峰时代！回顾微软过去 4 年多的历程，真可谓“凤凰涅槃，微软重生”。在纳德拉的领导下，微软这艘巨轮在完成重新起航的过程后最终将驶向何方，我们拭目以待。

资料来源：寓扬．微软重生：4 年市值 U 型大逆转，超越谷歌重返巅峰．(2018－06－04). https://new.qq.com/omn/20180604/20180604A1M9U6.html.

正如引导案例中提到的那样，战略领导者的工作是富有挑战性的，需要根据不断变化的游戏规则调整自己的战略，在短期利益和长期目标之间找到一个平衡点。在比尔·盖茨时代，微软成为世界第一大市值公司，到达了浪潮之巅，但到达高点之后就不可避免地走向低谷。当移动互联网的浪潮席卷而来时，苹果、谷歌等顺势而起，微软却面临 PC 业务饱和，又错失移动互联网和社交媒体大好时机的窘境。正是在纳德拉的指挥下，微软开始采取新的文化、新的策略走入公众视野，市值超越了曾经的巅峰时刻，真可谓“凤凰涅槃，微软重生”。本章要讨论的主要议题是有效的战略领导力对企业的成功转型至关重要。

第1节 战略领导力的内涵

一、战略领导力的定义

随着技术的进步和数字化时代的到来，企业生存与发展的环境存在很多不确定性。鲍勃·约翰森（Bob Johansen）用 VUCA 来描绘一个易变的（volatility）、不确定的（uncertainty）、复杂的（complexity）和模糊的（ambiguity）世界，这样的世界让企业的运营变得更加复杂、更需要相互依赖，要求企业既要有灵活性又要有适应性。战略领导者能够通过对环境的预测，把控企业的发展方向，为企业制定适合的发展战略。同时，也正是由于环境的不确定性，要求战略领导者在战略制定和执行的过程中保持灵活性，针对环境的变化及时进行战略调整。

战略领导力是一种可以对未来进行预测、展望、保持灵活性，并促使他人创造所需要的战略变革能力。战略领导力的主体是领导者，它是战略领导者所具有的核心能力。作为领导力与战略的有机结合，战略领导力是领导者在战略制定、实施和控制方面所展现的能力。除了对全球竞争环境下不断产生的变革进行处理外，战略领导者还应管理他人、管理整个组织而不是一个职能部门。通过有效地影响他人，战略领导者与其共同创造所需要的战略改变。

从微软重生的案例可以看出，战略领导力其实就是企业进行战略变革的能力。当然，进行战略变革还涉及战略领导力的诸多特质。对于战略领导力的界定，学者们往往将组织作为一个整体来看待，通过战略领导者系统的策略来引领组织走向未来。同时战略领导者必须对组织的长期利益和短期利益进行协调，使企业实现可持续发展。李艾科之所以无法胜任惠普的 CEO，并不是因为他缺少创新能力和管理能力，而是他对于企业发展方向把控不足，使企业在短期利益上存在重大缺陷，股东的不信任和股市的整体下行迫使他不得不离开。对于战略领导力的描述是基于未来的，企业必须要配置好自有的当期资源来规划组织的未来。

Instagram 刚成立时只有 13 位员工，公司创始人希望公司能够长期存在并不断发展。因此当大名鼎鼎的 Facebook 愿意出 10 亿美元来收购这家新创公司时，其创始人不仅没有拒绝，反而在被收购后仍作为一个独立的公司，为 Facebook 做出了不可忽视的贡献，更加发挥了自身的价值。Instagram 的创始人实现了成就非凡事业的愿望，而这就是一种战略领导力。

二、战略领导力的构成要素

战略领导力作为领导力的一个子集，其构成要素既包含与战略相关的展望、前瞻的能力，也包含领导力中执行、变通的能力。成功而有效的战略领导力需要为企业寻找适宜的使命、愿景、价值观，更重要的是，需要确保其使命、愿景、价值观得到良好的实现。前瞻眼光固然重要，但更重要的是引导并激励所有成员进行有效的实践。很多企业做到了前一点，却忽视了后一点。乐视的创始人贾跃亭非常善于为企业规划使命、愿景，正因为如此，他才能吸引大量资本、人才并创建公司，可是他没有成功地进行战略实施，导致后期出现高层出走、资金链断裂等一系列问题。因此，战略领导力包含战略规划力、战略决策力、战略创新力、业务领导力和组织支持力这五个构成要素。

战略规划力是战略领导力的前提，是指领导者明确组织发展方向、制定正确的战略规划的能力。面对外部环境的不确定性，领导者要能够识别出组织发展的机遇所在，兼顾个人价值、组织成员价值和组织整体价值，设计组织的愿景，为组织规划出合适的发展路线，制定相应的发展战略。

战略决策力是战略领导力的核心，是指领导者为实现组织目标，在资源调配、实现途径等方面作出判断和进行决策的能力。由于组织所拥有的资源是有限的，领导者要能够根据所制定的战略目标来配置各种关键资源。

战略创新力是战略领导力的动力，是指领导者不断推动管理变革和创新以提升组织竞争力的能力。在当今这个技术飞速发展的时代，外部环境日新月异，企业需不断寻求创新、推动变革，才能不断发展进步，在行业内保持领先地位。

业务领导力是战略领导力的基础，是指领导者决定业务方向，规划和实施业务布局，统领业务发展，以实现战略目标的能力。业务作为战略实施的基础，应将抽象的战略具体化为企业的业务，使战略目标的实现可视化。

组织支持力是战略领导力的保障，是指组织对环境的应变能力、组织调整变革的能力以及组织为战略提供所需的管理职能和资源保障的能力。钱德勒指出，“战略决定组织，组织跟随战略”，这表明战略与组织之间存在相互协同关系。因此，战略领导力的构成除了包含领导者自身所具备的能力之外，领导者所带领的组织也应具备支持力，与领导者共同朝着战略目标的实现前进。

三、战略领导力的特征

战略领导力要求领导者对事物发展具有整体掌控能力，能够把握发展方向，在进行全盘考虑后作出全面的权衡。对于事物的发展或者企业的发展方向，领导者应具有出色的预见性。战略领导力还要求领导者具备充分的主观能动性，适应社会的变化，并且能够根据经济发展方向和形式，引领企业的发展方向。领导者除了要注重企业发展战略的远见性和策略性之外，还应注意战略的可操作性和现实性。战略领导力的特征总结如下：

（一）全局性

战略领导者应具有把握整体的能力，处理问题时需要站在全局的高度，有一个全面的考虑，最终进行全面的权衡。在面临诸多选择时，战略领导者应明确事务的轻重缓急，抓住企业的发展重点与发展趋势，从而制定出适合企业长远发展的正确决策。

战略领导者在决策的过程中，其个人素质与品质格外重要。具有包容精神的领导者在分析问题时善于容忍质疑并听取不同意见与建议，有利于企业文化的塑造与发展方向的选择，有利于有效决策的制定；富有责任心的领导者勇于承担责任与压力，能够经受住重大的考验与磨砺，从而成为困境中支持企业渡过难关的中坚力量；具有敏锐观察力的领导者能够准确地找出影响事物的根本原因，有独到的见解和非凡的智慧，有利于提高全体的工作效率，制定出最优决策方案。

（二）前瞻性

优秀的战略领导者对事物的发展有着良好的预见力，对企业在前进道路上遇到的所有机会与经历的种种困难有敏锐的感知，能够准确地预测事情的发展方向，敏锐地找出影响企业发展的根本原因，从而能够从社会经济以及政策背景中看到企业未来的机遇或障碍，带领企业及时抓住机遇；抑或使企业在困境到来之前做好预防措施，使其在迅速发展的过程中能够更快地、损失更小地渡过难关。

（三）创造力

领导者的责任就是“顺应潮流，引导历史”，特别是在全球化背景和转型时代，领导者的使命就是“适应变化，引领变革”。在激烈的竞争环境中领导者要能够适应社会的变化，引领企业的改革与创新，通过在产品开发、技术革新、人才培养等方面的优秀创造力，掌握市场的主动权，顺应时代发展的潮流，使企业在瞬息万变的社会中屹立不倒。

（四）执行力

不论企业有多么精美的战略构想，如果无从执行或执行不力，仍然难以成功。一个出色的战略领导者应能够制定出可操作性强的战略，并领导全体员工推动企业向着战略目标不断前进。在这期间，领导者的领导艺术与号召力尤为重要。如何调动员工的积极性，将员工的个人利益与组织利益相结合，促使员工更有动力地为企业奋斗，是领导者应该掌握的领导艺术。

四、公司成长与战略领导力

战略领导力兼具战略和领导的属性，为公司的发展提供了强有力的支撑。战略领导力首先为公司确立了发展方向，在面对不确定的外部环境时，战略领导力推动企业进行变革，以使其适应不断变化的外部环境。同时，战略领导力还促进了企业的创新，为企业的持续发展注入活力。在遇到危机时，发挥战略领导力的关键作用还能帮助企业顺利渡过难关。

阿里巴巴创建伊始，马云便向员工定义了企业的发展目标——成为最伟大的电子商务公司，这不仅增强了员工的信心，也为员工指明了方向。马云发挥其战略领导力，确立了企业的发展目标，引领了企业的发展方向。

战略领导力能够推动战略变革，帮助企业适应瞬息万变的外部环境。在如今这个复杂多变、企业间竞争不断加剧的时代，一成不变的企业是无法生存和发展的，企业的战略是要随着外界环境的变化进行变革。杰克·韦尔奇从 1981 年开始担任美国通用电气的 CEO，他上任伊始就开始了长达近 10 年的全面变革，因为他发觉随着外部需求的不断增加、竞争的不断加剧，通用电气的很多产业无法形成有效的竞争力，甚至在未来几年将丧失竞争力。为了颠覆原有的官僚体制，韦尔奇大刀阔斧地进行改革，将原来上百个业务部门精简为 13 个，而这 13 个业务部门在各自的市场上都是数一数二的。韦尔奇通过发挥战略领导力，对企业战略进行重大变革，帮助企业更好地适应环境、提升自身竞争力，而通用电气现在也成为世界上最大的提供技术和服务业务的跨国公司。

战略领导力还能够促进创新，保持企业发展活力。创新不仅仅针对产品技术，企业价值链上的创新如财务、供应链等方面的创新，也有助于企业保持发展活力、发展竞争优势。1953 年，日本丰田的副总裁大野耐一为了实行更灵活高效的战略，没有照搬美国汽车工业先进的生产方式，而是采取了一种更加灵活、更能够适应市场需求以提高产品竞争力的生产方式，也就是准时制（JIT）生产方式，通过保持物流和信息流在生产过程中的同步，实现了在需要的时候按需要的量生产所需的产品。这种生产方式能够使库存最小，甚至实现零库存，有利于追求生产经营全过程的合理性、高效性和灵活性。大野耐一从战略角度出发，通过对生产方式进行创新，让丰田获得了竞争优势，保持了企业的发展活力。

在企业遇到危机的时候，领导者通过发挥战略领导力也能够帮助企业渡过难关，而企业渡过危机所发挥的战略领导力主要是通过领导者调整企业战略方向、推动战略变革或者进行创新体现出来的。20 世纪 80 年代，个人计算机已经成为当时的热门产品，而 IBM 还执着于大型机，最终失去了增长的最佳机会。1994 年底，IBM 累计亏损 150 亿美元，市值从 1 050 亿美元暴跌至 320 亿美元，遭遇了有史以来最大的困境。郭士纳临危受命担任 IBM 的 CEO，他将这家曾经的信息产业硬件巨头转型为向客户提供产品和服务的整体解决方案供应商，开启了信息产业的电子商务时代。郭士纳通过发挥其战略领导力，帮助身处困境的公司向 IT 服务业进行战略转型，不仅成功帮助 IBM 摆脱了危机，还一跃成为新时期企业创新的标杆。

战略聚焦 14－1

惠普公司在位不足一年的 CEO——李艾科

李艾科于 2010 年 11 月成为惠普 CEO，2011 年 9 月被解雇。其上台原因有两个：第一，前任 CEO 马克·赫德强调效率，利用严格的成本控制赚取利润，与惠普公司文化格格不入，致使惠普的创新文化受到冲击，由李艾科充当救火队长角色；第二，李艾科是一位有技术热情的战略思想家，擅长技术创新。

李艾科通过与公司员工、顾客的交流最终确定了聚焦于适应云计算的新软件开发战略，并采取其他辅助措施对公司进行大刀阔斧的改革。虽然这一战略有助于惠普重塑创新文化，但是大幅度和大范围的结构调整使得公司的原有力量遭到侵蚀。2011 年，公司股价大跌，短短一年内，李艾科两度下调业绩目标。残酷的市场只相信业绩，李艾科并没有成功地说服投资者相信他的战略，所以他的战略也因为公司出现的一系列问题没有实施下去。终于，李艾科被新任 CEO 取代。

资料来源：RICADELA A. Apotheker Revamps HP Management. *Bloomberg Businessweek*，June 14，2011.

惠普公司的案例清晰地说明，有愿景、使命和新的战略方向只是万里长征的第一步，如何采取有效的手段成功地领导核心团队、员工、投资人甚至是顾客，使他们不仅相信目标会实现而且愿意为达到预期目标而努力奋斗才是管理者面对的更重要的课题。

第 2 节　战略领导团队

一、战略领导团队的内涵

战略领导团队是由对组织、部门、产品线或业务部门具有战略意义的一群人组成的团队。若想判断一个团队是不是战略领导团队，最简单的方法就是思考这个团队的工作是否为组织的长期成功服务。一个团队可能会参与开发和更新公司的下一代产品，可能会负责设计和实施一个持续的改进流程，或者可能会重新设计组织的物流模型，这样的团队往往是项目驱动的，其寿命也是有限的，但是如果它们为组织长期的生存发展服务，那么这样的团队也是战略领导团队。当战略领导团队有一个具体且有意义的目的、切实的绩效目标、团队成员的技能互补、可管控的时间付出、相互问责制、激励和调整团队的机制时，它往往可以获得成功。

公司 CEO 是公司战略的决策者，中高层管理团队是公司战略的实施者，但这并不意味着只有他们才是战略领导团队的成员。事实上，只要成员所在的团队是对组织的发展和成功有战略意义的，这些人就都是战略领导团队的一分子。当来自组织顶层的信息与来自底层的信息相结合时，战略领导团队的作用能最好地发挥出来。因此，只有 CEO 和高管团队是优秀的战略领导者还不够，战略领导团队中的每个成员都应该具有一定的战略领导力。

二、CEO 与高层领导团队的关键作用

战略管理涉及组织中的每个人，但是相较而言，CEO 与高层领导团队的战略领导力对于企业的生存和发展更为重要。从外部环境来说，企业面对的是纷繁复杂的外部环境，CEO 与高层领导团队需要有火眼金睛，既能灵活地捕捉机遇，又能敏锐地察觉挑战。从内部环境来说，CEO 和高层领导团队是企业的核心，负责制定企业的目标以及有效地实施战略，并且有自由裁量权，这种自由裁量权既能成就企业也能让一个企业式微。所以说高层领导团队是企业的大脑。

CEO 与高层领导团队对于企业的生存和发展发挥着关键作用。CEO 与高层领导团队既要对董事会负责，也要重视其他利益相关者；既要争取让企业能够获得超额利润，也要平衡各方的利益以创造更高的价值；既要通过协调各方利益确定公司战略的发展方向，也要监督战略的制定并持续推进战略的实施。下面我们将对 CEO 与高层领导团队的关键作用作出具体解释。

（一）决定企业的战略方向

企业的战略方向确定了企业运营的活动背景，界定了企业的形象和特征。CEO 和高层领导团队通过对公司内外部环境进行分析，根据企业现有的资源和经营环境，决定企

业的战略方向，确立公司的长期发展战略。企业的战略方向要体现在企业的使命、愿景和价值观中。使命能够帮助企业界定其经营范围和有别于竞争对手的独特目的；愿景帮助企业激励员工不断突破现状，持续进行创新和变革；价值观能够规范企业的行为，确保企业以合理、合规、合法的途径沿着战略方向前进。

（二）开发和管理人力资本和社会资本

对于企业来说，人力资本是指公司中具有经济价值的劳动力的知识和技能，是企业发展所必须投资的一项资源。21 世纪的竞争，归根到底是人才的竞争。全体员工在技术和技能上的量级提升可以为企业实现质级飞跃奠定有力的基础。企业在人力资本方面的持续投入和累积有利于为企业塑造良好的企业形象，不仅能够给顾客和投资人专业、可靠的感觉，同时也能够为选取企业领导者的继承人提供便利。企业的不间断学习能促使企业跟紧时代步伐，保持灵活性、韧性和适应能力，由此促进企业的成功。

在阿里巴巴构建的独特的合伙人制度里，有两个人是终身合伙人，一个是马云，另一个是蔡崇信。蔡崇信在加入阿里巴巴之前已经是年薪百万的高薪人士，他能够舍下一切加入刚刚成立的阿里巴巴，除了看好互联网的发展前景外，马云的个人魅力及其创始团队的创业激情是一个重要的因素。当年，蔡崇信在找投资机会时找到了马云，在与马云交流过后他决定投资这家企业，但投资的不是金钱，而是他自己。一家企业的成功，除了要有激情有理想，还要有专业的人才，马云带来了前者，而蔡崇信带来了后者。正是这样的一个组合奠定了阿里巴巴未来成功的基础。

从企业内部和外部的关系角度出发，社会资本可以分为企业内部的社会资本和企业外部的社会资本。企业内部的社会资本是指企业内部存在的人际关系网络，它有利于促进企业成员之间的信任与合作，促进企业各部门之间的沟通与协调，增强企业内部的人际关系和企业的内部凝聚力。它通常包括员工之间、员工与各层级管理者之间、管理者之间以及部门之间的社会资本。企业外部的社会资本是指企业与社会之间存在的社会关系网络，它有利于企业吸收外部的各种稀缺资源。CEO 和高层管理团队若能开发和管理好与外部利益相关者的关系，这些外部利益相关者也能成为企业的社会资本。与外部利益相关者保持良好的关系，有利于企业及时准确地监控外部环境、识别重大事件，从而增强组织的计划和决策能力。顾客是外部利益相关者的重要组成部分，企业要重视其作用，并将其转化为社会资本。企业战略领导力的目的是实现企业目标，实现目标的实施主体是企业，实施受体是顾客，顾客是检验企业战略实施成败的关键。多承担社会责任，多让利于社会公众，提供更优质的服务，能够帮助企业降低战略在实施受体中推广的难度。

（三）监督战略的制定和实施

CEO 和高层领导团队在确定了企业的战略方向，有效地开发和管理了人力资本和社会资本后，要依据其战略方向和所获资源对战略进行制定并监督战略的实施。战略制定是指认定公司任务，识别外部机会和威胁，确定内部优势和劣势，确定长期目标，制定可供选择的战略，以及选择具体的实施战略的过程。战略制定是企业基础管理不可分割的一部分，是科学和艺术的产物，需要不断完善。在战略制定过程中必须考虑技术因素带来的机遇和威胁，技术进步可以极大地影响公司的产品、服务、市场、供应商、竞争对手和竞争地位。

战略实施是实施战略规划以实现企业战略目标的过程。一旦公司明确了其战略目标，就必须关注如何加以实施将其转化为实际行为并确保实现。战略实施是一个自上而下的动态管理过程，“自上而下”主要是指在公司高层管理人员同意战略目标后，将其传达到中下层，并在所有工作中进行分解和实施；而所谓“动态”主要是指在“分析—决策—反馈—重新分析—重新决策—重新执行”的战略实施过程中实现战略目标。CEO 和高层领导团队需要时刻监控战略的制定和实施过程，不断根据公司所处的内外部环境变化进行及时调整，保证企业朝着既定的战略目标发展。

（四）开发和保持企业的核心竞争力

核心竞争力是使企业拥有竞争优势的资源和能力，是使企业从其他竞争对手中脱颖而出并且保持长期优势的根本所在。企业的核心竞争力通常存在于企业的某项或多项职能领域中，例如，宜家家具的设计、丰田汽车的生产和物流、宝洁的市场营销分别是各自核心竞争力所在。值得注意的是，企业的核心竞争力在新旧技术和经济动力转换时期可能成为组织创新的包袱，因为企业的核心竞争力过去往往是企业的现金牛，是不可割舍的业务，这使很多原本有竞争优势的巨头陷入自设的窘境，这是 CEO 和高层领导团队需要关注的一点。

（五）维持有效的组织文化

组织文化是指组织成员共同接受的内部成员共享的价值观念、行为准则、意识形态等群体意识。组织文化可以指导组织的整体价值观以及组织中每个成员的价值取向和行为取向，使其符合组织设定的目标。组织文化能够约束和规范每个员工的思想、心理和行为。组织文化的约束不是像制度一样的严格约束，而是一种群体行为规范和道德规范的软约束。组织文化还具有凝聚功能，这意味着当价值观被组织中的员工认可时，它就会成为联结其成员的黏合剂、向心力和凝聚力。

组织文化的激励功能是指组织文化具有使组织成员从内心产生进取情绪的作用。组织文化的辐射功能是指一旦组织形成一个相对固定的模型，它不仅会在组织中发挥作用，影响组织的员工，而且会通过各种渠道影响社会。组织文化的调整功能意味着组织文化可以帮助新成员尽快适应组织并使其价值观和组织相匹配。在组织变革的过程中，组织文化也可以帮助组织成员尽快适应改革后的形势，减轻变革带来的压力和不适。综上，有效的组织文化对于企业来说具有重要的正向作用，CEO 和高层领导团队维持有效的组织文化也对公司的发展进步发挥着重要作用。

在当今这个积极引导和发展创新的时代，组织文化对于创新的支持力应有所界定。鼓励创新实际上是一种对未来的投资，这是一种富有前瞻性的投资。然而，创新有可能是对企业原有业务结构的推翻和重构，鼓励创新是一种赋予创新团队自主权的活动，赋予创新团队更多的自主权可能给企业带来原有结构的破坏。企业是否能够容忍创新带来的破坏，是否能够应对创新失败的代价，这是一个值得商榷的问题，CEO 和高层领导团队需要作出决策并不断在维持原有结构和鼓励创新之间找到合适的平衡点。

（六）引导企业遵守道德准则

不道德的行为会对企业的发展产生负面影响，具体体现在企业领导者和企业员工两个方面。CEO 和高层领导团队的重要领导作用是为企业确定使命、愿景，这往往与他们的个人特质有着密切的关系，要求他们有强大的人格感召力和道德品质，才能团结和带领企业成员实现企业的目标，并将带有道德准则的企业文化内化于企业日常运营的方方面面。这种道德品质具体体现在 CEO 和高层领导团队不以自己的优势和特权扩充自己，忽视投资者、顾客、员工、合作伙伴的利益；CEO 和高层领导团队以身作则，在工作、为人、经营、合作等方面为企业员工树立典范。

在公司内部，员工是企业战略的具体实施者；在公司外部，员工的不道德行为对外是代表整个企业的。首先，员工作为企业战略的具体实施者，是关系战略领导力的使命、愿景能否实现的重要一环。其次，员工的不道德行为经过社会公众的检视可能会产生蝴蝶效应，重创企业形象，对企业的日常经营产生消极影响，从而产生澄清和处理成本，甚至导致重大的公关危机，最终影响企业目标的实现。

CEO 和高层领导团队作为公司的重要领导者，必须在道德准则的遵守上起到正面的作用，积极引导企业和员工遵守道德准则，使企业内部各层级的员工实施战略的行为符合伦理。这种正向引导有利于企业树立积极正面的企业形象，在外部利益相关者中获得良好的印象，从而有利于企业社会资本的获取和开发。

（七）建立平衡的组织控制

组织控制是战略实施过程的重要组成部分，对于企业达到理想的结果有着重要的作用。保持战略决策与组织能力一致的方式有两种：为了战略决策而调整组织结构和调整战略决策以适应组织能力。

为了战略决策而调整组织结构是高层管理者通过组织变革，使组织拥有适应战略决策和执行的能力。这是一种自上而下的战略过程，将组织深层的战略行动和公司战略连接起来，追求路径清晰的成长机会，这称为诱导性战略过程。这样的过程使得组织在领导者的带领下，把握环境中的机会。但是，由于过于依赖领导者自身的素质，如果领导者自身无法跳出熟悉的环境，企业将面临巨大的危机。

对于调整战略决策以适应组织能力，苹果公司对 iPad 多点触控技术的开发选择便是例子。乔纳森·伊夫的团队在 MacBook Pro 的触控板上开发多点触控技术时，尝试将其拓展到屏幕上。乔纳森·伊夫作为团队领导者，并不想让这一技术的研发成为团队的压力，所以没有立刻向乔布斯报告，而是鼓励团队在空闲时间进行研究，以充分发挥他们的积极性。这种与诱导性战略过程相对应的、自下而上的过程被称作自主性战略过程。它并不是由外界环境变化引发的，而是由于组织内部发生了细微的变化。它不仅保持了战略决策与组织能力的一致性，还可以应对将来可能发生的环境变化，与诱导性战略过程互为补充。

三、高层领导团队与战略变革

作为战略的主要制定者和推动战略的实施者，高层领导团队在企业管理中发挥着决定性的作用，是企业战略变革的关键因素之一，而高层领导团队的认知和高层领导团队的异质性与继任问题对于企业的战略变革有着重要影响。

（一）高层领导团队的认知

战略变革是企业适应不断变化的外部环境、实现可持续发展的必要途径，而战略变革认知研究的一个关键假说是：环境不是由客观决定的，而是管理者通过其认知在主观层面改变了客观环境。从管理者认知的角度来看，管理者不可能观察到企业内部和外部环境的各个方面，他的选择是由个人认知基础和观察现象的价值构成的"过滤器"，这吸收了管理者所获得的信息，使管理者的认知更加有限。研究表明，高层领导团队的战略决策在一定程度上也会反映出其个人特征，他们将自己的偏好有意或无意地带入决策行为中。

高层领导团队的变动也会带来认知的改变，并影响整个团队的认知结构，从而在决策的过程中形成认知复杂性，而这种认知复杂性对于企业来说有利也有弊。正面来说，认知复杂性使决策者能够在有限理性下全面地理解团队的综合信息，更好地了解企业的现状，并将动态环境变化与整个团队成员相匹配，将主观认知转化为实际的战略变革行动。但是，认知复杂性使成员容易发生认知冲突，从而导致情绪冲突。当情绪冲突无法有效解决时，冲突就会阻碍变革。

（二）高层领导团队的异质性与继任问题

由于内部和外部环境的复杂性，管理者的认知具有局限性，管理者的偏好也会对企业战略产生影响，这要求我们不能仅仅将目光放到CEO身上，还应该关注整个高层领导团队。

图14－1展示了高层领导团队的异质性与CEO的继任对战略的影响。

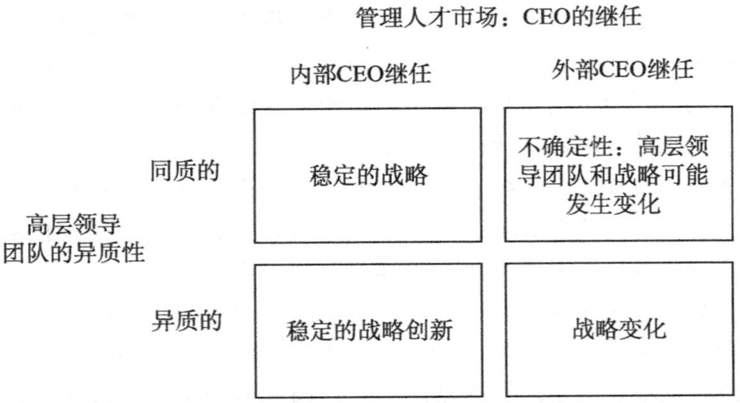

图14－1　高层领导团队的异质性和CEO继任对战略的影响

资料来源：HITT M A，IRELANAD R D，HOSKISSON R E. *Strategic Management*：*Competitiveness and Globalization*：*Concepts and Cases*. 12th ed. Cengage Learning，2016.

高层领导团队的异质性是指其成员之间人口背景特征的差异化，如年龄、教育水平等，以及重要认知概念、经验、价值观等的差异化。这些差异会对团队内部的沟通交流、决策效率以及团队凝聚力产生影响，进而对企业的战略变革产生影响。从图14－1可以看出：当高层领导团队是同质的且由企业内部人员担任新的CEO时，公司的战略倾向于保持稳定；当高层领导团队是同质的但由企业外部人员担任新的CEO时，公司的战略以及高层领导团队都会产生不确定性，可能会发生变化；当高层领导团队是异质的且由企业内部人员担任新的 CEO 时，公司的战略也会发生变化，更偏向于稳定的战略创新；而当高层领导团队是异质的且由外部人员担任新的 CEO 时，相对最容易发生战略变化。

高层领导团队的变动会带来认知的变动，随着认知的变动，高层领导团队也会产生异质性。新成员的到来导致高管进入高层领导团队的时间不一致，因而经历了不同的发展阶段和事件，导致他们对内部和外部环境以及战略变化有着不同的理解，这也导致了异质性的产生。很多学者认为，高层领导团队的异质性不仅使信息的收集路径增加，对于信息解释也更加全面。它可以帮助决策者生成各种战略解决方案并对其进行全面评估，从而确保决策质量并促进组织发展。

异质性的高层领导团队给企业的战略变革带来了显著优势。异质性的高层领导团队拥有更广泛的信息来源渠道、更多的信息流入、更多元的知识和技能与更丰富的社会资本。然而，高层领导团队的异质性也可能导致冲突。团队的异质性越大，高层领导者针对战略决策的差异化观点也就越多，就越有可能产生冲突。因此，利用好高层领导团队丰富的资源和解决好多样化的团队冲突是通过高层领导团队的异质性促进战略变革的关键，通过高效的高层领导团队资源整合和有效的团队冲突管理来共同推进企业战略的变革。

战略聚焦 14－2

马云的战略领导力

阿里巴巴经营的业务和关联公司的业务范围很广，包括淘宝网、天猫、聚划算、全球速卖通、阿里巴巴国际交易市场、1688、阿里妈妈、阿里云、蚂蚁金服、菜鸟网络等。2010 年平台上的总销售达到 600 亿美元。2014 年 9 月 19 日，阿里巴巴在纽约证券交易所正式挂牌上市。2018 年 7 月 19 日，全球同步《财富》世界 500 强排行榜发布，阿里巴巴排名第 300 位。

早在 2010 年，阿里巴巴曾出现重大的诚信危机：公司有约 0.8%即 1 107 名客户涉嫌欺诈。马云作为战略领导者展示出了强大的战略领导力，采取了一系列措施解决问题、修复公司形象。公司首先关闭所有涉案账户，并提交司法机关配合调查。此外，公司 CEO 和 COO 为此引咎辞职；鉴于选人不当，人力资源总监也被降职。同时，为了重建内部信任，组织内部重新制定了规则，增强组织内部的制约性，强化公司内部的团队建设，并对外部受害者进行经济损失赔偿。

在企业文化受到冲击的时候，团队建设可以发挥良好的缓冲作用，并且有助于企业重新强化道德准则。马云通过对短期战略目标的及时调整，保证了公司的长期利益免受冲击，实现了短期利益和长期利益的平衡。

资料来源：陈莉莉．阿里巴巴引咎辞职门 引发职业经理人大论战．(2011－02－25)．http://it.people.com.cn/GB/42894/196085/14002189.html.

第3节 战略领导力的开发

一、战略型领导者的素质

在当今这个全球化、信息化迅猛发展的时代，国内外企业间竞争日趋激烈，战略管理逐渐成为组织生存和发展的关键所在。这要求组织的领导者具备较强的战略素质，成为战略型领导者。战略型领导者的素质主要包括以下几个方面。

（一）拥有坚定的战略导向

作为战略型领导者，应该拥有坚定的战略导向。战略帮助企业明确了发展方向，是企业及其员工的行动纲领，是决定企业成败的关键因素。因此，战略对于企业的重要性不言而喻。战略导向是指企业的所有活动都以企业战略为指导，其全部经营管理活动都要与企业的发展战略保持一致，从而形成一种合力，帮助企业取得更好的绩效。因此，战略型领导者应坚持战略导向，以战略引领企业发展，最终实现战略目标。

（二）识别动态竞争环境

战略型领导者要能够识别动态竞争环境。当今世界的经济格局发生了深刻的变化，企业之间的竞争不断加剧。随着科学技术的不断进步，企业也在不断变革，其竞争环境发生了巨大的变化。企业之间的竞争范围不断扩大，由产品竞争逐渐转变为商业模式竞争。随着全球化的深入、企业竞争对手的不断增多，国内企业间竞争逐渐转变为国际企业竞争。企业竞争对手的界限也越来越模糊，除了同行业竞争之外，跨行业竞争的趋势愈来愈明显。总而言之，企业之间的竞争越来越复杂，且在不断变化。因此，战略型领导者应具备识别动态竞争环境的素质，关注竞争环境，注意现有竞争对手动向，识别潜在竞争对手。

（三）激发组织中的创新精神

战略型领导者要能够激发组织中的创新精神。创新是国家和民族发展进步的灵魂和不竭动力。对于企业来说，创新是其寻找生机和出路的必要条件。在如今这个不断发展变化的时代，一成不变的企业是无法存活的，唯有不断创新企业才能生存和发展，保持竞争力。创新除了体现在企业所提供产品的更新换代上，还体现在其他方面。企业可以针对商业模式进行创新，其内部管理模式也可以创新。对于一个企业来说，不光领导者和管理者要具有创新意识，企业内部的其他员工也应具有创新精神，为企业的创新出谋划策。作为战略型领导者，除了自身要具备创新能力外，也要不断激发组织中其他成员的创新精神，激励创新行为，促进整个组织创新能力的发展，通过创新为组织求生机、谋发展。

（四）具有国际化思维及多元文化管理方法

在全球化时代，战略型领导者要具有国际化思维，拥有多元文化管理方法。随着全球化的不断深入，企业不能将目光仅仅停留在国内市场，而是要具有国际化思维，也要关注国外市场和竞争对手。在当今的竞争环境下，企业要么自身就是跨国企业，要么就是在与跨国企业竞争。对于跨国企业来说，国际化思维能够帮助战略型领导者聚焦国内外市场的共同点和不同点，将一体化和本土化进行有机结合。对于现阶段还未在其他国家开疆拓土的企业来说，国际化思维能够帮助战略型领导者将目光放得更长远，学习国外企业的先进之处，借鉴国外企业的经验教训，时刻关注与本公司竞争的跨国企业的动向，为企业日后的国际化做准备。同时，随着企业的国际化，企业根据自身需要会聘请来自不同文化背景的员工，从而使团队内部的多元文化越来越明显。由于组织中存在显著的文化差异，成员的期望和需求不尽相同，这使工作的复杂性和不确定性增加，可能导致企业经营管理的冲突和混乱。然而，有研究表明，如果管理得当，使企业中的多元文化通过相互融合而产生文化协同效应，那么这对于企业管理的效率和经营的绩效都会有所帮助，甚至能够增强企业的竞争优势。因此，多元文化作为一把双刃剑，如果能被战略型领导者通过恰当的管理方法加以利用，就可以对企业的发展产生促进作用。

二、战略领导力的培育

随着社会的发展，企业间的竞争不断细化与深化，企业的战略领导力也在竞争中不断被进一步明确和提升。战略领导力除了指与企业领导者与非领导者在权力上的划分，还包括企业领导者对企业战略选择、企业发展导向、企业文化构建、企业团队管理、企业精神等各方面的综合领导能力。其本质和核心就是企业领导者的核心战略领导力。企业的战略方向依赖于企业领导者的战略领导力。所以，企业的战略领导者必须具有战略思维模式的整体性，并且具有预测发展趋势的领导力。因此，卓越的战略领导者是公司机器的中央控制台，是公司持续健康成长的关键所在，其决策直接影响企业的方向与前景，成为企业发展不可或缺的中坚力量。

培育战略领导力要改变领导者的思维习惯。领导者应摆脱仅考虑其职能的习惯，并能够发展宏观视角。他们需要对公司作为一个系统进行整体观察，根据对公司的价值而不仅仅是他们的职能来进行评估。领导者还应建立长期导向的意识，将目光放长远，关注企业的长期发展，而不仅仅是注重短期的既得利益。同时，他们还应学会从周围获得线索，并对当下情况进行反思。对于产生的新想法，领导者应快速学习，适应其中存在的不确定性并对其加以灵活应用。在处理不确定性时，就算面临困难和失败，领导者也应坚持不懈。

改变领导者的思维习惯需要的不仅仅是组织培训课程，教授管理人员有关战略工具的知识，还需要教育和经验。这些教育和经验可以改变领导者的思维方式，改变其行为并培养新能力。在培育战略领导力时，我们要注重运用以下几个原则：

（1）刻意练习。为担任领导者做好准备，使其有机会解决困难和模棱两可的问题。他们中的一些人不可避免地会在这个过程中犯错误，因此要让他们有机会继续尝试并从错误中吸取教训。技能提升是需要练习和重复的，所以领导者需要有机会尝试所教的技能，从错误中吸取教训并重复尝试以掌握技能。有效的战略领导力培育必须纳入刻意的实践。

(2) 积累经验。通过让领导者面对压力和挑战，帮助其提高判断和决策技能。将领导者暴露于具有挑战性的任务、紧迫的期限和不熟悉的问题，利用压力激发领导者的创造力，帮助他们发展应对压力的能力。当他们处于最高管理层时，这有助于培养他们应对挑战和压力时的心理弹性。

(3) 反思性学习。培育战略领导力还需要领导者能够思考所面临的问题，利用批判性思维寻求解决方案。这要求领导者能够反思他们面前的问题和情况，这也是反思性学习的过程。它有助于培养理性和逻辑思考的能力。同时，领导者在处理困难问题时可能会遇到压力和困难，他们可能会对这些压力和困难产生情绪反应，这些情绪反应可能会掩盖他们的判断。反思性学习的目的是使他们能够以合乎逻辑的理性方式处理难题，在处理困难和紧张的情况时能够评估自己的弱点，寻求改进的机会并保持客观性。

(4) 寻求指导。为了使反思性学习更有效，领导者在自我反思期间应该得到导师的协助和支持。导师和受指导者共同分享经验有助于丰富受指导者的技能。导师还可以在受指导者感觉到压力和困难的情况下提供道德支持。正如我们之前提到的，培育战略领导力应该通过在练习中创造压力和挑战来积累经验，导师可以帮助学员反思他们的经历，并帮助他们找寻解决困难的方法。指导是有助于反思性学习的机制，可以帮助管理者避免对困难产生消极情绪反应。导师指导将刻意练习、积累经验和反思性学习结合起来，以使它们对受指导者产生积极影响。

在翰威特公司于2003年评选的美国企业“管理者最佳雇主”名单上，IBM名列榜首。而在纽约《世界经理人》杂志于2002年推出的“发展领导才能的最佳公司”名单中，IBM同样名列榜首。这个历史悠久的国际知名企业在过去几十年的迭宕起伏中确实积累了丰富的经验、教训与智慧，并将其凝聚在IBM的领导力培训里，启发和培养了一批批IBM领导团队，这些帮助这个巨人不断浴火重生。

IBM的领导力培养中有一个“长板凳”接班计划，该计划要求主管及以上层次的员工将培养手下员工作为自己业绩的一部分。这实际上是一个完整的管理系统。接班人的成长关系到自己的位置和未来，经理层会尽力培养他们的接班人，帮助同事成长。制定该计划的领导者显然对公司职员之间的利害关系有着十分敏锐的嗅觉，这一方案不仅有助于提升公司的整体业绩，更能培养出一大批具有领导能力的人才。这种源源不断的人才输送成为公司长久运行的不竭动力，是IBM长盛不衰的秘诀。

战略聚焦 14-3

博柏利前掌门人安吉拉·阿伦茨任苹果公司高级副总裁

史蒂夫·乔布斯是苹果公司的创始人，凭借其卓越的领导力和过人的营销天赋带领苹果公司多次创造奇迹。库克接任苹果CEO后，尽力保护和维持乔布斯所建立的企业文化，并建立了高效的团队，公司业绩屡创辉煌。2012年，公司创下6 235亿美元的市值纪录；2014年，苹果超越谷歌，成为世界最具价值的品牌。2018年8月2日，苹果盘中市值首次超过1万亿美元，股价刷新历史最高位至203.57美元。

然而，瑞银、Gartner等发布的数据显示，苹果手机在中国的市场表现越来越差，市场销量连年下滑：2015年中国市场苹果手机总出货量为7 100万部，2016年为5 900万部，2017年为4 900万部。为挽救下滑的销量，苹果零售业务的高级副总裁安吉拉·阿伦茨被提拔为苹果公司高级副总裁，她同时也是苹果历史上的首位女性高管。

从安吉拉·阿伦茨的履历中我们发现，苹果公司选择她正是看中了她强大的战略领导力。她曾经担任英国奢侈品牌博柏利集团掌门人7年，短短时间内让一个古老的奢侈品牌公司市值连增3倍。尽管有外界评价说做奢侈品服装销售的不懂技术，但是公司看中的是她进行战略变革的能力，这对于目前的苹果公司来说十分必要。

阿伦茨加入苹果后，围绕"个性化"与"亲密互动"推行了一系列新零售战略措施，其中最新也是最为标志性的便是：将零售门店重新包装成"市镇广场"（Town Square），在门店推出"Today at Apple"项目。

资料来源：徐礼昭．前Burberry CEO接棒库克成为Apple女掌门人，年薪是库克8倍．（2018-09-11）．https://www.sohu.com/a/253218713_100132995.

本章小结

战略领导力是一种可以对未来进行预测、展望，保持灵活性，并促使他人创造所需要的战略变革的能力。战略领导力的主体是领导者，是战略领导者所具有的能力。作为领导力与战略的有机结合，战略领导力是领导者在战略制定、实施和控制方面所展现的能力。战略领导力的构成要素包含战略规划力（前提）、战略决策力（核心）、战略创新力（动力）、业务领导力（基础）和组织支持力（保障）这五个方面。

战略领导力兼具战略和领导的属性，为公司的发展提供了不可或缺的支持。战略领导力首先为公司确立了发展方向，在面对不确定的外部环境时，战略领导力推动企业进行变革，使其适应不断变化的外部环境。同时，战略领导力还促进了企业的创新，为企业的持续发展注入活力。在企业遇到危机时，战略领导力也能发挥作用，帮助企业顺利渡过危机。

战略领导团队是由对组织、部门、产品线或业务部门具有战略意义的一群人组成的团队。根据战略领导团队的定义，只要成员所在的团队是对组织的发展和成功有战略意义的，这些人就都是战略领导团队的一分子。但是相较而言，CEO与高层领导团队的战略领导力对于企业的生存和发展更为重要。作为企业的眼睛和大脑，CEO与高层领导团队在决定企业的战略方向，开发和管理人力资本和社会资本，监督战略的制定和实施，开发和保持企业的核心竞争力，维持有效的组织文化，引导企业遵守道德准则和建立平衡的组织控制等方面发挥着关键作用。

高层领导团队的认知、高层领导团队的异质性和继任对于企业的战略变革都有着重要的影响。高层领导团队的战略决策在一定程度上会反映出其个人特征，他们将自己的偏好有意识或无意识地带入决策行为中。高层领导团队的变动也会带来认知的改变，并影响整个团队的认知结构，从而在决策的过程中形成认知复杂性，进而影响企业的战略变革。高管团队的变动也会使团队产生异质性，而异质性的高管团队加上由外部人员成为公司新的CEO，企业的战略最容易发生变化。

在当今这个全球化、信息化迅猛发展的时代，国内外企业间竞争日趋激烈，这要求组织的领导者应具备较强的战略素质，成为战略型领导者。作为战略型领导者，应拥有坚定的战略导向。面对企业之间越来越复杂的竞争形势，战略型领导者应具备识别动态竞争环境的素质。同时，战略型领导者要能够激发组织中的创新精神以保持企业的竞争优势。随着全球化的深入，战略型领导者也要具有国际化思维，拥有多元文化的管理方法。

培育战略领导能力要改变领导者的思维习惯。领导者应摆脱仅考虑其职能的习惯，并能够发展宏观视角。在培育战略领导力时，我们要注重运用刻意练习、积累经验、反思性学习和寻求指导的原则。

思考题

1. 请阐述战略领导力的构成要素和特征。
2. 领导者的不同素质和品质对于战略领导力的发挥会产生什么影响？
3. 高层领导团队的异质性对于企业战略的变革是利大于弊还是弊大于利？
4. CEO的战略领导力会对组织中的其他成员（如高管团队、基层员工）产生什么影响？

参考文献

[1] JOHNSON G. Managing Strategic Change: Strategy, Culture and Action. *Long Range Planning*, 1992, 25 (1): 28-36.

[2] NORZAILAN Z. Strategic Leadership Competencies: What Is It and How to Develop It? . *Industrial and Commercial Training*. 2016, 48 (8): 394-399.

[3] HAMBRICK D C, SNOW C C. A Contextual Model of Strategic Decision Making in Organizations. In: TAYLOR R L, O'CONNELL M J, ZAWACKI R A, WARRICK D D. ed. Academy of Management Proceedings. 1977, 23 (23): 109-112.

[4] BONARDI J P, HITT M A, VERA D, et al. Call for Papers-Special Issue on Strategic Leadership and Strategic Management. *The Leadership Quarterly*, 2018, 29 (2): 253-364.

[5] MITCHELL R, BOYLE B, MAITLAND E, et al. How Subsidiary Top Management Teams Influence Strategic Change and Organizational Performance in Transition Economics. http://www.docin.com/p-1575149818.html.

[6] MA S, SEIDL D. New CEOs and Their Collaborators: Divergence and Convergence between the Strategic Leadership Constellation and the Top Management Team. *Strategic Management Journal*, 2018.

[7] 曾烨．高管认知、高管任期与战略变革的关系综述．价值工程，2014，33 (30)：189－190.

[8] 常诚，陈晓梅．高管团队异质性与企业战略变革．价值工程，2014，33 (9)：118－120.

[9] 赵锴，杨百寅，李全．战略领导力、双元性学习与组织创新：一个理论模型的探析．科学学与科学技术管理，2016，37 (3)：168－180.

[10] 诺曼，张劼．快速培养战略领导者．管理@人，2008 (12)：52－55.

[11] 刘彦声．罗伯特·A. 伯格曼教授专访“战略领导力”：指引大公司保持优势的秘诀．清华管理评论，2018 (5)：5－8.

[12] 揭筱纹．企业家战略领导能力与企业发展：基于两个农业龙头企业的案例研究．管理案例研究与评论，2009，2 (1)：27－37.

[13] 霍国庆，苗建明．战略领导力模式研究．领导科学，2009 (4)：4－7.

中国人民大学出版社　管理分社

教师教学服务说明

中国人民大学出版社管理分社以出版工商管理和公共管理类精品图书为宗旨。为更好地服务一线教师，我们着力建设了一批数字化、立体化的网络教学资源。教师可以通过以下方式获得免费下载教学资源的权限：

★ 在中国人民大学出版社网站 www.crup.com.cn 进行注册，注册后进入“会员中心”，在左侧点击“我的教师认证”，填写相关信息，提交后等待审核。我们将在一个工作日内为您开通相关资源的下载权限。

★ 如您急需教学资源或需要其他帮助，请加入教师 QQ 群或在工作时间与我们联络。

中国人民大学出版社　管理分社

教师 QQ 群： 648333426(工商管理)　114970332(财会)　648117133(公共管理)
教师群仅限教师加入，入群请备注（学校+姓名）

联系电话： 010-62515735，62515987，62515782，82501048，62514760

电子邮箱： glcbfs@crup.com.cn

通讯地址： 北京市海淀区中关村大街甲 59 号文化大厦 1501 室（100872）

管理书社　　人大社财会　　公共管理与政治学悦读坊